그리스 로마의
문화유산

김호연 지음

UUP

그리스 로마의 문화유산

■

■ 2012년 02월 27일 초판 인쇄
■ 2012년 03월 02일 초판 발행

■ **지은이** 김호연
■ **펴낸이** 이철
■ **펴낸곳** (울산대학교출판부) 680-749 울산광역시 남구 대학로 93(무거동) 울산대학교 출판부
■ **전화** (052)259-2488 ■ 팩스 (052)277-3011 ■ 홈페이지 http://uup.ulsan.ac.kr
■ 출판등록 제370-1996-000001호(1996.3.13)
■ ₩ 18,500

■

「이 도서의 국립중앙도서관 출판시도서목록(CIP)은 e-CIP홈페이지(http://www.nl.go.kr/ecip)와 국가자료공동목록시스템(http://www.nl.go.kr/kolisnet)에서 이용하실 수 있습니다.(CIP제어번호: CIP2012000914)」

ISBN 978-89-7868-271-8(93920)

책을 펴내며

서양문화의 뿌리는 고대 그리스와 로마에 있다. 고대 그리스는 서양 문화가 최초로 등장한 곳이다. 자연과 인간에 대한 체계적인 사고가 철학과 학문으로 정립되었고, 고대 민주주의가 꽃피었다. 훌륭한 신전이 건축되었고, 아름다운 조각이 새겨지고 그림이 그려졌다. 고대 올림픽 경기가 치러졌고, 연극이 공연되었다. 고대 로마인들은 실용적이고 기념비적인 건축물들을 남겼다. 지금도 건재한 원형극장과 신전, 교량과 개선문은 로마인들의 우수성을 입증하고 있다. 세계를 다스렸던 로마인들의 통치체제와 법률 역시 뛰어난 것이었다. 그 같은 고대 그리스와 로마인들의 역사와 문화는 후대에 큰 영향을 미쳤고, 지금도 우리는 그 문화유산의 영향 속에 놓여있다.

오늘에 이르기까지 고대의 신화와 신전, 사상과 학문, 정치와 법률은 시대와 국경을 넘고 있다. 그리스 신화는 수많은 문학과 예술에 영감을 제공해 왔고 그리스와 로마의 신전은 기념비적인 건축물의 모태가 되어왔다. 그리스에서 시작된 민주주의가 20세기에 보편화되었고 로마인들의 법률체계가 각국의 현대법으로 이어지고 있다.

우리는 오늘도 이라클리온 박물관에서 뱀의 여신을 살펴보고, 미케네 유적지에서 사자문을 만난다. 아테네의 아크로폴리스 언덕에 올라 파르테논 신전을 마주하고 로마의 콜로세움과 콘스탄티누스의 개선문을 지난다. 우리는 그 같은 문화유산을 통하여 옛 그리스와 로마의 정치와 문화를 이해하고 또 문화유산에 담긴 의미를 읽어 내려 모든 지식과 상상력을 동원한다.

이 책은 독자들이 고대 그리스와 로마의 문화유산을 통하여 그 속에 담긴 역사적 의미와 영향을 쉽게 이해할 수 있도록 서술되었다. 책 속에 소개된 유물과 유적은 매우 한정적이나, 박물관이나 유적지에서 볼 수 있는 것 가운데 대표적인 것들이다. 필자는 독자들이 이 책을 통하여 고대 그리스와 로마의 문화유산을 쉽게 이해할 수 있을 것으로 기대한다. 그런 가운데 우리가 얼마만큼 서양문화의 영향을 받고 있는가를 이해하고, 우리의 문화를 발전시킬 지혜도 발휘할 수 있을 것으로 기대한다.

이 책의 1부는 고대 그리스, 2부는 고대 로마로 구성되었다. 그리스는 에게문명으로부터 헬레니즘의 문화유산까지 10장으로 구성되었으며, 각 시대별 대표적인 문화유산의 이해에 중점을 두었다. 로마 역시 건국기의 왕정으로부터 제국의 쇠퇴기까지 10장으로 구성되었으며, 로마의 사회와 문화를 이해하는데 중점을 두었다. 로마 제정기에서 다루어질 수 있는 초기 기독교의 문화는 중세의 문화유산으로 넘기며 이 책에서는 다루어지지 못하였다.

이 책이 나올 수 있었던 것은 훌륭한 연구자들의 도움 덕택이다. 특히 책 속의 삽화는 위키백과에서 많은 도움을 받았다. 각각의 저작자에게 감사한다. 또 여러 사진을 제공해준 제자 이경희, 지동해에게 감사의 마음을 전한다. 아울러 오래 기다리며 흔쾌히 이 책을 출판해준 울산대학교 출판부에도 감사의 뜻을 전한다.

2012. 01. 05. 저자

차 례

1부 그리스의 문화유산

고대 그리스인들은 막대한 문화유산을 남겼다. 신화와 종교, 문학과 예술, 철학과 학문, 정치제도 등이 그것이다. 이런 문화유산들은 오늘날 우리의 생활과도 밀접한 연관을 가지며 영향을 미치고 있다.
그리스인들의 정신세계를 지배했던 신화와 종교는 수많은 이야기들을 남겼고, 그 내용들은 서사시를 통하여 그리고 신전과 조각, 벽화와 도자기의 그림을 통하여 전달되고 있다. 호메로스의 『일리아스』와 『오디세이』, 헤시오도스의 『신통기』, 파르테논 신전과 올림피아 제우스 신전, 크니도스의 아프로디테 등등이 그것이다.
그리스인들의 이상적이고 현실적인 예술작품은 고전이라는 이름으로 후세 예술가들의 모범이 되어왔다. 또 그리스 신전의 건축양식은 로마의 건축양식과 결합되면서 중세와 근대를 거치면서 서양건축의 기본 양식으로 자리잡았다. 그리스인들이 남긴 신화와 종교는 후세인들에게 상상력과 창조력의 원천적 영감을 제공하여 지난 2,000여년 동안 수많은 문학과 예술작품들을 탄생시켰다.
연극은 제의와 관련된 그리스인들의 종교의식에서 파생하였다. 비극, 희극, 무대장치, 배우, 극장 등 오늘날 공연예술과 관련된 모든 것들은 그리스인들의 문화유산을 이어받은 것이다. 평화의 제전의식이었던 고대 올림픽 역시 근대 올림픽으로 이어지고 있다.
철학과 학문, 민주주의 역시 그리스인들이 남긴 문화유산이다. 사물의 근원과 인간의 본성에 대한 근본적인 사고 속에서 자연과 인간에 대한 철학과 학문이 시작되었다. 또 그런 속에서 고대그리스인들의 민주정치가 실현되었다.
그리스인들의 문화유산인 헬레니즘은 로마로 흘러들어가고 거기서 헤브라이즘과 융합되어 서양문화의 거대한 원류가 되었다.

제 1 장

에게문명의 유산

1. 문명의 성격과 발굴

서양문화의 발상지는 그리스였고, 그리스문화의 토대는 에게문명이었다. 에게문명은 크레타(Creta) 섬을 중심으로 에게해의 여러 섬들과 그리스 반도 남부에서 개화되었다. 크레타 섬은 오랜 동안 신석기시대를 경험하였다. 크노소스(Knossos) 근처 신석기 퇴석층의 유물들은 크레타인들이 돌도끼, 돌칼, 기하학적 무늬로 장식된 조야한 토기를 사용했던 흔적을 보여주고 있다.

에게 바다는 그리스 반도와 메소포타미아와 이집트를 잇는 가교로서, 에게문명 지역은 이들 두 선진 문명의 영향을 받아 기원전 3000년경부터 청동기문명을 꽃피웠다. 이 같은 에게문명은 세 가지로 나뉘는데, 에게해의 섬들로 이루이진 키클라데스 문명(Cyclades civilization, 기원전 3300~2000), 크레타 섬의 미노아 문명(Minoan civilization, 기원전 3650~1170), 그리고 그리스 본토의 미케네인들에 의하여 이룩된 미케네(헬라) 문명

[그림 1-1] 에게문명 유적지.

▶ 기원전 3000~10000년. 에게 바다를 중심으로 성립되었던 키클라데스문명의 여러 섬들과 미노아문명 및 미케네문명의 중심 도시들을 볼 수 있다. 이들 문명은 1870년 Heinrich Schliemann과 1900년 Sir Arthur Evans의 고고학적 발굴로 신화와 전설상의 이야기에서 역사적인 실체로 그 모습이 드러나게 되었다.

(Mycenaean civilization, 기원전 1600~1100)이다.(그림1-1)

이 지역은 온화한 해양성 기후로 5~10월에 건기 11~4월에 우기로서, 포도, 올리브, 무화과 등 과수재배가 발달했으나 곡물의 생산은 부족한 편이었다. 그 같은 환경에서 인구가 증가하자 토지에만 의존할 수 없게 되었다. 그리하여 일찍부터 천 개나 되는 섬들 사이를 오가며 어업과 상업에 종사했다. 풍부한 어장과 다양한 무역로를 통한 다른 문명과의 교류가 자유로운 사고와 개방적인 문화를 갖게 했다. 특히 미노아문명권에서는 경제생활에서 상업과 도시의 역할이 압도적이었고 관개농업에 따르는 강력한 전제왕권을 통한 노동력 동원이 불필요했으며 전통을 고수하려는 종교적 억압도 미약했다. 그 결과 미노아인들이 남긴 예술은 메소포타미아나 이집트의 예술에 비하여 인습적 억압이 약하고, 좀 더 자유분방한 자연주의적 성격을 강하게 드러내고 있다.

에게문명은 1870년에 이르러서야 비로소 그 실체가 드러났다. 그때까지 호메로스(Homeros)의 『일리아스 Ilias』와 『오디세이 Odyssey』에서 전해지는 미케네와 트로이(Troy)와의 전쟁은 그리스 신화처럼 하나의 전설로 생각되었다. 그러나 에게문명은 트로이 전쟁을 사실로 믿었던 하인리히 슐리이만(Heinrich Schliemann)에 의하여 1870년 트로이의 유적지가 발굴되면서 역사상 실재했던 것으로 밝혀지게 되었다. 이어 슐리이만은 미케네(Mycenae)와 티린스(Tiryns)의 유적지를 발굴했고, 트로이 전쟁시 미케네 총사령관이었던 아가멤논(Agamemnon)의 것으로 믿었던 황금마스크를 발견하였다. (그림3-3)

그 후 1900년에는 영국의 고고학자 아더 에반스(Sir Arthur Evans)에 의하여 크레타 섬에서 번영했던 미노아문명의 유적지 크노소스(Knossos) 궁전이 발굴되었다. 또 미노아와 미케네 유적지에서 발굴된 선상문자(Linear) B가 1952년 벤트리스(Michael Ventris)에 의하여 해독됨으로써 에게문명에 대하여 비교적 상세하게 알려지게 되었다.

2. 키클라데스의 문화유산

크레타 섬의 북쪽 에게해에는 키클라데스(Cyclades Islands)라 불리는 한 무리의 섬들이 원모양으로 흩어져 있다. 이 제도는 제우스(Zeus)와 레토(Leto)[1] 사이에서 태어난 쌍둥이 남매인 아폴론(Apollon)과 아르테미스(Artemis)가 태어난 델로스(Delos:

1_ 티탄족 신인 Coeos와 Phoebe의 딸이며, 아폴론과 아르테미스의 어머니이다. 제우스의 사랑을 받아 쌍둥이를 임신하게 되지만, 제우스의 아내 Hera의 명령으로 모든 곳에서 출산장소를 제공하지 않아 세계의 여러 곳을 떠돌면서 갖은 고생을 다하게 된다. 그러나 제우스가 북풍의 신 Boreas를 시켜 레토를 Poseidon에게 데려가게 하고, 포세이돈은 레토를 델로스섬으로 데리고 간 다음 높은 파도를 일으켜 섬을 태양으로부터 가리게 한 다음 출산할 수 있게 하였다.

[그림 1-2] 키클라데스 제도.

▲ 키클라데스 제도(諸島)는 220여개 섬들로 이루어져 있으며, 주요 섬들은 Ándros, Dēlos, Mēlos, Mýkonos, Náxos, Páros, Sýros, Thēra(Santoríni) 등이다. 현재 키클라데스 현의 행정중심지는 Sýros섬이다. 키클라데스 제도의 중심부에 위치한 Delos섬은 넓이가 3.4㎢의 크기로 섬 전체가 노천박물관이라 할 수 있다. Apollon 숭배의 중심지로 주변에 여러 유적지들이 흩어져 있다. 1990년 섬 전체가 유네스코 세계문화유산 유적지로 등록되었다.

찬란히 빛나는 섬이라는 뜻) 섬을 원처럼 둘러싸고 있다. 이 섬들은 소아시아에서 그리스 반도로 건너가는 사이에 징검다리처럼 놓여있는데, 이 섬들에 서아시아의 이주민들이 정착한 것은 기원전 6000년대 전후로 추정되고 있다. 이미 기원전 4000년경 이전에 에머 밀(emmer wheat), 야생 보리, 양, 염소, 돼지, 참치를 기반으로 아나톨리아와 그리스적 요소가 혼합된 신석기 문화가 발달하였다. 발굴지에서 구리 작업의 흔적도 발견되었다. 키클라데스 문명은 기원전 3000년경부터 독자적인 문명으로 발전하다가 기원전 2000년경에 영향력이 커진 미노아문명에 흡수되었다.(그림1-2)

키클라데스는 1880년대 처음 발굴이 시작되었고, 1898~99년에 여러 무덤 지역이 발굴되어 “키클라데스 문명”이라는 이름이 붙여졌다. 곧 시들해졌던 키클라데스 문명에 대한 흥미가 다시 고조된 것은 20세기 중반에 들어서였다. 장 아르프(Jean Arp, 1886~1966)나 콘스탄틴 브랑쿠시(Constantin Brancusi, 1876~1957)의 조각을 닮은 키클라데스의 조각상들 때문이었다. 신석기 말기와 청동기 초기에 하얀 대리석을 깎아 만든 도식적이고 납작한 여인상들이 20세기 초부터 도굴되어 밀매되었다. 그 결과 현재 알려진 1,400개 조각상 가운데 40% 정도만이 출처가 확인되고 있다.

키클라데스인들은 번영하는 동안 이집트, 아나톨리아(Anatolia) 지역 등과 활발히 교역을 하면서 고대 지중해세계에서 가장 먼저 우수한 문화를 꽃피웠다. 가장 잘 알려진 대리석 인물상들이 “우상 idols”또는 “작은 조각상 figurines”으로 불리는데,[2] 타원형이나 사각형으로 각이 져 있는 이 조각상들은 현대미술을 연상시킬 정도로 추상적 단순성을 보이고 있다. 이들이 현대 조각예술과 유사성이 있다고 생각하는 것은 잘못된 이해일 것이다. 왜냐하면 발굴된 "우상" 들의 코와 눈과 입 주위에 안료를 바른 흔적이 남아 있는 것으로 보아, "우상"들은 색칠이 되어있었던 것으로 생각되기 때문이다. 이들 인물상은 두상도 있지만 여자의 누드 입상이 주종을 이루며, 작은 것은 17센티미터에서 큰 것은 등신에 이르기까지 다양하다.(그림 1-3) 에게해 전역의 무덤에서 발견되고 있는 이들 인물상은 가슴 아래 배 부분을 가로질러 팔짱을 끼고 있다.(그림1-4) 기원전 2500년경 만들어진 〈하프 연주자 harp-player〉와 〈파이프 연주자 pipe-player〉는 에게해 지역에서 현존하는 가장 오래된 연주자의 모습으로 생각된다.

이들 누드 입상의 조각상들이 무엇을 의미하는지는 명확하지 않다. 인류학적 관점에서 연구하는 학자들은 이들 조각상이 〈빌렌도르프의 비너스 Venus of Willendorf〉[3]처럼 자연의 대여신(The Great Goddess of nature)을 나타낸다고 믿는다. 그러나 다른 학자들은 신의 우상, 죽음의 이미지, 또는 아이들의 인형 등으로 해석하고 있다. 그러나 고고학적으로는 이들 조각상이

[그림 1-3] 키클라데스 우상.

▲ 기원전 2700~2300년, Marble, 27cm, 여성 두상, Musée du Louvre. 4,500년 전쯤 만들어진 이 여성의 두상은 단순한 추상성으로 20세기 조각가들의 작품을 연상케 한다. 대리석으로 다듬은 계란모양의 갸름한 여성 얼굴에는 코만 조각되어 있다. 이 조각상은 특히 Constantin Brancusi의 작품 〈잠자는 뮤즈 Sleeping Muse〉 (1910, Bronze, 크기 27.7cm, The Art Institute of Chicago)와 많이 닮아 있다. 또 2010년 파리의 Christie's 경매에서 4,318만 유로(당시 한화 645억원)에 개인 수집가에 경매된 Amedeo Modigliani(1884~1920)의 석조각 작품 〈여인 두상〉 (65cm, 1910~20 제작)과도 많이 닮아 있다.

2_ 그렇지만 어느 명칭도 정확한 표현은 아니다. "우상"은 종교적 기능을 시사하는 명칭이나 전문가들 사이에 이론이 많으며, "작은 조각상"이라는 명칭은 거의 사람 크기의 큰 조각상에는 적합하지 않기 때문이다.

3_ 1908년 오스트리아 Willendorf 근교 구석기 유적지에서 발견된 석회암 조각상으로 붉은 황토색으로 칠해져 있다. 11.1cm의 작은 조각상으로 약 2만 2천년전에 만들어진 것으로 추정된다. 커다란 유방과 굵은 허리, 불룩 나온 배와 풍부한 엉덩이, 강조된 성기는 생식과 출산, 다산의 상징으로 주술적 숭배의 대상이 되었던 것으로 판단된다. 이 석상은 태고의 이상적인 여성을 나타내는 것이라고 보는 학자가 있는가 하면, 선사 시대 유럽의 풍요의 여신을 나타내는 것으로 보는 학자도 있다. 다산을 나타내는 것이 아니라면 뚱뚱함은 수렵생활을 하는 사회의 높은 계층에 있는 사람을 나타내며, 이 석상이 성공과 안녕의 상징이었다는 주장도 있다.

[그림 1-4] 키클라데스 우상.

▲ 기원전 2200~2000년, Marble, 17.3cm, Museum of Cycladic Art, Athens.
여성의 작은 누드 입상으로 가슴 아래 배 부분을 가로질러 팔짱을 끼고 있다. 이런 자세가 무엇을 의미하는지는 알 수가 없다. 참고로 약 1500년 후인 그리스의 Archaic 기에 나타나는 Kore상은 한 팔은 옆구리에 붙이고 다른 한 팔을 배 부분을 가로지르고 있다. 이 자세 역시 무엇을 의미하는지 알 수가 없다. [그림 5-3] 참고.

숭배의 대상이라는 증거를 발견하지 못하였다. 고고학적 증거가 제시하는 것은 이들 조각상이 장례식에서 사용되었다는 것이며, 일부에서는 수선한 흔적이 보인다는 것이다. 이는 장례를 위해서 특별히 제작한 것이 아니라 사자(死者)가 생전에 귀히 여겼던 물건임을 의미한다. 조각상들은 남녀 모두의 묘지에서 출토되었다.

제 2 장

미노아의 문화와 유적

기원전 7000년경 아나톨리아(Anatolia) 또는 레반트(Levant) 지역에서 이주해 농경과 어로생활을 해온 크레타인들은 기원전 2700년경 청동기문명으로 이행하였다. 이들은 키클라데스 문명이 전성기에 이르렀을 무렵 미노아문명(Minoan Civilization)[4]으로 알려진 새로운 문명을 발전시키기 시작하였다. 기원전 2000년경에 이르러 크노소스(Knossos)와 페스토스(Phaistos: Festos) 등에 거대한 궁전을 세웠다.(그림2-1) 약 2세기후 통치자들은 크노소스를 중심으로 미노스(Minos)라 불렸고, 이들 왕이 섬 전체를 지배하면서 중앙집권적인 제정일치의 지배권을 가졌다. 미노아 왕국은 군사적, 상업적, 영토적으로 우세하여 외침의 위협이 없는 강력한 해상왕국을 건설하여 평화로운 문명으로 발전하였다. 거대한 궁전에 방어벽조차 없었던 것이 그 같

4_ Arthur Evans가 명명한 이 문명의 이름은 전설적인 크레타의 지배자 Minos왕의 이름에서 유래하였다. 미노스는 Zeus와 페니키아 공주 Europa 사이에서 태어났다. 흰소로 변한 제우스가 Europa를 납치하여 크레타로 데리고 왔다. 이 신화에 따라 그리스 서쪽을 유럽이라 부른다. 이 신화는 문명이 동방에서 서방으로 전파되었음을 말해준다.

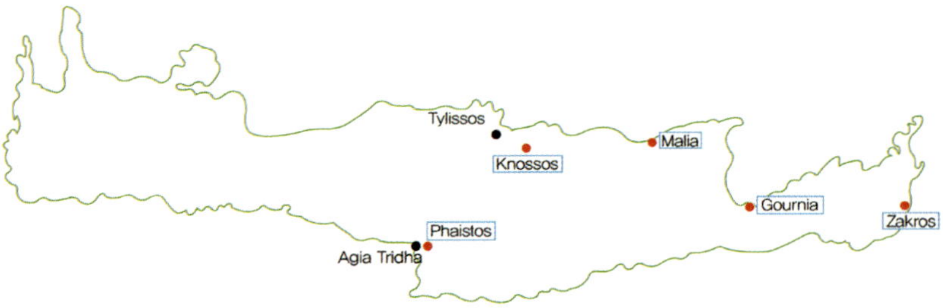

[그림 2-1] 미노아문명 유적지.

▲ Creta.
기원전 2,000~1,450년경 크레타 섬에서 번성했던 미노아문명 유적지로, Knossos, Malia, Zakros, Phaistos 등에서 왕궁터가 발굴되었다. Agia Triadha에서는 기원전 1400년경 미케네 시대의 채색석관이 발굴되었다. 본문 p. 31 주 8) 참고.

은 사실을 말해주고 있다.

권위의 상징물들과 화려한 색채의 프레스코(fresco)[5] 벽화가 어우러졌던 미노아 궁전들은 기원전 1700년경에 재앙을 맞았다. 지진 혹은 아나톨리아에서의 침입이 있었던 듯한데, 크노소스, 페스토스, 말리아(Malia), 자크로스(Zakros)의 궁궐들이 파괴되었다. 그렇지만 곧 인구가 다시 성장하고 더 큰 궁전이 재건되었으며, 지방 주거지와 포장도로도 건설되었다. 그리하여 기원전 17세기와 16세기에 미노아문명이 전성기를 맞았다. 궁전은 주거와 행정, 상업의 공간이었으며, 거기에는 수많은 방과 성소, 상인들의 공방과 창고가 있었다.(그림2-2)

기원전 1600년경에 또 다른 자연 재앙이 있었는데, 아마도 테라(Thera, 현 Santorini) 섬의 화산폭발로 보인다. 그렇지만 이 파괴에도 미노아문명은 유지되었고, 궁궐이 다시 전보다 더 크게 재건축되었다. 이 시기 미케네의 지배가문들은 미노아의 무역망과 연결되었고, 그 영향으로 그리스 본토의 물질문명이 새로운 단계로 올라선 것으로 보인다. 이집트와 크레타 사이의 연결이 두드러졌는데, 미노아의 도자기가 이집트로 운송되었고 미노아는 이집트에서 파피루스와 건축적, 예술적 아이디어를

5_ 소석회(消石灰)에 모래를 섞은 모르타르를 벽면에 바르고 수분이 있는 동안 채색하여 완성하는 회화기법을 말한다. 프레스코화는 14~15세기 이탈리아에서 전성기를 맞았으나 그 후 유화에 밀려났다. 그런데 20세기에 들어서면서 미국, 멕시코 등에서 일부 예술가들에 의하여 다시 관심의 대상이 되고 있다.

[그림 2-2]
크노소스 궁전의 북쪽입구.

◀ 복원모습.
기원전 1,450년경 Thera섬의 화산폭발로 인한 해일로 Creta섬의 크노소스 궁전을 포함한 미노아문명의 궁전들이 파괴되어 다시는 재건되지 못하였다. 그 후 미노아문명은 그리스반도의 미케네인들에게 점령되었다. 그 시기에 선형문자(Linear) A가 선형문자 B로 교체되었다. Minotauros전설 역시 당시의 지배세력의 교체를 함축하는 것으로 보인다.

획득하였다. 이집트의 상형문자가 미노아 상형문자의 모델이 되었고 여기서 선형문자 A와 B(Linear A and Linear B)가 발전하였다.

기원전 1450년경 미노아문명은 지진이나 테라 섬의 화산폭발에 의한 대파괴로 전환점을 맞게 되었다. 지진이나 화산폭발의 시기와 그 영향의 연관성에 대해서는 논쟁이 되고 있으나, 크노소스뿐만 아니라 말리아, 페스토스, 틸리소스(Tylissos) 등에 위치한 여러 궁전들이 파괴되었다. 미노아 궁전은 기원전 1420년경 또는 1375년경 미케네인들에 의해서 점령된 것으로 보인다. 이들은 선상문자 A를 통하여 그리스문자 형태인 선상문자 B를 만들어 사용하였다. 선상문자 B는 기원전 1425~1390년 시기에 작성된 "마차 점토판 방"으로 불리는 기록보관소에서 최초로 발견되었다. 미케네인들은 미노아인들의 문화와 종교, 예술, 경제제도와 행정제도를 파괴하기 보다는 채택하여 유지하였다. 기원전 13세기(1390~1190)에 대부분의 크레타 도시와 궁전들은 쇠퇴하였다. 선상문자 A를 사용한 것은 기원전 1390~1340년 시기까지였다. 크노소스는 기원전 1200년경까지 행정의 중심으로 남아 있었으나 그 후로는 방어를 위한 요새와 피난처로 사용된 흔적을 보여주고 있다.

1. 크노소스 궁전

크노소스 궁전은 제우스와 에우로파(Europa) 사이에서 태어났다고 전해지는 전설적인 미노스(Minos) 왕의 왕궁이었다. 세상에 현존하는 가장 오래된 궁전으로, 미노아문명의 중심지였다. 크노소스 유적은 현재의 이라클리온(Iraklion, 또는 Heraklion)시내에서 남쪽으로 약 6km 떨어진 크레타 섬 북쪽 해안의 내륙 구릉지대에 위치하고 있다. 1900년부터 영국의 고고학자 아서 에번스(Sir Arthur Evans)에 의해서 본격적으로 발굴되었다.

궁전의 건물은 사방으로 약 130m정도이며 중앙에는 가로 세로 60m와 29m 정도의 직사각형 중앙정원이 있다. 이를 사이에 두고 동쪽에 왕과 그 가족을 위한 거주구역과 공방들이 있으며, 서쪽으로 〈옥좌의 방〉을 비롯한 제례와 정치를 위한 방들이 배치되어 있다. 궁전은 1000여개의 복잡한 방으로 구성된 복합건물로 종교적, 행정적 중심지였을 뿐만 아니라 식료품 등의 중앙 저장소이자 장인들의 공방과 식품 가공센터였다.

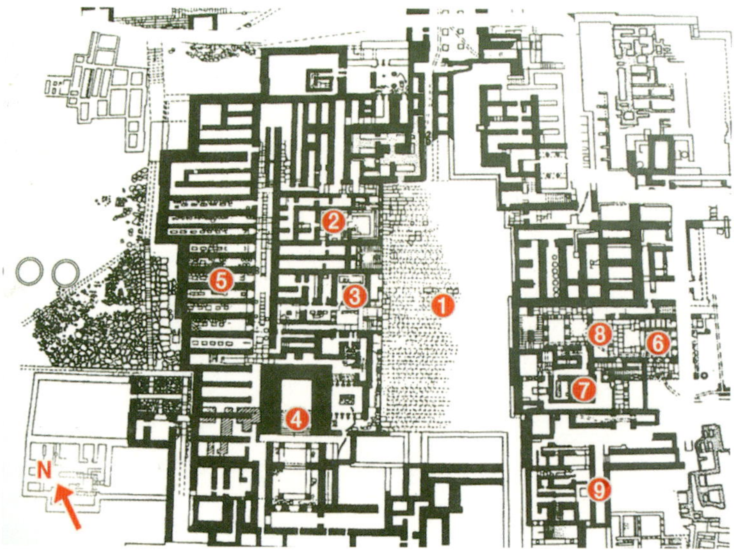

[그림 2-3]

크노소스 궁전 평면도.

▶ ① : 중앙정원,
② : 옥좌의 방,
③ : 성소,
④ : 계단,
⑤ : 저장실,
⑥ : 왕의 거실,
⑦ : 왕비의 거실,
⑧ : 양날도끼의 방,
⑨ : 양날도끼 성소

궁전의 건축 재료는 나무와 돌이었으며, 심한 붕괴로 상부 구조는 분명치 않으나 2층 또는 3층 부분이 있었던 것으로 보인다. 크고 작은 계단과 복잡한 회랑과 통로 외에도 곳곳에 채광을 위한 천창과 연못 등도 있었다. 일종의 수세식 변소와 도관을 이용한 하수도 등도 발견되었다. 축제와 풍속, 동식물과 새, 물고기 등을 그린 프레스코화로 내부의 벽이나 천장의 대부분이 장식되어 있다.(그림2-3)

신화에 따르면 크노소스 미궁(Labyrinth)은 왕비 파시파에(Pasiphae)와 포세이돈이 보낸 황소 사이에서 태어난 미노타우로스(Minotauros)를 가두기 위하여 미노스 왕의 명에 의하여 다이달로스(Daedalus)가 설계하였다. 희생으로 바쳐진 아테네의 동남동녀를 잡아먹었던 괴물은 테세우스(Theseus)에 의하여 죽임을 당하였다. 크노소스 궁전을 지칭하는 Labyrinth의 어원은 리디아어인 labrys로, 양날도끼를 의미한다. 양날도끼는 종교적 마술적 의미를 갖는 것으로, 미케네 시대에는 액막이의 상징, 즉 "살해"로부터의 예방을 의미하였다. 크노소스 궁전의 돌 위에는 도끼로 긁은 자국이 많이 남아 있다. labyrinth라는 말이 기록된 처음 증거는 선상문자 B에서 "lady of the Labyrinth"로 해석되는 문구이다. 이는 어원적으로 labrys와 직접적인 연관은 없는 것 같다. labyrinth의 궁극적인 기원이 무엇이든 그리스인들이 차용해서 사용했던 것이 틀림없는데, labyrinthos의 접미사가 그리스 이전 것이기 때문이다. 미노아 연구자들은 20세기 대부분 동안 미궁신화를 이해할 수 없었다. 이유는 크레타에서 인신공희(人身供犧 human sacrifice, 또는 인신공양)의 증거를 발견하지 못했고, 또 인신공희에 대한 어떤 주장도 강력히 부정되어 왔기 때문이었다. 그런데 크노소스 궁전을 비롯하여 적어도 3군데에서 인신공희의 관습이 존재했었다는 것이 최근 고고학적 증거로 확인되었다. 크노소스 궁전은 대대적인 인신공희의 중심부였을 것이다. 그 같은 이유로 크노소스 궁전이 Labyrinth로 불린 이유를 이해할 수 있게 된 것이다.

크노소스 궁전은 기원전 2000년경 처음 건축되었는데, 기원전 1700년경 지진이나 아나톨리아의 침입으로 파괴되었다가 더 크게 재건축 된 후 전성기를 맞았다. 기원전 1600년경에는 테라 섬의 화산폭발로 다시 파괴되었다가 다시 이전 보다 더 크게 재건축되었다. 그러나 기원전 1450년경에 일어난 지진 혹은 테라 섬의 화산폭발로 궁전은 파괴되어 다시 회복되지 못하였다. 기원전 1400년경 크노소스 궁전이 미케네인들에 의하여 점령되었고, 문자도 선상문자 B로 바뀌었다. 기원전 1200년대 크노소스 궁전은 대부분의 크레타 도시 및 궁전들과 함께 쇠퇴하였다. 당시 지중해 일대에는 청동기문명이 광범위하게 스러지는 와중이었다. 기원전 1200년경까지 행정 중심지로 역할을 하던 크노소스 궁전은 그 후로는 방어를 위한 요새와 피난처로 사용되었다.

크노소스 궁전은 기원전 1700년경 처음 파괴된 후 기원전 1700~1400년 사이에 점진적으로 지어졌다. 궁전의 처음 계획은 뒤따르는 변경들로 알 수가 없으나, 궁전은 흥미로운 배치를 갖고 있다. 1300개 방들은 유기적인 연관성이 없는 다양한 크기와 방향의 복도에 따라 배치되어 있는데, 이는 주요 복도를 경유하는 방들로 배치된 당시의 다른 궁전들과 다른 구조이다.

6에이커(2만 4천 평방미터)에 이르는 궁전은 사방에 각각의 주 출입구가 있고 하나의 극장과 광대한 저장실들을 포함한다. 저장실들에는 기름, 곡물, 말린 생선, 콩, 올리브를 담은 점토 항아리들이 있었다.(그림2-4) 대부분은 궁전 자체에서 생산한 것인데, 궁전에는 곡물을 빻는 방아, 기름압착기, 포도압착기를 갖고 있었다. 저장실 아래에는 돌에 구멍을 파 금같은 귀중품을 저장하는 장소가 있었다.

크노소스 궁전에서 사용된 미노아 기둥은 다른 그리스 기둥들과는 매우 다른 구조를 갖는다. 그리스 건축의 특징인 돌기둥과는 달리 미노아 기둥은 지중해에 흔한 삼나무로 되어 있다. 또 대부분의 그리스 기둥이 더 높이 보이기 위하여 위가 가늘고 아래가 굵은데 비하여, 미노아 기둥은 아래가 가늘고 위가 더 굵다. 그 이유는 기둥에서 싹이 트는 것을 방지하기 위하여 삼나무 기둥을 거꾸로 세웠기 때문이었다. 궁전의 기둥에는 붉은 색이 칠해졌고, 기둥 윗부분은 둥글게 튀어나온 주두로 이루어져 있었다.(그림2-5)

궁전의 벽은 프레스코 그림으로 치장되었다. 미노아 프레스코는 인물의 자유로운 움직임과 자연스런 포즈를 묘사하고 있는데, 이는 이동의 자유, 유연성, 활력이라는 해양문화의 특징을 반영하고 있다. 이집트의 중왕조와 신왕조에서처럼 전쟁과 관련된 주제는 없다. 또 성별에 따라 색채를 달리하는 특징도 있다. 미노아 프레스코는 (그림2-8)에서 볼 수 있듯이 남자는 붉은 피부로 여자는 우유빛 피부로 묘사하고 있다. 거의 모든 그림이 젊은이거나 또는 나이를 알 수 없는 어른 그림이며, 소수만이 아이들과 노인들이다.

당시 이집트에서는 "마른 프레스코 dry-fresco"기술로 그렸던 반면, 미노아에서는 "젖은"방법을 사용하였다. 이 방법은

[그림 2-4]
크노소스 궁전 저장용 항아리(좌).

▲ 이 같은 저장용 항아리들은 크노소스 궁정의 중앙정원 왼쪽에 위치한 여러 저장실에서 다수 발견되었다. [그림 2-3] 참고.

[그림 2-5]
크노소스 궁전 내부 계단 부분의 기둥(우).

▲ 복원모습.
붉은 색이 칠해진 위가 굵고 아래가 가는 미노아 기둥의 특징을 잘 보여주고 있다. 주두는 둥글게 튀어나와 있다. 기둥이 위가 굵었던 이유는 삼나무 기둥에서 싹이 트는 것을 방지하기 위하여 거꾸로 세웠기 때문이었다. 미노아 기둥은 주초(Base)가 없이 기단에 직접 세워졌다.

금속과 광물 산화물의 염료가 벽에 잘 굳게 한 반면 빠른 작업을 요하였다. 그래서 즉석에서 자연스럽게 그리는 기술을 발전시켰고, 우아하게 윤곽선을 처리하는 기술도 발전시켰다. 이 같은 미노아 회화의 특징은 당시 지중해의 엄격히 양식화되고 판에 박은 형태의 프레스코화와 대비가 된다.

미노아의 프레스코는 중기 미노아 시대인 기원전1700~1600년 사이에 자연적인 형태의 예술로 발달하기 시작하였다. 프레스코화가 마지막 번성기인 기원전 1550~1450년에 정원, 축제, 춤 등 미노아인들의 생활모습을 보여주고 있다. 이 시기 크노소스 궁전 벽화에 〈파리의 여인 La Parisienne〉으로 이름 붙여진 미노아 여인과(그림2-6) 〈백합 왕자 Prince of the Lilies〉가(그림2-7) 그려졌다.

에반스에 의하면 백합으로 장식된 공작 깃털모자와 목걸이로 치장한 백합왕자는 "사제-왕 Priest-King"을 묘사한 그림이

[그림 2-6] 파리의 여인(좌).

▼ 기원전 1550~1450년, Knossos fresco, Herakleion Archaeological Museum. La Parisienne 또는 the Minoan Lady로 불리는 Knossos 궁전벽의 fresco 일부이다. 발굴 당시 유행의 첨단도시 Paris의 여인들처럼 세련된 모습에서 붙여진 이름이다.

[그림 2-7]
백합왕자 또는 사제-왕(우).

▼ 기원전 1550년경, Knossos fresco, Herakleion Archaeological Museum. Priest-King을 나타내는 인물이 종교의식을 행하고 있는 모습이다. 짧은 앞치마를 입고 백합 목걸이와 백합과 공작 깃털로 장식된 왕관을 쓰고 있다. 그의 왼손은 종교행사에서 희생물로 바쳐질 희생물을 끌고 있는 것으로 생각되나 벽화가 단편적으로 남아 무엇인지 알 수가 없다. 왼손으로 쥐고 있는 가죽끈에는 아마도 그리핀(griffin)이나 스핑크스(sphinx)가 달려 있을 것이다. 사제-왕의 피부는 일반적으로 여성을 묘사하는데 사용하는 흰색으로 칠해져 있다.

다. 종교의식을 집행하는 그의 왼손은 그림에는 보이지 않는 희생물을 끌고 있는 모습이다. 또 희생행위인 종교의식인지 혹은 황소싸움의 한 형태인 스포츠인지 의문이 가는 〈황소 뛰어넘기 Bull-Leaping〉도 그려졌다. 한 남자가 황소의 등을 공중제비로 뛰어넘는(혹은 뛰어 넘으면서 공격하는) 그림으로 앞뒤의 두 여자 중 앞의 여자가 (신성화된) 황소의 뿔을 잡고 있다.(그림2-8)

〈파리의 여인〉과 〈백합 왕자〉에서 알 수 있듯이 미노아의 인물 그림들은 이집트의 인물 그림들처럼 옆모습의 얼굴에 정면에서 바라본 눈으로 표현되고 있다. 이는 2차원의 평면에 3차원의 대상을 최대한 평면으로 그려 특징을 드러내는 이집트의 "해석원근법"이 그대로 이어지고 있음을 보여주는 것이다. 고대 이집트의 해석원근법적 표현은 20세기 피카소(Pablo Picasso, 1881-1973) 등에 의한 입체주의(cubism)에 영향을 미쳤다.

크노소스 궁전의 중앙정원 왼편의 중심부에는 에반스가 "옥좌의 방 Throne Room"으로 명명한 방이 있다. 북쪽 벽에는 "옥좌"로 명명된 설화석고로 만든 의자가 있다. 다른 면에

[그림 2-8] 황소 뛰어넘기.

▼ 기원전 1550~1450년, Knossos fresco, Herakleion Archaeological Museum.
황소 뛰어넘기는 중기 청동기시대 예술에서 나타나는 하나의 은유적 테마이다. 특히 크레타의 미노아문명에서 그러한데, Anatolia의 Hittite, Levant 지역, Bactria, Indus Valley에서도 발견되고 있다. 이들 예술품은 종종 황소숭배와 관련된 의식을 묘사하는 것으로 해석되고 있다. 이 의식에는 황소 등을 곡예사처럼 뛰어넘는 것이 포함되어 있는데, 뛰어넘으며 황소 뿔을 잡을 때 황소의 목이 거세게 위로 당겨지면서 공중제비를 돌고 다른 곡예나 묘기를 행하는 탄력을 얻었다. 이 그림에서는 도상학적으로 종교적인 의식(a ceremonial rite)의 일환으로 황소 등을 뛰어넘는 것인지 혹은 의식적인 스포츠(a ritual sport)인지 학자들 사이에 논란이 되고 있다.

[그림 2-9] 옥좌의 방.

▶ Knossos.
Arthur Evans가 "Throne Room"으로 명명한 방의 모습으로 오른쪽 벽에 설화석고로 만든 옥좌(Throne)가 놓여 있다. 이는 유럽에서 가장 오래된 옥좌이다. 옥좌 좌우에는 각각 1마리의 Griffin이 옥좌를 에워싸듯 옥좌를 향해 마주보고 앉아 있다. 벽의 3면에는 벤치가 있는데, 회의나 법정의 좌석이었을 것으로 보인다. 에반스에 의하면 대기실을 포함하여 옥좌의 방에는 30명의 인원을 수용할 수 있었다.
에반스에 의하면 옥좌는 Priest-King의 의자이며, 그리핀은 왕이 죽음의 왕국을 넘어서는 존재임을 확인해 준다. 또는 옥좌는 전설적인 크레타의 왕 Minos의 의자이다. 그에 비해 고고학자 Helga Reusch와 Friedriech Matz는 옥좌의 방은 여성 신을 위한 성소로 옥좌는 강림하여 앉을 신의 좌석이다.

는 석고 벤치가 있다. 옥좌 맞은편에 통이 있고, 벤치 뒤에는 손 씻는 대야가 있다. 이것으로 에반스는 정화의식의 장소라고 생각하였다. 측면은 사자 몸통에 독수리의 머리와 날개를 가진 상상의 동물인 그리핀(Griffin)을 묘사한 프레스코화가 있다. 두 마리의 그리핀이 양 측면에서 옥좌를 보고 웅크리고 있는 모습이다.(그림2-9)

〈옥좌의 방〉에 대해서는 두 가지 견해가 대립되고 있다. 하나는 옥좌가 "사제-왕" 또는 그의 배우자인 여왕의 의자라는 것으로, 에반스에서 기원하는 이론이다. 정제 대야와 방의 위치가 성역지역에 위치한 것이 이유인데, 그래서 "사제-왕"이다. 그리핀의 문장학적 배치가 예전의 미노아 장식 스타일보다는 더 형식적이고 더 기념비적이다. 이 이론에 의하면 1450년경 권력을 잡은 미케네의 그리스인들도 이 방에서 법정을 열었을 것이다. 다른 한 이론에 의하면 〈옥좌의 방〉은 왕좌에 앉을 여신(혹은 여사제, 혹은 조각상)의 강림을 위한 방이다. 이 경우 그리핀은 단순히 신성의 상징이었을 것이다.

2. 사회와 문화

미노아 왕국은 관료적 군주국가의 성격을 지녔다. 크레타의 절대적 지배자들은 거대한 관료계급의 도움을 받아 통치하였다. 당시 서기들은 크레타인들의 경제생활을 세세히 기록하고 통제하였다. 크레타의 평민들은 부와 지위의 차이가 거의 없었고, 대부분의 사람들이 풍요로운 삶을 영위했던 것으로 보인다. 노예는 존재했다 하더라도 큰 비중을 차지하지는 않았다. 또 남녀의 사회적 차별도 거의 없었던 것으로 보인다. 크레타의 주요 무역품은 세련된 도자기와 직물, 그리고 금속 제품이었다. 이들 제품은 개인소유의 작업장에서도 생산되었으나 주로 왕궁에 딸린 작업장에서 생산되었다. 미노아 왕들은 거대한 해군을 거느렸으나 이는 전쟁을 위해서가 아니라 교역을 유지하기 위해서였다.

평화로운 해상문명을 누렸던 크레타인들은 프레스코 벽화와 도자기 그림 속에 일상생활과 자연 속에서의 환희를 섬세하고 자연스럽게 묘사하였다. 이들의 예술은 지배계급을 미화하거나 종교적 목적을 위해서가 아니라 세상의 아름다움과 화려함 속에서 스포츠 활동 등 개인의 즐거움을 표현하기 위한 것이었다. 회화가 미노아문명의 예술 가운데 가장 뛰어난 분야이다. 채색된 부조가 간혹 발견되기는 했으나 크레타 회화의 대부분은 프레스코 기법으로 그려진 벽화이다. 에반스가 〈왕비의 거실〉이라 이름붙인 방은 특히 우아한 프레스코화로 장식되어 있다. 이 방은 채광창을 통해 들어오는 빛으로 밝게 빛난다. 벽에는 다섯 마리의 돌고래가 신나게 헤엄치고 문틀은 담청색 꽃무늬 그림으로 덮여 있다.

미노아문명은 유목경험이 없는 안락한 모계 중심적 농경생활의 유산을 보여주고 있다. 이 같은 성격은 미노아인들의 종

[그림 2-10] 뱀의 여신.

▲ 기원전 1600경, 34.3cm, Herakleion Archaeological Museum.
1903년 Evans가 크노소스 궁전의 저장창고에서 발견한 것으로, 성소에서만 발굴되는 것이다. 현재 이라클리온 고고학 박물관에는 2개의 여신상이 전시되어 있는데 어머니 여신과 딸로 생각된다. 그림은 딸의 여신 모습이다. 가슴을 다 드러내는 몸에 꼭 끼는 소매 없는 조끼, 땅까지 끌리는 긴 치마, 자수로 수놓은 앞치마는 당시 미노아에서 유행하던 복장이었다. 여신은 들어 올린 양손에 뱀을 들고 있다. 머리에는 작은 동물이 앉아 있는데 표범을 흉내 낸 것으로 보인다. 이들 동물들은 일반적으로 대지의 여신(Earth Goddess)을 상징한다. Evans는 뱀의 여신이 이집트의 뱀의 여신인 Wadjet과 관련이 있는 것이 아닌가 생각하였다.

교에 반영되어 있다. 미노아의 최고신은 여신이며 그 여신이 우주 전체의 지배자였다. 미노아인들의 여신숭배는 성소의 터와 방위에서 보여주고 있다. 성소는 모두 계곡의 품에 안기듯 들어서 있고, 성소의 남북축은 원뿔 모양의 언덕 혹은 두툼한 언덕을 가리키고 있으며 더 멀리는 움푹 파인 틈이나 한 쌍의 봉우리를 가리키고 있다. 움푹 파인 틈은 여자의 음부, 한 쌍의 봉우리는 가슴을 상징하는 것으로 보인다. 산봉우리와 신성한 동굴이 숭배의 중심지였으나, 그리스인이 발전시켰던 신전은 발견되지 않았다.

미노아인들은 황소와 그의 정화된 뿔, 양날 도끼(labrys), 기둥, 뱀, 태양 면(solar disc), 나무 등을 신성한 상징물로 생각하고 숭배하였다. 또 모계 중심적 신앙체계의 특성에 따라 여성 사제가 종교의식을 주관하였다. 미노아의 여신 숭배사상은 〈뱀의 여신 Snake Goddess〉에 잘 반영되어 있다.(그림2-10) 미노아 종교에서 뱀은 재생을 의미하는 중요한 상징물이었다. 뱀의 모습을 한 여인상이 여신인지 여사제인지 왕비인지는 불분명하나, 신석기시대 시작된 농경사회의 다산 및 지모신 숭배와 깊은 관련이 있는 것으로 생각된다.[6] 〈뱀의 여신〉의 정면 포즈는 메소포타미아와 이집트 조각상을 연상케 하며 몸과 드레스의 기하학적 구분과 더불어 여러 형식화된 관습을 보여준다. 뱀을 잡고 있는 펼친 팔은 정적인 포즈에 활기를 더한다. 몸을 감싼

6_ 고대 사회에서 뱀은 생명, 죽음, 재생을 상징하였다. 생명, 죽음, 재생은 농경사회에서 숭배되던 대여신(The Great Goddess)의 보편적인 속성이다. 그리스 신화의 Gaia와 Demeter, 로마 신화의 Ceres와 Terra Mater, 이집트의 Isis, 수메르의 Inanda, 바빌론의 Ishtar 등이 대여신들이다. 미노아인이 숭배한 뱀은 대여신을 상징적으로 나타낸 것이다. 매년 봄 동면을 끝내고 허물을 벗고 다시 태어나는 뱀을 불면성을 구현한 동물로 생각했기 때문이다. 뱀의 불멸성을 강조하기 위하여 종종 꼬리를 입으로 물고 있는 형태로 묘사되기도 한다. 또 나무나 나무의 변형인 기둥도 뱀과 연관이 있다. 흔히 생명 나무(The Tree of Life)나 우주 나무(The World Tree)의 기둥에는 뱀이 휘감겨 있는 것으로 묘사되고 있다.

치마는 땅을 끌만큼 길게 내려왔으나 가슴은 노출하고 있다. 그 같은 모습은 전형적인 미노아 여인의 복장으로, 프레스코화에서 반복적으로 나타나고 있다.

일부 연구자들은 황소와 태양을 상징하는 남신인 "지구를 흔드는 신 Earthshaker"(Poseidon을 의미함)과 여신과 연관이 있다고 주장한다. 포세이돈은 황소와 연관이 있으며 황소는 미노타우로스(Minotauros)와 연관이 있다. 즉, 미노아에서 풍요와 다산의 여신은 크레타의 통치자를 상징하는 황소와 연관이 있으며, 역동적인 〈황소 뛰어넘기〉 역시 제의와 관련된 것이거나 여신을 기리는 청년들의 성년식 혹은 스포츠와 관련이 있는 것으로 보인다.

미노아인들이 인신공희를 행했으리라는 증거가 크노소스를 포함한 3곳에서 발견되었다. 기원전 1800~1700년 시대 아네모스필리아(Anemospilia)의 성소와 기원전 2900~2300년 시대 푸르누 코리피(Fournou Korifi)의 주거지,[7] 그리고 기원전 1480~1425년 시대 건축된 "North House"로 알려진 크노소스이다. 아네모스필리아 성소의 경우 지진으로 파괴된 곳에서 테라코타로 만든 발과 일부 탄화된 목재가 인신공희의 흔적을 보이고 있다. 발굴된 4구의 해골 가운데 하나는 어린 남자인데, 솟아 오른 제단에서 비정상적으로 오므린 자세다. 이는 희생을 위해서 묶였던 것을 시사하고 있다. 그것은 미케네 시대의 〈아기아 트리아다 석관 Agia Triada Sarcophagus〉[8]에 새겨진 희

7_ 크레타 섬의 미노아 유적지로, 아네모스필리아 성소 유적지는 1979년, 푸르노 코리피의 주거지는 1967년 처음 발굴되었다. 유물들은 Iraklion Archeological Museum에 소장되어 있다.

8_ 기원전 1400년경 미케네 시대 크레타인의 생활을 보여주는 채색석관으로, Iraklion Archaeological Museum에 소장되어 있다. 그림의 주요 장면은 황소희생과 신성의식의 장면들이다. 종교적 상징의 그림 중 flute 연주자와 7현의 lyre 연주자의 모습이 있는데, 리라는 고대 그리스에서 알려진 것 가운데 가장 오래된 모습이다.

생황소의 모습과 같다. 또 청동 검이 희생자의 뼈 속에서 나왔고, 몸 한쪽의 뼈가 변색된 것은 피를 흘려 죽은 것을 시사하고 있다. 청동 검은 양면에 곰의 형상이 있는 15인치 길이이다. 푸르누 코리피 주거지에서는 해골이 작은 화로에서 조리도구와 함께 발견되었다. 크노소스에서는 건강상태가 양호한 최소 4명의 어린이 뼈가 발굴되었는데, 양과 염소처럼 희생되어 먹힌 것으로 보인다. 인신공희에 대한 문제는 논란 속에서도 현재 고고학적 발굴로 입증되고 있다.

미노아인들은 기원전 2400년경 이미 금세공기술을 터득하였다. 가장 유명한 작품으로는 〈황금벌 펜던트 Golden Bee Pendant〉로 둥근 모양의 벌집에 자리한 두 마리의 벌이 벌집위에 꿀 한 방울을 떨어뜨리는 모양이다. 벌집의 미세한 구형의 금 알갱이들이 바탕의 금과 결합선을 남기지 않고 매끄럽게 처리된 것은 미노아인들의 높은 금세공술을 보여주고 있다.

테라 섬의 아크로티리(Acrotiri) 유적지 역시 번영했던 미노아문명을 보여주고 있다. 1860년 발견되어 1967년부터 광범위한 발굴조사가 이루어진 화산재에 묻혀 있던 이 유적지가 미노아의 폼페이(Pompeii)인 셈이다. 학자들이 이 섬에서 4층 높이의 건물이 들어선 장대한 도시의 유적을 발굴했으며, 여기서 발견된 프레스코 기법의 〈어린이 복서 Children Boxers〉와 〈영양 Antelopes〉 그림은 원숙한 동적의 긴장미를 보여주고 있다.

[그림 2-11] 미노타우로스.

▼ National Archaeological Museum of Athens.
기원전 5세기중엽 Myron 원작의 복제품으로 추정됨.
Minotauros가 황소 머리에 인간의 몸을 한 모습으로 표현되었다. Knossos에 사는 Minotauros가 Athene의 Theseus 왕자에게 죽임을 당했다는 전설은 Minoa 사회가 Mycenae에 의해서 정복되었다는 역사적 사실을 상징적으로 함축하는 것으로 해석된다.

3. 미노타우로스 신화

미노타우로스(Minotauros)는 “미노스의 황소”라는 뜻으로 크레타 미노스 왕의 궁전인 미궁(Labyrinth)에서 살았던 괴물이다. 로마의 시인 오비디우스(Publius Ovidius Naso, 기원전 43~서기 17)의 묘사처럼 “일부는 사람, 일부는 황소 part man and part bull”로, 대체로 몸은 인간의 모습이고 얼굴과 꼬리는 황소의 모습을 하고 있다. 그 반대의 모습으로 묘사되기도 한다.(그림2-11)

미노타우로스가 탄생한 것은 미노스 왕으로 거슬러 오른다. 페니키아 공주 에우로파와 제우스 사이에서 태어난 미노스는 크레타의 왕이 되기 전 자신의 형제들과 왕위를 놓고 투쟁하였다. 그 투쟁 중 바다의 신 포세이돈(Poseidon)의 도움으로 미노스가 왕위에 올랐다. 그런데 왕위에 오른 미노스는 포세이돈이 지지의 증거로 보내준 하얀 황소가 탐이나 다른 황소를 희생물로 바쳤다. 포세이돈은 자신을 속인 미노스를 벌하기 위하여 미노스의 왕비 파시파에(Pasiphae)가 황소와 사랑에 빠지게 만들었다.

파시파에는 다이달로스(Daidalos)가 만든 나무암소 안에서 황소를 유혹하여 결국 미노타우로스를 낳았다. 미노타우로스가 어렸을 때는 (그림2-12)처럼 파시파에가 길렀으나 커가면서 난폭해지고 통제가 되지 않게 되었다. 미노스왕은 델피의 신탁에 따라 다이달로스에게 아무도 드나들 수 없는 미궁을 만

[그림 2-12]
파시파에와 미노타우로스.

◀ 기원전 340~320년, Cabinet des médailles de la Bibliothèque nationale de France, Paris.
Vulci에서 출토된 적화양식 도자기. Minos 왕의 왕비이며 Minotauros의 어머니인 Pasiphae가 어린 Minotauros를 안고 있는 모습이다. 커가면서 야수성을 드러내는 Minotauros를 가두기 위하여 Minos 왕은 Daidalos를 시켜 미궁을 만들고 그 지하 감옥에 Minotauros를 가두었다.

[그림 2-13]
미노타우로스와 싸우는 테세우스.

▶ 1826년, Marble, Étienne-Jules Ramey, Tuileries Gardens, Paris.
Athene의 왕자 Theseus에게 죽임을 당하는 Minotauros의 모습이다. 전설에 의하면 매년 7명의 Athene 소년과 소녀를 잡아먹던 Minotauros는 Minos의 딸 Ariadne의 도움을 받은 Athene의 왕자 Theseus에게 죽임을 당하였다. Theseus에게 도움을 주려는 Ariadne를 위하여 실을 뽑아 미궁에 아들 Icaros와 함께 갇힌 Daidalos는 날개를 만들어 밀납으로 몸에 붙이고 날아서 탈출하였다. 아카로스는 태양 가까이 접근하지 말라는 다이달로스의 말을 어겨 태양열에 밀납이 녹아 바다에 추락해 죽었다.
Theseus는 Minotauros를 죽이고 Ariadne를 데리고 귀환하려 했으나 Athena 여신의 지시로 아리아드네를 Naxos섬에 버렸다. Ariadne는 Naxos섬의 주인 Dionysos에게 발견되어 그의 아내가 되었다. 아테네 항구에 도달한 Theseus는 무사함의 표시로 흰 돛을 달기로 한 약속을 잊어 부왕 Aigeu가 비탄에 빠져 바다에 몸을 던져 죽게 만들었다. 그가 죽은 바다를 사람들은 에게해라 부른다.

들게 하여 그 중앙에 미노타우로스를 가두었다.

한편 미노스의 아들 안드로게오스(Androgeos)가 아테네에서 열린 제전경기에 참가하여 우승했으나 질투로 살해되었다. 미노스가 아들의 목숨에 대한 대가로 아테네에게 매년(혹은 9년마다) 7명의 소년과 소녀를 미노타우로스에게 줄 인신공물로 바치게 하였다. 세 번째 공물이 바쳐질 때 아테네의 영웅 테세우스(Theseus)가 희생물로 자원하여 미궁 속에 들어가 미노타우로스를 죽이고 희생물들을 구출하였다. 그 때 테세우스는 자신을 사랑하게 된 크레타의 공주 아리아드네(Ariadne)의 도움을 받아 명주실을 풀면서 미궁으로 들어갔다가 다시 감으면서 나와 무사히 미궁을 탈출할 수 있었다.(그림2-13)

1900년 에반스에 의해 발굴된 이래 크노소스 궁전에서 미궁은 발견되지 않았으나, 일부 학자들은 많은 방과 복도, 계단 등이 미궁의 전설을 낳았을 것으로 추정하고 있다. 그런가 하면 일부 신화학자들은 미노타우로스를 태양의 인격화와 페니키아인들의 바알-몰록(Baal-Moloch)[9] 신의 수용으로 생각하고 있다. 그 경우 테세우스가 미노타우로스 죽인 것은 미노아의 크레타와 아테네의 공물관계 청산을 의미한다. 영국의 고전학자 쿡(A.B. Cook, 1868~1952)에 의하면 미노스와 미노타우로스는 동일인물로, 태양을 황소로 표현하는 크레타의 태양신을 나타낸다. 또 쿡과 영국의 사회인류학자 프레이저(J.G. Frazer, 1854~1941)는 파시파에와 황소와의 결합을 크노소스 왕비가 황소모양의 신과 결혼하는 신성의식으로 본다. 그런가 하면 미노스를 역사적인 인물이라 생각하며, 당시 황소를 숭배하던 크레타에서 희생이 붉고 뜨거운 놋쇠로 만든 황소의 배안에서 이루어졌다는 주장도 있다.

미노타우로스의 전설은 역사적으로는 크레타가 에게해에서 정치적 문화적 주도권을 잡았을 때를 배경으로 한다. 막 태어난 아테네와 아마도 다른 그리스 국가들이 크레타에 공물을 바치게 되자, 거기에 희생을 위한 젊은 남녀가 포함되었던 것으로 보인다. 그 의식은 황소머리나 황소마스크를 한 사제에 의해서 행해졌을 것인데, 그것이 미노타우로스의 이미지를 설명하고 있다. 그 후 그리스 국가들이 크레타의 지배에서 벗어나자 미노타우로스 신화와 관련된 미노아인들의 믿음은 그리스인들의 종교적 의식에서 멀어지게 되었다.

현재는 크레타에서 출토된 동전이나 그리스의 도자기 그림, 조각, 폼페이 베티의 집의 〈소의 형상을 한 파시파에〉 등의 유물들에서 미노타우로스의 신화를 표현한 작품들을 볼 수 있다. 또 고야(Francisco de Goya, 1746~1828)와 피카소(Pablo Picasso,

---

9_ Baal은 농업공동체였던 고대 가나안인들이 풍요와 다산의 신으로 숭배하던 풍요와 폭풍우의 남성신이다. 그의 아버지는 최고신인 태양신 El, 어머니는 바다의 신 Asherah였다. Moloc은 원래 바빌로니아 지방에서 명계의 왕으로 알려졌고, 가나안에서는 태양과 천공(天空)의 신으로 알려졌다. 어린이를 제물로 바쳐 제사지내는 인신공희도 행해졌다.

1881~1973)의 에칭화 〈투우 Tauromaquia〉에서도 황소를 주제로 한 작품들을 볼 수 있다.

제 3 장
미케네의 사회와 문화

기원전 2000년경 그리스 본토에는 초기 형태의 그리스어를 구사하는 인도-유럽어족의 유목민족인 아카이아인들(Achaeans)이 등장하였다. 이들은 이 지역의 미노아문명을 받아들이며 세력을 키워, 기원전 1600년경에 이르러 그리스 반도 전체를 지배하게 되었다. 이들 문명은 기원전 1200년경까지 번성했던 도시국가 중 북동 펠로폰네소스 반도에 위치하며 가장 강성했던 미케네에서 이름을 따 미케네문명이라 불리고 있다. 미케네의 어원인 Mukanai는 그리스 이전 시기에 그리스 반도로 이주해온 헬라인들의 말에서 기원하고 있다.

세력이 강성해진 미케네인들은 기원전 1450년경 지진이나 테라 섬의 화산 폭발로 약화된 크레타 섬을 공격하여 미노아문명을 지배하게 되었다. 선상문자 A가 B로 바뀌어 사용되기 시작한 것도 이 무렵으로, 지배세력의 교체와 연관이 있는 것으로 보인다. 선상문자 A는 기원전 1700~1450년 사이에 크레타 섬과 에게해에서 널리 사용되었고, 그 후로도 약 1세기 동안 생명력을 유지했으나, 아직도 해독되지 않고 있다. 반면에 그리스 본토를 중심으로 남겨진 선상문자 B는 그리스어의 초기형태로, 주로 경제적 목적으로 사용되었던 것으로 밝혀지고 있다. 이 문자는 1952년 마이클 벤트리스(Michael Ventris, 1922~56)에 의하여 해독되었다. 이 시기에 에게문명의 지배권이 미노아에서 미케네로 교체된 것은 문자의 변화와 더불어 미노타우로스의 전설에도 반영되어 있다. 유목 전사집단으로 그리스반도에 이주한 이들 미케네인들이 미노아문명권의 원주민들을 흡수하였다. 이들 정복자들은 정착하여 유목생활을 버리고 테살리(Thessaly) 지역에 이올코스(Iolcos), 보이오티아(Boeotia) 지역에 테베(Thebes)와 오르코메노스(Orchomenos), 아티카(Attica)에 아테네(Athene), 아르골리스(Argolis)에 미케네(Mycenae)와 티린스(Tyrins), 그리고 메세니아(Messenia) 지역에 필로스(Pylos) 등 독립된 주요 왕국들을 세웠다. 왕국 사이에 종속적인 관계는 없었으나 미케네가 가장 강성하여 미케네 왕의 의사가 존중되었던 것 같다.(그림3-1)

이집트의 기록에 나타나는 Mukana는 기원전 1400~1350년 시기에 테베나 크노소스 정도로 이집트 사회에 알려져 있었다.

[그림 3-1] 미케네 주요 왕국.

▶ 미케네문명권의 여러 도시국가 가운데 Argolis지역에 자리잡은 Mycenae가 가장 강력한 왕국이었다. 왕국들 사이에 종속적인 관계는 없었으나 미케네의 영향력이 가장 커서 이 시대의 문명을 미케네문명이라 통칭한다.

기원전 1300~1200년 시기에 미케네의 정치, 군사, 경제적 영향력이 필로스와 테베 그리고 아테네에 미쳤으며, 또 이 시기에 아나톨리아 해안에 이미 아카이아인들의 정주지가 형성되었다. 이 시기에 히타이트(Hittite)와 트로이의 충돌도 있었을 것이다.

기원전 1200년경 미케네의 세력이 쇠퇴하기 시작하였다. 당시까지 미케네의 방어 시스템이 강화되었던 것은 위험이 증가하고 있었다는 증거이다. 그럼에도 12세기 동안 미케네의 지배권이 붕괴되었다. 미케네의 붕괴는 일반적인 청동기문명의 몰락과 궤를 같이하고 있다.[10] 기원전 1200년경 짧은 기간에 미케네를 포함한 남부 그리스의 궁전들이 모두 불에 탔다.

미케네문명의 몰락에 대해서는 몇 가지 원인들이 제시되고 있다. 한발 또는 지진이 미케네 쇠퇴의 원인이라는 것이나, 그에 대한 증거는 존재하지 않는다. 가장 일반적인 이론이 민족이동과 내부투쟁이다. 민족이동은 도리아인의 침입이나 해상민족(Sea Peoples)의 침입이다. 전통적인 견해로는 도리아인들의 침입으로 미케네문명이 스러졌고, 아나톨리아의 미케네 정주지로 달아나 흩어진 사람들이 그곳에서 이오니아 방언을 사용하게 되었다. 이집트의 기록에 의하면 미케네의 몰락은 히타이트 왕국을 파괴하고 이집트 19, 20왕조를 공격한 해상민족과 관련이 있다. 이들 해상민족의 침입은 아나톨리아와 레반토 지역의 여러 파괴에 연관이 있는 것으로 생각된다. 다른 이론은 미케네 말기에 궁핍해진 대부분의 하층민들이 궁전제도에 반대하여 일으킨 내부의 사회적 갈등으로 쇠퇴했다는 것이다. 이 가설은 종종 사회적 분열과 민족적 분열이 합쳐져 뒤섞이기도 한다. 사회적 갈등 이론에서는 철기시대 벽두에 많은

10_ 기원전 3000년경 메소포타미아에서 시작된 청동기시대가 기원전 1000년경 철기시대로 바뀌었다.

수의 사람들이 값싼 무기를 손쉽게 손에 넣을 수 있었다는 점이 강조되고 있다.

이유가 무엇이든 기원전 1100년경 이후에 미케네와 티린스의 거주지가 다시 파괴되었고 그들의 중요성이 사라졌다. 11세기 벽두에 새로운 시대가 시작되었다. 원기하학 시기, 즉 전통적인 역사학에서 말하는 암흑기가 시작된 것이다.

1. 사회

『일리아스』에 등장하는 미케네문명의 도시국가들은 미케네, 필로스, 오르코메노스이며, 선상문자 B로 입증되는 유일한 국가가 필로스와 크노소스이다. 문헌적으로 아르골리스 지역에서 정치적 중심지가 어디였는가는 알 수가 없으나, 미케네가 헤게모니를 가졌던 것 같다. 물론 지속적인 통일국가는 없었던 듯하며, 크레타에서 도입한 문자도 대륙에서는 확산되지 않았던 것으로 보인다.

필로스와 크노소스에 대한 선상문자 B의 기록에 의하면 왕은 와낙스(wanax)로 불렸다. 의심할 바 없이 그가 군사적, 법률적, 종교적으로 지배자였다. 호메로스의 시에 의하면 그는 신성한 군주로 존경의 대상이었던 것을 알 수 있다. 왕은 군대의 지휘자인 라와게타스(lawagetas)의 보좌를 받았다. 다른 고위층은 지주인 텔레스타이(telestai)였는데, 종교적 기능을 담당했던 것으로 보인다. 기사인 에퀴타이(equetai)는 왕의 수행원으로 전사였다. 이들 궁정 멤머 외에 지역 행정을 담당하는 관리들이 있었다. 필로스 왕국의 지방은 7개의 지역으로 나뉘고 그 아래 많은 공동체들이 있었다. 이들 지역을 다스리기 위하여 코레테(koreter)라 불리는 지방행정관이 임명되었다. 공동체는 책임자 다모코로스(damokoros)와 일반 민중인 다모스(damos), 그리고 한 명의 바실레우스(basileus)가 있었으나 정확한 역할은 알려져 있지 않다. 어쨌든 고전기 그리스 사회에서 바실레우스가 군주인 왕을 의미했다는 것이 흥미롭다. 아마도 미케네 사회의 해체와 고전기 사이에 공동체의 관리보다 더 높은 당국자가 살아남지 못해서 그렇게 된 것으로 보인다.

미케네 사회의 자유민은 궁정에서 행정업무를 담당하는 왕의 수행원들과 공동체에 거주하는 다모스 두 그룹으로 나뉘었다. 궁전이 발달하면서 높아진 고위층 사람들은 미케네 궁전 근처에서 발견되는 광대한 거주지에 살았던 유복한 사람들이었다. 장인, 농부, 상인 등 궁전에 소속된 낮은 신분의 사람들은 궁전일에 속박되어 있었으며, 다모스 구성원들보다 반드시 유복하지만은 않았다. 민중인 다모스는 왕의 대리인에 의해서 감시되었고, 궁전을 위한 의무수행과 세금납부의 의무가 있었다. 사회의 최하층에는 남녀 노예가 있었다. 이들은 궁전과 특정한 신들을 위하여 일하는 것으로 기록되어 있다.

2. 경제

미케네 왕국의 경제조직은 두 부분으로 구성되었다. 한 그룹의 사람들은 궁전의 영향권 내에서 일하였고, 다른 그룹의 사람들은 자영이었다. 이는 위에서 살펴 본 사회구조를 반영하는 것이다. 경제활동은 서기에 의해서 감독을 받았다. 그는 생산물의 수입과 지출을 기록하고 작업을 배당했으며 배급품의 분배를 책임졌다.

필로스와 크노소스 왕국의 영토는 궁전의 토지와 공동체의 토지 두 부분으로 나뉘어졌다. 궁전토지의 일부는 왕과 군지휘관의 영지였고 나머지는 궁정관리들에게 분배되었다. 이들 왕국에서의 농업 생산물은 전통적인 지중해의 3대 작물인 곡물, 올리브, 포도였다. 경작된 주요 곡물은 밀과 보리였다. 올리브기름은 식용뿐만 아니라 바디 오일과 향수를 위하여 많이 사용되었다. 다양한 포도주 생산을 위하여 포도가 널리 재배되었다. 이들 외에도 아마와 참깨가 재배되고, 무화과도 재배되었다. 가축은 주로 양과 염소였으며, 암소와 돼지는 적었다. 말은 주로 전투용 전차를 위하여 사육되었다.

궁전에 소속된 장인들의 노동력은 특화되었다. 필로스의 점토판 문서들이 장인들의 특화된 노동력 배치를 잘 보여주는데, 특히 직물생산에서 그렇다. 직물산업은 미케네 경제의 주요 부문이었다. 크노소스 섬에서 출토된 점토판 문서들이 작업장 내의 작업환경과 더불어 양모에서 생산물의 저장까지 생산의 전 과정을 보여주고 있다. 필로스 궁전은 550명 정도의 직물노동자를 고용했고, 크노소스에서는 900명 정도였다. 15종류의 특산품 직물이 확인되는데, 가장 많이 사용된 섬유가 양모와 아마였다.

[그림 3-2] 멜로스 도기.

▼ 기원전 1325~1200년, 높이 17.1cm, Musée du Louvre, Melos 섬에서 만들어진 미케네시대의 도기.

야금산업은 필로스에서 잘 기록되어 있는데, 400명이 고용되었다. 기록에 의하면 대장장이들에게 하루 평균 3.5kg의 금속을 나누어주고 요구된 일을 수행하게 하였다. 임금지불에 대한 방식은 기록에 나타나지 않아 알 수가 없다. 크노소스의 기록은 제조된 칼 외에는 언급이 없다. 향수산업도 확인된다. 점토판에 기록을 한 서기들이 향수오일을 기록하고 있다. 향수를 만드는 노동자들 역시 대장장이, 상아 가공자, 석공, 도공과 함께 궁전에 소속되어 있었고, 거기서 올리브기름과 향수를 만들어 일부는 수출하였다.

상업활동에 대한 기록은 존재하지 않는다. 예컨대 크

레타의 점토판은 기름수출에 대하여 기록하고 있지 않다. 그러나 기름이 담겼던 항아리가 보이오티아와 테베에서 발견되는데, 그 항아리에는 생산지가 서부 크레타임을 나타내는 선상문자 B가 새겨져 있다. 사료 부족에도 섬유, 오일, 금속제품 같은 특정 생산물들이 왕국 밖으로 수출되었다는 것을 시사하는데, 이유는 국내에서 소비되기에는 너무 많은 양이 생산되었기 때문이다.(그림3-2)

3. 종교

미케네의 종교는 다신교였다. 미케네인들은 초기 인도 · 유럽어로 Dyeus로 불린 하늘을 지배하는 신을 우두머리로 하는 여러 숭배신들과 함께 그리스 반도로 들어왔다. 이 Dyeus가 그리스에서 Zeus가 되었다. 힌두(Hindus)에서 하늘신은 Dyaus Pita이고, 라틴어에서는 Deus Pater 또는 Jupiter가 되었다. 현재 deity와 divine의 어원도 거기에 있다. 선상문자 B가 사용되기까지 6세기 동안 이들 미케네인들의 종교는 여신 중심의 미노아 종교와 융합되었다.

미케네인들은 고전기 그리스에서 보이는 많은 신들을 이미 갖고 있었다. 미케네 시대의 크노소스에서 나온 선상문자 B로 새겨진 비문에는 포세이돈이 우월적 지위를 지니고 있었다. 특히 크노소스 관점에서 그렇다. 포세이돈은 이미 “지구를 뒤흔드는 신 Earth-Shaker”으로 알려져 있었다. 이 시기에 포세이돈은 지진과 관련된 지하의 신이었던 듯하다. 또 고전기 그리스에는 전해지지 않는 배우자 포세이다(Poseida)와 함께 등장하기도 한다. 필로스에서는 데메테르(Demeter)와 페르세포네로(Persephone)로 보이는 두 여신과 함께 등장하기도 한다. 아레스(Ares) 신은 별명인 에니알리오스(Enyalios)로 기록되어 있다. 아폴론은 크노소스에서 파이안(Paian)으로, 아테나는 여신 아테나(Athena Potnia)로 기록되어 있고, 출산의 여신 일레티아(Eileithyia)와 복수의 여신 에리니에스(Erinyes or Furies), 그리고 디위아(Diwia)라 불리는 바다의 여신도 있었다. 후에는 헤라(Hera), 헤르메스(Hermes), 아르테미스(Artemis)도 나타난다.

일반적으로 신들을 위한 제례는 후에 성소로 발전된 개방된 제단이 있는 장소에서 이루어졌는데, 레르나(Lerna)처럼 중요한 장소도 있었다. 성채 내에서 발견된 일부 건물에서는 작은 방으로 둘러싸인 직사각형 모양의 방, 즉 메가론(megaron)이 있는데 그곳이 제례 장소였을 것이다. 사제계급은 아직 나타나지 않았으나, 도장과 반지, 그리고 몸짓을 묘사한 봉헌조상(奉獻彫像)을 통해서 신과 숭배자를 구분할 수 있다. 숭배자들은 팔을 접거나 오른팔을 인사하듯 들거나 혹은 한 손을 이마에 얹은 자세를 취하고 있는 반면, 신은 계시자세로 두 손을 들거나 두 팔을 뻗어 무엇인가를 주거나 받는 모양이다. 고고학적 증거에 의하면 델피(Delphi), 도도나(Dodona), 델로스(Delos), 엘레우시스(Eleusis), 레르나가 이미 중요한 성소로 자리잡았다.

미케네 종교는 고전기 그리스의 신들로 이어졌다. 그러나 그리스 신들의 어느 정도가 미케네에서 이어졌는지, 또 어느 정도가 암흑기와 그 이후에 만들어졌는지에 대해서는 알 수가 없다. 미케네 종교에서는 신에게의 봉헌과 희생이 행해졌다. 일부 연구자들은 신들을 위한 희생에 인신공희가 포함된다고 생각하며, 문헌에 나타난 의식과 무덤 밖에서 발견된 뼈를 근거로 제시하고 있다. 호메로스의 서사시 『일리아스』에는 아가멤논(Agamemnon)왕이 그의 딸 이피게네이아 (Iphigeneia)를 희생하여 미케네 연합군의 군함을 출정시키는 이야기가 나온다. 미케네문명의 붕괴에서 그리스 암흑기 말까지 원래의 미케네 종교는 호메로스의 두 서사시에서 인간의 헌신과 배신, 변덕스러움에 대한 이야기로 서술될 때까지 살아남았다.

4. 건축과 예술

미케네 도시는 아테네와 티린스처럼 아크로폴리스(Acropolis)에 위치한다. 청동기시대에 오두막과 영지로 둘러싸였으며 높은 언덕이 요새화된 것으로 보인다. 성벽 밖 무덤군에서 슐리이만이 〈아가멤논의 황금마스크 the Mask of Agamemnon〉라고 생각했으나, 실제로는 기원전 1550~1500년경의 지배자로 추정되는 사자(死者)의 황금마스크가 발굴되었다.(그림3-3) 기원전 1500~1400년 시대 이후 원형무덤인 톨로스(tholos)가 발달하였다. 기원전 1350경에는 아크로폴리스의 요새가 재건축되었다. 그 결과 이전의 성벽들이 사라져 현재 남아있는 성벽은 이 시기에 재건축된 것이다. 외눈박이 거인 키클롭스(Cyclops)가 만들었다 생각할 정도의 큰 돌을 사용하여 "키클롭스 성벽(the Cyclopean wall)"이라 불린다. 미케네 성벽은 거석으로 이루어져 있다. 두께가 8m에 이르는 크고 가공하지 않는 호박돌로 진흙 모르타르를 사용하지 않고 쌓았다. 성벽에는 서로 다른 형태의 출입구가 있는데, 기념문, 출입문, 비밀문, 포위시 탈출을 위한 궁륭 갱도 등이 있다. 적의 공격에 대비하여 수조나 샘도 있었다. 성채는 길이가 1105m이며, 현존하는 성벽의 최고 높이는 12.5m이고, 폭은 7.5~17m이다. 보통 돌 하나의 무게가 10톤 정도이며, 출입문의 옆 기둥은 20톤 이상이다. 가장 무거운 것은 100톤 정도이다.

[그림 3-3] 아가멤논 황금마스크

▼ 기원전 1550~1500년, National Archaeological Museum of Athens.
1876년 Heinrich Schliemann에 의해 Mycenae에서 발굴되었다. 이 장례용 마스크는 황금판을 오려 만든 것으로 사자(死者)의 얼굴 위에서 발견되었다. 슐리이만은 트로이 전쟁시 전설적인 지도자 Agamemnon의 무덤을 발굴한 것으로 생각하였다. 그러나 근대 고고학적 연구는 이 마스크가 아가멤논 이전 시기인 기원전 1550~1500년에 만들어진 것으로 보고 있다.

기원전 1250년경 "키클롭스 성벽"이 확장되어 예전

[그림 3-4] 사자문(좌).

▲ 기원전 1250년경, 1884/1885년 모습.
기원전 13세기 청동기시대 축조된 미케네 성채의 주요 출입문이다. Acropolis의 북서쪽에 위치하며, Lion Gate라 불리는 것은 출입구 위의 2마리 암사자 문장 부조에 기인한다.

[그림 3-5] 사자문(세부)(우).

▲ 가운데 기둥은 주두가 둥글게 튀어나오고 위가 굵고 아래가 가는 전형적인 미노아문명의 기둥 양식을 보여주고 있다. 기둥은 제단처럼 보이는 기단 위에 놓여 있고 여기에 양 옆의 암사자 두 마리가 앞발을 얹고 뒷발로 서서 서로 마주보고 있다. 이들 암사자는 머리는 사라졌다. 많은 고고학자들은 이 기둥이 신성한 물체를 나타내고 미케네의 여신을 상징하며 동시에 미케네의 권력을 상징하는 것으로 생각하고 있다.

의 무덤군이 성벽 내에 포함되었다. 이 성채의 주요 출입구가 〈사자문 the Lion Gate〉으로 알려져 있다.(그림3-4) 이 문은 돌의 무게를 효과적으로 분산하기 위하여 삼각형 구도로 만들어졌다. 높은 성벽의 입구였던 〈사자문〉이 당시 요새의 모습을 잘 보여주고 있다. 육중한 문 위에는 널찍한 돌이 얹혀 있고 그 위에 현재는 머리가 없어졌지만 부조로 만들어진 두 마리의 암사자가 미케네의 힘을 상징하듯 미노아의 기둥 좌우에 버티고 서 있다. 성채와 암사자는 평화와 풍요 및 다산을 상징하고 있다.[11] 〈사자문〉은 평균 높이가 6m에 달하는 거대한 성채의 출입구였다. 이 〈사자문〉은 고대 이집트와 근동의 거석문화와 돌 조각술, 미노아문명의 오더(Order: 주범양식)가 집합된 건축물로, 평화로웠던 미노아문명과는 달리 상무적이고 전제주의적 문명의 특징을 잘 보여주고 있다.(그림3-5)

11_ 고대 오리엔트 그림에서는 사자가 생명나무의 수호자로 나타난다. 〈사자문〉도 이런 전통을 보여주고 있다. 사자들은 파수꾼인 동시에 지배자의 권위를 상징한다. 암사자는 다산숭배와 관련된다. 두 마리의 암사자가 끄는 마차는 소아시아 Cybele 여신의 상징이다. 키벨레는 그리스에서 Rhea와 동일시되었고 로마에서는 국가적으로 숭배되었다.

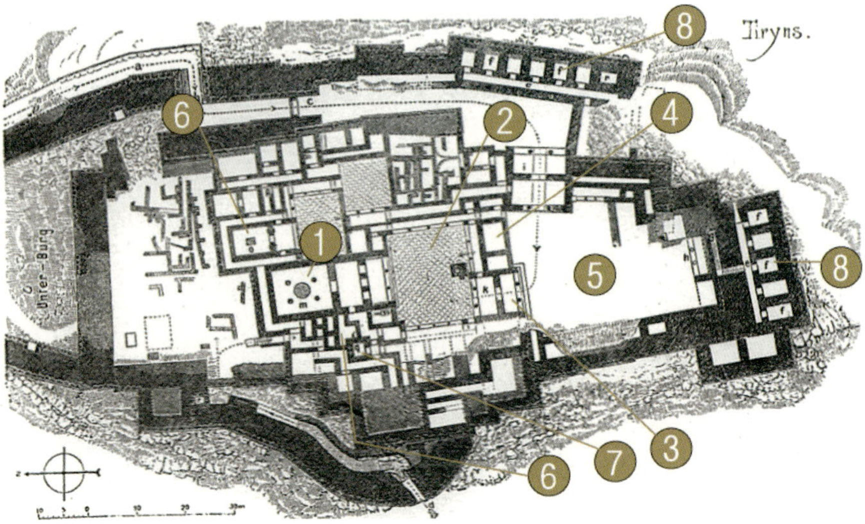

[그림 3-6] 티린스 궁전 평면도.

▲ ① 궁전 메가론
② 중앙 정원
③ 출입문
④ 기록 보관소
⑤ 광장
⑥ 방
⑦ 목욕탕
⑧ 요새

미케네인들의 가옥 가운데 가장 작은 것은 4각형 터의 한 면이 5~20m이다. 이 가옥이 하층민의 집으로 방이 하나나 여러 개 있었다. 이 보다 큰 가옥은 한 면이 20~35m인데, 중앙 정원이 있는 여러 개의 방을 가지고 있는 구조이다. 이 가옥의 배치는 궁전구조를 닮았는데, 귀족은 아니나 좀 유복한 계층이 살았을 것으로 추정된다. 다른 이론에 의하면 이런 건물은 궁전의 부속건물이었다.

궁전의 가장 좋은 예는 티린스와 필로스의 발굴에서 알 수 있다. 그곳에서 발견된 기록으로 궁전이 행정의 중심지임을 알 수 있다. 건축적 관점에서 보면 미케네 궁전은 미노아 시대의 궁전들을 계승하고 있다. 미케네 궁전에는 서로 다른 크기의 여러 방들에 열려 있는 정원이 몇 개가 있으며, 방들은 저장실, 작업장, 접견장, 거주구역 등으로 구성되어 있다. 궁전의 중심부에는 메가론(megaron)이 있었다. 네 개의 기둥에 둘러싸인 원형난로 주변에 놓여 있는 것이 옥좌였다. 메가론은 사각형 공간으로 정사각형 방과 난로, 열주(列柱), 출입구의 기본 3요소를 가지고 있다. 주택의 일반구조로 자리 잡은 메가

[그림 3-7]
아트레우스의 보고(단면도)(좌).

▲ 기원전 1250년경.
기원전 13세기에 축조된 Treasury of Atreus는 내부의 지름이 14.5m인 원형 평면 위에 높이가 13.5m에 이르는 거대한 궁륭천장으로 이루어진 제실(祭室)과 한 면이 8m 정도인 사각형 부속 묘실(墓室), 그리고 산의 사면을 깎아 만든 길이 36m 너비 6m의 연도(羨道, dromos)로 이루어져 있다. 무덤의 이름은 미케네의 전설적 왕 Atreus에서 연유한다.

[그림 3-8]
아트레우스의 보고(내부)(우).

론은 측벽이 연장되어 전실로 연결되는 안타 신전(Anta Temple) 양식으로 응용되었다. 메가론에서 그리스 신전의 구조가 발전한 것이다. 필로스 궁전에서 발견된 계단은 궁전이 2층이었음을 의미한다. 2층은 왕가를 위한 공간과 저장실로 사용되었을 것으로 보인다. 궁전은 값진 예술품과 프레스코화로 장식되었다.(그림3-6)

미케네 무덤인 톨로스(Tholos)는 이전의 석관묘나 갱묘 또는 묘실과는 달리 원형평면과 둥근 천장을 갖는 돔식 분묘이다. 대표적인 것이 기원전 1250년경 미케네에서 축조된 〈아트레우스의 보고 Treasury of Atreus〉 또는 〈아가멤논의 무덤〉이라 불리는 것이다.(그림3-7) 〈아트레우스의 보고〉 출입문은 크고 화려한 청동제 문으로 되어 있으며, 안으로 들어가면 무덤 아래 부분의 지름이 14.5m, 높이가 13.5m에 이르는 반구형으로 33열의 원형 띠를 차곡차곡 포개어 내어쌓는 방식으로 축조되어 있다.(그림3-8) 이 무덤은 로마의 판테온(Pantheon)에서 절정에 달한 둥근 천장이 다시 나타날 때까지 약 1300년 동안 가장 크고 완성도가 높은 둥근 천장을 가진 건축이었다.

[그림 3-9] 금 귀걸이(좌).

▲ 기원전 16세기, 높이 2.9cm, 폭 4cm, Musée du Louvre.

[그림 3-10] 황금 컵(우).

▲ 기원전 15세기 전반 Laconia의 Vafeio 톨로스 고분에서 출토, National Archaeological Museum of Athens.
사냥꾼들이 올리브나무 숲에서 암소를 미끼로 황소를 포획하는 장면을 묘사하고 있다.

미케네문명의 대표적인 유물은 데드마스크와 청동검 등이다. 죽은 지배자의 얼굴은 본떠 만든 황금가면은 시신의 얼굴을 덮었던 것으로, 이집트 관습의 영향을 보여주고 있다. 미케네 유적지에서 발굴된 향유와 올리브유를 담았던 금은의 항아리와 술잔, 황금 홀, 금은이 정교하게 상감된 청동 검, 도장반지, 귀부인들을 위한 황금 팔찌와 귀걸이, 수정과 유리로 만든 머리핀 등은 미케네의 부와 번영을 말해주고 있다.(그림3-9) 미케네의 경제는 농경과 목축에 기반을 두고, 기름, 양모, 아마, 화장품 등을 생산해 해외무역을 확대하였다. 기원전 16세기 이래 미케네의 장인들은 금과 동, 주석 등으로 뛰어난 공예품을 만들었으며, 13세기에는 이집트, 시리아, 로도스(Rhodos), 이오니아(Ionia)까지 무역을 확장하였다.(그림3-10)

5. 트로이 전쟁

기원전 13세기 무렵 미케네 왕국은 전성기를 누리며 서부 지중해를 장악했고 동부 지중해를 두고 카르타고(Carthago)와 대립하였다. 특히 에게해와 흑해 사이의 다다넬스 해협의 전략적 요충지를 차지하고 있던 프리기아인(Phrygians) 트로이와의 충돌이 전쟁으로 이어졌다. 트로이 전쟁은 기원전 1250년경에 시작되었는데, 이 전쟁에서 테살리, 보이오티아, 아르골리스, 메세니아, 라코니아(Laconia) 지역의 강력한 아카이아 왕국들이 연합하였다. 호메로스의 『일리아스』에 쓰여진 대로 트로이와의 전쟁은 10년간의 우여곡절 끝에 미케네 연합군의 승리로 끝을 맺었다.[12]

호메로스의 『일리아스』에 의하면 트로이 전쟁은 스파르타의 왕비 헬레나(Helena)를 트로이의 왕자 파리스(Paris)가 납치하여 시작되었다. 그러나 역사적으로는 동부 지중해무역의 주도권을 놓고 경쟁하던 미케네와 트로이 사이의 이해관계가 충돌하여 일나났던 전쟁으로 해석된다. 파리스가 헬레나를 납치한 것은 바다의 여신 테티스(Thetis)와 펠레우스(Peleus)의 결혼식에 불청객인 불화의 여신 에리스(Eris)가 남긴 황금사과 때문이다. 가장 아름다운 여신에게 바쳐질 이 사과를 두고 헤라(Hera)와 아프로디테(Aphrodite), 아테나(Athena)가 서로 다투었고, 트로이 왕자 파리스의 심판에 따라 아프로디테가 주인이 되었다. 그 대가로 파리스에게 세상에서 가장 아름다운 여인을 아내로 맞게 해 주겠다고 약속한 아프로디테의 언약이 이루어져 스파르타의 왕비 헬레네의 사랑을 얻게 된 것이다. 아내를 빼앗긴 메넬라오스(Menelaos)는 형 아가멤논과 함께 트로이 원정길에 나서 전쟁이 시작되었다.

그런데 트로이를 정복한 미케네의 번영도 오래 지속되지 못하였다. 트로이 전쟁에서 승리한 몇십년 후에 이른바 해양민

12_ 미케네와 티린스의 고고 유적지는 고대 그리스의 건축과 도시계획의 규범을 보여주는 곳이다. 또 트로이 전쟁을 서사시로 엮어 유럽의 문학과 예술에 지대한 영향을 미친 호메로스의 『일리아스』와 『오디세이아』와 관련이 깊은 지역이다. 그 같은 이유로 미케네와 티린스의 고고 유적지가 1999년 유네스코 세계문화유산에 등록되었다.

족의 침략 등으로 미케네경제의 중추인 무역이 중단되었다. 주요 지역이 모두 공격과 약탈을 받아 파괴되고 문명이 스러져 갔다. 청동기문명의 쇠퇴에 동반된 미케네문명의 파괴는 비참한 결과를 낳았다. 기원전 1200년경에서 1100년 사이에 미케네문명은 파괴되고 황폐화되었으며, 살아남은 사람들은 문화적, 물질적으로 퇴화된 암흑시대(Dark Ages, 기원전 1100~800)로 빠져 들게 되었다.

미노아문명과 미케네문명은 후대 문명에 직접적인 영향을 미쳤다고 보기는 어렵다. 그러나 이들 문명이 유럽 최초의 문명이라는 점에서 의미가 크다. 또 이들 문명이 고대 그리스인과 로마인들에게 큰 영향을 미친 세속적이고 현세적인 종교관과 생활관을 지녔던 점 역시 의미가 크다. 이들의 가치관과 종교관은 그리스와 로마시대에 만개하여 유럽문명의 원천으로 자리잡았다.

제 4 장

초기 그리스의 사회와 문화

고대 그리스(Ancient Greece)는 그리스의 역사 가운데 기원전 1100년경부터 기원전 146년까지를 말한다. 기원전 1100년경은 에게문명이 몰락한 시기이다. 즉 그리스에서 청동기시대가 끝이 나고 암흑기(기원전 1100~800)가 시작되던 시기로 도리아인의 침입이 있었던 때이다. 기원전 146년은 코린토스(Corinth)가 아카이아 동맹(Achaean League)의 맹주로서 그리스에 침입한 로마에 대항하다가 국가가 파괴되는 비운을 맞았던 때이다. 고대 그리스의 전성기는 고전기(Classical Greece, 기원전510~323)로[13] 건축과 조각 등 대표적인 문화유산을 남긴 시기이다.

고대 그리스 문명은 서구 문명의 기반이 되고 소아시아와 북아프리카의 문화에 큰 영향을 준 것으로 평가되고 있다. 그리스문화는 로마제국(기원전 27~서기 476/1453)에도 큰 영향을 미쳤으며, 로마인들은 그리스문화를 지중해 지역과 유럽 지역에 확산시켰다. 고대 그리스 문명은 언어, 정치, 교육, 철학,

---

13_ 기원전 5~4세기 그리스 미술을 일컫는 고전은 그 시대의 양식이 "고급 classicus"의 규범적 영향력을 갖는다는 의미이다.

과학, 예술에 큰 업적을 남겨 후대에 큰 영향을 미쳤다. 특히 이슬람 황금시대(9~13세기)와 서유럽 르네상스(14~16세기)를 촉발시킨 원동력이 되었다. 또 18세기와 19세기 유럽과 아메리카에서 일어난 다양한 신고전주의 운동에도 영감의 원천이 되었다.

이 같은 고대 그리스 시대는 도자기 양식과 정치적 사건을 기준으로 대체로 암흑기, 고졸기, 고전기, 헬레니즘기의 네 시기로 구분된다. 그리스 암흑기(Greek Dark Ages)는 기원전 1100년경~800년경으로, 이 시기에 에게해 일대와 그리스 반도에서 새로운 형태의 도시국가 폴리스(Polis)가 형성되었다. 또 기하학 문양(Geometric Style)의 도자기가 만들어져 예술사적으로는 기하학시대(기원전 900~700)라고 불린다. 그 이전 시대(기원전 1050~900)는 원 기하학양식(Proto Geometric Style)의 시대로 분류된다.

그리스 고졸기(古拙期, Archaic period)는 기원전 800년경~510/480년으로, 이 시기에 그리스는 인구증가와 해외식민활동, 농업과 상공업의 발달, 부유한 평민세력의 성장, 중갑보병(Hoplite)에 의한 밀집부대(Phalanx) 전술의 도입 등으로 사회가 크게 발전하고 변모하였다. 이 시기 전반(기원전 700~610)의 그리스의 예술은 이집트 등 동방예술의 영향을 크게 받았다. 이 시기 그리스 예술가들은 경직되고 신성한 자세를 취하는 커다란 입상 조각 작품을 만들었는데, 이 작품에는 현실과는 동떨어진 "고졸기 미소 archaic smile"를 보인다. 고졸기의 마지막 연대는 아테네가 페르시아전쟁에서 승리한 기원전 480년으로 잡기도 한다.

그리스 고전기(Classical period)는 기원전 510년~323년으로, 그리스문화가 절정기에 달했던 시기이다. 파르테논 신전처럼 고대 그리스문화의 고전적(classical) 모범으로 평가되는 예술양식이 정착한 시기이다.

헬레니즘시대(Hellenistic period)의 그리스는 기원전 323년 ~146년의 시기로, 그리스의 문화와 패권이 아시아와 아프리카로 퍼져나간 시대이다. 이 시대는 알렉산더 대왕의 죽음과 함께 시작되어 로마에 의한 그리스의 정복으로 끝이 났다.

1. 암흑시대

기원전 12세기 이후 인도·유럽어족들이 해양민족을 뒤이어 그리스 반도에 침입하였다. 대표적으로 도리아인(Dorians)들이 아이톨리아, 펠로폰네소스 반도, 에게해 남쪽의 제도, 소아시아의 남쪽 해안에 이르는 지역까지 침입하여 정착하였다. 그에 따른 혼란과 파괴 속에서 미케네의 청동기문명이 붕괴되었다. 그 결과 약 3세기 동안 문자로 기록된 사료는 남아 있지 않고 고고학적 유물만 남아 있는, 이른바 "암흑시대 the Dark Ages"를 맞게 되었다. 그리스 본토에 거주하던 이오니아인들은 침략세력에 밀려 에게해의 섬들과 소아시아 해안까지 이동하였다.[14] 이 대이동의 결과로 그리스 방언의 경계가 형성되었다. 이제 그리스어는 펠로폰네소스 반도와 크레타 섬의 도리아어, 아티카와 소아시아 일부지역의 이오니아(Ionia)어, 그리고 데살리아, 보이오티아, 소아시아 북부 해안의 아이올리아(Aeolia)어의 언어권으로 나뉘게 되었다.[15](그림4-1)

14_ 이들은 기원전 1000년경을 전후하여 그리스 본토의 아카이아 왕국을 무너뜨린 도리아인의 침공으로 아티카와 그리스 중부지역에서 소아시아 지역으로 이주해왔다. 역사시대에 들어와서는 소아시아의 이오니아 주민 외에 에게해 중부 여러 섬들의 주민, 그리스 본토의 아티카의 아테네인이 이오니아인으로 불렸고, Delos섬의 아폴론 제사가 그들의 결합을 상징하였다. 이오니아인이라는 명칭은 이오니아 식민시가 만들어진 뒤에 생긴 것으로 추측된다.

15_ 아이올리아인들은 본래 테살리아 지방에 살았으나 기원전 2000년대

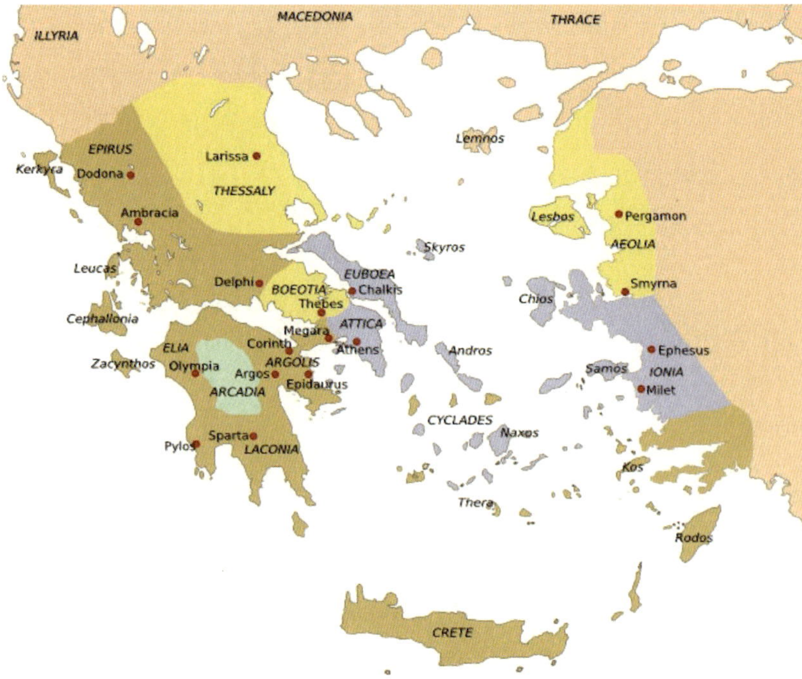

[그림 4-1]
고대 그리스 언어 분포.

- Doric and North-West Greek
- Attic–Ionic
- Aeolic–Thessalian–Boeotian
- Arcadian–Cypriot

기원전 1100년경에서 기원전 800년경까지 약 300년간 지속된 "암흑시대"동안 기록들이 사라지고 문화도 퇴행하였다. 그러나 암흑시대가 어둠의 시대만은 아니었다. 이 시대에 페니키아에서 시작된 알파벳에 기원을 둔 그리스 문자가 발달하였다.[16] 당시 방랑시인들이 부르던 서사시가 호메로스(Homeros)라 불리는 시인에 의하여 정리되어 전해오고 있다. 호메로스의『일리아스 Ilias』와『오디세이아 Odysseia』는 암흑시대 그리스의 종

말에 아카이아인들이 침입함에 따라 일부는 중부 그리스의 Boeotia로 옮겼고, 다른 일부는 Lesbos섬으로부터 소아시아의 북서부 해안으로 옮겼다. 그들이 옮겨간 Hellespontos (Dardanelles) 해협에서 Helmos 하구에 걸친 지역을 아이올리스 지방이라 부른다.

16_ 페니키아인들이 역사에 남긴 가장 크고 영구적인 업적은 알파벳의 발명과 전파이다. 페니키아인은 그림문자와 음절문자 대신에 음성을 나타내는 기호체계를 문자로 채택하였다. 그리스인들은 이 알파벳을 받아들여 자신들의 언어에 적용하여 그리스 알파벳을 만들었다. 근대의 라틴어 알파벳은 그리스 알파벳으로부터 나왔고, 이 라틴어 알파벳이 오늘날 서유럽 전역에서 사용되고 있다.

교와 제도, 관습, 문화 등 많은 것들에 대하여 알려주고 있다.

암흑시대의 지배자인 바실레우스(Basileus)는 왕이 아닌 부족장에 지나지 않았다. 부족공동체에 귀족회의와 전사회의가 있기는 하나 이런 기구들이 아직은 정부기관의 성격이나 지위를 갖지 못하였다. 따라서 폴리스에서처럼 입법과 행정, 재판의 기능을 수행하지 못하였다. 이 시기의 주요한 경제활동은 농업으로 자유인은 대다수 농업과 목축에 종사하였다. 귀족과 노예가 존재했으나 육체노동이 천한 일로 간주되지 않았고, 상업도 거의 존재하지 않았다.

그리스인들의 종교는 다신교로, 제우스와 헤라 등 올림포스 12신이 중심이 되고 있다. 그런데 그리스인들은 이들 신들이 오리엔트의 신들처럼 전능하며 동시에 두려운 존재라기보다는 인간과 교류할 수 있는 존재로 생각하였다. 물론 인간과는 달리 영원히 살며 신찬(Ambrosia)과 신주(Nectar)[17]를 마셨다. 그러나 하늘에 사는 것이 아니라 올림포스산 정상에 살며 인간과 교류하며 인간의 여성과 사랑을 나누고 자녀도 낳는 존재였다. 또 이들 신은 후대의 기독교처럼 계시와 구원과도 연관이 없었다. 그리스인들은 사후에 대하여 거의 관심을 갖지 않았다. 죽은 후 영혼은 지하의 음침한 하데스(Hades)의 나라로 간다고 믿었다. 그곳은 천국도 지옥도 아닌 곳이며, 그곳에서는 생전의 선행이나 악행에 대한 보상도 처벌도 없는 곳이었다. 그러므로 그리스 종교는 동방의 조로아스터교나 마니교[18],

---

17_ 암브로시아는 원래 불멸이라는 의미를 가진 말로 신의 음식물이라는 의미이며, 넥타르는 신주를 의미한다. 암리타(Amrita)는 힌두교 창세기 신화에 나오는 Sanskrit어(범어)로 불사를 뜻하는 생명수이다.

18_ 조르아스터교는 고대 페르시아의 예언자인 Zoroaster에 의해 창시된 종교로, 유일신 Ahura Mazda를 숭배하며 선악의 이원론적인 세계관을 가지고 있다. 경전은 Avesta이다. 사후 심판 및 천국과 지옥의 개념을 갖고 있다. 마니교는 3세기 조로아스터교에서 영향을 받은 Mani가 창시한 이원론적 종교이다.

또는 유대교처럼 도덕과 윤리적인 성격이 없었다. 비록 초기의 종교예배에서 희생제가 있었으나, 그 같은 제물은 속죄의 의미가 아니라 신들을 즐겁게 하여 인간들에게 호의를 베풀도록 하기 위하여 바쳐진 것이었다. 그리스인의 종교에는 악마의 존재가 없으므로 이원론적이 아니었다. 그리스 신들은 선행뿐만 아니라 악행도 동시에 할 수 있는 존재였다. 또 신전은 종교집회가 열리는 장소가 아니었으며 신전 안에서는 아무런 의식도 행해지지 않았다. 신전은 신들이 때때로 방문하여 거처했던 성스러운 장소였을 뿐이었다.

그리스인들은 종교관에서 보여주듯이 내세적이 아니라 현세적이었으며, 또 낙관주의자들로 인생은 살만한 가치가 있다고 확신하였다. 죽음 뒤의 보상에 대한 개념이 없었기 때문에 현세에서의 고행과 절제를 받아들이지 않았다. 또 기독교적인 겸손을 공덕으로 생각하지도 않았다. 인간은 죄악에 물든 타락한 존재라는 개념 역시 존재하지 않았다.

2. 폴리스의 건설과 발전

도시화된 중심지와 국가가 사라진 이후 미케네의 와낙스가 바실레오스로 대체되었다. 이들은 다른 귀족 가문의 지지를 얻은 공동체의 지도자였으며, 이들의 장례는 매장 대신 "영웅적"이라고 여겨지는 화장으로 이루어졌다. 최초의 유아적 도시국가인 폴리스(Polis)가 기원전 11세기에서 10세기에 소아시아에 정착한 이오니아와 아이올리아에서 발달하였다. 기원전 10세기에는 미케네의 유적 위에 아테네(Athenae), 아르고스(Argos), 코린토스(Korinthos), 스파르타(Sparta) 등 새로운 도시들이 건설되면서 도시국가로의 발전으로 이어졌다.[19] 또 미케네의 옛 정착지인 올림피아(Olympia), 델포이(Delphi), 이스트미아(Isthmia), 그리고 네메아(Nemea) 등이 성지로 발전하였다.

이 시기 건설된 도시국가는 3~4개의 부족이 연합하여 적을 방어하기 쉬운 군사적 중심지로 집주(集住)하여 이루어졌다. 이 도시국가 중심지의 높은 지역이 아크로폴리스(acropolis)로 불리었으며, 도시국가의 주신을 모시는 신전이 들어섰다. 아고라(agora)라 불리는 아크로폴리스의 주변 광장에서는 상행위와 정치행위 등이 이루어졌다. 이들 도시국가는 규모는 작았으나 완전히 독립된 국가로, 정치적·경제적·종교적인 시민공동체의 성격이 강하였다. 물론 도시국가들 사이에 크기와 인구는 다양하였다. 일반적으로 도시국가들은 100평방마일 이내였으나, 스파르타는 3000평방마일 이상이었고, 아테네는 1060평방마일 정도였다. 전성기 아테네와 스파르타의 인구가 각각 40만명 정도였는데, 인근의 다른 도시국가에 비하여 3배나 그 이상이었다.[20]

도시국가의 주민은 귀족과 평민으로 나뉘는 시민과 외국인(재류외인), 그리고 노예로 구성되었으며, 전 시민에게는 분배지(kleros)가 배분되었다. 그리스계 도시국가의 시민들은 언어

19_ 유목민이었던 오늘날 그리스인의 조상들은 소단위로 국가를 세웠고, 강력한 귀족들의 과두정에서 전술의 변화와 평민세력의 성장에 따라 민주정으로 이행할 수 있었다. 그에 비하여 농경사회로 치수사업 등에 필요한 대규모 노동력 동원이 필요했던 동양에서는 대단위 영토국가의 전제정치가 지속되었다. 폴리스의 건설이 서양사회가 동양사회와 구분되는 역사적 발전의 계기가 된 것이다.

20_ 폴리스의 규모가 작았던 것은 플라톤과 아리스토텔레스의 기록에서도 알 수 있다. 플라톤은 이상적인 폴리스의 인구를 5040명으로 한정했고, 아리스토텔레스는 모든 시민들이 서로 얼굴을 알아볼 수 있어야 한다고 규정하였다. 이들 숫자는 대략 5천명 정도로 추산할 수 있는데, 시민에 딸린 가족과 노예 및 재류외인을 포함하면 대략 4~5만 정도가 된다고 볼 수 있다.

와 종교, 그리고 문화유산의 일체감 속에서 자신들은 헬레네스(Heleness)라 부르며, 다른 민족을 야만족(Barbaroi)으로 생각하는 민족적, 문화적으로 높은 자긍심을 드러냈다.

폴리스의 문화와 정치적 발달은 각기 다양하였다. 기원전 500년경까지 펠로폰네소스 반도의 코린토스와 아르고스에서 문학과 예술이 앞섰다. 기원전 7세기에 스파르타도 발전하였다. 소아시아의 그리스 식민시들에서 기원전 6세기에 철학과 과학이 발달하였다. 아테네는 기원전 6세기에 빛을 발하였다.

그리스 도시국가들은 왕정으로 시작하여 기원전 8세기를 거치는 동안에 귀족들의 과두정으로 바뀌었다. 그 후 약 100년이 흐른 뒤 대부분의 과두정은 평민들의 지지를 등에 업은 참주(Tyrannos)에 의하여 전복되었다. 그같은 참주정도 기원전 6세기와 5세기에 민주정이나 재산평가정치(또는 금권정치, Timocracy)로 대체되었다.

왕정이 무너지고 귀족들에 의한 과두정이 성립된 것은 귀족들에게 토지재산이 집중되었기 때문에 가능하였다. 막강해진 경제력을 바탕으로 귀족들은 왕정을 폐지하고 지배권을 귀족회의에 귀속시켰다. 그러나 귀족들의 지배체제 역시 항구적일 수 없었다. 정치발전과 더불어 거대한 해외 식민팽창이 상공업의 발달과 더불어 사회변화를 급속히 촉진시켰다. 기원전 750년경부터 2세기 동안 지속된 식민팽창으로 시민들 사이의 빈부차가 커져만 갔다. 또 빈부의 격차만큼이나 사회적인 불만도 커져갔다. 상인과 수공업자, 그리고 빈곤한 농민들이 귀족들의 과두정을 공격하여 격렬한 계급갈등이 전개되었다. 그 과정 속에서 야심적인 선동정치가들이 등장하여 대중의 지지를 등에 업고 권력을 장악하였다. 이들이 참주였다.

3. 기하학양식

새로운 도시국가인 폴리스(Polis)가 형성되어 발전하던 시기에 만들어진 도자기들은 훌륭한 예술적 가치와 더불어 도자기 표면에 기하학적 장식문양이 새겨져 있다. 도자기의 기하학적 양식(geometric style)의 문양에 따라 예술사가들이 이 시대를 기하학시대로 부르고 있다. 기원전 9세기와 8세기에 유행한 기하학적 양식은 미노아와 미케네의 장인들이 선호하던 자연주의적 양식과는 완전히 다른 것이었다. 앞 시대의 도상(iconography)과는 단절된 굴곡, 동심원, 뇌문(네모난 와문), 수평의 띠, 바퀴, 삼각형, 만자 등 기하학적 무늬의 문양들이 새로이 등장하였다. 인물표현 역시 기하학적 추상양식으로 묘사되어, 팔을 들어 올릴 때 상반신은 역삼각형으로 내릴 때는 궁형으로 표현되었다. 머리는 원형으로 표현되었다. 이러한 문양들이 도자기의 겉면을 빈 공간으로 남겨놓지 않고 꽉 채우고 있다.(그림4-2)

이 같은 기하학문양의 도자기들은 미노아와 미케네 시대의 도자기뿐만 아니라 원 기하학시대(기원전 1050~900)에 발견되

[그림 4-2]
기하학 양식 도자기(좌).

◀ 기원전 700~675년, 높이 28.6cm, 폭 15cm, Musée du Louvre. 히드라와 새가 새겨진 보이오티아의 도자기로, 기하학 양식의 무늬가 겉면 전체를 장식하고 있다.

[그림 4-3]
원기하학 시대 도기(우).

◀ 기원전 950~900년, 높이 35cm, British Museum.
도기의 목에 서양 장기판 무늬가 있고 몸통에 물결모양의 무늬가 있다.

는 물결이나 원호모양 문양의 도자기들과도 다르다.(그림4-3) 또 이 시기 기하학적 장식은 특히 도자기의 발, 배, 어깨와 목을 장식하였다. 이처럼 암흑기가 끝나가고 새로운 사회질서가 등장할 무렵에 출현한 기하학적 양식의 도자기들은 당시대의 시대적 상황을 반영하고 있다. 파괴와 혼란, 무질서의 오랜 기간을 거치고 난 후 그리스인들은 새롭게 건립된 도시국가를 통하여 이제 막 안정과 질서 속에 놓이게 되었다. 이제 이들의 눈에 보이는 자연은 더 이상 단순히 외적으로만 표현되는 존재가 아니었다. 자연은 외관으로서가 아니라 법칙에 따라 규칙적으로 변화하는 우주의 질서 속에 놓여 있는 것이었다. 그 같은 인식이 예술가들로 하여금 추구해야 할 대상이 무한히 변화하는 자연의 겉모습이 아니라 그 속에 내재되어 있는 우주적 질서로 여기게 만들었다. 그 결과 당시 발전하던 도자기 기술과 더불어 기하학적인 선과 평면을 바탕으로 점점 더 섬세하고 추상적인 도안을 통한 다양한 작품을 만들어 내는 재능을 발휘하게 된 것이다.

후기의 기하학시대에는 직선을 매우 다양한 방법으로 배합하여 표현한 도자기들이 유행하였다. 기원전 8세기 전반부에는 양식화된 사람 모양이나 동물 모양 등을 연이어 그려 넣는

[그림 4-4] 디필론 항아리.

▶ 기원전 750년경, Musée du Louvre. 당대의 장례식 모습을 그린 항아리 그림으로, 죽은 자와 애도하는 자의 모습을 기하학적으로 표현하였다. 손을 들어 올려 애도하는 자의 상체가 역삼각형으로 기하학적으로 표현되어 있다.

공간인 메토프(Metope)라 불리는 기법이 도입되었다. 기원전 750년경에 만들어진 아테네의 디필론(Dipylon) 묘지에서 발굴된, 묘비 역할을 했던 항아리가 대표적이다. 이 도자기 파편들이 보여주는 모습은 전사와 전차, 그리고 사자의 모습과 애도하는 모습, 묘지로 관을 운반하는 장례행렬이다. 사람의 신체가 불룩한 종아리를 제외하고는 기하학적으로 표현되어 있다. 전사의 경우에는 공중팽이 모양의 방패로 몸의 중심부를 가리고 있다. 말의 목과 다리, 전차의 바퀴는 옆으로 포개져 보인다. 이 도자기의 몸통에는 죽은 자가 관 위에 누워있고, 주변에는 팔을 들어 올려 애도하는 인물들이 묘사되어 있다.(그림 4-4) 같은 시기 디필론의 묘지에서 묘지석으로 사용된 다른 암포라에서도 죽은 자의 누워있는 모습과 그를 둘러싸고 팔을 들어 올려 애도하는 인물들의 모습을 볼 수 있다.

도자기의 그림은 오로지 고인의 죽음을 기리는 내용으로, 이집트에서와는 달리 사후세계에 대해서는 아무런 표현도 하지 않고 있다. 이는 그리스인들의 현세관을 반영하는 것으로, 현세관은 역동적인 사회 속에 살았던 메소포타미아인들과 마찬가지로 그리스인들의 현실적인 사고방식을 반영하고 있다.

4. 동방양식

앞에서 언급한 바와 같이 그리스의 도시국가들은 사회가 안정됨에 따라 급격한 인구팽창으로 식량난에 시달리게 되었다. 그 결과 기원전 8세기 중엽부터 새로운 거주지를 찾아 나서는 식민활동이 활발히 전개되어 약 2세기 동안 지중해 일대에 수많은 도시국가들이 세워졌다. 그 같은 과정은 자연히 도시국가의 상업활동을 자극했고, 그 결과 이 시기 동안 그리스 사회가 빠른 속도로 국제적인 무역망 속에 편입되었다. 그리스의 주산물인 포도주와 올리브유, 도자기 등이 무역로를 따라 서아시아와 북유럽으로 보급되었다. 반면에 페니키아, 시리아, 페르시아, 이집트 등에서 생산된 청동과 은 그릇, 금 장식품, 대형 세발솥 등이 아테네, 올림피아, 델피에서 이탈리아까지 보급되었다. 아테네에서는 스핑크스와 같은 동방적 요소가 기하학 도자기 장식에 차용되었다. 반면 코린트에서는 에우보이아에 영향을 준 흰바탕에 검정색을 새겨 넣는 기법의 도자기가 발달하여 주요 수출품으로 부상하였다.

이집트와의 교역은 기원전 7세기에 나일 삼각주 서부에 새로운 무역 도시인 나우크라티스(Naukratis)가 건설되면서 더욱 활발해졌다. 나우크라티스와의 직접 교역을 통하여 그리스는 이집트 문화의 영향을 직접 받게 되었다. 그리스에 대한 이집트의 영향은 (그림5-2)에서 알 수 있듯이 아르카이크기의 유명한 쿠로스(kuros)상이 명확히 보여주고 있다. 나우크라티스는 탈레스와 솔론 같은 당대의 유명한 사상가와 정치가들도 자주 방문하던 상업도시로, 헬레니즘시대 알렉산드리아가 무역항으로 등장할 때까지 번성하였다. 기원전 8~7세기는 왕성한 식민지 개척시기이면서 동시에 그리스 본토의 문화와 정치가 급속도로 발전한 시기이기도 하다. 또 페니키아에서 알파벳이 도입되었으며, 해상무역을 통해 막대한 부를 축적하는 개인들이 생겨난 시기였다.

그 같은 시기인 기원전 725~675년 사이에 오리엔트에서 들어온 미술품들이 그리스의 예술품에 큰 영향을 주어, 이른바 동방양식(orientalizing style)을 낳았다. 그리스인들이 이집트, 시리아, 소아시아 왕국들의 미술문명에 처음 접한 것은 기원전 8세기였다. 지중해의 귀족사회가 풍부한 상상력에 바탕을 두고 정교하게 만들어진 동방의 미술품에 매료되었다. 그에 따라

[그림 4-5] 동방양식 도자기.

▲ 기원전 690년경, 높이 80cm, 지름 27.5cm, Musée du Louvre. 도자기 배 부부에 두 마리 말이 끄는 전차행렬을 묘사하고 있다.

상인들은 페니키아인, 그리스인, 에트루리아인들의 여행길을 따라 귀금속 세공품, 상아조각, 청동냄비 등 많은 공예품을 수입하였다.

동방의 세공품과 미술품에 사용된 구상적이고 자연주의적인 주제에 그리스인들이 큰 자극을 받았다. 기하학적 장식 대신 교차하는 띠, 종려나무 무늬, 장미꽃 무늬, 동물들의 프리즈 등이 도자기에 나타났다. 더 나아가서 그리스 신화를 배경으로 한 독자적인 방식의 공예품도 발전시켰다. 도자기가 대표적이었다. 특히 동방적 소재가 제일 먼저 도입된 코린토스의 도자기가 우수하여 여러 지역으로 수출되었다.

기원전 7세기 초에 이르러서는 새로운 주제와 문양이 완전히 흡수되었으며, 지역적인 차이도 나타나게 되었다. 아티카 지역은 오래된 귀족이 존재하며 전통이 고수되던 곳으로 새로운 오리엔트 양식에 거부적인 태도를 보였다. 그리스 전체에 오리엔트 양식이 큰 영향을 미치기는 했으나 그리스에서 기하학적 양식이 완전히 사라진 것도 아니었다. 그리스인들은 오리엔트 공예품에서는 뚜렷하지 않았던 내적 균형 및 질서정연한 형태와 이국적인 다양한 주제들과 조화를 이룬 작품들을 발전시켰다.(그림4-5)

5. 스파르타의 군국주의

펠로폰네소스 반도의 라코니아(Laconia 또는 Lacedaemonia) 지방에 자리잡은 스파르타(Sparta)는 기원전 12세기 미케네문명을 공격했던 도리아인들이 세운 도시국가이다. 스파르타는 북

동쪽과 서쪽이 산악으로 막혀있고 좋은 항구가 없어 외부와 직접 접촉할 기회가 적어 비교적 고립된 국가였다. 스파르타 역사는 대부분 다른 도시국가들의 발전과는 다른 독특한 양상을 보여주고 있다. 스파르타 정부는 귀족 엘리트들에 의한 과두정 형태를 취하였다. 시민들은 군인으로 직업이 고정되어 있었으며 상공업이나 예술에 종사할 수 없었다. 상공업은 페리오이코이(perioikoi)라 불리는 외국인이 담당하였고, 생산활동은 헬로트(helots 또는 heilotai)라 불리는 노예계급에 의하여 이루어졌다.[21] 선주민들을 정복하여 군국주의 국가체제를 만든 이 같은 스파르타 사회에서 문화가 정체되어 아테네와 같은 찬란한 고대의 문화유산을 남기지 못한 것은 당연한 귀결이었다.

스파르타의 군국주의는 전설적인 지도자 리쿠르고스(Lycurgos)라는 입법자에 의하여 만들어진 것으로 전해지고 있다. 가장 큰 특징은 2개 가문과 5개 부족에 기반을 둔 귀족과두정이었다. 스파르타 정치의 중심은 2명의 왕과 5명의 에포르(Ephors, 최고행정관들), 그리고 왕을 포함한 30명의 원로회의(Gerusia)였다. 두 가문에서 선출된 왕은 계속 존재했으나, 그의 권력은 주로 군사적이거나 사제적인 성격에 한정되었다. 권력의 중심은 실질적으로 정부를 구성하는 5명의 에포르에게 있었다. 이들이 원로회의와 민회를 주재했고 교육을 관장하였다. 또 시민들의 재산분배와 시민생활에 대한 검열권을 가졌

21_ 페리오이코이는 Lacedaimonia 지역 외의 사람들로서 자유민이며 자치제를 갖고 주로 상공업에 종사하였다. 이들의 기원은 확실하지는 않으나 한때 스파르타 동맹시의 주민이거나, 또는 스파르타의 지배에 자발적으로 예속된 선주민들로 생각된다. 헬로트는 스파르타의 정복에 끝까지 저항했던 원주민들로서, 스파르타인들을 위해 토지를 경작하는 국가노예였다. 이들은 국가소유이므로 개인에 의해서 매매 혹은 해방될 수 없었다. 또 토지에 딸려 있었으므로 토지를 떠날 수 없었다. 중세 유럽의 농노와 비슷한 존재로 Messenia인들이 대표적이었다.

다. 특히 모든 입법에 대해 거부권을 가지고 있었다. 심지어 신탁이 흉조를 가리킬 때에는 왕까지도 폐위시킬 수 있었다. 이들 에포르는 민회에서 1년 임기로 선출되었지만 제한 없는 연임이 가능하였다. 스파르타 체제에서는 이들을 감독하거나 통제할 기관이 없었다. 원로회의는 60세 이상의 귀족들로 구성되었으며, 행정부의 감독 및 민회에 제출될 의안을 담당하고 형사소송의 재판도 담당하였다. 민회(Apella)는 원로회의의 제안을 인준하거나 거부할 수 있었으며, 왕을 제외한 모든 관리들을 선출하였다. 전쟁과 평화, 동맹과 조약 등 국가의 중대사에 대한 최종적인 결정이 민회의 표결로써 이루어졌다. 민회에 참여할 수 있던 스파르타의 시민은 중무장보병으로 복무할 만한 재력이 있는 30세 이상의 남자들이었다.

지배계급으로서의 스파르타 시민은 통제 속에서 집단생활을 하였다. 이들은 일생을 거의 군인으로 살았으며 개인적인 취미생활을 할 수가 없었다. 7세부터 국가의 집단교육이 시작되어 성장할수록 더욱 거칠고 강인한 군사훈련을 받았고 공동침식을 하였다. 30세가 넘으면 약간의 특권이 부여되지만 20세부터 60세까지의 군복무 기간 동안 15명으로 구성된 팀에서 공동식사(syssitia)를 하였다. 결혼은 할 수 있었으나 가정생활은 허용되지 않았다. 결혼의 중요한 목적은 건강한 어린아이를 낳는 것이었으며, 어린아이는 부모의 것이 아니라 국가의 것이었다.

이 같은 스파르타의 군국주의체제는 비옥한 이웃 국가인 메세니아(Messenia)의 정복과정에서 확고해진 것으로 생각된다. 스파르타는 기원전 736~720년(또는 725~705)의 1차 정복전쟁과 반란 후 재정복전쟁인 기원전 685-668년(또는 640~620)의 2차 정복전쟁을 통하여 메세니아를 완전히 병합하고 그 주민들을 헬로트로 만들었다. 특히 아르고스의 원조를 얻어 독립을 위해 반란을 일으킨 메세니아와의 2차 전쟁은 필사적인 것이었으며, 스파르타의 본거지인 라코니아도 침략을 당하였다. 스파르타가 살아남았던 것은 아르고스의 사령관이 전사하고 티르타이오스(Tyrtaios)[22]의 애국적 서사시 덕분이었다. 그 기회를 이용하여 승리한 스파르타인들은 메세니아의 지도자들을 살해하고 토지를 몰수했으며, 군대를 이용하여 강압적으로 지배하며 반란에 대비할 수밖에 없었다. 인구가 많은 메세니아의 반란에 공포심을 가진 스파르타는 다른 대외전쟁을 주저하며 메세니아 정복지를 사수하는데 전념하였다. 메세니아의 정복전쟁 후 토지가 소수에게 집중되고 토지를 잃는 시민이 증가하였다. 그 같은 사회적 위기에서 스파르타에서는 토지의 재분배가 이루어졌다. 당시 전설적 인물인 리쿠르고스가 이 토지의 재분배를 단행하고 부국강병을 지향하는 여러 개혁을 실시하여, "리쿠르고스 제도 Lycurgos system"라고 불리는 특이한 국가제도를 완성한 것으로 생각된다.

스파르타의 군국주의는 스파르타인들의 삶의 방식을 결정하였다. 메세니아의 재정복 후 스파르타인들은 반란의 공포에서 벗어나지 못하였다. 헬로트로 변장한 비밀경찰들에게 헬로트들을 살해할 권한까지 부여했던 것은 당시의 상황이 어떠했는가를 단적으로 알려주고 있다. 에포르의 감독 하에 사회체제에 대한 어떠한 변화도 허용하지 않았던 것 역시 그 같은 두려움 때문이었다. 어떠한 개혁도 기존의 사회체제를 약화시킬 수 있다고 생각했기 때문이었다. 그 같은 이유에서 스파르타는 폐쇄정책을 고수하였다. 위험한 사상의 유입을 차단하기

22_ 아테네 출생으로 제2차 메세니아 전쟁시 신탁으로 스파르타에 초청되어 스파르타군의 승리를 비는 시를 지어 위기에 놓인 스파르타를 구하였다. 그의 서사시는 조국을 지키는 전사와 시민으로서의 의무와 그 영예를 노래했으며, 조국을 위해 용감하게 싸우는 것을 시민의 덕으로 찬양하였다.

위하여 여행을 억제했고 외국과의 교역도 금지한 것이다. 그 같은 제도와 정책으로 인하여 스파르타의 사회는 7세기 이후 거의 변화 없이 유지되었던 것이다.

6. 아테네의 발전

기원전 8세기 아테네는 다른 도시국가들처럼 왕정이었다. 그러나 다음 세기인 기원전 7세기 동안 아레오파고스(Areopagos)라 불리는 귀족들의 원로회의가 왕정을 대신하여 귀족들에 의한 과두체제로 변화하였다. 국가제도상 최고의 권력은 아르콘(Archon)[23]이라 불리는 집정관들에 있었다. 민회(Ecclesia)는 20세 이상 성인 남자들인 시민들로 구성되었다. 민회에서 국가의 여러 정무관들이 선출되고, 법률안이 가결되었다.

기원전 7세기에 소아시아의 리디아(Lydia)에서 화폐경제가 도입되고 상업활동이 크게 발달함에 따라 아테네 사회는 다른 그리스 사회와 마찬가지로 크게 변화하기 시작하였다. (그림4-6) 당시 그리스에는 포도와 올리브의 재배법이 도입되면서 농업이 대규모의 상업농업으로 변모하고 있었다. 그러나 그

23_ 아테네의 아르콘 명단은 기원전 682년부터 해마다 기록되어 있으며, 기원전 7세기 중엽에는 9명의 아르콘이 행정권을 장악하였다. 그들은 한때 왕이 독점했던 종교, 군사, 사법의 기능을 나누어 맡았다. 아테네를 대표하며 가장 높은 Archon Eponymos는 최고의 행정관, 사법관이었고, 입법회의와 민회를 주재하였다. 2번째로 높은 Archon Polemarch는 군사령관이며 외국인과 관련된 소송사건을 담당하였다. 3번째인 Archon Basileus는 종교를 담당했으며, 살인사건을 재판하는 아레오파고스를 주재하였다. 6명의 Thesmothétai(관습을 정하는 사람)는 잡다한 사법문제를 다루었다. 임기는 1년이며 민회에서 선출되었다. 기원전 487년에는 추첨제가 도입되었고, 기원전 457년에 피선임 자격이 3등급 시민에까지 확대되어 점차 정치·군사상의 중요성을 잃어 마침내 그 지위가 장군에게 넘어갔다.

[그림 4-6]
전성기 아테네의 올빼미은화 모습.

▲ 기원전 5세기, 한 면은 수호여신 아테나, 다른 면은 Athena 여신의 상징인 올빼미가 올리브 가지와 함께 새겨져 있다. 이 면에는 올빼미, 올리브 가지, 아테네를 의미하는 문자의 첫 세 글자인 'ΑΘΕ'가 함께 새겨져 있다. 그림의 은화는 기원전 440년에 주조된 것으로 알려져 있다.

같은 상업적 농업에서 수익을 얻기까지는 상당한 기간이 필요했고, 거기서 살아남은 사람들은 부유한 농민들뿐이었다. 가난한 농민들은 빚에 몰리게 되어 토지와 가옥이 저당잡히고 나중에는 자신의 인신마저 저당잡히게 되었다. 결국 인신저당이 가난한 농민들을 부채노예로 전락시켜 심각한 사회문제로 부각되었다. 한편 상업과 상업적 농업에 종사하는 평민들이 부유해졌고 국가 방위와 전쟁을 위해 무장할 수 있게 되었다. 수요 증가에 따라 값이 싸진 헬멧과 방패, 창 등으로 무장한 중갑보병(hoplite)에 의한 밀집부대(phalanx) 전술이 기원전 7세기 중엽경 도입되어 급격히 확산됨에 따라 평민들의 참정권 요구가 거세어졌다.

그 같은 사회적, 정치적인 불안정 속에서 기원전 594년 아테네에서는 여러 당파의 지지에 의하여 집정관(Archon)에 당선된 솔론(Solon)이 개혁을 시도하였다. 솔론은 사회경제적으로 문제가 되었던 부채를 말소시키고 인신저당 및 채무노예제를 금지하였다. 그 같은 조치는 평민들을 배려한 것이었으나 평민들이 원하던 토지의 재분배는 이루어지지 못하였다. 그렇지만 상공업 육성정책으로 부유한 평민이 더 늘어나게 되었다.

평민들의 정치적 참정권의 요구에 대하여 솔론은 아테네의 시민을 재산소유에 따라 4계층으로 구분하였다. 즉, 대지주급 시민, 기사급 시민, 농민급 시민, 그리고 노동자급 시민으로 구분하여 참정권과 군사의무를 차등 있게 규정하였다. 이러한 규정으로 인해 솔론의 정치가 재산평가정치 또는 금권정치(Timocracy)로 알려지게 되었다. 또 솔론은 중간계급의 정치참여를 허용하였다. 이를 위하여 아테네를 구성하는 4개 부족에서 각각 선출한 100인의 대표들로 400인 협의회를 설립하여 민회에 제출할 안건을 마련하게 하였다. 4등급 시민인 노동자급 시민에게는 민회에 참석할 권한만 부여되었다.

이런 솔론의 개혁은 기존의 귀족정치를 존속시키면서도 평민들에게도 제한적으로 정치참여를 보장하는 것이었다. 그러나 귀족과 평민들 사이의 "조정자 conciliator"를 자임했던 솔론의 개혁은 귀족과 평민들 모두의 불만으로 실패하게 되었다. 귀족들은 개혁으로 잃은 것뿐이라 생각했고, 하층 평민들은 토지무상분배가 이루어지지 않아 얻은 것이 없다고 생각했기 때문이었다. 그럼에도 시민들의 참정권을 신분이 아닌 재산에 따라 차등을 두었던 재산평가정치제도는 아테네 사회에 지속적인 영향을 미쳤다.

귀족과 평민 사이의 조정 실패는 귀족과 평민 사이의 대립과 알력을 증폭시켰다. 그 같은 상황 속에서도 아테네는 근접한 메가라와의 전쟁을 통하여 살라미스를 획득하였다. 기원전 561년 당시 그 전쟁의 지도자였던 페이시스트라토스(Peisistratos)가 무력과 평민들의 지지를 바탕으로 정권을 장악하여 참주(Tyrannos)[24]가 되었다. 페이시스트라토스는 독재권력을 휘두르며 귀족들을 억압하는 한편 시민들의 호감을 사려 노력하였다. 아테네에서 처음 공식적으로 시작된 연극 역시 참주의 이 같은 노력에서 탄생하였다. 즉, 기원전 534년 아테네의 디오니소스 제전(celebration of Dionysos)에서 역사상 최초로 참주의 후원으로 실시된 비극 경연대회가 막이 오른 것이다.

기원전 510년 페이시스트라토스의 아들 히피아스(Hippias)가 축출되면서 아테네의 참주정이 막이 내렸다. 기원전 508년 아테네로 귀환한 클레이스테네스(Kleisthenes)가 평민들의 지지를 획득하여, 스파르타의 힘을 빌린 반대파 이사고라스

24_ 처음 참주라는 용어는 왕과 같은 의미로, 가치중립적이었다. 그런데 참주가 고문과 추방 등 정적을 탄압하면서 폭군, 독재자와 같은 의미를 갖게 되었다.

(Isagoras)를 분쇄하고 민주화 개혁에 나섰다. 클레이스테네스는 혈연과 지연, 경제적 이해관계 모두를 배제하고 전체 아테네 시민에게 동등한 참정권을 부여하는 것을 목표로 개혁을 실시하였다. 그리하여 촌락을 단위로 하는 기본적인 행정구역인 데모스(Demos, 행정구)를 100개 이상 설치하고, 여기에 등록된 시민들을 바탕으로 행정구역을 개편하였다. 즉, 아테네 전 지역을 3개의 지역집단으로 구분하고 각 지역집단내의 데모스를 몇 개씩 묶어 각각 10개의 중간행정구(trittys)를 조직하였다. 그리고 각 지역집단으로부터 1개씩의 중간행정구를 조합한 3개의 중간행정구를 하나의 인위적인 행정부족으로 편성하여 총 10개의 행정부족을 만들었다. 그 결과 종래의 씨족을 바탕으로 한 4개의 혈연부족 대신 데모스를 근간으로 하는 10개의 행정부족이 창출되었다. 이는 혈연적, 지연적 특권을 완전히 배제하고 경제적, 직업적 이해관계가 비교적 균등하게 혼합된 행정단위로서, 아테네의 모든 정치적 군사적 활동의 기반이 되었다.

클레이스테네스는 이 10개의 행정부족에서 각각 선발한 50인의 대표로 500인 협의회를 설립하였다. 이는 솔론의 400인 협의회를 대체하는 것으로, 재정, 전쟁, 외교를 관장하였다. 이러한 500인 협의회의 안건은 민회에서 토의 후 채택여부가 결정되었다. 그와 더불어 참주출현을 방지하고자 도편추방(Ostracism)을 도입하였다. 즉, 민회에서 참주가 될 위험한 인물로 6,000표 이상 도편에 이름이 적힌 인물을 10년간 해외로 추방하여 민주정을 지키고자 하였다.

이러한 클레이스테네스의 개혁이 귀족정의 기반을 붕괴시키고 민주정치의 기틀을 마련하였다. 그 결과 아테네의 모든 시민들은 자신들을 정부의 일원으로 직접 참여하는 기구로 생각하게 되었고, 그로 인하여 다른 폴리스에서는 볼 수 없던 강한 자부심과 애국심을 가지게 되었다. 클레이스테네스의 개혁은 아테네에 중장보병민주정치를 확립함으로써 기원전 5세기 아테네 민주정치 완성의 기초를 닦았다.[25]

25_ 현대 그리스인들도 클레이스테네스의 민주화개혁을 민주주의 원년으로 생각하고 있다. 1991년 9월 아테네에서는 고대 민주주의를 발전시켰던 Pnyx 언덕과 Areopagos 언덕에서 민주주의 2,500주년 기념식을 거행하였다.

제 5 장
고졸기의 문화유산

고졸기(Archaic period, 기원전 800~510)가 시작될 무렵부터 그리스의 문화와 예술이 그리스적인 특징을 드러내기 시작하였다. 그것은 자유로운 사유에 의한 사물의 본질 탐구와 탁월함과 이상에 대한 추구였다. 이집트에서와는 달리 사물의 본질을 탐구하는 철학과 이상미를 추구하는 예술이 발달할 수 있었던 것은 그리스 사회가 향유하던 정치와 종교에서의 사상의 자유 때문이었다. 그리스인들은 올림포스 12신을 신봉하고 신탁을 중시했으나, 이집트에서와는 달리 사상을 간섭하던 사제계급과 강압적인 교리가 존재하지 않았다. 정치조직 역시 시민들의 참정권이 보장되어 정치지도자를 민회에서 선출했고, 이집트의 파라오 같이 신격화된 전제군주의 억압도 없었다. 그리스인들이 누렸던 정치적·종교적 사상의 자유가 때로는 그리스 사회를 논란과 정쟁으로 몰아가기도 하였다. 그러나 인습과 이념에 얽매이지 않았던 그 같은 사상의 자유가 궁극적으로는 철학과 문학, 예술을 통하여 전개되었던 인간중심적 가치들이 성장할 수 있었던 원동력을 제공한 것이다.

참주정 시대의 아테네 예술은 조화와 균형미를 갖춘 고전기의 완벽한 수준에는 도달하지 못하였다. 그러나 이 시기에 이미 상징적 의미와 관계없이 육체의 이상적인 아름다움을 표현하려 하였다. 기원전 7세기와 6세기에 이오니아 지역의 그리스인들이 순순한 진리탐구로서의 학문과 순순한 아름다움의 추구로서 예술작품을 내놓는 단계에 도달한 것이다. 이오니아 지역에서 순수학문과 예술이 처음 등장한 것은 환경과 화폐경제의 영향 때문이었다. 이주와 식민활동으로 정착한 소아시아 지역의 이질적인 환경 속에서 그리스인들은 관습과 종교에서 분리된 객관적인 태도로 사물과 자연의 본질을 탐구할 수 있었던 것이다. 또 화폐경제라는 추상적인 교환수단에서 추상적인 사고능력이 신장되었으며, 화폐경제로 부를 축적한 지배계급이 예술을 위한 예술작품을 감당할 여유를 갖게 되었던 것이다.

기원전 7세기와 6세기에는 올림피아와 델포이 등 범 그리스 성역들이 종교의 중심지이자 운동경기와 문학 및 연극의 경연장으로 확고히 자리를 잡았다. 그리하여 그리스 세계의 구석구석으로부터 유능한 경쟁자들이 그곳으로 모여들었다. 이러한 성역들은 또한 도시국가 사이의 긴장과 갈등을 외교적으로 해결하는 외교의 장이 되기도 하였다.

고대 올림픽은 올림피아(Olympia)에서 제우스신에게 봉헌된 경기로 4년마다 개최되었다. 엘리스(Elis)의 이피토스(Iphitos) 왕이 델포이의 신탁에 따라 평화의 제전으로 개최한 것이 계기가 되었으며, 최초로 기록된 기원전 776년 이전부터 시행되었던 것으로 보인다. 올림피아 외에도 역시 제우스에 봉헌된 코린토스 남서쪽의 네미아(Nemia) 경기, 포세이돈에 봉헌된 코린토스의 이스트미아(Isthmia) 경기, 아폴론에 봉헌된 델포이의 피티아(Pythia) 경기가 기원전 6세기 후반에 시작되었다.

올림픽 경기는 5일 동안 계속되었으나 경기 참여를 위한 여행과 훈련을 감안하여 1달 동안 전쟁이 금지 되었다. 초기에는 달리기, 권투, 씨름, 마차경기 등이 있었고 남자만이 알몸으로 경기에 참여하였다. 고대 올림픽은 그리스인들이 자신의 가장 완전한 몸과 정신을 신들에게 바치는 종교행사로, 승리자가 출세나 부귀영화를 누리는 것과는 거리가 멀었다. 경기의 승자에게는 올리브로 만든 관을 씌워주었다. 올림픽은 머리에 야생 올리브 관을 쓰고 손에 전령지팡이를 든 엘리스 전령들이 각 도시를 방문하여 올림픽이 시작된다고 선언하면서 시작되었다. 평화의 제전답게 전령들의 포고를 듣는 순간에 올림픽이 시작되었고 전쟁도 즉시 중단되었다.

고대 그리스문화에 많은 영향을 끼친 올림픽 제전경기는 그 후 로마제국 후기까지 1170년간 거르지 않고 지속되었다. 그러나 기독교를 국교로 선언한 테오도시우스 황제의 이교금지령으로 고대 올림픽 경기는 서기 393년 제293회를 마지막으로 오랜 역사에 막이 내렸다.

델포이(Delphi)는 그리스인들에게 세상의 중심으로 알려진 곳으로 대지의 배꼽인 "옴팔로스 Omphalos"를 모신 곳이다. 원래는 대지의 여신 가이아를 섬기던 곳이었으나 아폴론이 자신의 어머니 레토(Leto)를 괴롭혔던 가이아의 자식 피톤(Python)을 죽이고 신탁(oracle)의 기능을 갖게 되었다. 아폴론 신전에는 예언을 전하는 여사제를 제외하고는 남성만의 출입이 가능하였다. 신탁을 받을 사람은 원하는 바를 사제에게 말하면 사제는 지하 깊숙한 방에 위치한 여사제(pythia)에게 전하였다. 여사제는 지하의 바위틈에서 나오는 증기를 마시고 예언을 하였다. 예언 내용은 애매모호하여 대체로 사제가 해석하여 기다리는 사람에게 그 내용을 전하였다. 델포이는 그리스 최고의 신탁 장소로 각지에서 왕들도 찾아와 신탁을 받았다. 신탁이 이루어지던 아폴론 신전 입구에 "네 자신을 알라 Know thyself"라고 쓰여 있었다고 한다.

1. 이오니아 철학

그리스 철학은 기원전 6세기 이오니아 지방의 밀레토스 학파에 의하여 시작되었다. 이들의 철학은 근본적으로 과학적이고 물질주의적인 자연철학이었다. 이들은 만물의 근원이 되는 어떤 물질적인 실체가 있다고 믿어, 이 만물의 근원을 밝혀내는 데에 관심을 기울였다. 이 학파의 창시자 탈레스(Thales, 기원전 640~546)는 모든 사물의 근본적인 실체를 물이라고 보았던 반면, 아낙시만드로스(Anaximandros, 기원전 610~546)는 특정한 물질이 아닌 한정지을 수 없는 무한한 것으로 보았다. 그에 비하여 아낙시메네스(Anaximenes, 기원전 584~524)는 만물의 근원을 공기로 보았다. 공기가 응축되면서 바람, 수증기, 물, 흙, 돌이 된다고 생각했던 것이다. 밀레토스 학파의 결론은 유치한 것처럼 보일지 모르나, 세상의 기원에 대한 그리스인들의 신화적 믿음을 타파하고 최초로 합리적인 해석을 시도했다는 점에서 중요한 의의가 있다. 이들은 이집트인들이 지녔던 우주의 영원성과 물질의 불변성에 대한 사상을 확대시켰다.

기원전 6세기가 다 지나가기 전에 그리스 철학은 형이상학적 경향을 띠게 되었다. 이런 경향의 최초 학자가 피타고라스(Pythagoras, 기원전 582~483)로, 그와 그의 추종자들은 사물의 본질이란 물질이 아니라 추상적인 원리, 즉 수(數)라고 주장하였다. 피타고라스는 사변적인 생활이 최고선이라 가르쳤고, 이를 위하여 각 개인은 육체적인 사악한 욕망을 정화해야 한다고 주장하였다. 피타고라스 철학의 중요성은 정신과 물질, 선과 악을 명확하게 구분함으로써 그리스 사상에서 이원론을 창시했다는 데 있다.

피타고라스학파의 주장은 우주의 본질에 대한 사유를 심화시켜, 우주의 본질이 불변인가 변화인가에 대한 논쟁을 격화시켰다. 크세노파네스(Xenophanes, 기원전 570~480)는 그리스의 전통적인 다신교와 인간형상의 신에 대하여 공격하고, 만물의 근원을 불생, 불멸, 불변의 전지전능하고 지고한 신으로 주장하였다. 그의 제자 파르메니데스(Parmenides, 기원전 515~445) 역시 불생, 불멸, 불변의 존재만이 실체이며, 이 "존재하는 것"을 나타내는 사유, 즉 이성만이 진리이고 그에 반하는 다수, 생성, 변화를 믿게 하는 감각은 모두 오류의 근원으로 생각하였다. 그의 존재와 비존재, 존재와 사유의 개념은 이후 존재론과 인식론에 커다란 영향을 미쳤다. 이들에 대하여 헤라클레이토스는(Heraclitus, 기원전 540~480)는 불변은 환상이며 변화만이 실재라고 주장하였다. 즉, 세상의 만물은 유전(流轉)하는 것으로 보아, "같은 강물에 두 번 발을 담글 수 없다 You cannot step twice into the same stream"는 유명한 말을 남겼다.

이들의 대립된 견해에 대하여 아낙사고라스(Anaxagoras, 기원전 500~428)는 유물론적이며 절충적인 입장을 제시하였다. 아낙사고라스는 만물의 종자는 처음부터 존재하며, 이성의 작용으로 그 종자의 혼합과 분리만이 존재할 뿐이라고 주장하여 생성과 소멸을 부정하였다. 아낙사고라스의 사상은 리우키푸스(Leucippus)와 그리스 최고의 자연철학자인 데모크리토스(Democritos, 기원전 460~371)의 원자론에 의하여 더욱 발전되었다. 데모크리토스에 의하면 모든 만물은 불변하며 분리할 수 없는 무한한 원자(atoms)로 구성되어 있다. 이 원자들은 모양, 배열, 위치, 크기만 다를 뿐 성질은 모두 같다. 원자들은 원자 고유의 운동으로 인하여 영속적으로 결합하고 분리하고 상이한 배열로 재결합한다. 그러므로 우주의 모든 개체는 원자들이 결합한 상태의 차이로 나타나며, 우리는 그 차이를 감각적으로 인식하는 데 불과하다. 그러므로 나무와 돌의 차이는 결합된 원자의 수와 배열의 차이일 뿐이다. 세상 만물은 영원한 원자의 결합으로 이루어져 있기 때문에, 절대적인 의미에서는 새로 생겨나거나 사라지는 것은 아무것도 없다. 그렇지만 원자로 이루어진 복합체는 양이 늘어나거나 줄어들 수 있는데, 사물이 나타나거나 사라지는 것 또는 탄생과 죽음을 바로 그 같은 현상으로 설명할 수 있다.

데모크리토스는 정신작용도 원자로 설명하여 인간 영혼의 불멸을 부정하였다. 또 신이란 자연현상을 초인적 힘의 탓으로 믿는 과정에서 나타나는 현상으로 보고 신의 존재를 부정하였다. 그는 영혼의 두려움이나 미신 또는 어떤 감정에도 방해받지 않고 평화롭게 사는 마음의 평화를 최고의 선으로 생각하여 실천적인 윤리관을 제시하였다.

2. 조각

고대 그리스에서 예술가들은 철학자나 시인과는 달리 육체 노동자인 장인으로 취급을 받았다. "우리는 예술품을 찬양하지만 그것을 만든 사람은 경멸한다"는 플루타르크(Plutarch)의 생각은 고대인들의 일반적인 인식이었다. 고대 그리스 조각은 고졸기(Archaic Period, 기원전 800~510), 고전기(Classical Period, 기원전 510~323), 헬레니즘기(Hellenistic Period, 기원전 323~146)로 나뉜다.

고대 그리스 조각은 대체로 돌이나 금속으로 만들어졌다. 돌은 주로 대리석이나 질 좋은 석회석을 사용했는데, 금속 연장을 사용하여 작업을 하였다. 청동이 더 고급재료였으나, 재

활용성으로 인하여 소수만이 전해지고 있다. 청동조각은 대부분 밀랍 녹이는 기술로 생산되었다.[26] 금과 상아로 만든 조각이 가장 고급으로 종종 신전을 장식했으나, 현재 남아 있는 것은 하나도 없다. 예외적으로 거대한 상을 만들기 위하여 테라코타(Terracotta)가 사용되기도 했으나 쉽게 파괴되어 거의 남아있지 않다. 올림피아서 발견된 〈가니메데스(Ganymede)를 동반한 제우스 상〉이 기원전 470년경 만들어진 채색된 테라코타 조각상이다.

그리스에서는 기원전 7세기에 이집트와 메소포타미아의 기념물적인 석조 조각에 영감을 받아 실물크기의 인간 조각상이 처음 등장하였다. 누두 청년입상(Kouros)과 착의 소녀입상(Kore)이 그것이다. 모두 인체의 특성을 강조하고 일반화하고 있으며, 인간에 대한 해부학적 이해가 증대하고 있다는 것을 보여준다. 인간의 형상은 신전이나 성소에 바쳐지는 고귀한 봉헌물이었다. 이는 신에게 간청과 감사를 표하기 위하여 자신을 바치거나 또는 봉헌자로서 참여한다는 상징성을 지녔다. 조각상의 받침대에 이름이 새겨진 경우는 봉헌자를 나타내고 있다. 예컨대 (그림5-4)의 〈송아지를 메고 있는 소년〉 상에는 욤부스(Jombus) 또는 롬부스(Rhombus)라는 봉헌자의 이름이 새겨져 있다.

값비싼 봉헌물에는 다리가 세 개 달린 냄비 즉 트리포드(Tripod)가 포함되었고 ,성역에 세워졌던 봉헌물을 보관하던 보물창고 역시 건축 봉헌물이었다. 봉헌물에는 신상도 포함될 수 있었는데, 〈스프랭포드 아폴론 Strangford Apollon〉이 그 예다.(그림5-1) 가장 기념비적인 봉헌물의 형태는 건축물로서 신

26_ 당시 조각가들은 점토로 만든 초벌 형상 위에 밀랍을 잘 감싸 완성된 형상을 만들고 그 위에 다시 점토를 입힌 후 녹인 청동을 부어 밀랍을 녹여 속이 텅 빈 얇은 청동상을 만들 수 있었다.

[그림 5-1]
스프랭포드 알폴론(좌).

▶ 기원전 500년경, Marble, 101cm, British Museum.

[그림 5-2] 쿠로스 상(우).

▶ 기원전 580년경, Marble, 197cm, Delphi Museum.
Kuros 상은 특정인을 나타내지 않으며, 항상 젊은 남자로 표현되고 있다. 이집트의 영향으로 정면성과 경직성에서 벗어나지 못한 특징을 보인다.

전이었다. 중세시대 다수의 고딕 교회 역시 성모에게 간청과 감사의 뜻을 표하기 위하여 봉헌되었던 건축물들이었다.

쿠로스는 특정인을 나타내지 않았으며, 항상 젊은 남자로 묘사되었다. 이들 조각상은 이집트와 앗시리아 조각의 영향을 받아 경직성과 정면자세의 특징을 보이고 있다. 그러나 이 시기 만들어진 쿠로스는 이집트의 파라오 조각상과 비교해 보았을 때 자연스럽고 현실적인 인간의 느낌을 주고 있다. 파라오가 영원성을 상징하듯 아스라이 먼 곳을 꿈결처럼 응시하는 반면, 쿠로스상은 얼굴과 몸 전체에서 긴장된 역동성을 드러내고 있다.(그림5-2)

코레상은 (그림5-3)처럼 풍부한 표정을 나타낸다. 그들의 의복은 우아하고 세심하게 조각되고 색칠해졌다. 그리스인들의 조각에서 인간 형상이 가장 중요한 주제였는데, 쿠로스상이 코레상보다 더 중요했던 것 같다. 기원전 4세기 이전에는 여성 누드상의 공공 전시가 금지되었다.

전통적인 지식과 관습적인 표현기법에 따라 틀에 박힌 작업을 했던 이집트인들과는 달리 그리스 조각가들은 눈으로 관찰한 대로 조각을 하기 시작했고, 그 같은 표현방법이 고전시기에 크게 발달하였다. 그러나 고졸기의 쿠로스상은 언제나 나체로 두 팔을 옆구리에 붙이고 왼 발을 앞으로 뻗은 자세를 취하고 있다. 반면에 코레상은 전통적인 우아한 의상을 입고 두 발은 모은 자세에서 한손은 들어 올리고 다른 손을 옆구리에 붙인 자세를 취하고 있다. 이런 자세가 무엇을 의미하는지는 현재로서는 알 수 없다.(그림5-3)

[그림 5-3] 코레상 모형.

▲ Glyptothek, Munich.
기원전 530년경 아테네 아크로폴리스 박물관 소장의 코레상을 바탕으로 만든 모형이다.

또 고졸기가 진행됨에 따라 쿠로스와 코레상들에 현실세계의 모습을 충실히 담아내려는 자연주의적 움직임을 보이고 있으나, 이들 조각상들은 개인적인 특성이나 감성을 충실히 묘사하는 리얼리즘을 추구하지는 않았다. 그들의 표정이나 자세에서 연령이나 사회경제적 배경, 그 밖의 개인사 어느 것도 드러나지 않고 있다. 조각가들은 이상적이면서도 현실적인 아름다움을 재현하려 노력했을 뿐이었다. 남성의 나체상은 철학자들이 보이는 것과 보이지 않는 것, 물질과 추상을 불가분하게 결합하고 있다고 생각했던 완벽한 이상적인 인간상을 드러내기 위한 수단이었다. 그러므로 올림픽 경기의 우승자상 역시 아폴론이나 헤라클레스처럼 완벽한 신체를 가진 이상적인 인간으로 조각되어 있다.[27]

기원전 575년경 이상적이면서도 현실적인 아름다움을 표현하려는 시도가 고조되었다. 인체에 대한 해부학적 연구가 좀 더 깊어졌고 입체감이 향상되었으며 의상 처리방식도 부드러워졌다. 이 시기 조각상의 얼굴표정은 (그림5-4) 〈송아지를 메고 있는 소년 Moschophoros: Calf-bearer〉에서 볼 수 있다. 그

27_ 그리스인들은 신이 인간의 형상을 가진 것으로 보았다. 그래서 인간의 몸은 신성하기도 하고 세속적이기도 한 것으로 생각했으며, 예술에서 신성과 세속의 구분이 없었다.

[그림 5-4]
송아지를 메고 있는 소년.

▲ 기원전 570년경, Marble, Acropolis Museum, Athens.
1864년 Athene의 Acropolis에서 발굴되었으며, 아래턱과 손, 다리 일부분은 발견하지 못하였다. 165cm의 크기로 다리받침은 1887년 석회석으로 만들었다. Attica 지방의 유력한 또는 유복한 시민이 Athena Pallas에게 자진하여 바칠 작은 송아지를 어깨에 메고 Athene로 들어오고 있는 모습이다. 앞쪽이 열려 있는 부드럽고 날씬한 외투가 어깨에서 거의 무릎까지 내려오고 있다. 곱슬머리는 진주목걸이처럼 이마를 감싸고, 귀 뒤로부터 세 갈래로 땋은 머리가 가슴으로 흐르고 있다. 크고 깊게 파인 눈은 색깔 있는 돌로 만들었을 것이나 발견하지 못하였다. 입술 끝이 위로 향하게 웃는 Archaic Smile로 표현된 전형적인 작품이다.

림에서와 같이 조각상의 얼굴표정은 남녀 모두 "고졸기 미소 Archaic Smile"라 불리는, 입술 끝을 약간 위로 향하게 하여 웃는듯한 표정으로 표현되어 친밀감과 신비감을 드러내고 있다. 기원전 6세기 말이 되면 쿠로스와 코레상이 더욱 완숙한 경지에 도달한다. 견고한 형태와 균형 잡힌 배치를 특징으로 하는 도리아 양식과 섬세하고 우아함을 강조하는 이오니아 양식이 종합되면서 기원전 5세기에 접어들어 그리스 조각가들이 걸작들을 창조하기 시작하였다.

3. 도자기

조각에서의 변화가 회화에서도 나타났다. 당시 저술가들에 의하면 화가들이 조각가들보다 더 유명했다고 한다. 그러나 나무나 돌에 발랐던 안료조차 남아 있지 않아 당시의 그림에 대하여 알 수 있는 것은 도자기에 남아 있는 그림뿐이다. 그리스에서는 술과 기름을 담는 잔이나 항아리를 만드는 도자기산업이 발달했고 여기에 그림을 그리는 일 역시 번성하였다. 그리스인들이 도자기를 소중히 여겼다는 것은 자신이 만든 도자기에 서명을 한 화가와 도공이 많았다는 사실에서도 입증된다. 당시 이름 있던 화가나 도공의 이름이 새겨진 도자기는 값어치도 높았을 것임에 틀림없다.

기원전 7세기에 들어 코린트의 화가와 도공들이 공동작업을 하면서 동방양식의 도자기들과 더불어 흑화(黑畵: black figure) 양식의 도자기들을 만들기 시작하였다. 흑화양식이란 적색 바탕에 검은 윤곽의 형상을 그리고 세부를 날카로운 도구로 새긴 도자기를 말하는데, 이 기법이 코린트로부터 스파르타, 보이오티아, 아테네 등으로 퍼져 나갔다. 또 이시기 도

[그림 5-5]
아킬레스와 펜테실리아.

◀ Exekias(painter, signed), 기원전 540년경, 높이 41.3cm, Attic black-figured amphora, British Museum. Troy전쟁에서 만난 Achilles와 아마존의 여왕 Penthesileia(우측)가 싸우는 장면이다.

공과 화가들은 오리엔트 전통의 동물행렬에서 벗어나 그리스 신화와 영웅 이야기를 주제로 한 새로운 그림들을 그리기 시작하였다. 그렇지만 기원전 6세기에 그려진 그림은 아직도 이집트 화법의 흔적들이 남아 있었다. (그림 5-5)는 트로이 전쟁의 영웅 아킬레스(Achilles)와 아마존의 여왕 펜테실리아(Penthesileia)가[28] 싸움을 하는 장면으로, 두 사람 모두 옆모습에 눈은 정면에서 보는 것으로 그려져 있다. 그러나 몸체는 이제 가슴을 정면에서 본 모습으로 묘사하는 이집트 방식으로 그려져 있지 않으며 팔과 손도 좀 더 부드럽게 그려져 있다.

코린트를 이어 도자기 생산에 주도권을 갖게 된 국가가 아테네였다. 이미 기원전 6세기 초에 아테네의 기술이 코린트의 기술을 따라잡아 앞서게 되었다. 이 시기 이후 도자기의 문양들은 동물 문양보다는 사람의 형상이 주를 이루게 되었다. 흑

28_ 펜테실리아는 그리스신화에 나오는 아마존의 여왕으로 아레스와 Otrera의 딸이다. 트로이전쟁 때 트로이군의 명장 헥토르가 죽은 뒤 트로이를 구원하러 전쟁에 가담하였다. Machaon을 비롯한 많은 그리스군을 쓰러뜨렸으나, 그리스 영웅 아킬레우스의 창에 찔려 전사하였다.

[그림 5-6] 전사(좌).

▲ Andokides(potter, signed), 기원전 530년경, 높이 57.2cm, 직경 36.6cm, Attic red-figure amphora from Vulci, Musée du Louvre. 몸통에 두 전사의 싸움 장면이 묘사되어 있고, 양 옆으로는 각각 그들을 후원하는 신인 Hermes와 Athena가 있다.

[그림 5-7] 난봉꾼과 매춘부(우).

▲ Euphronios as potter (signed), Onesimos as painter, 기원전 490년경, 직경 18.6cm, Attic red-figured kylix from Vulci, British Museum. 그림 속의 Lyre로 그녀가 연회를 위하여 불려온 악사임을 알 수 있다.

화양식의 도자기는 주로 기원전 620~480년 시기에 생산되었으나, 기원전 4세기의 것도 존재한다.

기원전 520년경 우수한 흑화양식의 도자기를 생산하던 아테네에서 적화(赤畵: red figure) 양식의 도자기가 최초로 발명되었다. 적화양식이란 흑화양식과는 정반대로 흑색 바탕에 붉은 형상으로 그림을 그려 넣는 기법을 말한다. 이 기법은 도자기에 검은 형상을 새겨 넣지 않고 직접 그림을 그려 세부묘사가 가능한 방법이었다. 따라서 밝은 색상을 사용하여 머리카락, 근육, 의상 등을 해부학적으로 자세히 표현할 수 있게 되었다. 두 양식은 20년 정도 공존하다가 고전시대에 들어와서는 사물을 정교하고 자세히 표현할 수 있던 적화양식이 지배적이 되었다.(그림5-6)

적화양식 도자기가 유행하던 기원전 500년경에 이르면 도자기 그림에 중요한 변화가 나타난다. 원근법적 원리에 의한 단축법(foreshortening)을 발견한 것이다. (그림5-7)의 도자기 그림은 긴 옷을 다시 매고 있는 매춘부와 이를 올려다보고 있는 난봉꾼의 모습이다. 그런데 매춘부의 양 발이 앞에서 본 모습으로 단축법을 사용하여 발가락들이 작은 원으로 그려져 있다. 같은 시기에 나타나는 다른 도자기 그림에는 옆모습의 얼굴에 눈이 정면이 아닌 옆에서 본 모습대로 그린 그림이 나타난다. 이 같은 표현은 이집트와 앗시리아의 그림에는 나타나지 않던 혁신적인 발전이었다.

4. 연극

그리스인은 비극, 희극, 무언극, 발레, 연기술, 분장술, 무대장치, 극장건물 등 오늘날 연극과 관련된 모든 것들은 창안하였다. 그리스에서 국가가 주관하는 공식적인 연극은 기원전 534년 참주가 지배하던 아테네에서 포도주의 신인 디오니소스 축제기간 중에 무대에 올린 비극이 처음이었다. 솔론의 개혁 실패 이후 더욱 날카로워진 계층간의 대립과정 속에서 평민세력을 등에 업고 정권을 장악한 참주 페이시스트라토스가 평민을 위한 정책의 결과였다. 즉 귀족적인 제우스제전 대신 평민적인 디오니소스제전이 부활한 것이다.

그리스에서의 연극과 극장은 종교적인 목적과 밀접한 관계를 가지고 시작되었다. 그리스의 크고 작은 도시국가들은 자신들을 보호해주는 신들에게 경배를 드리는 의식을 매년 거행하였다. 그 과정에서 연극은 종교의식을 극적인 구경거리로 극화한 것이었고, 극장은 극화된 의식에서 종교적 몰입을 위한 건축적 장치로 시작되었다. 여러 제전 가운데에서 연극의 탄생에 중요한 영향을 미친 축제가 아테네의 디오니소스 축제였다. 아테네의 부와 문화를 보여주기 위한 행사이기도 했던 이 축제는 방문객들이 아테네로 밀려오는 3월말경 꽃피는 봄에 시작되었다.

기원전 7세기와 6세기에 극장은 여전히 종교의식이 벌어지던 공간이었다. 그런데 아테네의 디오니소스 제전에서 연극의 초기 형태인 비극이 탄생하였다. 기원전 6세기경 디오니소스를 찬양하는 코러스에서 한 공연자가 무대에 혼자 올라 등장인물들의 대사를 혼자 전달한 것을 계기로 연극적 형태로 발전한 것으로 알려져 있다. 즉 신을 찬양하던 합창곡에서 연극으로 발달한 것이다. 춤과 노래가 가미된 종교의식이 시간이 지나면서 점점 형식화되었고 그 과정에서 비극과 희극이 발생하였다. 또 이들 연극을 공연하는 극장의 기본 구성들도 갖추어지게 되었다.

그리스 연극은 일반적인 문학 장르의 범위보다 훨씬 폭이 넓었다. 시, 음악, 무용을 포괄하고 자유, 정의, 진리, 미의 본질 같은 철학적이고 윤리적인 주제들이 오락적인 요소와 함께 융합된 것이었다. 기원전 534년부터 국가가 연극 경연대회를 통하여 자금지원, 배우선정, 제작, 심사위원 선출 등 디오니소스 축제의 전 과정을 주도하였다. 그렇기는 하나 극작가들이 국가의 검열을 받으며 작품을 쓰지는 않았다. 당시 아테네 사회는 종교와 관련된 약간의 제약을 제외하고는 사상의 자유가 보장되었으며, 극작가들은 정치인, 철학자, 시민 등 누구든 비판할 수 있었다. 실제로 부패, 탐욕, 위선, 정치, 전쟁 같은 주제들이 연극의 만만한 대상이 되었다. 시민들에게 미쳤던 연극의 영향도 대단히 커서 1년에 한 차례 열렸던 디오니소스축제의 연극 주제와 사상은 축제가 끝난 뒤에도 시민들 사이에 토론과 논쟁으로 이어지곤 하였다.

[그림 5-8] 그리스 배우.

▼ 기원전 350~340년, 높이 55.6cm, Slave wearing the short tunic, Phlyax actor. Detail, side A from a Silician red-figured calyx-krater. Musée du Louvre.

연극의 배우들은 모두 남자들로 구성되었다. 여자 역은 키가 작거나 나이 어린 사람이 맡았다. 남자 역은 모두 인물의 성격을 두드러지게 묘사한 커다란 가면을 썼다. 그리스 연극은 한 편의 연극에 하나의 무대만 사용된 단일무대였다. 또 한 편의 연극에는 많으면 사티로스(Satyros)[29]로 분장한 12명의 남

29_ 디오니소스를 따르는 신으로, 상반신은 사람, 하반신은 염소의 모습을 하고 있다. 술 먹고 놀기 좋아하는 호색으로 유명하다. tragedy의 어원은 염소를 의미하는 그리스어 tragos에서 온 것으로 보인다.

성 합창무용단이 등장하였다. 이 합창무용단은 디오니소스의 악기였던 아울로스(aulos)의 심금을 울리는 애잔한 음에 맞추어 노래와 춤을 추며 배우의 연기에 다양하게 반응하였다.(그림5-8)

고대 그리스 비극은 셱스피어의 연극이나 근대 비극과 뚜렷한 차이를 보인다. 첫째, 그리스 비극은 무대 위에서 거의 연기가 행해지지 않았다. 배우들의 역할은 관객에게 잘 알려진 전설에서 유래한 사건의 줄거리를 낭송하는 것이었다. 둘째, 무대는 단일 무대였으며, 배우는 한 명 아니면 두 명이었다. 셋째, 그리스 비극은 복잡한 개개인의 성격에 대해서는 아무 관심도 없었다. 등장인물들은 개성적인 인물이 아닌 유형에 불과하다. 그들은 무대 위해서 가면을 써 개성적인 특징을 가렸다. 그리스 비극은 인물들 간의 갈등이나 한 인물의 내적 갈등을 다룬 것이 아니라, 개인과 세계 사이의 갈등을 주제로 다루고 있다. 넷째, 그리스 비극의 목적은 고난을 묘사하거나 인간의 행동을 해석하기 위한 것이 아니라, 정의의 승리를 보여줌으로써 관객의 감정을 정화하기 위한 것이었다.

희극 역시 비극처럼 디오니소스를 기리는 종교축제에서 기원하였다. 기원전 486년에 처음 선을 뵌 희극도 비극과 동일하게 가면을 쓰고 합창단이 등장하였다. 다른 점도 있었다. 희극의 배우들은 남근의 상징물을 노골적으로 드러냈고 합창단이 관객에게 불쑥불쑥 말을 던졌다. 또 희극작가들은 미묘한 암시를 선호했던 비극작가들과는 달리 특히 합창단이 던지는 신랄한 논평적인 대화를 통하여 연극의 메시지를 전달하려 하였다.

그리스에서 공연된 연극은 상당수가 없어졌으나 남아 있는 작품들을 통해서 보면 가장 위대한 비극작가 3인은 모두 비슷한 시기에 아테네에서 살았다. 가장 먼저 활동한 사람은 아이스킬로스(Aeschylos, 기원전 525~456)로, 90여편의 작품을 쓴 것으로 알려져 있으나 남아 있는 것은 오레스테스

(Orestes)[30]를 다룬 3부작 〈오레스테이아 Oresteia〉, 즉 〈아가멤논 Agamemnon>, 〈제주(祭酒)를 바치는 여인들 Choephoroi〉, 〈자비로운 여신들 Eumenides〉 등 7편이다. 거의 모든 작품에서 죄와 벌이라는 주제가 반복된다. 소포클레스(Sophocles, 기원전 496~406)와 에우리피데스(Euripides, 기원전 484~406)는 페리클레스가 통치하던 아테네의 황금기에 활동하였다. 가장 위대한 비극작가로 간주되는 소포클레스는 28세 때인 기원전 468년 비극 경연대회에서 스승인 아이스킬로스를 꺾고 첫 우승한 이후로 18회나 우승하며 123편의 작품을 쓴 것으로 알려져 있다. 현존하는 작품은 7편으로, 〈안티고네 Antigone〉, 〈오이디푸스왕 Oidipous Tyrannos〉, 〈엘렉트라 Elektrai〉 등이다. 에우리피데스는 총 92편의 작품을 남겼으나 현존하는 것은 18편으로, 〈메데이아 Medeia〉, 〈페니키아의 여인 Phoinissai〉 등이 있다. 연극에 농민이나 거지같은 평민에게 배역을 준 최초의 작가였으며, 현실 생활과 비슷한 상황을 다루었다.

희극 작가 아리스토파네스는(Aristophanes, 기원전448~380)는 당대의 급진 민주정의 정치적, 지적 풍토인 위선과 부패, 어리석음, 탐욕, 전쟁 등을 무대를 통하여 풍자하였다. 40여편의 작품을 남긴 것으로 알려져 있으나 현재는 〈구름〉, 〈말벌〉, 〈여자의 평화〉, 〈개구리〉 등 11편이 전해지고 있다.

5. 극장

연극을 공연하던 극장은 국가가 건설하였다. 그리스에서의 극장은 로마에서처럼 평지에 건물을 세운 것이 아니라 경사진

30_ 트로이 원정 사령관 Agamemnon과 그의 아내 Klytaimnestra 사이의 딸.

언덕을 이용하여 지었다. 자연히 극장은 확 트인 공간에 들어섰고 관람석은 완만한 언덕을 따라 비스듬히 올라가면서 형성되어 무대를 에워쌌다. 그리스 극장은 지붕이 없는 야외 시설로, 공연이 벌이지는 반원형 무대인 오케스트라(orchestra), 배우와 합창단의 준비실과 연극의 배경이 되었던 스케네(skene, scene), 그리고 관람석(theatron, koilon)의 3요소로 구성되었다.[31] 극장은 약 20m의 오케스트라 공간을 210도~220도 정도의 관중석으로 에워싼 형태를 취하고 있다.(그림5-9)

오케스트라는 그리스어로 뛰어오르거나 춤춘다는 의미의 orcheomai에서 유래하였다. 그리스 극장에서 가장 핵심이 되는 장소로서 코러스와 배우들의 연기가 펼쳐지는 곳이었다. 오케스트라는 초기에는 사각형이었으나 점차 원형을 띠게 되었다. 극장의 여러 구조물 가운데 가장 먼저 영구 구조물로 자리를 잡았고 원형인 경우 지름이 약 20미터 정도 되었다. 이 오케스트라의 중심부에는 씨멜레(Thymele)라 불리는 제단이

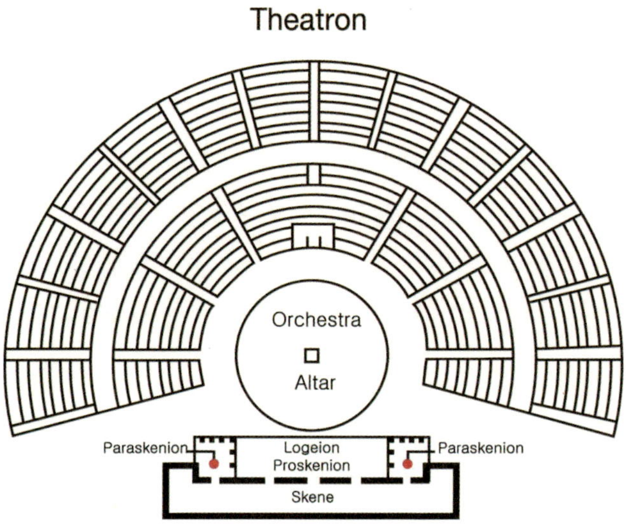

[그림 5-9] 고대 그리스 극장구조.

31_ 오늘날 관현악단을 의미하는 orchestra, 연극의 장이나 장면을 의미하는 scene, 공연장이나 극장을 의미하는 theatre라는 말이 여기서 파생하였다.

놓여 있었던 것으로 추정되는데, 이는 그리스 연극이 종교의식에서 출발했다는 점을 상기시키고 있다. 즉, 초창기 거행된 종교의식에서 곡식을 수확하던 들판에 하나의 원형 공간을 마련하고 그곳에서 관련된 종교의식과 행사들이 행해졌던 것인데, 이것이 바로 오케스트라의 원형이라 할 수 있다.

제단은 기원전 5세기 연극이 독립 장르로 정착되면서, 특히 희극이 본격적으로 등장하면서 사라진 것으로 보인다. 배우들의 공연은 후대로 오면서 오케스트라 중심에서 스테이지 빌딩 앞부분으로 옮겨지게 되었다.

무대장치 구조물이라 할 수 있는 스케네는 처음에는 연기자들을 위한 뒷공간의 막사(skene는 tent의 의미)로, 배우들의 준비실과 휴식실, 그리고 각종 소품을 비치해두는 공간 정도였다. 시간이 흐름에 따라 스케네는 다양한 형태로 변형되고 발전되었다. 목조로 된 임시 구조물이 고전시대가 끝난 이후에는 영구 석조 건축물로 구축되었다. 기원전 5세기 후반 희극 위주로 연극이 발달하면서 더욱 커지기 시작하여 전면이 오더로 처리되고 2층이 되는 등 더욱 화려한 방향으로 발전하여 스테이지 빌딩(stage building)이 되었다. 그리하여 스테이지 빌딩의 정면이 열주로 처리되면서 연극의 배경으로 활용되는 프로스케니온(proskenion)으로 불렸고, 기원전 458년 이후부터는 모든 연극의 기본 배경장치로 사용된 것으로 추정되고 있다. 스테이지 빌딩의 뒷부분은 배우들의 준비실 등으로 쓰이는 스케네로 남았다. 그리스 비극의 배경이 대부분 궁궐이었기 때문에 많은 스테이지 빌딩이 궁궐양식의 무늬가 박힌 건물로 축조되었다.

관람석은 오케스트라 주변에 둘러앉는 것으로 시작되었다. 그리스의 극장은 로마의 극장과는 달리 언덕의 경사지를 이용하여 관람석을 만들었기 때문에 자연히 관객들에게 막힘없는 시야와 더불어 훌륭한 음향시설을 제공하였다. 처음에 건축된

[그림 5-10] 디오니소스 극장.

◀ 기원전 6세기, Acropolis에서 내려다본 모습.
Athene의 Acropolis 남쪽 기슭 Dionysos 신전 옆에 위치하며, Orchestra가 반원형이다. [그림 8-6] 아테네 아크로폴리스 평면도 참고.

언덕 경사면 극장의 좌석은 나무좌석이었을 것이나 헬레니즘 시대쯤에는 모두 돌로 개축되었다. 연극은 모든 계층의 사람들이 함께 관람했기 때문에 일부 학자들은 좌석배치에 상등석과 하등석의 구분이 있었을 것이고, 남성용과 여성용도 구분되었을 것으로 추정하고 있다. 그 경우 맨 앞줄은 종교계나 정치계의 고위층을 위한 좌석이었을 것이다.

초기에는 종교행사나 집회장소와 혼용되던 극장이 본격적인 극장의 건축형태로 지어진 것은 기원전 6세기였다. 가장 전형적인 극장이 〈디오니소스 극장 Dionysos Theatre〉으로 기원전 6세기 아테네 아크로폴리스 언덕 남쪽기슭 디오니소스 신전 옆에 세워졌다.(그림5-10) 현재 디오니소스 성역은 나무로 둘러싸이고 초석과 토대만이 남아 있으나 디오니소스 극장은 옛날의 모습을 간직하고 있다. 경사면에 관람석이 71열로 조성되어 1만 7,000여 명의 관객을 수용할 수 있었다. 기원전 5세기에는 나무로 만든 임시 관람석이 만들어졌고, 기원전 342~326년에 훌륭한 극장이 건설되었다. 현재의 극장은 서기 61년 로마제국 네로황제 시대에 검투경기를 위하여 무대와 관람석 사이에 대리석 벽을 설치한 모습이다.

[그림 5-11] 에피다우로스 극장.

▲ 기원전 4세기 중엽. Peloponnesos 반도의 Epidaurus Asklepios 성역에 위치하고 있다. Orchestra가 원형이다. 지금도 여름철에 상연되는 고전극에서 배우들의 목소리를 맨 꼭대기 객석에서도 들을 수 있을 정도로 음향효과가 뛰어난 극장으로 유명하다. 2007년 미국 Georgia 대학의 Nico F. Declercq와 Cindy Dekeyser의 연구에 의하면 놀라운 음향효과는 뛰어난 설계 덕분이다. 석회석 좌석의 열들이 관중들의 속삭임 같은 저주파 소리들(low-frequency sounds)을 걸러내고 무대의 고주파 소리들을 증폭하고 반향하기 때문이다.

현재 가장 보존이 잘된 극장은 펠로폰네소스(Peloponnesos) 반도에 위치한 〈에피다우로스 극장 Epidaurus Theatre〉이다. 헬레니즘시대인 기원전 4세기 중엽과 기원전 2세기에 두 단계로 나누어 건립되었으며, 무대인 오케스트라가 지름 24.65m의 원형으로 반원형인 일반형식을 벗어난 것이 특징이다. 관람석은 하단부가 34열로 12개의 사다리꼴 통로로 나뉘어져 있고, 상단부가 21열로 20개의 통로로 나뉘어져 있다. 원래는 34열로 축조되었으나 로마시대인 기원전 2세기에 21열이 증축되었다. 1만 5,000명을 수용할 수 있었으며 평민석은 흰 석회암, 귀족석은 붉은 석회암으로 되어 있었다.(그림5-11)

수세기 동안 이 극장은 두터운 흙더미에 묻혀 있었다. 1881년부터 체계적인 발굴이 시작되었고, 1954년부터 1963년까지 대규모의 복원작업이 진행되었다. 축조 당시의 원형이 완벽하게 보존되어 있어 고대 그리스 극장양식을 잘 나타내고 있다. 이 극장은 55열이나 되는 객석 위에서도 배우들의 목소리를 들을 수 있을 정도로 뛰어난 음향효과로도 유명하다. 항구도시 에피다우로스에 조성된 의술의 신 아스클레피오스(Asklepios) 성역에 지어진 이 극장에서는 지금도 해마다 여름철이면 그리스 고전극이 상연되고 있다.[32]

32_ 에피다우로스 극장이 위치한 고대도시 Epidaurus는 의학의 신 Asklepios의 숭배지였다. 극장 주변에 여러 신전과 체육관, 목욕탕 등이 있었으며 운동경기도 열렸다. 1988년 세계 문화유산에 등록되었다.

제 6 장
그리스의 신화와 신전

1. 신화

그리스 신화는 미노아의 여신 숭배사상과 미케네의 남신 숭배사상이 결합되어 올림포스 신화체제로 형성되었다. 신화에 의하면 태초의 신인 카오스(Chaos)와 가이아(Gaia) 사이에서 최초의 천신인 우라노스(Uranos)가 탄생하였다. 그러나 하늘의 지배권은 우라노스와 가이아와의 사이에서 태어난 티탄(Titans) 신 크로노스(Cronos)로 넘어갔다. 크로노스의 지배권 역시 아들 제우스(Zeus)에 의해 찬탈되었다. 제우스는 먼저 탄생했으나 크로노스의 뱃속에 갇혀 늦게 성장한 형들인 하데스(Hades)와 포세이돈(Poseidon)과 더불어 아버지 크로노스를 몰아내고 신권을 장악하였다. 제우스가 올림포스 산에 신들의 나라를 건설하고 하늘과 인간이 사는 땅까지를 모두 지배하게 되자 그리스인들의 생활에 막대한 영향을 미치게 되었다. 신들의 성격은 인간과 비슷했으나, 인간이 가질 수 없는 막강한 힘을 가졌고 젊고 아름다움을 유지하면서 영생한다는 점에서 인간과는 근본적으로 달랐다.

올림포스(Olympus) 12신은 올림포스 산 정상에서 살고 있는 그리스 판테온의 주역 열두 신을 말한다. 숫자 12는 고대 바빌론의 12 천문성좌도와 관련이 있는 것으로 생각된다. 올림포스 12신은 기원전 6세기경에 그리스 신화에 정착되었고, 아테네에서는 페이시스트라토스(Peisistratos)가 최초로 이 12신을 신전에 봉헌하였다. 올림포스 12신은 제우스, 헤라(Hera), 포세이돈, 데메테르(Demeter)가 올림포스 1세대 신이고 아테나(Athena), 아레스(Ares), 헤르메스(Hermes), 헤파이스토스(Hephaestos), 아프로디테(Aphrodite), 아폴론(Apollon), 아르테미스(Artemis), 디오니소스(Dionysus) 혹은 헤스티아(Hestia)가 2세대 신이다. 올림포스 12신들은 서로 대립적이면서도 보완적인 관계를 맺는 특징을 갖는다.(그림 6-1)

제우스는 올림포스 최고의 신으로 신들의 우두머리이다. 크로노스와 레아(Rhea)의 막내아들이며 포세이돈, 하데스 등과

[그림 6-1] 그리스 신들의 계보.

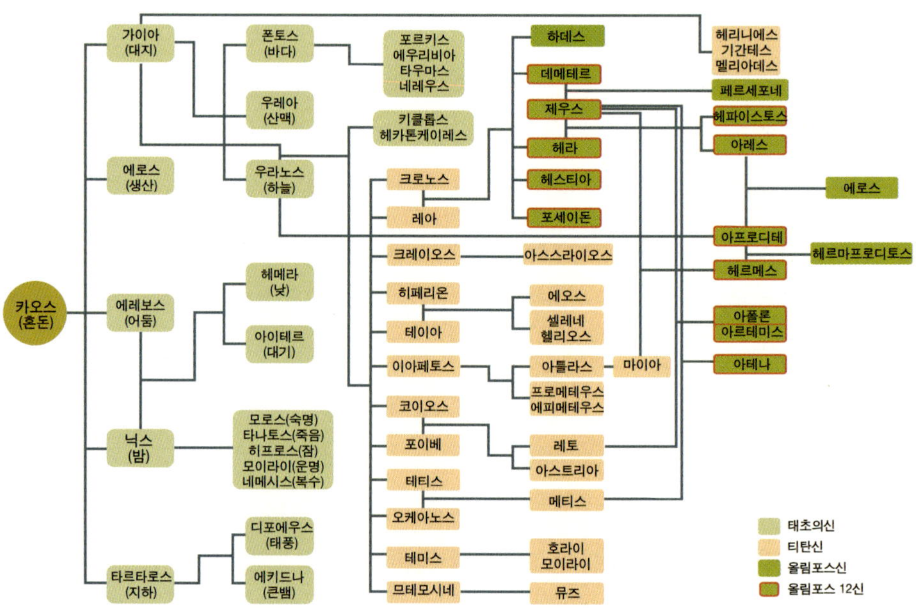

는 형제지간이다. 로마 신화의 유피테르(Jupiter)와 동일시된다. 그리스어로 "신들의 왕 divine king"이라는 뜻으로 하늘의 지배자이다. 동시에 인간의 지배자로 인간사회의 정의, 질서, 왕권 등 모든 생활을 지배하는 신이기도 하다. 천둥과 번개가 무기이다.

제우스는 긴 수염이 나 있는 강인하고 위엄 있는 남성의 모습으로 묘사되는데, 상체는 나신이며 한쪽 손에는 번개 혹은 홀(笏)을 들고 있다. 손에 든 무기가 없으면 도상학적으로 포세이돈과 구분이 어렵다. 아들 헤파이토스(Hephaistos)가 만들어준 아이기스(Aegis)라는 방패를 몸에 지니고 있으며 독수리가 제우스를 상징하는 새이다. 태양계에서 주피터(Jupiter)는 목성을 의미한다.

제우스는 도덕적인 구애를 받지 않고 행동하며 수많은 여신이나 인간 여성 그리고 님프들과 사랑을 나누었다. 그 결과 아내 헤라의 질투를 불러왔고, 신화에 등장하는 유명한 영웅들을 사생아로 두고 있다. 제우스와 사랑을 나눈 인간 여성은 이오(Io), 레토(Leto), 다나에(Danae), 알크메네(Alcmene), 레다(Leda), 에우로파(Europa), 그리고 미소년 가니메데(Ganymede) 등이 있다.

이 같은 이야기들은 후대에 무수히 많은 그림, 음악, 시, 소설의 소재로 활용되었다. 코레지오(Correggio, 1494~1534)의 〈주피터와 이오〉, 〈다나에〉, 티치아노(Titian: 1495~1576)의 〈다나에〉, 〈에우로파의 유괴〉, 루벤스(Peter Paul Rubens, 1577~1640)의 〈머큐리와 아르고스〉, 〈가니메데의 납치〉, 렘브란트(Rembrandt 1606~69)의 〈다나에〉, 〈가니메데의 납치〉, 부셰(Fransois Boucher, 1703~1770)의 〈레다와 백조〉, 다비드(Jacques Louis David, 1748~1835)의 〈파리스와 헬렌〉 등이 대표적이다.(그림6-2)

헤라(Hera)는 제우스의 아내로 제우스와는 반대로 결혼과

[그림 6-2]
유피테르와 이오를 발견한 유노.

▶ Pieter Lastman, Oil on oak, 1618년, 78×54cm, National Gallery, London. Hera가 Zeus의 사랑현장을 급습하자 Zeus가 Io를 암소로 변화시켜놓고 시치미를 떼고 있다. Hera는 구름을 타고 막 현장에 토착하고 있고 옆에는 여신을 상징하는 공작새가 있다. Zeus를 상징하는 독수리는 Hera의 출현을 경계하고 있다.

가정을 수호하려 부단히 노력하던 "보호자 protectress"란 뜻을 가진 신이다. 신들의 여왕으로 크로노스와 레아의 딸이며 제우스의 정실부인이자 누이로서 로마신화의 유노(Juno)에 해당한다.

헤라는 올림포스 신화가 자리잡기 이전부터 모신으로 숭배되었던 것으로 생각된다. 헤라라는 이름의 어원은 다른 그리스 신들과는 달리 그리스어나 인도유럽어에 속하지 않는 고대의 것으로 추정된다. 사모스 섬과 아르고스에는 기원전 8세기경에 지어진 헤라의 신전이 있는데, 이는 그리스에서 가장 오래된 신전이다.

결혼과 출산을 관장하며 여성과 가정의 보호신이다. 남편 제우스와의 사이에서 전쟁의 신 아레스, 청춘의 여신 헤베(Hebe), 출산의 여신 일레티야(Eileithyia), 불화의 여신 에리스(Eris)를 낳았다. 일설에 따르면 제우스가 아테나 여신을 낳자 헤라가 헤파이스토스를 혼자 낳았다고 한다. 제우스의 무분별한 애정행각에 심한 질투를 드러내고 제우스의 연인들과 자식들까지 심하게 박해하였다. 디오니소스의 어머니 세멜레(Semele), 큰곰자리 전설의 칼리스토(Callisto), 에우로파, 그리고 영웅 헤라클레스 등이 그 대표적인 예이다.

무지개의 여신 이리스(Iris)를 시녀로 거느리며 암소와 공작새가 헤라를 상징한다. 헤라는 종종 공작이 끄는 수레에 타거나 손에 여성과 풍요의 상징인 석류나 양귀비 씨앗을 든 모습으로 묘사된다.

[그림 6-3]
삼지창을 들고 있는 포세이돈.

▲ Corinthian plaque, 기원전 550~525년, 높이 7.7 폭 7.3cm, Musée du Louvre.
곱슬머리를 늘어트린 Poseidon의 모습은 삼지창이 없으면 도상학적으로 Zeus와 구분할 수 없다.

포세이돈(Poseidon)은 제우스의 형이자 신들의 2인자로 크로노스와 레아의 아들이다. "땅의 주인 distribution-lord/ distribution of land and honors"라는 의미를 갖는 포세이돈은 제우스를 도와 티탄족을 정복한 뒤 바다를 지배하게 되었다. 바다와 물의 신으로 로마신화의 넵투누스(Neptunus)에 해당한다. "바다를 뒤흔드는 자"로 무기인 삼지창 트라이아나(Triaina)를 휘둘러 폭풍우를 일으키고, 암석을 분해하며 해안을 뒤흔드는 지진의 신이다. 말(馬)을 창조한 경마의 수호신이기도 한 포세이돈은 흰 말이 끄는 황금 갈퀴와 놋쇠 바퀴의 수레를 타고 파도 위를 달린다.(그림6-3)

성미가 급하고 까다로워 다른 신이나 인간들과도 자주 다투었는데, 그 가운데 아테나 여신이 유명하다. 포세이돈과 결혼하고 싶어하는 아테나를 여자로 생각하지 않고 대신 메두사(Medusa)를 사랑했기 때문이었다. 포세이돈은 자신을 향한 아테나의 연정을 꺾어버리기 위해 고의로 메두사와의 사랑을 드러냈고 심지어는 아테나의 신전에서 메두사와 사랑을 나눴다. 이에 분노한 아테나가 메두사를 흉한 괴물로 만들었다. 또 아폴론과 짜고 페르세우스(Perseus)를 이용하여 메두사를 죽여버렸다. 포세이돈은 사랑하는 연인의 영혼이 빠져나가지 못하게 막고 천마(天馬) 페가수스(Pegasus)로 만들고 훗날 페가수스를 하늘의 별자리에 올려놓았다.

포세이돈과 아테나의 사랑 다툼은 도시국가 수호신으로 이어졌다. 승자는 시민들이 필요한 것을 선물로 주는 쪽이었다.

포세이돈은 삼지창으로 땅을 때려 말과 샘을 만들어 주고 아테나는 올리브나무를 만들어 주었는데, 말이 투쟁과 슬픔을 상징하는 반면 올리브나무는 평화와 풍요를 상징하기에 인간들의 결정으로 아테나가 승부에서 이기게 되었다. 이 도시는 아테나에게 봉헌되었고 도시 이름은 여신의 이름을 따서 "아테네 Athene"라 불리게 되었다.

데메테르(Demeter)는 크로노스와 레아의 딸로 제우스의 부인이자 누이이다. 대지의 생산력 특히 곡식을 생육하는 "모신 mother-goddess"으로 제우스와의 사이에서 딸 페르세포네(Persephone)를 낳았다. 로마신화에서 "곡물의 여신 goddess of grain"을 뜻하는 케레스(Ceres)에 해당한다.

고대 그리스에서 가장 유명했던 엘레우시스 비의(Eleusinian Mysteries)는 데메테르 여신과 딸 페르세포네의 숭배의식이었다. 부활과 영생과 관련된 의식으로 미케네 시대인 기원전 1500년경에 형성된 것으로 보이며 그리스를 거쳐 로마에까지 전승되었다. 신자들은 사후에 보상을 받는 것으로 알려졌는데, 의식 내용은 철저히 비밀에 붙여져 오늘날 알 수가 없다. 비의는 기원전 8세기부터 기원후 4세기까지 그리스 전역에 퍼져 아테네의 공식적인 행사로 정착되었으나 서기 395년 고트족의 침공 후 명맥이 끊어졌다.

호메로스의 시 〈데메테르 찬가 Hymn to Demeter〉에 의하면 데메테르는 지하세계의 신 하데스에게 유괴당한 페르세포네를 찾아 엘레우시스(Eleusis)에 이르렀다. 곧 그곳의 왕가와 친하게 되었고 왕자 데모폰(Demophoon)의 보모가 되었다. 데메테르는 왕자를 영생의 존재로 만들려다 왕비의 두려움으로 실패하자 신분을 밝히고 셀레우스(Celeus)왕에게 신전을 지어 경배할 것을 명하였다.

〈데메테르 찬가〉에 따르면 엘레우시스 비의는 데메테르의 생애의 2가지 사건, 즉 딸과 헤어진 뒤 다시 만난 이야기와 엘레우시스 왕의 아들을 불멸의 존재로 만들려다 실패한 이야기에서 비롯되었다. 엘레우시스가 아테네 시에 편입되어 아테네 시민이 의식을 거행할 책임을 맡았으나 의식은 원래의 지역적 특징을 잃지 않았다.

엘레우시스 비의는 소비의(Lesser Mysteries)와 대비의(Greater Mysteries) 두 가지가 있었다. 소비의는 안테스테리아 달(Anthesteria, 2~3월)에 아테네에서 아르콘 바실레우스(archon basileus)의 지휘 아래 일리소스 강(River Illisos) 근처에서 행해졌다. 이 때 입문자들(mystai)은 돼지새끼를 데메테르와 페르세포네 여신에게 바치고 자신들을 의식에 따라 정화하였다. 그 의식을 통하여 입문자들은 대비의에 참여할 자격을 얻었다. 대비의는 보이드로미온 달(Boedromion, 9~10월) 14일에 엘레우시스에서 아테네 아크로폴리스 기슭의 엘레우시니온(Eleusinion, 데메테르 신전)으로 성스런 물건을 옮기면서 시작되어 23일에 끝이 났다. 아테네 시민들은 16일에 팔레론(Phaleron) 해안에서 몸을 씻는 정화의식으로 시작한다. 이때 많은 돼지를 잡아 여신께 바쳤다. 17일에는 에피다우로스에서 의술의 신 아스클레피오스(Asklepios)가 아테네에 도착한 것을 기념하는 축제가 열려 에피다우로스인들이 엘레우시니온으로 출발하였다. 19일에는 아테네에서 제전행렬이 케라미코스(Keramikos) 성문에 모여 "신성한 길 Sacred Way"을 따라 엘레우시스로 행진하였다. 약 22km떨어진 거리로써 도착 후에는 밤새 축제를 벌였다. 20일과 21일에는 입문자들을 입문의 전당(Telesterion)에 들여 사제가 주관하는 의식이 진행되었다. 의식은 3가지로 "행해진 것" (dromena: things done-데메테르와 페르세포네 신화 재연), "보여진 것" (deiknumena: things shown-신성한 물건의 전시), "말해진 것" (legomena: things said－보여진 것과 더불어 논평)으로 이루어진 것으로 추정되는데, 누설자는 사형에 처해졌기 때문에 내용은 철저한 비밀에 싸여 전해지지 않고 있다. 축제는 밤새 춤으로 이어졌고 저녁 늦게 또는 아침 일찍 황소의 공희(供犧)도 있었다. 22일에는 죽은 자들을 위한 헌주가 이루어지고 23일에는 입문자들이 내세에 받을 복을 약속받고 기쁨과 희망에 넘쳐 집으로 돌아갔다.

로마의 보르게세 미술관(Galleria Borghese)에서 베르니니(Gian Lorenzo Bernini, 1598~1680)의 〈페로세포네의 납치〉를 루브르 박물관(Musée du Louvre)에서는 델라바테(Dell'Abate, 1509~1572)의 〈페로세포네의 납치〉를 감상할 수 있다. 영국의 리즈 박물관 겸 미술관(Leeds Museums and Galleries)에서는 레이튼 경(Lord Frederick Leighton, 1830~1896)의 〈페르세포네의 귀환〉을 감상할 수 있다.(그림 6-4)

[그림 6-4] 페르세포네의 귀환.

▼ Lord Frederick Leighton, Oil on canvas, 1891년, 152.4×203.2cm, Leeds Museums and Galleries, UK. Persephone가 지하세계를 지배하는 Hades의 나라에서 머리에 Petasos를 쓰고 손에 Kerykeion을 든 Hermes의 안내를 받아 지상세계의 입구에 다다르고 있다. 딸 Persephone를 애타게 기다리던 Demeter가 두 손을 벌려 맞이하는 모습이다.

아테나(Athena) 여신은 완전무장을 한 채 제우스의 머리에서 탄생한 신으로, 도시국가 아테네의 수호신이며 지혜와 전쟁의 신이기도 하다. 아테나는 "하늘의 여왕 Queen of heaven"을 뜻하는 수메르어 아나타(anatha)에서 유래하였으며, 로마신화의 미네르바(Minerva)와 동일하다. 아르테미스와 헤스티아처럼 처녀신이었으나 그들과는 달리 남성적인 활동을 즐기는 신이었다. 지혜를 나타내는 올빼미가 아테나를 상징하는 새이고 올리브가 그녀에게 바쳐진 식물이었다. 그 밖에도 투구, 갑옷, 창, 아이기스(Aegis, 메두사의 머리가 달린 방패 겸 갑옷), 뱀이 상징물이다.

아테나 여신의 조각상은 종종 투구를 쓰고 염소가죽 혹은 뱀가죽으로 만든 갑옷을 입고 있다. 페르세우스가 여신에게 바친 메두사의 얼굴이 아이기스를 장식하고 있다. 또 여신의 손바닥 위에는 작은 니케상이 놓이기도 한다. 아테네 여신은 처녀 신(Athena Parthenos)으로서 아라크네(Arachne) 전설과 연관된 방직과 기술의 수호신(Athena Ergane)이었다. 그런가 하면 전쟁에서 전략을 지휘하는 신(Athena Promachos)이었고 그리스 전역에서 도시국가의 수호신(Athena Polias)으로 숭배되었다.

아테나의 기이한 탄생은 제우스와 지혜의 여신 메티스(Metis)와의 사이에서 태어날 아이가 올림포스 주신이 될 것이라는 가이아의 신탁 때문이었다. 불안해진 제우스가 임신한 메티스를 삼켰고, 두통이 심해지자 헤파이토스를 불러 자신의 머리를 도끼로 내려치도록 하였다. 그러자 갑옷으로 완전무장한 아테나가 소리를 지르며 튀어나왔고 하늘과 땅, 바다가 아테나의 탄생을 축하하며 성대하게 박수를 치며 환호를 보냈다고 한다. 덕분에 아테나는 늘 아버지 제우스의 총애를 받게 되었다. 파르테논 신전의 동쪽 박공벽에 그 같은 아테나의 탄생 장면이 부조로 장식되어 있었다.

아테나 여신은 포세이돈과의 경쟁에서 도시국가 아테네를 차지하기는 했으나 사랑은 메두사에게 빼앗겼다.(그림 6-5) 그런 아테나를 연모한 신은 헤파이토스였다. 헤파이스토스는 무기 제작을 위해 자신의 대장간을 찾아온 아테나에게 반하여 그녀를 범하려 하였다. 아테나가 달아나자 헤파이토스의 정액이 땅에 떨어져 대지의 여신 가이아가 임신하여 에릭토니우스(Erichthonius)가 탄생하였다. 아테나가 대리모가 되었고 에릭토니우스는 아테네의 전설적인 왕이 되었다. 아테네 에렉테이온 신전에는 아테나, 포세이돈과 더불어 에릭토니우스가 모셔졌다.

아폴론(Apollon)은 "태양과 빛의 신 sun-god and god of light"이라는 의미 외에도 궁술과 예언, 의료, 음악 및 시의 신으로 지성미를 대변하는 신이다. 제우스와 레토 사이에 태어난 아들로, 달의 여신이며 사냥의 여신인 아르테미스가 쌍둥

[그림 6-5]
아테나와 포세이돈의 경쟁.

▶ Antonio Lombardo, Marble, 1508년, 107×83cm, Hermitage Museum, St Petersburg, Russia. Poseidon이 삼지창으로 땅을 때려 말과 샘을 만든 반면 Athena는 올리브나무를 만들었다.
도시국가 Athene의 수호신을 두고 다툰 이 경쟁에서 올리브 나무가 시민들에게 더 유용한 것으로 판정되어 Athena 여신이 Poseidon을 누르고 승리하였다. Athene라는 명칭은 수호여신 Athena에서 연유한다.

이 누이이다. 로마신화의 아폴로(Apollo)와 동일하다. 항상 청년상으로 활이나 월계수, 리라를 든 모습으로도 표현된다. 월계수와 리라, 활과 화살, 백조, 돌고래가 대표적인 상징물이다.

아폴론의 어머니 레토는 쌍둥이를 임신하였으나 태어날 아이가 아버지인 제우스 다음가는 권력을 누리게 될 것이라는 예언을 받았다. 이를 안 헤라는 큰 뱀 피톤(Python)에게 레토를 끊임없이 쫓아다니면서 해산을 하지 못하도록 명하였다. 오르티기아(Ortygia) 섬에서 포세이돈의 도움으로 어렵게 아르테미스를 낳은 레토는 이웃 델로스 섬으로 가서 아흐레 동안 진통을 겪었다. 헤라가 붙잡고 있는 분만의 여신 일레티아를 무지개 여신 이리스가 황금 목걸이로 매수하여 레토가 아폴론을 낳을 수 있었다.

태어난 지 나흘 후 제우스는 아들 아폴론에게 황금 왕관과 현악기 리라, 백조가 끄는 마차를 주며, 델포이로 가라고 명하였다. 그곳에서 아폴론은 어머니 레토를 괴롭혔던 큰 뱀 피톤을 화살로 퇴치하고 피톤이 지키던 가이아의 신전을 차지하였다. 그 결과 피티아(Pythia)를 통해 사람들에게 내리는 신탁은 가이아의 뜻이 아닌 제우스의 뜻을 알리는 아폴론의 신탁이 되었다. 오이디푸스(Oedipus)의 끔찍한 운명을 예언한 것도 소크라테스(Socrates)를 지상에서 가장 지혜로운 자로 선언한 것도 델포이 신탁이었다. 델포이의 아폴론 신전에는 “너 자신을 알라”, “그대의 정신을 억제하라”는 유명한 금언들이 새겨져 있었다 한다. 또 델포이에서는 기원전 586년부터 4년마다 아폴론 신을 위한 피티아(Pythia) 경기가 열렸으며 우승자에게는 아폴론의 나무 월계관이 씌워졌다.

아폴론의 복수와 사랑은 신화에 더 많은 이야기를 남기고 있다. 니오베(Niobe)와 다프네(Daphne)도 그 예이다. 니오베의 비극은 인간에게 겸손함을 가르친다. 테베 왕비 니오베는 14명의 자식을 두고 행복한 삶을 살았다. 그런데 겸손함이 없었던 니오베가 레토는 훌륭한 자식을 2명밖에 낳지 못했지만 자신은 훌륭한 자식을 14명이나 낳았다고 뽐내고 다녔다. 이에 크게 화가 난 레토가 아폴론과 아르테미스에게 오만방자한 니오베를 벌하라고 말하였다. 아폴론과 아르테미스는 각각 니오베의 아들 7명과 딸 7명을 모두 활로 쏘아 죽였다. 슬픔을 이기지 못한 남편 암피온(Amphion)은 자살하였고 니오베는 계속 한 곳에서 흐느끼다 바위로 변해 버렸다.

미남 청년 아폴론도 모든 사랑을 다 이루지는 못하였다. 아폴론은 에로스가 쏜 황금화살로 강의 신 페네오스(Peneus)의 딸 다프네(Daphne)에 사랑에 빠졌다. 그러나 에로스가 쏜 납화살에 맞은 다프네는 구혼하는 아폴론을 보자마자 기겁하며 달아났다. 산과 들, 숲을 헤치며 다프네를 뒤쫓아 막 안으려할 때 다프네가 더 이상 도망칠 길이 없자 아버지 또는 가이아에게 자기를 구해 달라고 소리쳤다. 그렇게 해서 다프네는 월계수로 변하였고 애달픈 아폴론의 사랑은 허무하게 끝

[그림 6-6] 아폴로와 다프네.

▲ Gian Lorenzo Bernini, Marble, 1622~1625년, Galleria Borghese, Rome.
Apollon이 Daphne를 안으려는 순간 Daphne가 월계수로 변해 Daphne에 대한 Apollon의 사랑은 애달프게 끝이 났다.
Ovidius의 『변신이야기 Metamorphoses』에서 묘사한 Apollon의 애달픈 사랑 이야기를 243cm의 대리석에 담은 이 작품은 Baroque 예술의 역동미를 잘 보여주는 작품이다.

이 났다. 이 같은 다프네에 대한 아폴론의 사랑은 베르니니(Gian Lorenzo Bernini, 1598~1680)의 〈아폴로와 다프네〉 (1622~25, Galleria Borghese)와 푸생(Nicolas Poussin, 1594~1655)의 〈아폴로와 다프네〉 (1625, Alte Pinakothek, Munich)에서 잘 표현되고 있다.(그림 6-6)

아르테미스(Artemis)는 달의 여신(moon goddess)이자 사냥의 여신으로 제우스와 레토 사이에서 태어났으며 아폴론의 쌍둥이 누이이다. 수렵과 궁술의 신이며 야생동물, 어린이, 약한 자들을 수호하는 여신이다. 처녀성과 순결을 지키는 젊은 처녀신으로 묘사되며 로마의 디아나(Diana)에 해당한다. 아르테미스는 시녀들과 함께 숲 속에서 사냥을 하며 돌아다니는 야생적인 처녀의 모습으로 묘사된다. 아폴론과 마찬가지로 활을 무기로 들고 다니며 달이 비칠 때 그 모습이 나타나는데 그 때는 산짐승과 초목이 춤을 춘다고 한다. 곰과 사슴, 활과 화살, 초승달, 토끼가 대표적인 상징물이다.

그런데 아르테미스는 원래는 처녀신이 아니라 선주민들의 지모신이나 또는 에페소스(Ephesos)에서 숭배되고 있던 많은 유방을 가진 여신과 관계가 있었던 것 같다. 고대인들에게 아르테미스는 많은 유방이 상징하듯 다산과 풍요의 신으로 숭배되었는데, 신약성서의 사도행전에서 언급될 정도로 기독교 신앙과 경쟁하기도 하였다.

아르테미스 여신과 관련 있는 대표적인 신화상의 인물들은 칼리스토(Callisto), 악타이온(Actaeon), 오리온(Orion)이다. 칼리스토는 아르테미스를 섬기는 시녀였으나, 제우스의 유혹에 넘어가 임신하였다. 처녀성을 지키겠다는 서약을 지키지 못한 죄로 칼리스토는 곰이 되는 벌을 받았다. 장성한 아들 아르카스를 숲에서 만난 칼리스토가 반가워 다가갔으나 겁에 질린 아들은 화살로 곰을 쏘려하였다. 이를 본 제우스가 동정심을 느껴 아들을 곰으로 변하게 한 다음 어머니와 아들을 함께 하늘로 올려 보내 큰곰자리와 작은곰자리로 만들었다.

악타이온은 사냥꾼으로 숲에서 사냥을 하다가 우연히 근처의 개울가에서 목욕을 하고 있는 아르테미스를 목격하게 되었다. 아르테미스는 자신의 알몸을 본 악타이온에게 물을 뿌려 사슴으로 만들어버렸다. 그러자 악타이온이 데리고 온 사냥개들이 주인을 알아보지 못하고 사냥감인 줄 착각하고 달려들었다. 계속 사냥개들을 피해 달아나다 지친 악타이온은 결국 사냥개들에게 붙잡혀 갈기갈기 찢겨지는 비운을 맞았다. 세사리(Giuseppe Cesari, 1568~1640)의 〈디아나와 악타이온〉 (1603~06, Museum of Fine Arts, Hungary Budapest)과 Francesco Albani (1578~1660)의 〈디아나와 악타이온〉 (1625~30)은 목욕하다 악타이온의 출현으로 놀라는 디아나 일행을 잘 묘사하고 있다.(그림 6-7)

[그림 6-7] 목욕중 놀란 디아나.

▲ Jean Baptiste Camille Corot, Oil on canvas, 1836년, Metropolitan Museum of Art, Manhattan, NY.
시녀들과 목욕하던 달의 여신 Artemis가 사냥꾼 Actaeon의 등장으로 놀라 당황해하고 있다.

오리온은 포세이돈의 아들로 뛰어난 사냥꾼이었다. 아르테미스는 그런 오리온과 함께 사냥하러 다니는 것을 좋아하였다. 이를 본 아폴론은 아르테미스가 오리온에게 반하여 처녀로 살겠다는 맹세를 저버릴지 모른다고 우려하여 전갈을 보내 지키게 하였다. 전갈을 피해 바다로 도망친 오리온을 보고 아폴론은 아르테미스에게 바다에 멀리 보이는 것을 화살로 맞추어보라고 말하였다. 오리온인줄 몰랐던 아르테미스는 활살로 오리온을 쏘아 죽였다. 슬픔에 찬 아르테미스는 오리온을 하늘로 올려 보내 별자리로 만들었다.

아프로디테(Aphrodite)는 호메로스에 의하면 제우스와 바다의 정령 디오네의 딸이다. 그러나 헤시오도스에 의하면 크로노스가 신권을 차지하기 위하여 아버지 우라노스의 성기를 거세하여 바다에 던졌고, 하얀 거품(aphros)에 싸여 떠다니다 거기서 탄생하였다. 여신은 처음에는 키테라(Cythera)섬으로 나중에는 키프로스(Cyprus) 섬으로 떠내려가 거기서 아름답고 수줍은 모습으로 뭍으로 나왔다. 신과 인간들은 여신을 아프로디테라 불렀는데 "거품에서 태어났다 risen from sea-foam"는 의미이다. 또는 처음 떠내려갔던 섬에 따라 키테레이아(Kythereia)라 부른다. 호메로스의 찬가에서는 계절의 여신 호라이(Horai)가 그녀에게 옷을 입히고 아름답게 꾸민 다음 여러 신들에게 안내하였다고 한다. 르네상스 시대 보티첼리(Sandro Botticelli)의 〈비너스의 탄생 La nascita di Venere〉은 이 같은 장면을 잘 묘사하고 있다.

플라톤의 『향연』에 의하면 아프로디테는 고매한 정신적인 천상의 사랑과 동시에 관능적인 지상의 사랑을 동시에 드러내는 사랑의 여신이다. 즉, 하늘 신 우라노스로부터 어머니 없이 태어난 정신적 사랑인 "아프로디테 우라니아 Aphrodite Urania"와 육체적 사랑인 "아프로디테 판데모스 Aphrodite Pandemos"인 것이다. 전설에 의하면 아테네의 테세우스가 아프로디테 우라니아 신앙을 통하여 마을 단위로 흩어져 있던 주민들의 의식을 아테네 시민이라는 더 큰 단위로 통합했다고 한다. 관능과 성적인 사랑을 의미하는 아프로디테 판데모스는 기원전 460년경 제작된 〈루도비시 옥좌 Ludovisi Throne〉에서 잘 묘사되고 있다. 이 부조의 정면은 바다에서 올라오는 아프로디테를 두 처녀가 손을 뻗쳐 맞이하는 장면인데, 그 측면의 한쪽은 베일을 몸에 두르고 향을 피우는 청초하고 정숙한 모습을, 다른 한쪽은 나체로 다리를 포개고 즐거운 듯이 피리를 부는 관능적 사랑의 여신 모습이 새겨져 있다.

아프로디테의 배우자는 헤파이스토스(Hephaestos)였으나 전쟁의 신 아레스(Ares)와 많은 애정행각을 벌였다. 장미, 도금양, 산비둘기, 조개껍질, 사과, 백조, 제비, 황금거들이 여신의 상징물들이다. 소아시아의 해안의 크니도스(Cnidos)에서는 조개를 사랑의 여신에게 바쳐진 생명체로 여겼다. 크니도스에 아프로디테의 나상을 조각하여 세운 사람은 그리스의 조각가 프락시텔레스(Praxiteles)였다. 로마에서는 베누스(Venus)였다. 기원전 46년 카이사르는 베누스 여신을 선조로 삼아 여신들을 모시는 웅장한 신전을 지었다. 〈프리마 포르타의 아우구스투스 Augustus of Prima Porta〉에는 카이사르로부터 이어지는 그 같은 가문의 혈통을 드러내고 있다.(그림16-5)

미와 사랑의 여신은 프리아푸스(Priapus), 에로스(Eros)로 불리는 아들을 두었고, 인간과 사랑을 나누기도 하였다. 아도니스(Adonis)와 안키세스(Anchises)가 유명하다. 로마 시인 오비디우스(Ovid)의 『변신이야기 Metamorphoses』에 의하면 아도니스는 피그말리온(Pygmalion)과 갈라테아(Galatea)의 손자인 시니라스(Cinyras)와 그의 딸 미라(Myrrha)의 아들이었다. 아버지를 사랑한 미라가 진상을 알게 된 아버지로부터 도망치다가 신들에 의해 한 그루의 몰약나무(myrrh)로 변했고 거기서 미모의 아도니스가 탄생하였다. 아프로디테 여신의 깊은 사랑을 받던 아도니스가 사냥에 나갔다 멧돼지의 어금니에 찔려 피를 흘리며 죽었고, 그 자리에서 붉고 가녀린 바람꽃(anemone)이 피어났다. 해마다 여인들은 아도니스가 죽은 자리에서 애도하고 그와 닮은 인형을 만들어 장례의식을 거행했다고 한다.

다른 전설에 의하면 아프로디테가 어린 아도니스를 상자에 넣어 지하의 여신인 페르세포네에게 맡겼으나, 그의 미모에 반한 페르세포네가 그 상자를 돌려주려 하지 않았다. 제우스가 중재에 나서 아도니스는 일 년 중 몇 달은 지하의 페르세포네와 나머지는 지상의 아프로디테와 지내게 되었다.

아도니스에 얽힌 이야기들은 두 가지 모두 일종의 풍요와 다산의 신화임을 시사한다. 젊은 청년의 죽음과 부활, 여인들의 애도와 장례의식, 그리고 일 년 중 일정 기간을 지하세계에서 보내는 것 등은 페르세포네의 전설과 마찬가지로 풍요제의 요소들인 만물의 생육과 죽음, 부활을 나타내는 상징적인 이미지들이라 할 수 있다. 이런 제의의 원형은 프리기아(Phrygia) 지방의 키벨레(Cybele)와 아티스(Attis), 시리아의 아스타르테(Astarte)와 타무즈(Tamuz) 신화에서 찾을 수 있다.

안키세스(Anchises)는 아이네아스(Aeneas)의 아버지이다. 아프로디테는 이다 산(Mt. Ida)을 지나다 신처럼 아름다운 청년 안키세스를 보고 사랑에 빠졌다. 인간으로 변장한 아프로디테는 그를 유혹하여 사랑을 나누었고 아들 아이네아스를 낳았다. 아이네아스는 트로이 전쟁 후 로마로 건너가 새로운 제국을 건설하게 될 로물로스와 레무스의 조상이 되었다. 이 전설은 베르길리우스(Virgil, 기원전 70~19년)에 의하여 아우구스투스의 새로운 치세를 상징하는 서사시 『아이네이스 Aeneis』로 쓰여졌다.

아프로디테에 대한 예술작품은 열거할 수 없을 정도다. 르네상스기 보티첼리(Sandro Botticelli, 1445~1510)의 〈비너스와 마르스〉(1480, National Gallery), 〈비너스의 탄생〉(1485, Galleria degli Uffizi) 이후 회화만도 그러하다. 티치아노(Titian, c1488~1576)의 〈우로비노의 비너스〉(1538, Galleria degli Uffizi), 루벤스(Peter Paul Rubens, 1577~1640)의 〈파리스의 심판〉(1639, Museo del Prado), 다비드(Jacques Louis David, 1748~1825)의 〈비너스와 삼미신에 의해 무장해제한 마르스〉(1824, Musees Royaux des Beaux-Arts, Brussels)등은 잘 알려진 그림들이다.(그림6-8)

헤파이스토스(Hephaestos)는 화산(火山)의 신이자 대장장이 신이다. 신들 가운데 유일하게 일을 하는 신으로 로마신화의 불카누스(Vulcanus)에 해당한다. 헤파이스토스는 제우스와 헤라 사이 혹은 헤라가 혼자 낳은 아들로, 아내는 사랑과 미의 여신 아프로디테이다. 헤파이스토스는 원래 불, 특히 활화산에서 분출하는 불의 신이었다. 헤파이토스 숭배지는 화산이 있는 에게해 북부의 렘노스(Remnos) 섬이 발상지였는데, 소아시아 일부 지방에서도 숭배되었고 에트나(Etna) 화산이 있는 시칠리아 섬과 베수비우스(Vesuvius) 화산이 있는 캄파니아 지방 등 화산지대에서 숭배되었다.

올림푸스의 명공(名工)인 헤파이스토스는 신들의 여러 무기를 만들었는데, 제우스의 번개, 에로스의 활과 화살, 헤르메스의 날개 달린 모자와 신발, 아이기스 흉갑, 아프로디테의 허리띠 등이 그것이었다. 또 신들이 인간에게 선물로 준 최초의 여

[그림 6-8] 비너스의 탄생.

▼ Sandro Botticelli, Tempera on canvas, 1485년, 278.5×172.5cm, Galleria degli Uffizi, Florence, Italy.

거품에서 태어난 Aphrodite가 금조개 껍질을 타고 Cyprus섬에 막 도착하고 있다. 여신의 왼쪽에는 서풍신 Zephyros가 바람을 불어 여신을 섬쪽으로 인도하고 있고 그 옆에는 꽃과 번영의 여신 Chloris가 장미꽃을 휘날리고 있다. 오른쪽에는 계절의 여신 Horai가 외투를 들고 Aphrodite를 맞이하고 있다.

여신을 통해 여성의 나체를 표현한 회화로, 중세 기독교의 억압에서 벗어난 이탈리아 르네상스 인문주의 승리를 상징하는 그림이다. 대조적으로 르네상스 기간 동안 북유럽에서는 기독교의 억압으로 여신을 통한 여성의 나체표현이 불가능했다.

자 판도라(Pandora)와 그녀의 항아리를 제작하기도 하였다.

헤파이토스는 제우스가 티탄 족을 무찌를 수 있게 번개를 만들어 주어 미의 여신 아프로디테를 아내로 맞을 수 있었다. 그러나 못생긴 헤파이토스가 대장간을 핑계로 아프로디테를 멀리하자 아프로디테는 전쟁의 신 아레스와 밀회를 즐기기 시작하였다. 그들의 애정행각은 태양신 아폴론 혹은 헬리오스(Helios)의 밀고로 헤파이토스에게 알려졌고, 헤파이토스는 달아날 수 없는 그물 침대로 현장을 잡아 망신을 주었다.

아레스(Ares)는 전쟁의 신으로 "전사 battle strife"라는 의미이다. 창, 칼, 방패, 놋쇠 갑옷, 전차, 독수리가 대표적 상징물로 로마 신화의 마르스(Mars)와 동일시된다. 같은 전쟁의 신인 아테나와는 달리 고대 그리스인들에게는 사랑을 받지 못하였다. 아테나가 전략과 방어를 중시했던 것과는 반대로 호전적인 성격으로 전쟁의 광란과 학살, 파괴를 즐겨 다른 신들로부터도 미움을 받았기 때문이었다. 그렇기는 하나 아프로디테와의 관계는 달랐다. 아레스는 아프로디테의 남편 헤파이토스 몰래 사랑을 나누다 들켜 신들로부터 망신을 당하기도 했던 여신의 연인이었다.(그림 6-9)

아레스는 전투가 벌어지는 곳마다 네 마리의 군마가 끄는 전차를 타고 나타났다. 이 때 자신과 아프로디테와의 사이

[그림 6-9] 비너스와 마르스.

▼ Sandro Botticelli, Tempera on wood, 1480년, 173.5×69 cm, National Gallery, London.
Venus와 사랑을 나눈 Ares가 잠들어 있고 Venus는 무엇을 경계하는 듯 주변을 살피고 있다. 장난꾸러기 Pan들이 옆에서 Ares의 투구와 무기를 갖고 놀며 Ares의 귀에 소라고둥을 불어도 Ares는 잠에 곯아떨어져 있다.

에서 낳은 쌍둥이 형제인 포보스(Phobos, 두려움)와 데이모스(Deimos, 공포)를 동행하였다. 불화의 여신 에리스와 그녀의 자식들(Graiai) 중의 한 명인 싸움의 여신 에니오(Enyo)도 이들과 함께 전쟁터를 돌아 다녔다. 아레스는 본래 트라키아 지방에서 숭배되었던 신으로 전해지는데, 로마시대에 크게 숭배되었다.

아레스는 케클롭스(Kekrops)의 딸 아글라울루스(Aglaulus)와의 사이에서 낳은 딸 알키페(Alcippe)를 포세이돈의 아들 할리로티우스(Halirrhotius)가 겁탈하자 그를 죽였다. 포세이돈이 아레스를 고발하여 아테네의 아크로폴리스 근처에서 살인사건에 대한 최초의 재판이 열리게 되었다. 포세이돈과 아레스를 제외한 올림포스의 12신들이 배심원이 되었으나 아레스에게 무죄 판결을 내려졌다. 훗날 재판이 열렸던 장소가 "아레스의 바위"라는 뜻을 갖는 아레오파고스(Areopagos)라고 불리게 되었다. 오늘날에도 그리스 대법원은 "아레오파고스"로 불린다. 고대 아테네에서 아레오파고스회의는 원로회의였다.

헤르메스(Hermes)는 전령(傳令)의 신이며 나그네의 수호신으로 로마신화의 머큐리(Mercury)에 해당하다. 헤르메스는 "표지석 돌더미 pile of marker stones"라는 뜻으로 어원인 헤르마(Herma, 경계석, 경계점)와 밀접한 관련을 갖는다. 고대 그리스인들에게 헤르메스는 "경계를 넘어간다 cross boundaries"라는 개념이 구체화된 신이었다. 그러므로 헤르메스는 교환, 운송, 횡단 등의 활동을 수반하는 상업을 주관했고, 정보 전달, 언어 해석, 웅변술, 작문 등도 주관하였다. 더 나아가 사후 세계인 하데스의 나라로 경계를 넘어가 갈 수 있는 신이었다. 이런 의미에서 헤르메스는 오늘날 그리스 우체국의 상징이다.

헤르메스는 제우스와 아틀라스의 딸 마이아 사이에서 아르카디아(Arcadia) 지방의 가장 높은 킬레네(Cyllene)산의 동굴에서 태어났다. 올림포스 신들 중 가장 어린 신으로, 태어나

[그림 6-10] 머큐리와 아르고스.

▲ Peter Paul Rubens, Oil on panel, 1635~38년, 87.5×63 cm, Gemäldegalerie, Dresden, Germany. 암소로 변한 Io를 Hera가 보낸 눈이 백 개 달린 Argos가 감시하고 있다. 옆에는 Zeus가 보낸 Mercury(Hermes)가 잠이드는 피리를 불어 Argos의 눈을 감기게 하고 있다. Argos의 눈이 다 감기자 Mercury가 Argos의 목을 베어버렸다. Argos의 죽음을 애석하게 여긴 Hera가 Argos의 눈을 떼어 공작새의 날개에 달았다. 공작새는 Hera를 상징하는 새다.

자 빠른 속도로 성장하였다. 태어난 날 정오 무렵에 거북이 등껍질로 리라를 발명했고 밤에는 아폴로의 재산인 불사의 소를 훔쳤다. 경계를 넘는 전령 신으로 아버지 제우스에게 발탁되는 계기가 된 사건이었다.

제우스의 전령으로 나타나는 헤르메스는 페타소스(Petasos)라 불리는 챙이 넓은 여행자 모자 혹은 날개 달린 모자를 쓰고, 탈라리아(Talaria)로 불리는 날개 달린 샌들을 신고 있다. 손에는 케리케이온(Kerykeion, 라틴어로는 caduceus)라고 불리는 전령의 지팡이를 짚고 있는데, 지팡이의 막대 부분은 교미 중인 뱀으로 꼬여 있었다. 복장은 여행자, 일꾼, 양치기 등이었다. 지갑, 수탉, 거북이가 헤르메스의 대표적 상징물이었다.(그림 6-10)

헤르메스는 처음에는 경계를 지키는 남근 신으로, 헤르마는 길가에 있는 표지석 무더기인 케른(cairn)을 의미하였다. 여행자들은 지나가며 그 무더기에 돌을 올려놓았다. 기원전 6세기 후엽 아테네의 히파르코스(Hipparchos)는 아고라에 위치한 마을들 사이의 중간 지점을 표시하는 케른을 없애고 청동 또는 돌로 사각 기둥의 헤르마를 세웠다. 기둥 위에는 수염을 기른 헤르메스 두상이 올려져 있었고 기둥 하부에는 돌출한 남근이 있었다. 이미 헤르메스가 태어난 곳으로 알려진 킬레네 산에서 남근 형상의 돌이나 나무 기둥의 헤르마가 세워져 있었다. 헤르마는 도로나 경계를 구분하는 용도로 쓰였다. 아테네인들은 헤르마를 길운을 가져다주는 것으로 생각하고 집 밖에 세우기도 하였다.

기원전 415년 펠로폰네소스 전쟁 중이던 아테네는 함대를 총동원하여 시라쿠사로 출정준비를 하고 있었다. 그때 아테네의 헤르마가 파괴되는 사건이 발생하였다. 아테네인들은 소크라테스의 제자 알키비아데스가 연루되었을 것으로 의심하였다. 기원전 399년 소크라테스의 신에 대한 불경죄는 이 사건과도 간접적으로 연관되어 사형이 선고되었다.

이 같은 그리스 로마신화가 서양문화에 미친 영향은 막대하다. 그리스와 로마시대는 물론, 특히 르네상스 이후 유럽인들의 호기심과 상상력을 자극하여 문학과 예술의 중요한 소재와 주제가 되었다. 현재 서양의 수많은 박물관과 미술관에 보관되어 있는 수많은 회화와 조각 작품에서 그 같은 사실을 확인할 수 있다.

2. 신전

그리스의 신전은 신이 지상에서 머무는 장소였다. 신전의 4면은 열주로 형성되어 자연에 대하여 물리적으로 개방적인 특성을 보이고 있다. 실제로 그리스 신전은 로마의 신전과는 달리 4면에서 모두 접근이 가능하였다. 신전의 실내는 신상이 놓이는 장소 외의 기능은 없었으며, 집회는 옥외에서 행해졌다. 암흑기에 형성되기 시작한 그리스 신전은 메가론, 목구조, 종교건물의 3요소가 결합되어 이루어졌다. 메가론은 신전의 평면 형성에, 목구조는 오더 형식에, 그리고 종교건물은 종교적 의미 부여에 영향을 미쳤다. 목구조는 도리아인들의 전통적인 건축방식으로 접합식 구조가 특징이다. 그런데 그리스인들은 고대문명의 석구조 방식에 도리아인들의 목구조 방식을 더하여 그리스의 오더(order: 주범양식)를 만들어 냈다.

그리스 신전의 평면구성은 미케네의 메가론에서 비롯되었다. 메가론의 사각형 공간이 신전의 신상 안치소인 켈라(cella, 혹은 나오스 naos)로 발전했고, 사각형 공간의 중심을 형성하는 난로 자리에는 신상이 놓였다. 켈라의 벽이 연장되어 끝부분에 안타(anta, 벽기둥)라 불리는 벽기둥이 세워졌고, 그 사이에 2개의 오더를 세워 프로나오스(pronaos, 전실)라 불리는 공간을 갖는 안타형 신전이 되었다. 앞뒤쪽으로 연장된 경우는 이중 안타(double anta)형 신전이 되었다. 오더 수가 3, 4, 5, 6, 8, 9, 10으

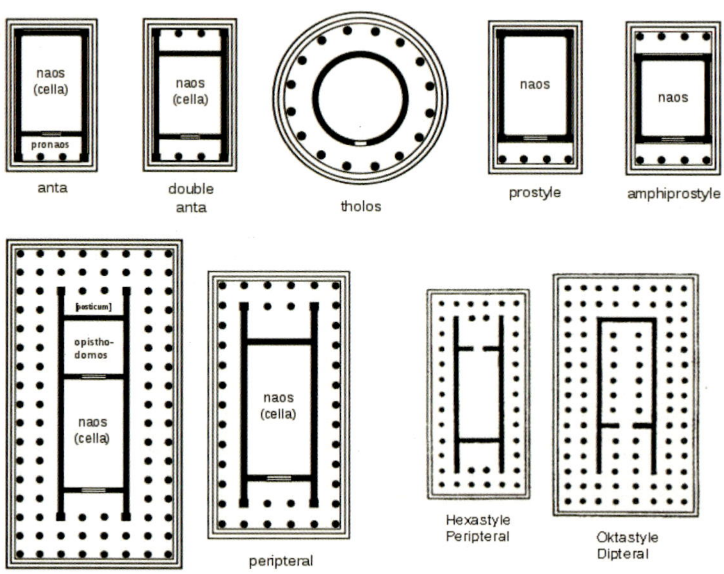

[그림 6-11] 그리스 신전의 구조.

로 늘어나면서 큰 신전으로 발전하였다.

신전은 켈라를 둘러싼 오더의 형태에 의해서도 구분된다. 오더가 신전의 정면에만 배치되어 정면에만 좁은 원주 회랑이 만들어진 경우에는 프로스틸(prosyle, prostylos), 앞뒤쪽에 만들어진 경우에는 암피프로스틸(amphiprostyle, amphiprostylos) 신전이다. 오더가 켈라의 외부 4면을 1열의 열주로 둘러싼 신전은 페리스틸(peristyle) 또는 페립테랄(peripteral, peripteros) 신전이며, 2열로 둘러싼 신전은 딥테랄(dipteral, dipteros) 신전이다. 이 경우 신전 정면의 오더가 4개로 이루어졌으면 테트라스틸(tetrastyle), 6개면 헥사스틸(hexastyle) 8개면 옥타스틸(octastyle), 10개면 데카스틸(decastyle), 12개면 도데카스틸(dodecastyle) 신전이다. 페리스틸의 대표적인 예는 올림피아의 〈제우스 신전〉(기원전 470-56경, 원주 6×13), 아테네 아크로폴리스의 〈파르테논 신전〉 (기원전 447-38, 원주 8×17)이다. 딥테랄은 기원전 356년 이후 신축된 에페소스의 〈아르테미시온〉으로, 안쪽으로는 원주가 7×19, 바깥쪽으로는 9×21개였다.(그림 6-11)

원형 켈라를 주랑이 감싸는 신전도 생겨났다. 톨로스(tholos)라 불리는 원형 신전은 기원전 370경 축조된 델포이의 아테나 프로노이아 성역(Athena Pronaia Sanctuary, 아폴론 신전 이전의 아테나의 의미)에서 볼 수 있는데, 20개의 원주가 그 절반 높이의 원형 켈라를 감싸고 있었다.(그림 6-12)

고전기 오더(classical order)는 고전기 건축양식의 하나로 건축물의 비례와 외관 및 세부적 특징으로 구분되는데 , 특히 기둥과 주두의 형태로 구분된다. 16세기 이후 건축학자들은 고전기 오더를 5가지로 나누었는데, 그 가운데 도리아식(Doric order), 이오니아식(Ionic order), 코린트식(Corinthian order)은 그리스에서 기원했고, 로마인들은 도리아식보다 단순한 토스카나식(Tuscan order)과 코린트식 보다 장식적인 복합양식(Composite

[그림 6-12] 델포이 톨로스.

▲ 기원전 4세기 초.
사진은 The sanctuary of Athena Pronaia에 위치한 유명한 Delphi Tholos의 3개의 기둥이다. 이 톨로스는 지름이 13.5m인 원형 건물로, 기원전 4세기초에 건립되었다. 돌로 만든 기초 위에 대리석 기단을 깔았다. 3단의 솟은 기단 위에 원형 Cella가 놓여있고, 이를 20개의 Dorian columns이 둘러싸고 있다. Cella 내부에는 10개의 Engaged corinthian columns이 있었다. 외부 열주와 Cella 벽 사이에는 섬세하게 장식된 지붕으로 덮인 좁은 통로가 있었다. 열주 외부의 Triglyph와 Metope가 있는 Frieze에는 Greeks와 Amazons 사이의 싸움을 나타내는 부조가 새겨져 있었다. 이 톨로스의 용도는 지하세계의 신 숭배와 관련이 있는 것으로 추정하는 것 외에는, 그리스 성소의 다른 원형건물들처럼 미상이다. 이 성소에는 Apollon에 바쳐지기

order)을 더하였다. 그리스의 3양식은 각기 크게 구분되는 주두(capital)와 상부(entablature)를 가지고 있었으며, 기둥의 높이는 모듈(module)[33]에 의해서 결정되었다. 로마인들은 기원전 1세기 그리스 양식을 채용하였다.

종종 도리아식이 가장 오래된 양식으로 생각되나 증거가 없으며, 오히려 기원전 6세기에 도리아식과 이오니아식이 같은 시기에 출현한 것으로 생각된다. 도리아식은 그리스의 본토와 서부지역에서 이오니아식은 동부지역에서 유행하였다. 두 양식 모두 목조양식에 기원을 두고 있다. 보존이 잘 된 도리아식 건축의 가장 오래된 예는 올림피아의 헤라 신전으로 기원전 600년 직후에 건립된 것이다.

신전의 양식을 결정하는 오더는 상부(entablature), 기둥(column), 기단(基壇, pedestal)의 3부분으로 구성된다. 상부는 다

33_ 기둥의 기부의 반지름으로 건물 각 부분의 비율이나 균형을 산출하는 척도로 사용되었다.

시 코니스(cornice), 프리즈(frieze), 아키트레이브(architrave, 처마도리) 3부분으로 구성된다. 기둥은 주두(柱頭, capital), 주신(柱身, shaft), 주초(柱礎, base) 의 3부분으로 구성되고, 주두는 주판(柱板, abacus), 접시판(echinus), 목(necking)의 3부분으로 구성된다. 기단은 기둥이 놓이는 상부기단(stylobate)과 그 아래의 하부기단(stereobate)으로 구성된다.(그림 6-13)

도리아식 오더는 주두를 포함한 기둥의 높이가 하부 지름의 4~8배 정도밖에 되지 않아 오더 중에서 가장 땅딸막하고 위쪽으로 갈수록 기둥이 가늘어지는 것이 특징이다. 전형적인 그리스의 도리아식 오더에는 주초가 없이 직접 상부기단에 기둥이 놓였다.(후에는 대좌나 토러스 위에 놓인 오더가 출현했다) 주신에는 20개의 얕은 세로 홈(flute)이 패어 있다. 주두는 단순한 목과 위쪽으로 볼록면의 접시판(에키누스), 그리고 정4각형의 주판(아바쿠스)으로 이루어져 있다. 주두 위 수평 부재인 상부(엔타블레이처)에서 도리아식 프리즈는 독특하다. 여기에는 앞으로 튀어나온 트리글리프(triglyph: 세개의 세로줄 홈이 패인 구성체)와 메토프(metope)라고 불리는 움푹 들어간 네모난 벽면이 번갈아 놓이는데, 메토프에는 부조가 새겨지기도 하였다. 전형적인 도리아식 오더의 기둥은 가운데가 부풀어 오른 배흘림(entasis) 기둥으로, 건축물의 튼튼함과 남성적인 이미지에 도움을 준다. 도리아식 신전의 대표적인 예는 올림피아의 〈제우스 신전〉, 아테네 아크로폴리스의 〈파르테논 신전〉이다.

이오니아식 오더는 짧고 둔탁하여 남성적인 근육과 물리적인 힘의 이미지를 풍기는 도리아식에 비하여 가늘고 날씬하며 여성적인 곡선과 섬세한 이미지를 보인다. 주초부터 상부(엔타블레이처)까지의 오더의 높이는 기둥 하부 지름의 9배이다. 이오니아식 기둥은 상부 기단(스틸로베이트) 위에 주초로 연결된다. 주초의 맨 아래는 대좌(plinth, 臺座)로 4각형이나 원형의 받침

이전에 Athena 신전이 존재했다. 신화에 의하면 그 이전에는 Gaia의 성소로 Python이 지키고 있었다. 이 성소에서 우리가 볼 수 있는 처음 설립된 신전은 기원전 6세기말 Archaic temple of Athena로, 정면 6, 측면 12개의 도리아식 기둥의 Peripteral 신전이었다. 기원전 373년 지진으로 무너진 이 신전 터에서는 기원전 7세기 중엽으로 추정되는 더 이전의 신전 유적이 발견되었다.

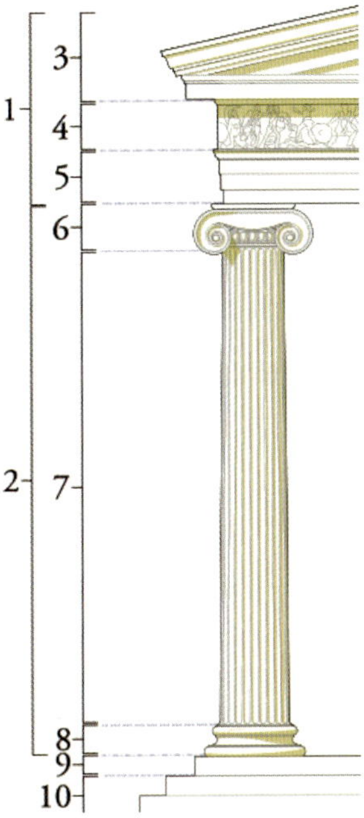

[그림 6-13]
그리스 오더 명칭(이오니아식 오더).

▲ 1 : 상부,
2 : 기둥,
3 : 코니스,
4 : 프리즈,
5 : 아키트레이브,
6 : 주두,
7 : 주신,
8 : 주초,
9 : 상부 기단,
10 : 하부 기단.

[그림 6-14] 그리스 오더양식.

▲ 위 좌측 Tuscan order, 우측 Doric order, 중간 Ionic order, 아래 좌측 Corinthian order, 우측 Composite order, 원 그림은 18세기 프랑스 백과사전 vol. 18.

대이다. 그 위에 하나 또는 그 이상의 둥근 몰딩(molding)이 있는데, 스코샤(scotia: 오목하게 팬 몰딩)로 구분되는 2개의 토러스(torus: 반원형으로 돌출된 몰딩)로 이루어져 있다.

이오니아식 오더의 주신 높이는 하부 지름의 8배이며, 도리아식 보다 많은 24개의 세로 홈이 패여 있다. 주두의 접시판(에키누스)에는 2개의 스코롤(scrolls, 또는 volute)이라 불리는 소용돌이 장식이 있는 것이 특징이다. 접시판 자체에는 난촉(卵鏃, egg-and-dart)무늬가 새겨져 있다. 상부(엔타블레이처)의 아키트레이브는 보통 3단계의 파스키아(fasciae: 띠)로 구성되어 있다. 프리즈는 도리아식 오더에 있는 트리글리프와 메토프가 없는 대신에 인물군상 등 장식조각이 연속적으로 배치되기도 하였다. 이오니아 신전의 대표적인 예는 에페소스의 〈아르테미스 신전〉, 아테네 아크로폴리스의 〈에레크테이온〉이다.

코린트식 오더는 가장 장식적이며 우아하다. 이 양식의 가장 큰 특징은 주두로서 2열의 양식화된 아칸서스 잎과 4개의 scrolls 장식이 조각되어 있다. 주신에는 세로줄 홈이 24개 있으며 기둥 높이는 하부 지름의 10배이다. 코린트식 신전의 특징은 아테네의 〈올림피에이온〉에서 잘 보여주고 있다.(그림 6-14)

토스카나식 오더는 로마인들이 도리아식 오더를 더욱 단순하게 변형한 것이다. 주신에 세로 홈이 없고 주두가 단순한 주판과 접시판으로 이루어져 있다. 기둥 높이는 원주 지름의 7배이다. 이 토스카나식은 모든 오더 중에서 가장 견고해 보인다. 콤포지트 오더 또는 복합 오더는 르네상스 시대에 와서야 독립된 양식으로 자리잡았는데, 코린트식 오더가 로마시대 후기에 발전한 것이다. 주두에 이오니아식 스크롤 문양과 코린트식 아칸서스 잎 문양이 혼합하여 장식되어 있다. 기둥 높이는 원주 지름의 10배이다.

우리는 고졸기에 건축된 신전을 그리스 식민도시였던 이탈리아 파이스툼(Paestum)에서 볼 수 있다. 이 곳에서 가장 오래된 신전은 기원전 550년경에 도리아식으로 건립된 〈헤라 신전〉이다. 이 신전은 18세기 고고학자들이 로마시대의 건물로 생각하여 "바실리카 Basilica"로 알려져 있었다. 신전 정면의 기둥이 9개이기는 하나 구조적으로는 그리스 신전의 공통된 요소를 모두 갖추고 있다. 건물 바닥은 사각형이고 사방이 기둥으로 둘러싸여 있다. 바닥에서 세 계단 올라가 기둥이 세워졌고 기둥은 배흘림이다.

바로 옆에 약 1세기 후인 기원전 450년경 초기 고전시대에 지어진 2번째 〈헤라 신전〉(전에는 포세이돈에게 봉헌된 신전으로 알려졌다)은 열주가 정면 6개 측면 14개로 구성되었는데, 이것이 이후 그리스 신전의 표준형으로 정착하였다. 이 신전은

[그림 6-15] 아테나 신전.

▼ 기원전 500년경, Doric order temple, Paestum, Italy.

고졸기의 건축물보다 비례감과 안정감에서 우수한 것으로 평가되고 있다. 이곳에 있는 3번째 신전은 기원전 500년경에 건축된 〈아테나 신전〉(전에는 Ceres에 봉헌된 것으로 알려졌다)으로, 이오니아 양식과 도리아 양식이 섞여 있어 이행기적 특징을 보여주고 있다.(그림 6-15)

18세기 후반~19세기 초반의 고전주의자들은 그리스 고전시대의 건축을 부활시키고 당시의 신전 건축물들이 순백색의 빛나는 대리석들로 건축되었다고 생각하였다. 그들에게 빙켈만(Johann Joachim Winckelmann, 1717~1768)이 제시한 그리스 미술의 이상인 "고귀한 단순함과 고요한 위대성"은 불변의 진리였다. 그러나 당대 이후 많은 연구들은 그리스 신전이 화려하게 채색되었다는 사실을 밝혀냈다.

그리스 신전에서 정형화된 기둥과 상인방으로 구성되는 그리스식 건축과 로마에서 발전한 아치와 궁륭 천장의 로마식 건축양식은 서양건축의 기본구조가 되었다. 중세시대에 이들 두 양식이 결합되어 로마네스크와 고딕의 아름다운 교회건축물을 남겼다. 르네상스 이후에는 종교건물뿐만 아니라 세속건물에 널리 사용되어 유럽의 여러 곳에 웅장하고 수려한 교회와 궁전을 유산으로 남기고 있다. 파리의 〈노트르담 성당〉, 〈퀼른 대성당〉, 로마의 〈성베드로 성당〉, 〈베르사이유 궁정〉, 파리의 〈개선문〉 등등이 그리스와 로마 건축의 유산들이다.

제 7 장
초기 고전기의 문화유산

1. 초기 고전시대

그리스 사회는 페르시아와의 전쟁에서 승리함으로써 전성기인 황금시대를 맞게 된다. 아테네의 아크로폴리스가 새로이 단장되면서 파르테논 신전 등이 새로이 건립되고, 고대 민주주의도 절정에 달하게 되었다. 조화와 균형미를 자랑하며 자연미와 이상미를 추구하던 그리스 예술도 절정에 달하게 되어, 이 시대의 예술이 르네상스시대 이후 오랫동안 예술의 모범으로 여겨지게 되었다.

그리스의 고전기는 초기(기원전 510~450), 전성기(기원전 450~400), 말기(기원전 400~323)로 구분된다.

기원전 490년 페르시아의 1차 침공 시에 아테네는 마라톤(Marathon)에서 적을 방어하였다. 2차 침공시인 기원전 480년에는 살라미스(Salamis) 해전에서 승리를 거두었고 다음해에는 플라타이아(Plataea) 전투에서 승리하여 적을 물리쳤다. 대 제국을 상대로 한 전투에서의 승리가 아테네인들의 사기와 자긍

심을 드높여 황금시대를 향한 도약의 계기가 마련되었다.[34]

아테네는 전후 안전보장을 위해 결성된 델로스(Delos) 동맹의 맹주로서 차츰 동맹국들에 대한 지배력을 강화해 갔다. 군함의 수병으로 복무하는 가난한 시민들에게 동맹국 기금으로 수당을 지급하고, 동맹국 기금을 올리는 한편 탈퇴를 억압하였다. 이처럼 아테네는 대외적으로는 제국주의 길을 걸으면서 대내적으로는 관직의 추첨 등 민주화를 추진해 나갔다.

2. 엄격양식의 조각

엄격양식(severe style) 혹은 초기 고전양식(기원전510~450)이란 고졸기의 규범적 형태를 벗어나 5세기말의 전성기 고전시대로 넘어가는 과도기적 조각양식을 말한다. 엄격양식은 적화양식 항아리의 화공에 대하여 설명하기 위하여 1837년 처음 사용된 용어였다. 그 말은 1937년 덴마크 학자 Vagn Poulsen(1909~1970)이 조각에 적용한 이후 조각의 양식을 설명하기 위한 용어로만 사용되고 있다. 엄격양식의 시기 가장 두드러진 유산은 올림피아의 제우스 신전의 조각들이다.

기원전 500년을 전후하여 그리스를 대표하는 아테네에서는 참주정이 무너지고 민주정이 수립되는 새로운 시대를 맞고 있었다. 민주정의 도입은 쿠로스상과 연결된 귀족문화의 쇠퇴와 더불어 조각술에서도 혁신적인 변화를 가져왔다. 조각의 포즈가 더 자연스러워졌고 동시에 더 완벽한 이상미를 표현하게

34_ 당시 Marathon 만에서의 승리를 알리기 위하여 한 병사가 아크로폴리스 까지 30여 km를 달렸다. 마라톤 경기는 근대올림픽이 시작된 1896년 제 1회 아테네 대회부터 정식 종목으로 채택되었다. 고대 올림픽에서 마라톤 경기는 없었고 stadion 단위(1스타디온은 185.4m정도)로 트랙을 도는 경기가 있었다.

된 것이다. 이 시기 예술가들은 고졸기기의 관습적인 표현을 거부하고 신의 실체를 완벽하게 표현하려는 이상을 추구하였다. 따라서 이들은 일상생활과 감각적 인식을 넘어 시공의 한계를 초월하는 실체를 표현할 수 있는 미술형태를 발전시키고자 노력하였다. 그 결과 기원전 5세기 전반에 내적 아름다움을 표현하는 미의 개념이 새롭게 부각되었는데, 이는 고귀한 정신적 도덕적 가치를 그만큼 아름다운 외형으로 표현하고자 했다는 것을 의미한다. 이 같은 예술가들의 정신은 당대인 기원전 5세기 전반의 철학적 사고와 궤를 같이하는 것이다. 당대인들에게 위대한 철학자 엘리아(Elea)의 파르메니데스(Parmenides)와 에페소스(Ephesos)의 헤라클레이토스(Heracleitos)의 주장처럼 형태와 가치의 완벽한 조화는 신의 조화를 보여주는 것이었다.

이 시기를 대표하는 조각은 아이스킬로스가 극작가로서 명성을 날리던 시절에 나왔다. 기원전 490~480년경 아테네의 크리티오스(Critios)와 네시오테스(Nesiotes)의 공방에서 만들어진 〈크리티오스의 소년 Kritios Boy〉이 그것이다.(그림7-1) 117cm의 이 조각상은 소장처인 아테네 아크로 박물관 근처에서 1865년에 몸통이 발견되고 23년 뒤인 1888년에 머리가 발견되었다. 유리재질로 추측되는 색깔 있는 눈은 발견되지 않았으며 칠했던 색도 사라졌다. 영국의 예술사가 Kenneth Clark(1903~83)가 "예술에서 최초의 아름다운 누드"라고 표현할 만큼, 고졸기의 조각에서 벗어난 탁월한 대리석상이다. 즉, 고졸기의 조각상과는 달리 근육과 골격구조가 살아있는 것처럼 자연스럽고 정확하게 묘사되어 있다. 몸통이 숨 쉬는 동작처럼 팽창되어 있고, 이완된 자세와 히프는 좁아져 있다. 고졸기의 미소가 정확하고 엄숙한 입술 묘사로 바뀌었다. 이처럼 그리스 조각은 초기 고전기에 들어서면서 이상과 현실이 교차하는 인체미를 표현하게 된 것이다.

[그림 7-1] 크리티오스의 소년.

▼ 기원전 490~480년, Marble, 117cm, Acropolis Museum, Athens. 매우 활기찬 모습의 이 소년은 contrapposto의 자세를 취하고 있다. 이는 체중분산의 새로운 예를 보여주는 뛰어난 조각으로 이러한 체중분산이야말로 고전기 조각의 완전한 자세의 전제조건이었다. 이 작품의 두상은 Kritios와 Nesiotes에 의해서 청동으로 제작된 참주살해 그룹의 Harmodios와 형태적으로 유사하다. 참주살해자의 모습은 현재 로마시대의 대리석 복제품만 존재한다. 본서 p. 128참고.

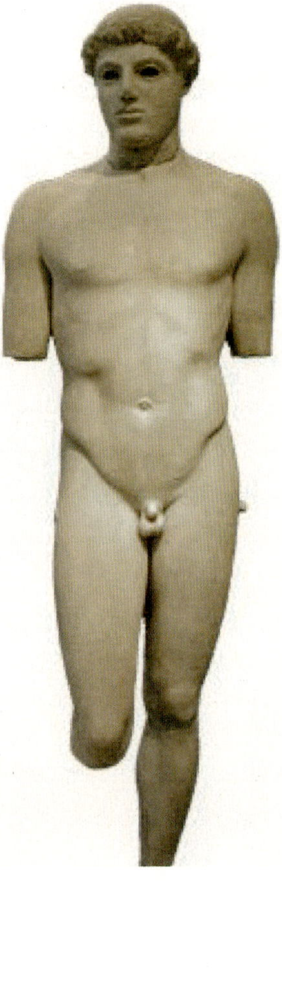

〈크리티오스의 소년〉은 콘트라포스토(contrapposto)로 알려진 자세를 취하고 있다. 고졸기의 조각상이 두 발에 몸무게를 똑같이 준 좀 경직된 상인 반면, 〈크리티오스의 소년〉은 몸무게가 왼쪽 발에 실려 있으며 오른발은 이완된 자세에서 무릎을 구부리고 있다. 또 골반이 대각선으로 왼쪽 엉덩이를 살짝 밀어 올리고 오른쪽 엉덩이는 이완되어 있다. 척추는 S자 곡선을 갖게 되고 어깨선은 골반 움직임에 대한 반작용으로 좌측이 쳐졌다. 긴장된 근육과 이완된 근육이 세밀히 묘사되어 있고 고개가 약간 옆으로 돌아간 자세이다. 인위적 대칭에서 벗어난 동작과 미묘한 내적 긴장감이 고졸기의 조각에서 완전히 벗어나 자연주의와 개인주의를 향한 거보를 내딛고 있음을 보여주고 있다.

청동상 역시 이 시대의 발전을 보여주고 있다. 델포이 박물관의 〈델포이의 전차수 The Charioteer of Delphi〉는 높이 170cm의 크기로 1896년 델포이의 아폴론 신전 부근에서 발견되었다. 이 청동상은 기원전 474년에 있었던 델포이의 피티안(Pythian) 제전에서 4두2륜 전차 경주의 우승을 감사하기 위하여 봉헌된 것이다. 대좌에 새겨진 글자로 봉헌자가 시칠리아의 그리스 식민도시 젤라(Gela)의 참주 폴리젤로스(Polyzelos)였다는 것을 알 수 있다. 원래는 전차와 말 네(혹은 여섯) 마리, 그리고 마부 두 사람이 포함되었던 대작으로, 아마도 세상에서 가장 당당한 조각상의 하나였을 것이다.(그림7-2)

[그림 7-2] 델피의 전차수.

▼ 기원전 474년, Bronze original, 170cm, Delphi Museum.
청동원작이 살아남은 몇 안 되는 그리스 고전기 작품의 하나이다. Delphi의 신탁은 서기 395년 Theodosius 1세가 금지할 때까지 지속됐으나, 이미 Constantinus 1세에 의하여 많은 조상(彫像)들과 귀중품들이 약탈되어 콘스탄티노플로 옮겨졌다. 〈델피의 전차수〉는 일부 손상되기는 했으나 395년 성소폐쇄 직후 약탈을 피해 보호차원에서 땅속에 묻혀 원작이 살아남을 수 있었다. 1896년 Delphi의 아폴론 신전 부근에서 발굴되었다.

이 청동상은 아테네에서 제조된 것으로 보이는데, 전차수는 왼팔이 상실된 것 외에는 완전하다. 머리와 상부몸통, 하부몸통, 오른팔 세부분으로 발굴되었는데, 왼팔은 묻히기 전에 이미 상실된 듯하다. 땅에 묻힌 것은 4세기 델포이 성소가 폐쇄된 얼마 후 약탈을 막기 위한 보호차원에서 그리 된 것으로 보인다. 유리로 눈을 박아 넣고 구리로 눈썹과 입술을 세부 묘사한 몇 안 되는 청동상이다. 엄격양식 말기 혹은 고전기 초기 양식으로 고졸기의 쿠로스 보다는 자연스러우나 고전기 후기 작품 보다는 경직되어 있다.

[그림 7-3]
포세이돈 혹은 제우스 상.

▲ 기원전 470~460년, Bronze original, 209cm, National Archaeological Museum of Athens. 이 작품은 그리스 예술품을 이탈리아로 수출하던 배가 난파되어 원작이 살아남은 예로 추정된다. 난파선은 기원전 2세기 중엽 이전의 것은 아닌 것으로 밝혀졌으나, 조사 중 인명사고로 인하여 더 이상의 연구는 진행되지 않은 채 현재에 이르고 있다.

아테네의 국립 고고학 박물관에 소장된 〈포세이돈 혹은 제우스 상〉은 기원전 470~460년 경에 제작된 청동 원작이다. 이 조각상은 1926년 에우보이아 섬의 북쪽 아르테미시온 곶(Cape Artemision) 바다 속 난파선 유적에서 발견되어 1928년 발굴되었으므로 원래의 배경이나 기능을 알 수가 없다. 이 청동상은 뒤쪽으로 들어 올린 오른손에 번개(제우스)나 삼지창(포세이돈)을 들고 길게 앞으로 뻗은 왼손으로 조준하면서 막 무기를 던지려는 힘찬 움직임을 위풍당당한 모습으로 묘사하고 있다. 이 청동상이 제우스인가 혹은 포세이돈이가는 학계에서도 의견이 분분한 상태이다. 오른손에 든 번개 혹은 삼지창이 상실되었고, 또 제우스와 포세이돈을 도상학적으로 구분할 수 없기 때문이다.(그림7-3)

삼지창(혹은 벼락)을 던지려는 팔의 길이가 너무 길고 머리카락과 수염이 정형화되어 있다는 평가를 받기는 하나, 이전 세기의 조각들이 성취하지 못한 역동적인 에너지를 발산하며 정면 조각상을 극복하고 있다. 2m가 넘는 큰 작품으로 아테네의 국립 고고학 박물관이 소장한 유물 가운데 가장 큰 것이다. 빈 눈은 뼈로 끼워 넣었을 것이며, 눈썹은 은으로, 그리고 입술은 구리로 만들었을 것이다.

이 시기 말 청동원작이 상실된 또 다른 유명한 조각은 미론(Myron)의 〈원반 던지는 사람 Discobolus〉이다. 기원전

460~450년경에 완성된 이 작품은 몸과 머리를 오른쪽으로 비틀어 원반을 멀리 던지려는 찰나의 정지된 순간을 역동적으로 표현하고 있다. 그래서 미론이 포착한 순간은 폭발적인 동작이 일어나기 직전의 조화와 균형이 이루어진 상태를 보이고 있다. 오늘날 이 자세는 원반던지기에는 비효율적인 자세로 생각된다. 또 완벽한 조각상에 대한 욕구가 근육의 긴장감을 과도하게 표현하도록 만들었는지 또는 신체의 균형이 얼마나 잘 잡혔는가를 표현하려 했던 것인지에 대해서는 논란이 되고 있다. 팔과 다리의 근육은 부풀어 올랐으나 몸통의 근육은 긴장된 모습을 보이지 않으며, 얼굴에도 어떤 감정의 표현도 나타나 있지 않다.

[그림 7-4] 원반 던지는 사람.

▼ 기원전 460~450년, Marble, 169cm, Museo Nazionale Romano. 청동 원작의 로마 시대 복제품. 복제품 가운데 가장 유명한 것으로, 1937년 Adolf Hitler가 구입하였다가 1948년 이탈리아에 반환하여 현재 로마 국립박물관에 소장되어 있다.

원본은 상실되었으나, 로마시대의 여러 복제품이 있다. 가장 유명한 것이 〈Discobolus Palombara〉로, 1871년 Esquiline 언덕의 Palombara 빌라에서 발견되었다. 서기 1세기 미론의 청동 원작을 복제한 것으로, 1937년 히틀러(Adolf Hitler)가 구입했다가 1948년 반환하여 로마 국립 박물관에 소장되어 있다.(그림7-4) 다음으로 유명한 것이 〈Townley Discobolus〉로, 1790년 하드리아누스 빌라에서 발견되었다. 1794년 영국의 감정가 Charles Townley가 구입하여 머리를 수정했으나 잘못된 수정으로 평가되고 있다. 1805년 이후 영국박물관이 소장하고 있다.

이 시기 아테네 조각사에 또 다른 혁신이 추가되었다. 기원전 500년경부터 실제 인물을 묘사한 조각상이 등장한 것이다. 기원전 514년 참주를 살해하여 민주정을 열게 한 Harmodius와 Aristogeiton을 묘사한 조각상이 그것으로, 실제 인물을 조각한 최초의 대중적 기념상으로 알려져 있다. 참주를 경멸하던 아테네 시민들이 참주 살해자를 숭배하는 움직임을 보였고, 민주정이 확립된 기원전 500년경 참주살해를 기념하기 위하여 아고라에 두 사람의 영웅상을 세웠다. 조각가 Antenor

에 의뢰하여 세워졌던 첫 번째 조각상은 페르시아전쟁기인 기원전 480년 소실되었다. 전쟁 후 기원전 477/76년에 Kritios와 Nesiotes에 의뢰하여 아고라에 세워졌던 두 번째 조각상도 소실되었으나, 복제품이 남아 당시의 모습을 알 수 있다.

3. 올림피아 제우스 신전

이 시기 그리스 전역에서 빠르게 성장하는 도시들과 더불어 새로운 건축물들이 활발히 건립되었다. 기원전 472~456년 사이에 건립된 올림피아의 제우스 신전은 올림피아에서 가장 크고 중요한 건축물로 완전히 발달한 도리스식 모델의 신전이었다. 이 신전은 미케네 말기 그리스 제신들(Pan-Hellenic deities)에게 바쳐졌던 성소에 건립되었다. 신성한 숲에 둘러싸이고 야외 제단과 펠롭스(Pelops) 무덤이 있던 이 높은 성소는 기원전 10~9세기에 처음 형성되었다. 제우스 숭배는 이미 형성되었던 헤라 숭배와 합류되었다.

신전의 건축 재료는 그 지역의 질 낮은 석회석을 사용하였다. 그래서 외관을 대리석처럼 보이도록 엷은 치장회반죽(stucco) 층으로 입혔던 것으로 알려지고 있다. 신전의 면적은 64m×27m로 정면에는 6개의 기둥이 옆면에는 13개의 기둥이 1열로 에워싼 페리프테로스 신전이다. 신전의 내부에는 파르테논 신전의 〈아테나 여신상〉과 함께 페이디아스(Pheidias)의 2대 걸작으로 평가되는 〈제우스 신상〉이 안치되어 있었다. 제우스상은 높이가 약 13m로 금과 상아를 입힌 목조로 되어 있었으며, 보석과 상아 등으로 꾸민 금으로 된 의자에 앉아 있는 모습이었다. 어깨에는 황금 망토를 걸치고, 오른손에는 상아와 금으로 만든 승리의 여신 니케 상을 받쳐들고 왼손에는 독수리가

[그림 7-5]
올림피아 신전의 제우스 신상 모습.

▲ 기원전 460년경, 1815년 그림으로 Kansalliskirjasto (National Library of Finland) 소장.
Olympia에 위치한 제우스 신전의 제우스 신상은 Parthenon 신전의 Athena Parthenos와 더불어 Pheidias의 2대 걸작으로 알려져 있다. 금과 상아로 만든 이들 신상은 426년 Theodosius 2세에 의하여 신전 파괴와 더불어 Constantinople로 옮겨져 475년의 화재로 소실되었다.

앉은 금으로 장식한 홀을 쥐고 있었다.(그림7-5)

신전의 메토프는 조각들로 장식되었고, 페디먼트(pediments, 박공벽)는 엄격양식의 조각들로 채워졌다. 신전의 정문인 동쪽의 페디먼트에는 올림피아와 관련이 깊은 신과 인간들이 묘사되어 있었다. 펠롭스(Pelops)와 오이노마오스(Oenomaus) 사이의 전설적인 전차 경주 모습으로, 중앙에 제우스가 서 있고 제우스의 오른쪽에 펠롭스가 왼쪽(북쪽)에 오이노마오스의 딸이며 펠롭스의 아내인 히포다메이아(Hippodameia)가 시녀들과 함께 있는 모습이다.[35] 서쪽의 페디먼트는 켄타우로스의 싸움(Centauromachy)으로, 영웅 페이리토오스(Peirithoos)의 결혼식에 초대된 인간 라피테스족(Lapiths)과 반인반마의 켄타우로스족(Centaurs) 사이에 벌어지는 치열한 전투를 묘사하고 있다. 아폴론이 중앙에 서 있고 페이리토오스와 테세우스가 양쪽에 서 있는 모습이다. 아폴론, 페이리토오스, 테세우스, 라피테스족은 문명화된 올림포스의 질서 즉, 그리스인 자신들의 문명과 이성을 상징한다. 켄타우로스족은 야만성을 상징한다. 이는 곧 그리스의 이성과 문명이 야만을 이겨냈다는 점을 강조하는 것이다.

메토프의 주제는 헤라클레스의 12과업이다. 그리스 신화에서 헤라클레스는 올림픽 대회에 참가하기도 했던 그리스의 최고 영웅으로 제우스의 아들이다. 네메아의 사자(Nemean Lion)

35_ 그리스 신화에서 오이노마오스는 피사 왕이다. 그는 사위에게 살해당하리라는 예언 때문에 딸 히포다메이아에게 청혼하는 자들에게 전차경주를 제안하여 패한 구혼자는 모조리 살해하였다. 그러나 펠롭스가 신들의 도움으로 승리를 거두었고 오이노마오스는 경기 도중에 마차에서 떨어져 죽었다. 펠롭스가 피사 왕이 되었고 올림픽 대회를 창설하였다. 펠로폰네소스라는 명칭은 펠롭스에서 비롯되었다. 미케네 왕 아가멤논과 스파르타 왕 메넬라오스가 펠롭스의 손자이다.

[그림 7-6]
헤라클레스와 크레타의 황소.

◀ Marble, 높이 114cm 폭 152cm, 기원전 460년경, Musée du Louvre.
올림피아 제우스 신전의 서쪽 현관 위 4번째 메토프 조각 작품.

를 물리치는 헤라클레스, 스팀팔로스의 새(Stymphalian Birds)를 물리치는 헤라클레스, 크레타의 황소(Cretan Bull)를 사로잡는 헤라클레스, 아우게이아스의 외양간(Augean Stables)을 치우는 헤라클레스 등이 묘사되어 있었다.(그림7-6)

제우스 신전은 서기 393년 로마황제 테오도시우스 1세가 올림픽 경기를 금지시키면서 쇠퇴하기 시작하였다.[36] 그즈음 이교숭배 금지와 더불어 그리스 신전에 대한 숭배, 제의, 신탁이 금지되고 각지에 세워졌던 많은 신전과 신상들이 파괴되고 약탈되었다. 올림피아의 제우스 신전 역시 서기 426년 테오도시우스의 손자인 테오도시우스 2세에 의해 파괴되고 제우스 신상은 콘스탄티노플로 옮겨졌다. 그러나 신상은 콘스탄티노플로 옮겨진 후 얼마 되지 않은 475년에 화재로 소실되었

36_ 고대 올림픽은 서기 393년 제 293회를 마지막으로 막을 내렸다. 제우스에게 바쳐진 고대올림픽이 열렸던 올림피아 고고유적지가 1989년 유네스코 세계문화유산에 등록되었다. 당시 가장 인상적이었던 제우스 신전 외에도 도리스 양식의 헤라 신전, 체육관, 페이디아스의 작업장, 경기장 등이 있었다. 아테네, 델포이, 델로스와 더불어 고대 그리스문화의 중심지였다. 1896년 근대 올림픽 경기가 아테네에서 열려 고대올림픽 경기의 정신이 1500년 만에 다시 이어지게 되었다. 올림피아의 헤라신전의 제단에서 올림픽성화가 채취되고 있다.

[그림 7-7] 제우스 신전 유적.

▶ Olympia, Greece.
522년과 551년 지진으로 와해되었다가 발굴된 모습.

다. 파괴된 신전은 522년과 551년의 지진으로 매몰되었다.(그림 7-7) 신전 터는 그리스 독립 후인 1829년 프랑스인에 의하여 발굴이 시작되었고, 1875-81년 독일 정부에 의하여 체계적으로 발굴되기 시작하였다. 발굴은 간헐적으로 중단이 된 후 현재도 계속되고 있다.

제 8 장
전성기 고전기의 문화유산

전성기 고전시대(기원전 450~400)는 아테네에서 페리클레스(Perikles, 기원전 457~429)가 통치하던 민주정의 완성시대로 아테네의 황금기였다. 이 시기 아테네는 자긍심과 낙관주의, 개인주의와 자유주의, 경쟁의식과 장인정신 등의 가치를 정치와 사상, 학문과 예술분야에서 유감없이 발휘하였다.(그림8-1)

이 시기 민회는 500인 협의회에서 제출한 안건에 대한 비준 여부의 결정권뿐만 아니라 법안발의권도 갖게 되었다. 또 이 시기에는 기원전 487년 선출제에서 추첨제로 바뀐 아르콘들의 권위가 떨어지고 10인의 장군(strategoi)들로 구성된 10인 군사위원회의 권한이 증대되었다. 이들은 임기 1년으로 민회에서 선출되었으나 무제한 연임이 가능한 직책이었다. 페리클레스 역시 장군으로 연임되면서 아테네의 지도자가 되었던 것이다. 이들은 막강한 권력을 휘둘렀으나 참주가 될 수는 없었다. 이들의 정책은 민회의 감독을 받았고 부정이 있을 때에는 언제든지 고발될 수 있었기 때문이었다.

이 시기 아테네의 재판제도도 확립되었다. 모든 소송은 매

[그림 8-1] 페리클레스 흉상.

▼ Marble. 기원전 430년경 원작의 로마시대 복제품, Musei Vaticani. "Pericles, son of Xanthippus, Athenian" 라는 명문이 새겨져 있다.

년 초 시민 가운데 추첨으로 선출된 6,000명의 배심원(jurors)에 의해 판결되는 시민법정(Heliaia)에서만 이루어지게 되었다. 더 이상 상소를 심리하는 최고법정이 존재하지 않게 된 것이다. 재판은 배심원 가운데 최소 201명에서 최대 1501명에 이르는 다양한 배심원단으로 구성된 각각의 법정에서 이루어졌다. 아르콘 가운데 한 사람이 재판을 주재하기는 했지만 그에게는 판결권이 없었고, 모든 재판은 배심원의 다수결로 결정되었다. 배심원이 곧 재판관이었으며 일단 판결이 내려지면 상소가 불가능하였다.

페리클레스 시대에 고대 민주주의가 완성되기는 했으나 오늘날 민주주의와는 매우 달랐다. 우선 현대의 대의민주주의가 아닌 직접민주주의였다. 당시 아테네 전 시민은 직접 민회에 참여하여 국가의 여러 결정 사항에 직접 투표권을 행사하였다. 또 현대와는 달리 여자들에게는 참정권이 없었다. 마지막으로 당시 사회에서는 노예의 존재와 노예매매가 여전히 성행했던 사회였다. 소피스트 가운데 일부가 노예제를 비판하기는 했으나, 플라톤이나 아리스토텔레스도 노예제에 대하여 부정적이지 않았다.

이 시기가 아테네에서 정치적으로 민주정이 완성된 시기일 뿐 아니라 문화적으로도 황금기였다. 페리클레스와 더불어 소포클레스(Sophokles, 기원전 496~406), 에우리피데스(Euripides, 기원전 485~406), 아리스토파네스(Aristophanes, 기원전 450~385), 소크라테스(Sokrates, 기원전 470~399), 헤로도토스(Herodotos, 기원전 484~420), 투기디데스(Thucydides, 기원전 460~400) 등이 이 시기에 활동하며 그들의 사상과 학문을 펼쳤다. 가장 뛰어난 조각가 페이디아스(Pheidias)와 폴리클레이토스(Polykleitos), 미론(Myron) 역시 이 시기에 활동하며 불후의 명작들을 남겼다.

1. 소피스트의 지적 혁명

기원전 5세기 중반에 외래문화의 자극과 민주정, 사회제도의 변화에 따라 그리스에서 또 다른 지적 혁명이 일어났다. 그것은 일반 시민인 평민세력의 성장, 개인주의 파급, 실제문제의 해결에 대한 관심 등으로 기존 사고방식에 대한 반발로 나타났다. 그 결과 철학자들의 관심이 기존 우주가 아닌 인간과 관련된 주제로 바뀌었다. 이러한 새로운 경향을 담당한 사람들이 이른바 소피스트(Sophists)[37]였다. 키케로(Marcus Tullius Cicero, 기원전 16~43)가 말했듯이 그들은 "철학을 하늘에서 땅으로 끌어내렸다 brought philosophy down from heaven to the dwellings of men".

당시 아테네 시민들은 사회변화와 민주주의의 물결 속에서 자신들의 이익과 재산을 지키고 권력쟁취와 배심원들의 설득을 위하여 새로운 능력을 추구하였다. 효율적인 토론과 설득력 있는 언변이 그것으로, 그 같은 지적 욕구에 호응하며 높은 수준의 지식을 가졌던 사람들이 소피스트였다. 이들은 시민들에게 입신출세를 위한 변론술과 백과사전적 지식을 가르쳤다. 소피스트들은 당대에 저술가, 문법학자, 입법자 등으로 실용적인 분야에 활동했으나, 일부는 공허한 궤변에 빠지기도 하였다. 또 도덕적이고 윤리적인 능력을 함양하기 보다는 상대를 이길 수 있는 토론 방법을 가르치면서 청소년들의 가치관을 혼란스럽게 만든다고 비난받기도 하였다. 그러나 이들은 노예제와 그리스인들의 종족적 배타성을 비판하여 그리스의

37_ 소피스트란 말은 원래 "현명한 사람들 wise man"을 의미했으나, 나중에는 공허한 추론을 일삼는 "궤변론자 casuist"라는 경멸적인 의미로 사용되었다. 우리들이 알고 있는 소피스트에 대한 부정적인 의미는 플라톤의 비판에 의해서이다.

자유이념의 발달에 기여하였다. 또 아테네의 학문연구와 논리학 및 심리학의 발달에도 기여하였다. 무엇보다도 이들이 철학의 관심을 자연과학과 형이상학을 넘어 윤리학과 정치학 등 인간에 관련된 주제로 영역을 넓히는데 역사상 가장 큰 공헌을 하였다.

소피스트의 제 1인자는 프로타고라스(Protagoras, 기원전 485~414경)였다. 그의 견해는 "인간은 만물의 척도다 Man is the measure of all things"라는 말로 대표된다. 이 말을 통하여 프로타고라스는 절대적인 진리의 존재를 부정하고 상대주의를 표방하였다. 즉, 선, 진리, 정의 등은 인간의 필요와 이익에 연관되어 있을 뿐, 절대적인 진리나 정의는 영원한 기준으로 존재하지 않는다는 것이다. 왜냐하면 감각적인 인식이 지식이 유일한 원천이므로 특정한 시간과 공간에서만 한정된 진리만이 있을 수 있기 때문이다. 그는 과학이 주장하는 것에도 회의적이었으며, 신의 존재에 대해서도 불가지론의 태도를 보였다.

소피스트의 상대주의, 개인주의, 회의주의는 불가피하게 반발을 불러왔다. 보수적인 입장에서 보면 소피스트의 이론은 무정부주의와 무신론이었다. 만약 절대적인 선과 정의가 없다면 종교, 도덕, 국가가 유지될 수 없었기 때문이었다. 이런 반발 속에서 진리와 윤리의 절대적 기준이 존재한다는 논리를 내세우는 철학자들이 등장하였다. 가장 대표적인 인물이 소크라테스, 플라톤, 그리고 아리스토텔레스였다.

2. 소크라테스

소크라테스(Socrates, 기원전 468~399)는 소피스트와는 달리 절대적인 진리와 도덕이 존재하며 그것은 다이몬(Daimon)이라

[그림 8-2] 소크라테스의 죽음.

▲ Jacques Louis David, Oil on canvas, 1787년, Metropolitan Museum of Art, Manhattan, NY. 신고전주의 화풍으로 그려진 그림으로, 왼손으로 하늘을 가리키는 소크라테스가 12제자에 둘러싸인 예수를 연상시키고 있다.

는 마음속의 소리[38]를 통한 자기성찰로 인식할 수 있다고 주장하였다. 또 산파술(maieutic method)이라고 불리는 질문과 토론을 통한 문답법으로 답을 이끌어내며 시민들에게 실천적 도덕성을 일깨웠다. 그 같은 방식이 시민들의 오해를 낳았다. 아테네 시민들은 소크라테스가 궤변술을 가르쳐 청년들이 부모에게 반항하게 하고, 전통적인 신을 부정하고, 자연현상에 대하여 해괴한 설명을 하는 위험한 인물로 생각하였다. 기원전 399년 소크라테는 그 같은 죄목으로 종교담당 아르콘에 의하여 고발되어 시민법정에서 사형선고를 받았다.[39] (그림8-2)

38_ 『소크라테스의 변명』 등에서 사용된 표현으로, 이를 다이모니온(daimonion)이라 한다. "다이몬과 같은 것"이라는 뜻이며, 다른 대화편에서 말하는 "다이몬의 신호"와 같다. 소크라테스의 태도 결정에서 대개 금지의 형태로 나타나는 내적인 신의 소리로, 마음속으로부터의 경고를 의미한다.

39_ 소크라테스를 재판한 시민법정의 배심원단은 501명이었다. 배심원단의 1차 투표에서는 고발 내용에 대한 죄의 유무를 결정하고, 2차 투표에서는 원고와 피고가 제시하는 형량을 결정하였다. 1차 투표의 결과는 281대 220으로 유죄였다. 원고와 피고가 각각 사형과 최소의 벌금형을 주장하는 2차 투표에서는 361대 140으로 사형이 확정되었다.

소크라테스가 고발된 것은 기원전 438년에 제정된 것으로 추정되는 "신을 인정하지 않거나 자연현상에 관한 학설을 설파하는 자를 처벌하는 법률"에 따른 것이나, 30인의 참주와도 관련이 있다. 아테네 시민들이 30인의 참주 가운데 강경과두파의 지도자인 크리티아스(Critias, 기원전 460~403)가 소크라테스의 제자이며, 펠로폰네소스 전쟁시 스타르타에 항복한 알키비아데스(Alcibiades, 기원전 450~404)가 소크라테스와 친밀하다는 것에 반감을 보였던 것이다. 더구나 시민들은 아리스토파네스의 희극 〈구름 The Clouds〉(기원전 423년 초연)에서 야단법석을 떨면서 신들은 모독하는 부도덕한 소크라테스가 등장하는 것을 보아왔던 것이다.

소크라테스는 시민들의 뜻을 존중하여 독배를 마셨다. 소크라테스는 아무 저작도 남기지 않았으나 그의 사상은 제자 플라톤의 저작 『소크라테스의 변명 Apologia Socrates』과 『크리톤 Criton』을 통하여 전해지고 있다.

흔히 "너 자신을 알라 Know thyself"라는 말은 소크라테스가 한 말로 알려져 있으나, 이 말은 델피 신전(Delphi Temple of Apollon)에 새겨져 있는 문구로 소크라테스에서 기원한 말이 아니다. 또 "악법도 법이다(Dura lex, sed lex)"라는 말 역시 소크라테스의 말로 알려져 있지만, 소크라테스가 그렇게 말을 한 적이 없다. 소크라테스는 『변명』에서 법정이 철학을 포기한다면 석방해주겠다는 제안을 하더라도 자신이 철학을 하는 이유는 신의 명령이기 때문에 그러한 결정을 받아들일 수 없다는 견해를 밝혔을 뿐이다.

3. 조각

이 시기 조각가들은 젊고 아름다운 인간의 이상미를 추구하였다. 당대인들은 신들이 인간의 형상을 지니고 있다고 믿었다. 그들에게 가장 완전한 인간 나상의 구현이야말로 이상적이며 신적인 모습을 구현하는 것이었다. 그리하여 대상을 있는 그대로의 모습이 아니라 있어야 할 모습으로 표현하려는 그리스 예술의 이상주의가 이 시기에 완성되었다.

이 시기 초기의 조각으로는 〈리아체 청동상 The Riace Bronzes〉 두 점으로, 1972년 이탈리아 남부 칼라브리아(Calabria) 지방의 리아체(Riace) 해안 마을에서 발견되었다. 이들 조각은 기원전 445년경에 제작된 것으로, 약탈되어 로마로 운송되던 중 폭풍우로 운반선이 난파되었던 듯하다. 청동상들은 창과 방패를 쥐고 있었던 것으로 추정되는데, 고전기의 훌륭한 해부학적 표현과 정교함과 사실적인 표현으로 혈기 왕성한 청년 전사의 모습을 훌륭하게 묘사하고 있다. 즉, 부드럽고 사실적인 근육과 몸무게를 뒷다리에 둔 콘트라포스토의 자세가 고졸기의 조각상보다 훨씬 자연스럽고 사실적이다. 옆으로 살짝 돌린 고개와 팔과 다리의 비대칭적 표현은 움직임과 사실감을 더한다.(그림8-3)

이 시기에 그리스 조각은 폴리클레이토스(Polykleitos)라는 비범한 조각가에 의하여 절정에 도달하였다. 폴리클레이토스는 피타고라스의 철학을 바탕으로 수학적이고 기하학적인 규칙에 의해 이상적인 인체비례를 연구한 최초의 미술이론『카논 Canon』을 저술하였다. 또 그 같은 이론을 이상적인 인간상에 적용한 최초의 작가로, 그의 엄격한 규범은 기원전 450~440년에 청동으로 제작한 〈도리포로스 Doryphoros: 창을 든 청년〉로 형상화되었다.(그림8-4)

이 작품은 여러 세대 동안 조각가들의 전범이 되기에 충분

[그림 8-3] 리아체 청동상.

▲ 기원전 460~430년, Bronze original, Museum of Magna Grecia, Italy.
1972년 Riace Bronzes의 발굴은 현존하는 희귀한 고전기 그리스 조각에 이름을 더하였다. 현재 우리가 알고 있는 대부분의 그리스 조각은 로마시대 대리석 복제품을 통해서이기 때문이다. 창과 방패를 쥐고 있었을 전사의 모습으로, 한 전사는 머리에 헬멧을 다른 한 전사는 화환을 썼던 것으로 보인다. 훌륭한 contrapposto 자세를 취하고 있는 이들 전사가 누구인지는 문헌적으로 확인이 되지 않는다. 아마도 Delphi나 Olympia에 봉헌물로 바쳐진 Marathon전투의 전사들일 가능성이 있다. 그곳은 로마 지배시 매력적인 약탈지였는데, 아마도 약탈되어 로마로 운반되던 중 폭풍우로 수장된 것 같다.

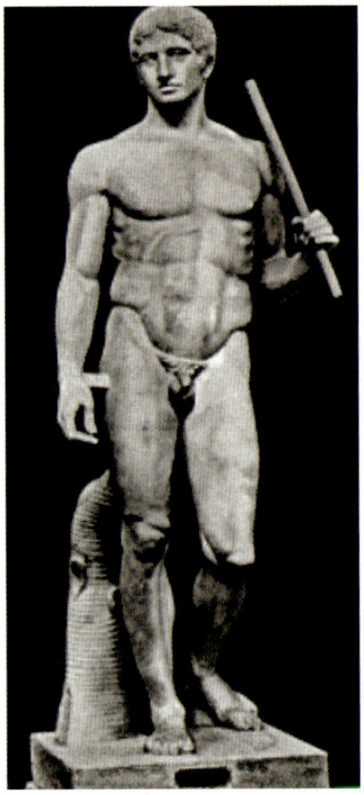

[그림 8-4] 도리포로스(좌).

▶ 대리석, 기원전 450~440년, 198cm, 청동 원작의 로마시대 복제품.
이 그림은 Museo archeologico nazionale di Napoli 소장의 〈Doryphoros〉 이미지이다.
Doryphoros에 대하여 2세기 로마의 외과의사 Claudius Galenus(129–199)는 "Polykleitos는 그의 저서의 신조에 따라 조각상을 만들었으며, 그 조각상을 저서의 이름처럼 Canon이라 불렀다" 라고 쓰고 있다. Galenus의 평처럼 이 작품은 Polykleitos가 『Canon』에 따라 조각한 그리스 최고의 조각품으로 완전한 contrapposto 자세를 구현하고 있다. 이후 이 작품은 여러 세대 동안 조각가들의 전범이 되었다.

[그림 8-5]
신발을 신는 승리의 여신(우),

▶ Relief of Athena Nike, 기원전 420~410년, Acropolis Museum, Athens.

할 만큼 탁월한 작품이었다. 균형 잡힌 몸의 근육은 섬세하게 다듬어진 운동선수의 강인한 육체를 사실적이며 이상으로 표현하고 있다. 청년은 모든 몸무게를 앞으로 내디딘 오른 쪽 다리에 싣고 왼쪽 무릎은 굽혀서 발가락만 가볍게 땅에 대고 있다. 고개는 오른쪽으로 살짝 돌렸고 왼쪽 어깨가 밑으로 약간 내려가 머리에서 발끝까지 아주 안정된 자세를 취하고 있다. 안정되고 긴장과 이완의 역동적 균형을 유지하는 콘트라포스토의 자세를 완벽하게 표현하고 있다. 청동 원작은 상실되었고, 나폴리 국립 고고학 박물관에 현존하는 모형은 헤르쿨라네움(Herculaneum)에서 발굴된 로마시대 대리석 모작으로 크기가 198cm이다.

〈샌들을 신는 승리의 여신〉은 그리스의 젖은 주름 수법을 잘 보여주는 조각이다. 아테네 아크로폴리스의 아테나니케 신전의 축대 난간에 새겨졌던 것으로, 신전이 건축되던 기원전 427~424년 사이에 조각되었다.(그림 8-5) 이 여신은 지금 한쪽

발을 들고 신발을 신고 있다. 신발을 신고 어디론가 움직이려는 모습이다. 이 부조는 얇은 천의 부드럽게 흐르는 선들이 매우 탁월하게 표현되어 있어, 파르테논 신전의 중후하고 절제된 조각상들과는 달리 경쾌하고 자유분방한 느낌을 주고 있다.

4. 건축

기원전 480년 페르시아군이 아테네의 최후 방어지역이었으며 수호신 아테나 신전이 있었던 아크로폴리스를 약탈하고 파괴하였다. 전후 부분적인 복구가 있었으나 체계적인 재건축은 페리클레스에 의하여 이루어졌다. 페리클레스는 아크로폴리스에 아테네 자유시민들의 정치·종교·문화적인 정체성과 자긍심을 드높일 수 있는 웅대한 신전의 재건축을 계획하였다. 즉, 아테네 시민들의 자부심을 표상하고 시민들의 단결심과 애국심을 고양할 수 있는 수호신전을 건립하고, 아테네의 무궁한 번영을 희망했던 것이다. 이 계획에 따라 현존하는 파르테논(Parthenon) 신전, 에렉테이온(Erectheion) 신전, 그리고 아테나 니케(Athena Nike) 신전과 기념비적인 출입문인 프로필라이아

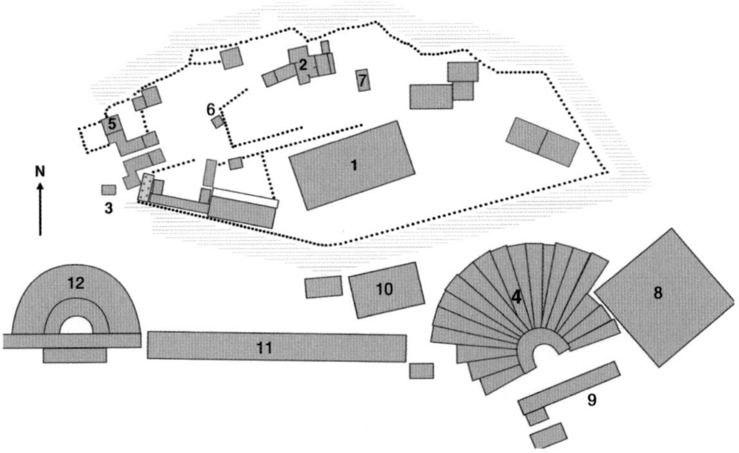

[그림 8-6]
아크로폴리스 도면 그림.

◀ 1 : 파르테논 신전
2 : 에렉테이온 신전
3 : 아테나 니케 신전
4 : 디오니소스 극장
5 : 프로필라이아
6 : 아데나 프로마코스 상
7 : 아데나 제단
8 : 페리클레스 음악당
9 : 디오니소스 성소
10 : 아스클레피오 신전
11 : 에우메네스 스토아
12 : 헤로드 아티쿠스 음악당

(Propylaea, 기원전 437~432)가 건립되었다.(그림8-6)

아크로폴리스는 동서로 270m 남북으로 150m의 바위언덕으로, 서쪽 출입구를 제외하고는 모두 가파른 절벽이다. 프로필라이아는 아크로폴리스 서쪽에 위치한 출입문으로 경사가 비교적 완만하다. 므네시클레스(Menesikles)가 설계한 것으로 기원전 432년 잠시 공사가 중단되었다가 펠로폰네소스 전쟁으로 미완성인 채 끝이 났다. 입구 전면과 후면에 8m가 넘는 도리아식 기둥 6개씩이 늘어서 있다. 이 기둥들 사이가 출입문 역할을 하고 있으며 입구에서 출구까지는 약 23.5m에 달한다. 페리클레스의 계획 중 파르테논 신전과 프로필라이아만이 펠로폰네소스 전쟁 시작 이전에 공사가 끝난 셈이다.

(1) 파르테논 신전

파르테논 신전(Parthenon, 기원전 447~438)은 아테네의 수호신인 아테나 파르테노스(Athena Parthenos: 처녀 아테나) 여신에 봉헌된 신전이다. 페리클레스의 지도력과 창조적인 페이디아스(Pheidias)의 총감독, 그의 휘하에 있던 뛰어난 건축가 익티누스(Ictinus)와 칼리크라테스(Callicrates)의 복잡한 수학적 계산에 의한 설계로 완공되었다. 기원전 447년부터 공사를 시작하여 신전과 신상이 기원전 438년에 아테나 여신에게 봉헌되었으나 박공벽의 조각 작업 등은 기원전 432년까지 지속되었다. 이 신전은 동쪽 정면과 서쪽 면에 각각 8개, 남쪽과 북쪽 측면에 각각 17개의 열주로 구성된 도리스식 신전 양식의 최고 걸작이다. 또한 고대 그리스 및 아테네 민주정의 상징이며, 현재 세계의 문화 기념물 가운데 가장 위대한 것의 하나로 여겨지고 있다.[40](그림8-7)

40_ 파르테논 신전과 아테나니케 신전, 그리고 에렉테이온 신전이 위치한 아크로폴리스 전체가 1987년 유네스코 세계문화유산에 등록되어 인류의 문화유산으로 보호받고 있다.

[그림 8-7] 파르테논 신전.

◀ 원전 447~438년, 동남쪽에서 본 모습.
Persia와의 전쟁이 끝이 난 후 파괴된 Acropolis를 재건하려는 Perikles의 야심찬 계획에 의하여 재건축되었다. 도리스식 신전 양식의 최고 걸작으로 가장 위대한 인류의 문화유산 가운데 하나로 평가되고 있다. 로마 제정기인 4세기말 기독교가 국교화되자 신전의 기능이 상실되었고, 6세기에는 마리아에게 봉헌된 Parthenon Maria 교회가 되었다. 1687년 오스만 터어키 지배 하에서 베네치아의 포격으로 크게 파괴되어 오늘에 이르고 있다.

이 신전은 기원전 454년 델로스 동맹의 금고가 델로스에서 아테네로 옮겨진 후 동맹의 금고로 사용되었다. 서기 393년 테오도시우스 1세의 올림픽 금지령, 426년 동로마 황제 테오도시우스 2세의 신전 파괴령으로 신전의 기능이 상실되고, 아테나 여신상은 로마 황제에 의하여 콘스탄티노플로 이송되어 거기서 파괴되었다. 6세기에는 기독교 교회로 바뀌어 마리아에게 봉헌된 Parthenos Maria 교회가 되었다. 1456년 터키 정복 후에는 이슬람의 모스크로 바뀌어 탑(minaret)이 세워졌다.

옛 기념물들을 존중했던 이슬람의 정책으로 비교적 완전히 보존되던 파르테논 신전은 1687년 베네치아의 포격으로 크게 파괴되어 회복될 수 없는 타격을 받았다.[41] 이후 건물은 방치

41_ 1687년 Francesco Morosini 장군이 지휘하는 베네치아군이 아테네를 공격하였다. 오스만 터이키는 아크로폴리스를 요새화하고 파르테논 신전 건물을 화약창고로 사용하였다. 9월 26일 Philopappus 언덕에서 베네치아가 발포한 박격포가 신전에 떨어져 화약폭발과 함께 2100여년간 건재하던 신전이 파괴되었다. 내부구조가 무너지고 지붕도 사

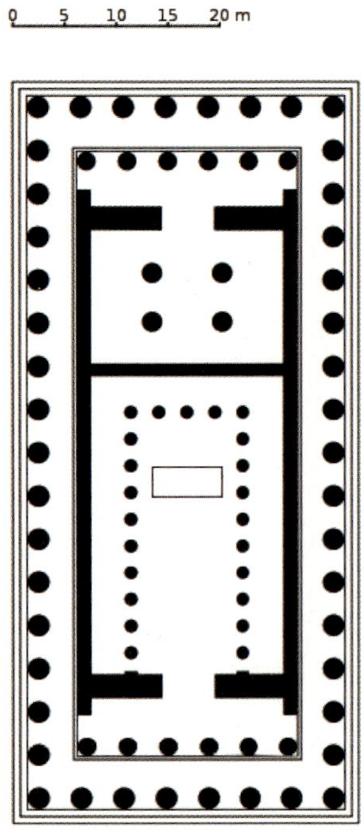

[그림 8-8] 파르테논 신전 평면도.

▲ Parthenon 신전은 정면에 8개의 order가 세워지고 cella의 외부 4면을 1열의 열주가 감싸는 Octastyle Peripteral 신전이다. cella 안 직사각형 위치에 Athena Parthenos 신상이 안치되어 있었다.

되고 내부에 작은 모스크가 건립되었다. 1806년 콘스탄티노플 주재 영국 대사였던 Elgin 백작이 떨어진 조각들과 남아 있는 조각 일부를 떼어 영국으로 가져갔고, 이 조각들이 1816년 영국박물관으로 넘어가 현재 엘긴 마블스(Elgin Marbles) 룸에 전시되고 있다.

신전의 규모는 상부기단(stylobate)의 길이가 동서로 69.5m, 남북으로 30.9m이다. 성상 안치소인 켈라(cella 또는 naos)는 동서로 29.8 m이며 남북으로는 19.2 m이다. 신전 외부는 4면을 높이 10.4m, 직경 1.9m인 도리아식 기둥 46개가 켈라를 감싸고 있다. 코너의 기둥은 직경이 약간 더 크다. 지붕은 대리석 타일로 겹쳐서 덮여 있었다. 내부는 동서로 나뉘어 동쪽의 전면에 6개의 기둥이 세워진 전실(Pronaos)이 있고 그 뒤로 3면이 열주로 둘러싸인 본전(本殿)인 나오스(또는 켈라)가 위치한다. 본전 서쪽에는 벽으로 막힌 후실(Opistodomos)로 이어지는데, 신전의 보고(寶庫)로 한때는 델로스 동맹의 금고로 사용되었다. 본전에는 페이디아스가 금과 상아로 만든 아테나 파르테노스 상이 안치되어 있었다.(그림 8-8)

기둥들은 가운데가 약 1.7cm 부푼 엔타시스 기둥이며 세로로 20개의 홈이 파여 있다. 엔타시스 기법은 빛과 명암대비, 부피, 공간과 물체와의 관계에서 인식되는 착시현상을 교정하려는 익티노스의 놀라운 수학적이고 미학적인 비밀이 숨겨져 있다. 신전기둥에는 또 다른 비밀이 숨겨져 있다. 모든 기둥이 안으로 약간 기울어져 있는데, 네 모서리의 기둥은 약 6cm 기울어져 있다. 이는 수직기둥이 밖으로 넘어질 듯 보이는 착시

라졌다. 북쪽 기둥 8개와 남쪽 기둥 6개가 파괴되었다. 조각은 심하게 손상을 입고, 땅으로 떨어졌다. 그 결과 현재 메토프 일부의 조각장식은 1674년 플랑드르 예술가 Jacques Carrey의 묘사를 통해서만 알 수가 있다.

현상을 막기 위함이었다. 신전기둥의 축이 하늘로 이어진다면 신전 바닥에서 2.4km의 상공에서 만나게 될 것이다.

익티노스의 시각교정은 신전 바닥에도 나타난다. 네 면의 신전 바닥은 모두 수평이 아니다. 동쪽과 서쪽의 평면은 30.8m의 중앙이 약 6cm 솟아 있고, 남쪽과 북쪽의 평면 69.5m에는 약 11cm가 솟아 있다. 이는 평평한 수평선을 바라볼 때 가운데가 약간 쳐져 보이는 착시현상을 막기 위한 것이었다. 이 같은 교정기술은 신전의 바닥면뿐만 아니라 오더 상부의 아키트레이브와 코니스의 수평선에도 적용되었다.

내부의 성상 안치소에는 페이디아스가 목조골격에 황금을 입히고 상아로 얼굴과 손발은 만든 12m에 달하는 아테나 파르테노스 상이 모셔져 있었다.[42] 여신의 머리는 약간 앞으로 기울었고, 머리에는 스핑크스와 그리핀(griffin)이 조각된 투구를 썼다. 묶은 머리가 여신의 흉부 갑옷으로 흘러내리고 있다. 서 있는 여신은 발목까지 내려오는 페플로스(peplos)를 입고 페르세우스(Perseus)가 기증한 메두사(Medusa)의 얼굴이 매달린 아이기스(Aegis)를 갑옷으로 걸쳤다. 페플로스는 꼬리가 뒤에서 뒤엉킨 한 쌍의 뱀에 의하여 허리에서 매여져 있다. 왼손을 세운 방패에 올려놓고 있다. 왼쪽 무릎을 약간 굽혔고 몸무게가 약간 더 오른쪽 다리에 실렸다. 펼친 오른손 위에는 날개 달린 승리의 여신 니케가 놓여 있다. 페이디아스의 원작에도 손아래에 지지대가 있었는지는 많은 논란이 되고 있다. 또 창을 여신의 오른 팔 굽은 부분으로 잡고 있었는지 또는

[그림 8-9]
아테나 파르테노스 모습.

▼ 12.75m, 1982~1990년, Alan LeQuire, Parthenon in Nashville's Centennial Park, State of Tennessee, USA.
기원전 438년 Pheidias가 금과 상아로 만든 원작의 복제품.

42_ 여신상의 조각은 목조골격에 청동판을 씌우고 그 위에 다시 벗길 수 있는 황금판을 씌웠다. 여신의 얼굴과 팔의 표면은 상아로 만들었다. 사용된 금의 무게가 1,100kg에 이른다.

방패에 있는 한 마리의 뱀이 잡고 있었는지에 대해서도 논란이 되고 있다.[43] 여성의 아름다움과 전사의 강인함이 조화를 이루었던 이 여신상은 로마시대 콘스탄티노플로 옮겨져 소실되었고 현재는 로마시대 만들어진 축소 모사품만이 당시의 모습을 알려주고 있다.(그림8-9)

신전 내부 켈라의 외벽 상단에는 높이 1.1m에 총 길이가 163m에 달하는 이오니아식 저 프리즈로 연결되어 있다. 기원전 442~438년에 조각된 이 프리즈에는 여신의 탄생을 기념하여 4년마다 8월 중순경에 행해지던 케라미코스(Kerameikos)의 디필론 문(Dipylon Gate)에서 아크로폴리스까지 이어지던 판아테나이아의 제전행렬을 묘사한 것이다. 이 제전에서는 선발된 아테네 귀족 소녀들이 짠 새 페플로스를 여신에게 바치고 제사를 지내며 운동경기와 음악경연 대회가 열렸다. 이 제전의 극치는 행렬의식으로, 행렬은 여신에게 바칠 성의와 동물들을

[그림 8-10]
파르테논 신전 켈라의 남쪽 프리즈.

▶ British Museum.
기마행렬 프리즈로 기원전 490년 페르시아전쟁에서 숨진 192명의 전사의 영혼을 기리기 위한 조각이다. 이 기마행렬이 수호신 Athena 여신에게 당도함으로써 전사들의 영혼이 여신과 하나가 되는 것으로 생각하였다. 기마행렬의 조각은 행렬의 간격과 위치를 계산하여 입체적으로 제작하였다.

43_ National Archaeological Museum of Athens에 소장되어 있는 Athena Parthenos는 서기 3세기 전반 로마시대 대리석 복제품인데, Nike를 받치고 있는 오른손 아래에 지지대가 있다.

아크로폴리스로 운반하는 것이었다. 프리즈의 행렬 묘사는 켈라의 서쪽 벽면의 프리즈부터 시작되며 남쪽과 북쪽의 두 행렬이 신상 안치실 동쪽 벽면의 중앙을 향해 진행되었다.(그림8-10) 이 프리즈에는 360여 명의 신과 인물상이 등장하고 219필에 달하는 말이 부조되었다. 이 부조들은 행렬의 모든 장면을 한 순간에 포착하여 묘사하는 동시 서술(동시 묘사)의 기법으로 재현되었다. 현재 이들 부조들은 일부는 파괴되지 않은 서쪽 벽면과 아크로폴리스박물관, 루브르박물관에 남아 있으나, 대부분은 영국박물관의 엘긴 마블스 룸에 보관되어 있다.(그림8-11)

신전의 외벽 역시 페디먼트(Pediment, 박공벽)와 프리즈에 전성기 아테네의 예술 수준을 보여주는 조각과 부조들이 새겨져 있었다. 박공벽의 조각들은 거의 사라지고 없지만 프랑스 국립도서관에 소장된 1674년 플랑드르의 예술가 Jacques Carrey에 의한 소묘에 의하면, 신전의 정면인 동쪽 페디먼트에는 아테나 여신의 탄생장면이 묘사되어 있었고, 서쪽 페디먼트에는 아테네의 수호신을 두고 겨루던 아테나와 포세이돈의 싸움 장면이 묘사되어 있었다.(그림8-12) 아테나의 탄생장면은 두통으

[그림 8-11] 파르테논 신전 켈라의 동쪽 프리즈 중앙부.

▼ British Museum.
프리즈에서 앉아 있는 부조는 신이고 서있는 부조는 인간이다. 신들의 모습은 왼쪽부터 장화를 신고 모자를 무릎에 놓고 있는 전령의 신 Hermes, 헤르메스에 다정스레 손을 얹고 있는 Dionysos가 있다. 그 옆에는 대지의 여신 Demeter가 Hades에게 딸을 납치당하여 슬픔에 잠긴 모습으로 오른손으로 턱을 괴로 앉아 있다. 왼손에는 세상을 헤매며 딸을 찾을 때 사용했던 횃불이 들려 있다. 데메테르 옆에는 전생의 신 Ares가 있고 아레스 옆에 서 있는 날개 달린 여신은 무지개의 신 Iris이다. 이리스 옆에 Hera와 Zeus가 앉아 있으나 이 그림에서는 보이지 않는다.

[그림 8-12]
파르테논 신전 동쪽 페디먼트. 왼쪽 끝 부분.

▲ British Museum.
아테나 여신의 탄생장면을 묘사했던 동쪽 페디먼트의 왼쪽부분이다. 그림의 맨 왼쪽은 태양신 Helios의 말이고 그 옆에 비스듬히 누워 손목이 떨어져나간 신은 Dionysos이다. 그 오른쪽에 옷자락까지 섬세하게 표현된 세여신은 오른쪽부터 올림포스 산에서 제우스에게 술을 나르는 청춘의 신 Hebe, 대지의 여신 Demeter 그리고 그의 아름다운 딸 Persephone이다.

로 시달리던 제우스의 머리를 헤파이토스가 도끼로 내리치자 제우스의 머리가 열리고 완전 무장한 여신이 튀어나오는 모습이다. 이 놀라운 광경을 목격하려고 제우스와 아테나의 주위에 올림포스 주요 신들이 모여들었다. 헤파이토스와 헤라가 가장 가까이에 위치했을 것이다. 서쪽 페디먼트는 출입문인 Propylaia를 마주보고 있다. 서로 아테네 시의 보호자가 되려는 영광을 차지하기 위하여 아테나와 포세이돈이 겨루는 장면이 새겨져 있었다. 여신은 올리브 나무를 들고 바다의 신은 땅을 치려 삼지창을 들어 올리고 있다. 그들의 옆에는 전차를 끄는 말들의 무리가 묘사되어 있다. 동쪽의 페디먼트는 기독교 교회로 전용되었을 때 앱스(Apse)를 설치하기 위하여 중앙의 인물상들을 허무는 바람에 크게 손상되었다.(그림8-13) 서쪽의 페디먼트는 1687년 베네치아 장군 프란체스코 모로시니(Francesco Morosini)가 가운데 부분의 말들을 떼어가려다 기초까지 부수어 거의 완벽하게 파괴되어 오늘에 이르고 있다.

메토프는 도리스식 신전에서 볼 수 있는 특유의 장식으로 트리글리프 사이에 끼어 있는 사각형 공간이다. 파르테논의 메토프는 1.2m×1.27m로 거의 정사각형에 가깝다. 이들 메토프 부조가 동쪽과 서쪽면에 각각 14개, 남쪽과 북쪽면에

[그림 8-13]
파르테논 신전 동쪽 페디먼트. 오른쪽 끝 부분,

▲ British Museum.
동쪽 페디먼트의 오른쪽 끝 세 여신상으로 동쪽 방공벽에서 가장 아름다운 조각상이다. 맨 오른쪽 비스듬히 누운 여신이 미의 여신 Aphrodite이고, 그 다음이 아프로디테의 어머니 Dione, 왼쪽에 앉아 있는 여신이 불과 화로의 신 Hestia이다. 그림에는 보이지 않으나 이 세 여신의 오른쪽 끝에는 달의 여신 Selene의 이륜 전차를 끄는 말의 두상이 남아 있다. 그 말을 밤새 달을 싣고 달려 입이 크게 벌어지고 코를 벌름거리며 귀가 뒤로 젖혀진 피로한 모습으로 묘사되어 있다.

각각 32개씩 총 92개가 오더 상부 프리즈의 트리글리프 사이에 장식되어 있다. 기원전 446~440년에 조각된 메토프 가운데 남쪽 면의 보존상태가 비교적 양호하고, 서쪽면 중앙에 있던 8~9개는 1687년의 폭발로 사라졌다. 이들 메토프는 신화적이고 서사적인 이미지를 사용하여 선과 악, 정의와 불의, 문명과 야만의 갈등에 관한 이야기를 표현하고 있다. 주 출입구였던 동쪽에는 신과 거인족 기간테스와의 싸움(Gigantomachia), 남쪽에는 인간인 라피테스족과 반인반마의 켄타우로스의 싸움(kentauromachia), 서쪽에는 그리스인과 아마조네스의 싸움(Amazomachia), 그리고 북쪽에는 트로이 전쟁(Troy Machia)을 묘사하고 있다. 델로스 동맹의 기금을 사용한 신전건축에 아테네인들은 대의상 트로이 전쟁을 통하여 페르시아전쟁에서 아테네의 승리를 표현하고자 했을 것이다.(그림8-14)

여러 개의 메토프가 아직도 건물에 보존되어 있으나 대부분 매우 심각하게 훼손되어 있다. 일부는 아크로폴리스 박물관과 영국 박물관에 보관되어 있고 루브르 박물관에도 하나 보관되어 있다.

파르테논 신전에서 도리아식 기둥양식의 발전이 정점에 달했던 것으로 평가되고 있다. 또 신전의 여러 장식 조각들도 그

[그림 8-14]
파르테논 신전 남쪽 메토프.

▶ British Museum
파르테논 신전 남쪽 Metope 부조로 1.2m의 높이이다. 기원전 447~433에 조각되었다. 그리스의 한 부족인 Lapith족과 반인반마의 괴물 Centaur와의 싸움 장면으로, 선과 악, 정의와 불의, 문명과 야만의 싸움을 상징하며, 궁극적으로는 선하고 정의롭고 문명적인 그리스인이 악하고 불의하며 야만적인 페르시아와의 싸움에서 승리했다는 것을 상징적으로 표현하고 있다.

리스 예술의 정수로 인정되고 있다. 파르테논 신전은 절정기에 달한 고대 아테네 민주정의 상징으로 그리스인들이 남긴 위대한 문화유산이다.[44]

(2) 아테나니케 신전

아테나니케 신전(Athena Nike, 기원전 437~424)은 프로필라이아의 계단 중턱 오른쪽 위에 위치한 아담하고 우아한 이오니아식 신전이다. 상대적으로 거대한 파르테논 신전이나 프로필라이아의 규모에 묻혀 눈에 잘 드러나지 않는다. 이 신전은 기원전 437년 칼리크라테스(Kallikrates)가 설계하여 공사를 시작했으나, 펠로폰네소스 전쟁으로 중단되었다가 기원전 427~424년에 완성되었다. 이 신전은 17세기 후반 터어키 군에 의하여 파괴되었으나, 그리스 독립 후에 다시 복원되었다. 신전의 주요 구조인 대좌와 기둥은 대체로 보존되어 있으나, 지

44_ 18세기 독일 고전주의자들이 그리스 예술에 심취되어 그리스 예술을 서양예술의 모범으로 규정했을 때 그들은 그리스 신전이 백색의 대리석으로 구성되었다고 믿었다. 그리하여 순백색의 고귀한 아름다움을 찬양했던 것이다. 그러나 그리스 신전들은 내부와 외부 모두 화려하게 채색되었던 것으로 밝혀졌다.

[그림 8-15] 아테나 니케 신전.

◀ 기원전 427~424, 최근 복원(anastylosis) 후 모습.

붕과 대부분의 페디먼트는 거의 사라졌다. 보존된 프리즈 조각들은 아크로폴리스박물관에 전시되어 있다. 신전에는 현재 복제품이 부착되어 있다.(그림 8-15)

신전의 동쪽 전면과 서쪽 후면에는 각각 4개의 이오니아식 기둥이 세워져 있다. 켈라는 한 면이 5m인 정사각형의 작은 방으로, 아테나니케상이 동쪽 입구를 바라보고 서 있었다. 여신은 오른손에는 다산의 상징인 석류 열매를 왼손에는 전쟁의 상징인 투구를 들고 있었다. 스파르타와 그리스 세계의 패권을 다투는 전쟁 중에 완성된 이 신전은 아테네인들이 아테네의 영원한 승리와 번영을 염원하며 신상에 날개를 만들지 않았다.(그림 8-16)

[그림 8-16]
아테나 니케 신전 평면도.

아테나니케 신전의 지붕 밑 프리즈에는 그리스 신화와 역사가 담긴 부조가 새겨져 있다. 동쪽 프리즈에는 아테나, 제우스, 포세이돈의 회합 모습으로, 그리스인들의 신들에 대한 공경과 종교적 믿음을 표현하고 있다. 북쪽에는 그리스인들 사이의 싸움이 부조되어 있었다. 서쪽에는 페르시아전쟁 모습으로, 페르시아에 결정적으로 승리한 플라타이아 전투(기원전

479)의 모습도 새겨져 있었다.

이 신전을 통하여 아테네인들은 페르시아전쟁에서의 승리에 대한 감사를 표현하고 있다. 이는 그리스의 패권을 두고 다투던 스파르타와의 전쟁에서 승리를 염원하는 마음의 표현이었을 것이다. 더 나아가 승리와 풍요가 영원히 아테네에 머물 것을 기원하는 마음을 담았다는 것도 알 수 있다.

(3) 에렉테이온 신전

파르테논 북쪽에 위치한 에렉테이온 신전(Erechtheion, 기원전 421~405)은 아테네의 전설적인 왕 에렉테우스(Erechtheus)의 이름에서 유래하였다. 그러나 다른 신전과는 달리 이 신전은 아테나 폴리아스(Athena Polias: 아테네의 수호여신)와 포세이돈을 같이 모시는 통합신전이었다. 기원전 480년 페르시아에 의해 파괴된 옛 아테나 폴리아스 신전이 새로운 신전의 바로 북쪽에 위치했었고, 새로운 신전 터에 포세이돈의 삼지창 흔적이 남아 있는 성역과 에렉테우스 성역을 통합했기 때문이었다. 새로운 신전의 서쪽 벽 옆에는 아테나의 선물인 올리브 나무가

[그림 8-17] 에렉티온 신전.

▶ 기원전 421~405년, 남서쪽에서 본 모습.
Parthenon 신전의 북쪽에 위치하며, Erechtheus 왕, Athena Polias, Poseidon을 함께 모신 신전이다. Erechtheus 성소인 남쪽 현관의 Caryatid 기둥이 유명하다.

자랐고 전설상 아테네 초대왕인 케크롭스(Cecrops)의 무덤이 위치하였다. 아테네인들에게 에렉테이온 신전은 복합적인 성소였던 것이다. 이 신전은 펠로폰네소스 전쟁으로 원래의 계획보다 축소되어 마무리 된 것으로 알려져 있다.(그림8-17)

신전의 동쪽 현관은 아테나 신전, 북쪽 현관은 포세이돈 성소, 그리고 남쪽 현관은 에레크테우스의 성소로 나뉘어져 있다. 서쪽과 북쪽은 남쪽과 동쪽보다 3m정도 지대가 낮다. 신전 전체를 펜텔리콘 산(Mt. Pentelikon)의 대리석으로 건축했고, 프리즈는 엘레우시스(Eleusis)의 검은 석회석을 사용하였다. 출입문과 창문이 정교하게 조각되었다. 신전의 기둥들은 오늘날 볼 수 있는 것보다 더 아름답게 꾸며져 있었다. 화려하게 채색되었고, 금박을 입힌 청동과 다양한 색깔의 유리 구슬들로 장식되어 있었던 것이다.

신전의 주 건물은 동쪽의 아테나 신전으로 정면에는 6.5m의 이오니아식 기둥 6개가 열지어 있다. 내부에는 올리브 나무로 만든 아테나 폴리아스의 상이 있었다 한다. 판아테나이아 제전 행렬의 목적지가 바로 이 신상이었는데, 이 신상에 새로운 성의를 갈아입히는 의식이 재현되었던 것이다. 신전의 북쪽은 포세이돈의 성소로, 높이 7.6m의 이오니아식 기둥 6개가 주위를 에워싸고 있다. 이 성소에는 포세이돈이 삼지창을 꽂아 바닷물이 솟아올랐다는 흔적으로 균열자국이 남아 있다.(그림 8-18)

[그림 8-18]
에렉티온 신전의 평면.

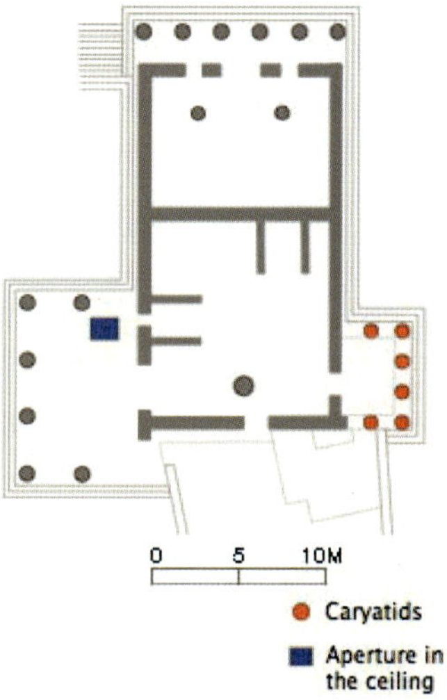

남쪽은 에레크테우스의 성소로 현관에 유명한 카리아티드(Caryatid, 여인상의 돌기둥)[45] 기둥이 배열되어 있다. 이 기둥들은 높이가 2.3m로 남쪽 정면의 앞에 4개 뒤에 2개 모두 6개이다. 이들 기둥의 여인상은 허리춤을 묶은 페플로스를 입고 손에는 제식용

45_ 카리아티드는 "Karyai의 처녀"라는 뜻으로, Karyai는 펠로폰네 소스 반도에 위치한 Artemis 신전이 있던 마을이었다. 그곳의 처녀들이 여신을 기쁘게 하기 위하여 머리에 갈대 바구니를 이고 황홀경 속에서 원무를 추었던 것으로 전해지고 있다.

[그림 8-19]
에렉티온 신전의 카리아티드 상.

▶ 동쪽에서 본 모습. 사진에 보이는 Caryatid 상들은 모조품으로 진품은 1979년 Acropolis Museum of Athens에 보관되어 있다. 그곳에는 5개의 진품이 보관되어 있고, 다른 1개의 진품은 Lord Elgin에 의하여 반출되어 British Museum에 보관되어 있다. Elgin의 반출 후 밤에는 다섯 Caryatid들이 잃어버린 자매를 찾는 흐느낌을 들을 수 있다는 전설이 생겼다.

접시를 들고 있었다. 또 한쪽 다리를 조금 구부려 단조로움을 피하고 걸어가는 듯한 인상을 주고 있는데, 서쪽의 세 여인은 왼쪽 무릎을 동쪽의 세 여인은 오른쪽 무릎을 조금씩 구부리고 서 있다. 이 같은 콘트라포스트의 자세와 더불어 의상의 젖은주름 수법으로 여성의 인체미가 잘 드러나고 있다. 기술적으로는 가장 가는 부분인 목이 우아함과 여성성을 유지한 채 현관 지붕의 무게를 지탱할 수 있도록 설계되었다.(그림8-19)

6개의 카리아티드 가운데 하나는 엘긴에 의하여 영국으로 이송되어 영국박물관에 소장되어 있다. 엘긴이 더 떼어 가려다 부스러지자 방치한 다른 하나는 후에 시멘트와 철심으로 대충 복원되었다. 이를 포함한 5개의 카리아티드가 1979년 아크로폴리스박물관으로 이전되어 현재 신전 건물의 현관을 떠받치고 있는 카리아티드는 복제품이다. 신전의 지붕과 현관은 매연으로 크게 훼손되었고, 예전의 복원 시도에 의해서도 훼손된 상태다.

제 9 장
후기 고전기의 사상과 문화

페르시아 전쟁의 승리 이후 그리스 도시국가들의 열정적 자부심과 호전적 독립심이 페르시아의 위협으로 서로 뭉쳤던 그들 사이에 과도한 경쟁과 알력을 낳았다. 그 같은 경쟁과 알력은 결국 아테네를 중심으로 하는 동맹국과 스파르타를 중심으로 하는 동맹국들 사이에 전쟁으로 비화되었다. 30년 가까이 지속된 펠로폰네소스 전쟁(기원전 431~404)은 아테네가 경쟁국이던 메가라(Megara)[46]에 대한 경제적 제재에서 시작되었다. 스파르타 동맹군의 선전포고와 공격에 대하여 전략상 아테네 성벽안과 피레우스 항구로 철수했던 아테네는 기원전 430~428년 사이에 시민의 5분의 1의 목숨을 앗아간 전염병으로 심대한 타격을 받았다. 전쟁을 지휘하던 페리클레스도 전염병으로 기원전 429년에 사망하였다. 결정적인 승전 없이 간헐적으로 계속되던 전쟁 가운데 기원전 415~413년 사이에 일어난 시칠리

46_ 스파르타 편에 섰다가 아테네의 끊임없는 공격으로 쇠약해진 나라다. 기원전 667년 Megara 출신 Byzas가 세운 식민도시가 Byzantion으로 불리었고, Constantinus 황제에 의해 Constantinople이 되었다. 1930년 터어키에 의해 Istanbul로 바뀌어 불리고 있다.

아 원정의 실패는 아테네의 육군과 해군 모두에 심대한 타격을 입혔다. 스파르타로 가는 곡물공급을 차단하기 위한 시칠리아 원정이 실패했기 때문이었다. 200척에 달하는 함대의 지휘관 알키비아데스(Alcibiades)가 원정에 오르자마자 정적들에 의하여 신성모독죄로 고발되는 사건이 벌어지자, 적국 스파르타로 망명했기 때문이었다. 대신 지휘를 맡은 니키아스(Nicias)는 능력이 없어 원정을 성공적으로 이끌 수 없었던 것이다.

결국 기원전 404년 아테네는 스파르타에 항복하여 아테네 제국이 완전히 해체되었다. 아테네는 모든 해외재산이 포기되고 피레우스(Piraeus)와 아테네를 연결하는 장성(Long Walls)이 파괴되고 스파르타의 동맹국으로서 함대의 수가 12척으로 제한되는 약소국가로 전락하였다. 이제 아테네의 영광은 사라졌다. 아크로폴리스에 주둔하는 스파르타 군대의 지지를 받은 30인의 참주에 의한 공포정치가 오래가지는 못했으나, 페리클레스시대의 민주정치는 변질되었다. 이른바 중우정치로 전락한 아테네 민주정치 하에서 기원전 399년 소크라테스가 처형되었다.

스파르타의 패권 역시 오래가지 못하였다. 기원전 371년에 스파르타가 테베(Thebes) 동맹군에 패하고 메세니아가 해방되면서 약소국가로 전락하였다. 테베[47] 역시 기원전 362년 아테네와 스파르타의 연합군에 패하여 쇠퇴하였다. 이제 그리스 세계 전체가 약소국가들로 전락하는 운명에 처하게 되었다. 결국 펠로폰네소스 전쟁은 그리스 세계 전체의 쇠락을 알리는

47_ Thebes는 신화상 제우스에 의해 크레타로 납치된 Europa를 찾기 위해 그리스로 온 Phoenicia 왕자 Cadmos가 세운 나라이다. 또 친아버지 Laios를 살해하고 친어머니 Iocaste와 결혼한 Oedipus의 비극이 얽혀 있는 곳이다. 이 비극은 정신의학자 Sigmund Freud(1856~1939)의 "Oedipus complex"에 영감을 제공하였다. 대립되는 용어는 Carl Gustav Jung(1875~1961)의 "Electra complex"이다.

전주곡이었던 것이다.

펠로폰네소스 전쟁은 수많은 사상자, 기아와 역병, 경제적 위기, 사회 체제의 붕괴를 가져오면서 그리스 사회를 혼란으로 몰아넣었다. 아테네에서는 유력 정치가들 사이의 알력과 대립, 도덕성의 타락, 독재정파와 민주세력과의 대립 등으로 민주정을 위태롭게 하였다. 더구나 플라톤(Platon, 기원전 427~347)과 아리스토텔레스(Aristoteles, 기원전 384~322) 같은 당대의 석학들도 중우정치로 전락한 민주정을 못마땅하게 생각하였다. 그럼에도 이들이 활동하던 그 시기에 아테네의 학문은 절정에 도달하였다.

1. 플라톤

플라톤(Platon, 기원전 427~347)은 페리클레스가 사망한 지 2년이 지난 기원전 427년 아테네에서 귀족의 아들로 태어났다. 소크라테스의 가장 탁월한 제자로 펠로폰네소스 전쟁의 혼란과 아테네의 자긍심과 도덕성이 무너져 내리던 시기에 성장하였다. 스승과는 달리 많은 저작을 남겼으며, 『변명 Apologia』, 『파이돈 Phaidon』, 『파이드로스 Phaidros』, 『향연 Symposion』, 『국가 Politeia』, 『법률 Nomoi』등이 대표작이다. 기원전 387년경 아테네의 근교의 영웅 아카데모스(Heros Akademos)를 모신 성역에 학원 아카데메이아(Akademeia)[48]를 개설하고 청년들을 모아 교육과 연구에 평생을 바쳤다. 플라톤은 이상과 현실의 괴

48_ 아카데미아는 900여년이 지난 서기 529년에 동로마의 Justinianus 황제가 이교 학원들을 폐쇄하면서 사라졌다. 같은 해 서방의 교부 중 한사람이었던 St. Benedict of Nursia가 Monte Cassino에 Benedictine monastery를 세웠다. 이 사건들은 그리스의 문화유산을 간직한 고대에서 기독교의 문화유산을 남길 중세로 넘어가는 이정표가 되었다.

리 속에서 영원불변의 실재인 이데아를 추구했고, 그것과 밀접한 연관이 있는 윤리관 및 종교철학으로 후세에 큰 영향을 미쳤다.

플라톤이 생각한 실재(reality)는 모든 사물의 원인이자 본질인 이데아(Ideas:형상 Forms)로 이루어져 있다. 예컨대 인간의 이데아는 현실세계의 인간에 대한 원인으로, 인간의 이데아가 있기 때문에 현상 세계에 인간이 실재하는 것이다. 그 같은 이데아는 현상 밖의 세상이며 물리적 속성이나 물질적 실체를 갖지 않는다. 또한 우리들의 감각과 정신의 너머에 있는 모든 사물의 순수한 형식이다. 그러므로 이데아는 불변하며 모든 사물의 근원으로 오직 영혼의 눈인 이성으로만 알아낼 수 있다.[49] 우리들이 감각으로 파악하는 모든 대상물은 실재의 그림자에 불과하며, 그것은 이데아가 질료(물질적 재료 material things)와 결합된 불완전한 존재이다. 우주 안에 영원히 존재하는 형상인 이데아는 질료와 섞이면서 일그러지는데, 우리들이 인식하는 동식물과 물체들이 그것이다. 우주에 존재하는 모든 것, 즉 인간이나 사자 같은 동물과 나무, 여러 사물, 노란색과 같은 감각적 개념, 균형, 미, 정의 같은 추상적 개념까지도 모두 이데아가 있다. 그 가운데 최고의 이데아는 선의 이데아(the idea of the good one)이다. 선의 이데아는 최상의 실재로, 모든 이데아들의 원천이 되는 이데아(the idea of the ideas)를 말한다. 그러므로 선의 이데아가 다른 이데아의 존재론적 인식론의 근거이다. 즉, 모든 이데아와 삼라만상의 궁극적인 원인이 선의 이데아인 것이다.(그림 9-1)

플라톤의 윤리와 종교철학은 이데아론과 밀접한 연관을 갖

49_ 플라톤에 의하면 이데아는 원래 인간이 있던 곳이다. 그러나 인간이 현실세계로 오면서 Lethe강을 건너면서 이데아 세계에 대한 기억을 상실했다고 주장한다. 플라톤의 이데아 사상은 아리스토텔레스와 중세의 유명론에 의하여 비판되었다.

[그림 9-1]
플라톤과 아리스토텔레스.

◀ A detail of The School of Athens by Raphael, 1509년, Fresco, Stanza della Segnatura, Palazzi Pontifici, Vatican Holy See. Platon은 하늘을 향한 오른손으로 Idea의 세계를 상징하고 있는 반면, Aristoteles는 Nicomachean Ethics를 들고 오른손으로 땅을 가리켜 현실경험의 세계를 상징하고 있다.

는다. 소크라테스처럼 플라톤도 진정한 미덕이란 지식에 토대가 있다고 믿었다. 그런데 감각에 의한 지식은 제한적이다. 진정한 지식은 선과 정의의 이데아에 대한 이성적 이해를 의미한다. 선의 이데아는 모든 대상들의 이데아 가운데 최고의 이데아이다. 정의의 이데아는 지혜와 절제, 그리고 용기의 덕이 조화를 이룬 것이다. 플라톤은 이간의 이성적 덕을 지혜(Sophia), 정욕의 덕을 절제, 이성에 따라 정욕을 억압하는 기개의 덕을 용기라 보았다. 플라톤은 이러한 덕론을 통하여 인간 개인의 윤리학을 제시하였다. 그러나 정의의 실현은 개인의 덕만으로 달성되는 것이 아니다. 그것은 개인을 넘어선 사회 전체의 덕이 달성되어야 가능했는데, 그것이 플라톤의 사회윤리다. 플라톤의 사회윤리는 그의 『국가론 Politeia』에서 제시되고 있다.

그는 국가를 개인의 확대로 생각하여 개인에 있어서의 정욕의 부분이 농·공·상업에 종사하는 서민으로 생산적인 일에 종사하며, 기개의 부분은 군인·관리로 외적의 방어나 치안질서의 유지 등을 맡았다. 이성의 덕인 지혜를 가진 사람들은 통치계급으로 선발되었다. 이들은 강직한 인격과 독창적이고 과학적인 사고, 그리고 윤리적으로 문제가 없는 사람들이었다.

이데아와 최고선에 대한 플라톤의 사상은 철학과 종교에 큰 영향을 미쳤다. 이데아 사상은 현상과 실재라는 서양철학의 이원론의 출발점이었다. 사실 서양철학의 모든 문제는 이미 소크라테스와 플라톤이 논했던 문제들이었다. 영국의 철학자 화이트헤드(Alfred North Whitehead, 1861~1947)의 평처럼 "서양철학의 전체 내용은 플라톤 철학에 대한 해설에 불과하다"[50] 고 말할 수 있다. 플라톤의 사상은 신 플라톤 사상을 낳았고 기독교에 큰 영향을 미쳤다. 이데아 영역에도 위계질서가 있으며 가장 정상의 위계에는 선의 이데아가 있다는 플라톤의 사상은 신을 정상으로 하는 기독교의 신학적 위계질서의 사상에 직접적인 영향을 미쳤다. 또 이데아 사상은 인간은 영혼과 육체로 분리할 수 있으며, 본질에 속하는 영혼이 물질적인 육체에 속박되어 있다는 믿음에 영향을 미쳤다. 아우구스티누스(St. Augustinus, 354~430)의 많은 초기 기독교 신학은 플라톤의 사상에서 근원한 것이다.

2. 아리스토텔레스

소크라테스의 전통을 이어받은 최후의 위대한 철학자 아리스토텔레스(Aristoteles, 기원전 384~322)가 탄생한 것은 기원

50_ Alfred North Whitehead, *Process and Reality: An Essay in Cosmology,* 1929.

전 384년 그리스 북부 칼키디케(Chalcidice) 반도의 스타게이라(Stageira)에서였다. 17세 때 아테네에 진출하여 플라톤의 아카데미아에 들어가 기원전 374년 스승이 죽을 때까지 거기에 머물렀다. 그 후 여러 곳을 거치는 동안 기원전 343년 마케도니아의 필리포스 왕에게 초대되어 어린 알렉산드로스의 가정교사가 되었다. 그 후 아테네로 다시 돌아와 기원전 335년에 리케이온(Lykeion)이라는 학원을 열었다. 지금 남아 있는 저작의 대부분은 이 시대의 강의노트이다.

아리스토텔레스는 플라톤이 주장하는 이데아(형상 form이라 부름)를 인정하고 감각적 지식의 부정확함을 인정하였다. 그러나 형상과 질료를 분리하고 영혼과 육체를 분리하는 이원론적인 플라톤과는 달리 아리스토텔레스는 양자를 조화시키려하였다. 즉, 감각적 사물과 이데아가 별도로 존재하는 것이 아니며, 형상과 질료(matter)가 동등한 중요성을 갖는 것으로 보았다. 즉, 양자 모두가 영원한 것이며 어느 한쪽도 다른 한쪽이 없이는 존재할 수 없다는 것이다. 따라서 경험세계에서 파악되는 사물은 허상이 아닌 실재다. 그것은 형상과 질료가 결합되어 나타나기 때문이다. 즉 사물의 본질이 그 사물 안에 존재하기 때문이다(그림 9-2).

[그림 9-2]
아리스토텔레스의 흉상.

▼ Museo Nazionale Romano. 기원전 330경 Lysippos의 청동 원작을 로마시대에 대리석으로 조각한 복제품으로 설화석고는 근대의 것이다.

형상과 질료의 결합으로 만물의 특징이 드러난다. 형상은 모든 사물의 원인으로, 질료의 세계를 감각적 유기체로 형성시키는 목적 지향적인 힘이다. 예컨대 태아 안에 있는 인간이라는 형상의 존재가 태아의 발달을 형성하고 지시하여 궁극적으로 인간으로 진전시킨다. 이러한 변화의 과정을 아리스토텔레스는 엔텔레케이아(entelecheia, 완성태) 이론으로 설명한다. 즉, 모든 사물은 자신이 완성해야 할 목표를 자기 자신 안에 갖고 있다는 것이다.

모든 사물을 완성된 모습으로 끌어올리는 이 과정의 원인이 바로 신이다. 아리스토텔레스에 있어서 신은 단지 제1의 원인(First Cause)으로 자신은 움직이지 않으면서 모든 것을 움직이는 “부동의 운동자”인 제 1 동인(Prime Mover)이다. 즉, 형상 속에 내포된 합목적적인 운동의 근원인 것이다. 아리스토텔레스는 플라톤과는 달리 영혼의 불멸성을 인정하지 않았다. 영혼은 육체에 의존하며 육체와 더불어 소멸하는 것으로 생각하였다.

아리스토텔레스의 윤리철학은 플라톤의 그것보다 덜 금욕적이다. 그는 육체를 영혼의 감옥으로 생각하지 않았고 육체적 욕망을 죄악이라고도 생각하지 않았다. 아리스토텔레스는 사람의 엔텔레케이아가 도달하는 목표를 최고선으로 보았다. 사람이 이성으로써 가정과 나라 안에서 조화를 이루면서 제구실을 다할 때 최고선을 실현했다고 볼 수 있다. 그것은 인간의 자기실현으로 이성적인 삶과 동일한 것이다. 이성적인 삶이란 육체적 조건과 정신적 조건의 올바른 결합에 의존한다. 육체는 건강해야 하고 감정은 적절히 통제되어야 한다. 이런 삶은 덕스러운 삶이며 성찰하는 삶이다. 덕은 너무 지나쳐서도 너무 넘쳐서도 안되는 중용(golden mean)을 의미한다.

아리스토텔레스는 『정치학』에서 인간을 “정치적 동물”이라고 정의하고, 국가 밖에서는 문명생활이 불가능함을 주장하였다. 따라서 아리스토텔레스에게 국가는 선한 삶을 장려하기 위한 최고의 제도였다. 그에게 군주정, 귀족정, 민주정 어는 정치체제도 최선의 국가체제가 아니었다. 최선의 국가는 중간계급이 지배하는 국가로, 과두정과 민주정의 중간 위치의 정체였다.

아리스토텔레스의 사상과 학문은 논리학과 정치학, 법학, 윤리학, 형이상학, 문학, 생물학, 물리학 등 여러 분야에 미쳤다. 특히 중세시대 유일하게 “철학자”로 불리며 추앙받던 아리스토텔레스의 논리학은 스콜라철학의 기반으로 큰 영향을 미쳤다.

3. 조각

후기 고전시대의 작품들은 이상과 현실 사이에서 고민하던 당대인들의 생각을 반영하고 있다. 당대의 최고 미술가는 기원전 370년경에서 330년 사이에 활동한 프락시텔레스(Praxiteles)였다. 그는 선배 조각가들의 초연하고 장엄한 양식에서 부드러운 우아함과 감각적인 매력을 지닌 양식으로 전환함으로써 이후의 그리스 조각에 지대한 영향을 미쳤다.

1877년 올림피아의 헤라 신적 유적지에서 발견된 〈헤르메스와 어린 디오니소스 Hermes Carrying the Infant Dionysus〉가 그 같은 우아함과 감미로운 감정을 보여주는 작품이다. 기원전 350년경 제작된 것으로 보이는 이 작품은 이상적인 모습을 추구하던 지식을 총 동원하여 가장 아름답고 가장 균형 잡힌 몸매를 가진, 실재하지 않는 아름다운 청년상을 표현하고 있다. 그러면서도 개성과 활력이 사라지기 쉬운 이상적인 모습에 현실적인 기분과 감정을 동시에 표현하기 시작하였다. 그 결과 이 시기의 작품들이 좀 더 더 감미롭고 관능적이며 개인적인 특성이 드러나는 자연주의적인 특성을 지니고 있다.(그림9-3)

[그림 9-3]
헤르메스와 어린 디오니소스.

▼ Praxiteles, Marble, 기원전 350경, 높이 215cm, 1877년 The Heraion at Olympia 발굴, Archaeological Museum of Olympia.

이 작품은 프락시텔레스의 대리석 원작으로 여겨졌지만 지금은 청동원작을 헬레니즘 시대에 복제한 것으로 보는 설이 유력하다. 비례로 보아 아기인 어린 디오니소스의 머리가 너무 작고, 옷의 주름도 후기 고전시대의 양식에서 벗어나 있다. 특히 허리를 받치고 있는 대리석 막대가 설득력 있는 증거이다. 혼자 서 있던 청동 원작을 대리석으로 복제하기 위해선 버팀목이 필요했을 것이기 때문이다.

로마시대의 복제품으로 현재 국립 로마 박물관에 소장되어 있는 〈크니도스의 아프로디테 Aphrodite of Cnidus〉는 로마의 정치가이며 학자였던 플리니우스(Gaius Plinius Secundus, 23~79)

[그림 9-4]
크니도스의 아프로디테.

▲ 기원전 350년경, Marble, 로마시대 복제품, 몸통과 허벅지만 원작이고 나머지는 복원됨. Museo Nazionale Romano.
그리스 시대 여신을 환조로 조각한 최초의 조각상으로 이후 나체 여신상의 원형이 되었다. 이후 Aphrodite of Cnidus를 모방한 작품들이 다수 등장하였다. Aphrodite pudica (National Archaeological Museum of Athens), Capitoline Venus (Musei Capitolini, Rome), Venus Felix Pio-Clementino (Vatican Museums) 등이 그 예이다.

가 세상에서 가장 훌륭한 조각이라고 격찬했던 작품이다. 이 작품이 그리스 시대 여신을 나체 환조로 표현한 최초의 조각상으로, 그 후 여성 나체표현의 원형이 되었다.[51] 로마시대의 화폐에 이 조각상이 사용된 이래로 많은 모사품이 만들어졌으며, 그 가운데 가장 유명한 것이 바티칸박물관과 루브르박물관 등에 소장되어 있다.

(그림9-4)에서 보여주는 로마 국립 박물관의 아프로디테는 고개를 약간 기울인 머리에서 발끝까지 유연한 자세로 묘사되어 있다. 몸무게를 실은 오른쪽 엉덩이가 위로 올라간 만큼 왼쪽 무릎은 살짝 구부리어 허벅지가 밀착되어 있고 두 무릎은 거의 맞닿아 있다. 목욕을 하다가 깜짝 놀란 여신의 소스라치는 반응이 그대로 전달된다. 구도 및 선과 비례, 그리고 표정에서 프락시텔레스는 누구도 흉내 낼 수 없었던 여성성의 본질과 이상적인 여성상을 콘트라토스트로 표현한 뛰어난 작품을 남긴 것이다.

알렉산더 대왕의 왕실 조각가였던 리시포스(Lysippos)는 조각에서 신기원을 마련하였다. 우선 자연을 모범으로 조각상을 깊이나 운동 속에서 포착하여 그리스 조각에서 처음으로 3차원 공간을 창조하였다. 또 폴리클레이토스의 7등신에 비하여 몸매가 호리호리한 새로운 8등신의 아름다운 인체비례를 도입하였다. 그리하여 예전의 조각에 비하여 리시포스의 조각은 인

51_ Cnidos는 소아시아 남서해안에 있던 도리아계의 고대 그리스 식민시로, 델로스 동맹국의 하나였다. 아프로디테 신전이 남아 있으며, 현재는 터키령이다. 원작은 로마시대에 콘스탄티노플로 옮겨졌다가 475년 화재로 소실되었다. 기원전 360년경에 정상에 오른 프락시텔레스는 목욕하는 아프로디테 상을 제작해서 소아시아의 크니도스 주민들에게 팔았다. 부조로 된 나체 여성상이 출현하여 남성만을 나체로 조각하던 전통을 깨뜨린 것은 기원전 5세기 후반이다. 대표적인 것으로 기원전 460년경 〈루도비시 옥좌〉의 플루트 연주자를 들 수 있다.

체의 머리가 작아지고 키는 더 커진 호리호리한 모습으로, 팔다리도 더 미끈하고 길게 만들어졌다.

플리니우스에 의하면 리시포스는 1,500점이 넘는 청동상을 만들었다고 한다. 그러나 남아 있는 것은 하나도 없으며, 진품의 복제품도 없다. 가장 진품에 가까우며 또 뛰어난 작품으로는 바티칸박물관에 소장된 〈아폭시오메노스 Apoxyomenos〉이다.(그림9-5) 기원전 330년경의 작품으로, 아폭시오메노스라고 불리는 도구로 기름과 먼지, 그리고 땀으로 뒤범벅된 피부를 긁어내고 있는 젊은 남자 운동선수를 묘사하고 있다. 큰 키에 가냘프고 우아하며 머리는 몸에 비례하여 작은데, 특히 머리카락과 두 눈을 정밀하게 묘사한 것이 특징이다. 몸 앞으로 뻗은 양 팔과 손은 이집트 고왕국시대부터 내려오던 전통인 정면성에서 벗어나 있다. 몸통, 머리, 팔과 다리가 제각각 다른 방향으로 틀어져 있어 새로운 운동감을 주고 있다. 이 작품은 360도 어디서나 감상할 수 있도록 조각되었다. 이 작품에서 시도된 새로운 혁명적 구성은 1700년이 지난 르네상스 시대에 가서야 비로소 제대로 인정받게 되었다. 원래의 진품은 티베리우스 황제(Tiberius Caesar Augustus, 14~37) 시대에 로마로 옮겨져 아그리파의 목욕탕 앞에 놓여 있었다고 전해진다.

[그림 9-5] 아폭시오메노스.

▲ 기원전 330년경, Marble, 205cm, 그리스 청동 원작의 서기 1세기 로마시대 복제품. Musei Vaticani.

제 10 장
헬레니즘 시대의 사회와 문화

1. 헬레니즘 세계의 형성

알렉산더는 먼저 그라니코스(Granicos, 지금의 코카바스) 강변에서 페르시아군과 싸워 승리하고, 페르시아의 지배하에 있던 그리스의 여러 도시를 해방하였다. 기원전 333년 아나톨리아의 이수스(Issus)전투에서 다리우스 3세의 군대를 대파했으며, 이어 페르시아 함대의 근거지인 티루스(티로스), 가자 등을 점령하였다.

그리고 시리아, 페니키아를 정복한 다음 이집트를 공략하였다. 이집트에서는 나일강 하구에 자신의 이름을 딴 알렉산드리아를 건설하고 1,000km가 넘는 사막을 거쳐 아몬 신전에 참배하였다. 여기서 "신의 아들"이라는 신탁을 받고 만인동포 사상을 지니게 된 것으로 알려져 있다. 이집트의 정복으로 지중해 동부해안 전 지역에 대한 지배권을 완전히 장악한 알렉산더는 기원전 330년 티그리스 강 동안의 가우가멜라(Gaugamela) 평원에서 페르시아군과 싸워 크게 승리하였다. 도

[그림 10-1]
이수스 전투 (기원전 333년)의 알렉산더 모습.

▶ 기원전 2세기말~1세기초, A detail of Mosaic from the House of the Faun in Pompeii, Museo archeologico nazionale di Napoli.

주한 다리우스 3세는 그의 신하에게 죽임을 당하였다. 바빌론, 수사, 페르세폴리스, 엑바타나 등의 여러 도시를 장악한 알렉산더는 마케도니아와 그리스 병사들 가운데 지원자만을 거느리고 동쪽으로 계속 원정하여 기원전 327년 이란 고원을 정복한 뒤 인도의 인더스강에 이르렀다.[52] 그러나 군사 중에 열병이 퍼지고 장마가 계속되었으므로, 군대를 돌려 기원전 324년에 페르세폴리스에 되돌아왔다. 거기서 아라비아 원정을 준비하던 중 기원전 323년 6월 13일 열병으로 33세의 젊은 나이에 때 이른 죽음을 맞았다.(그림10-1)

알렉산더 대왕의 동방원정 결과 건설된 대제국에는 그리스식 도시들이 건설되었고 그리스인들의 이주가 장려되었다. 그리스인들은 용병과 상인, 관리 등으로 동방으로 이주했고, 현지인들도 그리스문화에 동화되어 갔다. 그 결과 인구가 증가하고 도시와 상공업이 발달하면서 지중해세계와 오리엔트세계에 거대한 교역권이 형성되면서 크게 번창하였다. 그 시기에 사용된 공용어인 코이네어(Koine language)가 마케도니아 제국

52_ 그 이후 Gandhara 미술양식으로 알려진 사실적이고 이상적으로 인물을 묘사하는 예술양식을 낳아 아시아 예술에 큰 영향을 미쳤다.

의 다양한 지역과 민족의 전통과 문화를 발전시키면서도 상호 교류를 가능케 하였다.

알렉산더에 의한 새로운 문화의 융합과 민족의 융합은 옛 질서를 무너뜨리고 새로운 문명을 탄생시켰다.[53] 이 새로운 문명은 그리스적 요소와 동방적 요소의 혼합에 바탕을 둔 것이었다. 알렉산더의 동방원정과 대제국의 건설 및 분열 속에서 그리스 도시국가 시민들의 정체성은 무너져갔다. 끝없이 넓혀진 제국의 영토 속에서 도시국가의 장벽과 보호가 동시에 사라졌다. 불안정한 사회변화 속에서 개인의 생존이 무엇보다 중요한 관심사가 되었으며, 신분이 아닌 개인의 능력에 의하여 사회적 지위와 삶이 결정되게 되었다. 자연히 사회구성원들의 공동체 의식이 희박해지고 개인주의가 팽배해져갔다. 또 그리스인들이 존중하던 소박함과 중용의 가치는 무절제한 예술과 사치풍조, 개인주의에 자리를 내주게 되었다. 동시에 고대 그리스의 민주주의에 대한 이상은 사라지고 전제주의로 대체되었으며, 도시국가의 개념도 세계국가의 개념으로 대체되었다.

기원전 323년 알렉산더 대왕이 사망했을 때 그의 정통 상속자가 없었다. 그의 사망 후 휘하 고위 장군들이 제국을 분할 점유하였다. 그 과정 속에서 기원전 301년 입소스(Ipsos)전투에서 절정에 달했던 내분이 일어났다. 그 결과 셀레우코스(Seleukos)가 페르시아, 메소포타미아, 시리아를 장악했고, 리시마코스(Lysimachos)가 소아시아와 트라키아를 장악하였다. 카산드로스(Kassandros)는 마케도니아를 차지했고, 프톨레마이오스(Ptolemaeos)는 이집트와 페니키아, 그리고 팔레스타인을 확보하였다. 20년 후에 리시마코스가 셀레우코스에 패배하여 제

53_ 알렉산더의 동방원정에서 로마의 이집트 점령(기원전 31년 Actium 전쟁) 까지의 약 300년간을 시대적, 문화적으로 헬레니즘 시대와 헬레니즘 문화라 말한다. 이 시대를 새로운 문화사적 개념으로 정의한 인물은 드로이젠(Johann Gustav Droysen, 1808~1884)으로 1863년 『헬레니즘사』에서이다.

국이 3개로 줄어들었다. 이들 국가의 정부형태는 전제주의였으며 지배자들이 신격화되었다. 마케도니아 왕국에서만 시민들이 약간의 자유를 향유하는 얼마간 완화된 전제정치가 시행되었다.

알렉산더 사후에 그리스인들은 마케도니아의 지배에 대해 저항하였다. 마케도니아에 대한 저항과 반란의 중심은 아카이아 동맹(Achaean League)과 아이톨리아 동맹(Aetolian League)이었다. 아카이아 동맹은 기원전 4세기 코린트만 건너편에서 쳐들어오는 해적들을 막기 위하여 펠로폰네소스 반도 북부 아카이아 지역의 12개 도시국가들에 의하여 결성되었다. 이 동맹은 알렉산더 사후 해체되었다가 기원전 280년 시키온의 아라토스(Aratos of Sicyon)가 앞장서 10개 도시국가로 재건되었다. 동맹의 활동은 펠로폰네소스 반도에서 마케도니아인을 추방하고 그리스인의 지배를 회복하는 것이었다. 그런데 스파르타가 펠로폰네소스 반도의 지배권을 노리고 공격해 오자 아카이아 동맹은 마케도니아와 동맹을 맺었으나, 스파르타를 정복한 마케도니아의 지배(기원전 224~221)를 다시 받게 되었다. 기원전 198년 아카이아는 로마와 동맹을 맺고 마케도니아에 대항하였다. 그러나 결국은 마케도니아를 정복한 팽창주의적인 로마에 의해 기원전 146년 동맹이 해체되었다.(그림10-2)

아이톨리아는 코린트만 북쪽 해안에 있는 산간지방으로, 기원전 4세기에 여러 부족이 동맹을 맺어 아테네에 협상을 할 정도로 부상하였다. 아이톨리아 동맹은 기원전 3세기경이 전성기이며 아카이아동맹과 함께 그리스의 정치를 좌우하는 대세력으로 성장하여 신앙의 중심인 델포이까지 세력을 미쳤다. 기원전 220년경 마케도니아에 대항하기 위해 로마와 결탁하기도 했으나, 기원전 192년에는 시리아왕 안티오코스 3세와 손을 잡고 동진하는 로마와 싸웠다. 그러나 결국 패하여 기원전

[그림 10-2]
서기 200년경 마케도니아와 에게해 세계.

189년 로마에 종속되는 조약을 체결하였다. 동맹이 해체되지는 않았으나 그 후에는 힘을 잃었다. 기원전 146년에 이르러 아카이아동맹에 합병되고 로마의 속주가 되었다.

2. 사회와 경제 발전

헬레니즘 세계의 형성과 더불어 경제적으로 큰 변화가 일어났다. 그 같은 원인은 무엇보다도 알렉산더의 정복으로 인하여 인더스 강에서 나일 강에 이르는 광대한 교역권이 형성되었기 때문이었다. 또 페르시아가 보유했던 막대한 금은이 방출되어 물가가 상승하고 그 결과 투자와 투기가 증대되었기 때문이었다. 그와 더불어 수입을 증대할 목적으로 정부가 상공업을 장려하고 국가가 주요 기업으로 등장하면서 대규모의 생산과 교역, 재정체계가 성장했기 때문이었다. 그 같은 여러 요인에 의하여 상공업이 발달하고 다양한 물품들이 대규모로 거래되면서 교역의 중심지들이 대도시로 성장하였다.

프톨레마이오스 왕조의 이집트와 셀레우코스 왕조의 제국에서 상공업을 장려하고 국가가 이를 통제하였다. 프톨레마이오스 왕조는 정부의 재정수입을 위하여 거의 모든 촌락과 도시에 정부가 소유하고 운영하는 공장과 점포를 세웠다. 또 모든 개인 기업체들을 장악하여 물가를 고정시키고 왕에게 유리하도록 시장에 개입하였다. 셀레우코스 왕조 역시 비슷한 정책을 시행하였다. 상업의 경우 두 왕조 모두 개별 상인들이 운영했으나 국가가 이들을 철저히 규제하고 무거운 세금을 매겼다. 대신 상업활동을 장려하기 위하여 국가가 모든 편의시설을 제공하였다. 항만시설이 개수되었고, 해상 안전을 위하여 전함이 파견되었으며 도로와 운하가 건설되었다. 그 결과 특히 이집트의 알렉산드리아 항구가 크게 번성하였다. 그곳에서는 아리비아의 향료, 인도와 에티오피아의 황금, 키프로스의 구리, 브리튼의 주석, 누비아의 코끼리와 상아, 에게해 북부와 에스파냐의 은, 소아시아의 양탄자와 중국의 비단까지 거래되었다.

이 같은 경제발전은 금화와 은화를 바탕으로 한 화폐경제의 발달과 은행업의 발달을 가져왔다. 투기와 매점매석, 과열경쟁이 이 시대의 일반적인 현상이었다. 헬레니즘 시대의 발전과 번영이 대도시의 성장을 가져왔다. 가장 대표적인 도시가 알렉산드리아로 인구가 적어도 50만이 넘었다. 시리아의 안티오크, 티그리스 강변의 셀레우키아도 수십만의 인구를 자랑하였다. 이 시대는 번영 못지않게 빈부의 격차도 심화되었다. 상층 계급인 지배자와 상인들은 번영했으나, 농민이나 도시 노동자들의 삶은 더욱 빈곤해졌다. 기원전 3세기 아테네 노동자들의 임금이 페리클레스 시대의 절반 이하로 떨어졌다. 당시 대도시의 심각한 실업으로 정부는 많은 빈민들에게 무상으로 곡물을 배급해야만 하였다. 이 시기 값싼 노동력은 스토아 철학의 영향과 더불어 노예제의 쇠퇴를 가져왔다. 노예를 사서 부리는 것보다 자유노동자를 고용하는 편이 비용이 덜 들었기 때문이었다.

농업 역시 새로운 경제현상에 큰 영향을 받았다. 가장 두드러진 변화가 토지소유의 집중과 농업노동자들의 지위 하락이었다. 알렉산더의 후계자들은 정권을 장악하자마자 곧바로 대지주들의 토지를 몰수하여 왕실과 측근들에게 분배하였다. 왕실의 토지가 소작농에게 임대되었는데, 소작농들은 추수가 끝날 때까지 경작지를 떠날 수 없었으며 지배자가 최고가로 곡물을 처분할 때까지 그들의 곡물을 처분할 수도 없었다. 소작농이 파업하거나 탈출을 시도하면 모두 세습적인 농노로 전락하였다. 독립적인 소작농도 지주의 대량생산과 경쟁에 밀려 빚을 지고 농노로 전락하는 경우가 비일비재하였다.

노예노동과 하층 원주민의 착취로 이루어진 번영은 계속되지 않았다. 결국 헬레니즘 제국은 원주민의 반발과 국가들 간의 패권을 위한 왕조간의 전쟁으로 자원과 국력이 소진되어 로마에 복속되는 운명을 맞게 되었다.

3. 문화와 유적

작은 폴리스 공동체에서 광대한 제국으로 변모한 헬레니즘 세계의 시민들에게 당면한 문제는 급격히 변화해가는 세상 속에서 스스로의 힘으로 살아남는 일이었다. 같은 국가 안에 수

많은 인종과 언어, 종교가 공존하고 인적 물적 교류가 급격히 확대되면서 개인의 능력이 어느 때 보다도 중시되는 사회로 변모해갔다. 세계시민으로 격동하는 시대상황 속에 놓인 개인들은 각자의 생존과 행복에 관심을 갖고 공동체 정신보다는 개인주의에 경도될 수밖에 없었다. 그 같은 시대적 상황에서 사상적으로는 개인의 행복을 추구하는 이념들이 등장하였다. 예술분야에서도 변화하는 시대상이 반영된 작품들이 등장하였다. 그 같은 작품들 속에는 격동하는 사회 속에 놓인 인간의 희로애락이 자연스레 표출되어 있다.

(1) 에피쿠로스 주의

기원전 3세기 아테네에를 지배하던 철학사상은 에피쿠로스주의(Epicureanism)와 스토아주의(Stoicism)였다. 두 사상 모두 불안한 세계에서 개인이 마음의 안정과 행복감을 느낄 수 있는 사상을 전개하였다. 이들 두 사상은 헬레니즘 시대를 넘어 로마의 지식계급에 커다란 영향을 미쳤다.

에피쿠로스주의 창시자는 사모스 출신의 에피쿠로스(Epikuros, 기원전 341~270)로, 기원전 306년 아테네에 있는 자신의 정원에 학교를 세우고 정원학교(The Garden)라 불렀다. 그는 데모크리토스의 유물론에 바탕을 두고 쾌락주의 윤리사상을 주장하였다. 에피쿠로스는 인간의 감각적, 본능적 욕구 충족을 중시하고, “쾌락은 유일한 선이고 고통을 유일한 악”이라고 주장하여, 쾌락을 인생의 궁극적인 목표로 보았다. 유물론자로서 에피쿠로스는 사랑의 쾌락, 보고 듣는 것의 쾌락, 먹는 것의 쾌락을 중요시하였다. 그러나 순간적, 육체적 쾌락은 고통을 초래할 수 있다는 점을 경고하면서 극기와 절제 있는 생활을 통해 참된 쾌락을 추구할 것을 역설하였다. 즉, 그가 생각한 진정한 쾌락은 온갖 욕망을 추구하는 세속적 쾌락이 아니었다. 진정한 쾌락으로 축복받는 삶을 영위하기 위해서는 덕이 필요한데, 그것은 쾌락을 추구하는 분별력이었다. 그는 정신적인 쾌락이 육체적인 희열보다 우위에 있다고 생각했고, 격렬한 기쁨보다는 조용히 관조하며 두려움에서 벗어나는 마음의 평정(ataraxia)을 진정한 쾌락이라고 생각하였다. 따라서 인간은 감각적인 충동에서 벗어나기 위해 극기와 절제된 생활을 해야 한다고 가르쳤고, 폭음, 사랑, 공직 같은 마음을 어지럽히는 일을 피하라고 가르쳤다. 또 죽음과 종교에 대한 관념에서도 벗어나라고 가르쳤다. 죽음과 종교는 두려움과 고통의 원천이기 때문이다. 에피쿠로스는 신이 있다하더라도 인간사에 끼어들지 않으며, 종교적 관념은 고통으로부터의 해방을 불가능하게 만든다고 믿었다. 또 인간에게 죽음은 정신과 육체의 소멸임과 동시에 해방이라 믿었다.

에피쿠로스 사상의 영향력은 점차 미약해지면서 지식인들을 중심으로 600년 동안 이어졌다. 로마의 시인이며 유물론 철학자인 루크레티우스(Titus Lucretius Carus, 기원전 94~55)는 에피쿠로스주의자들이 바라본 세계의 원리를 설명하였다.[54] 호라티우스(Quintus Horatius Flaccus, 기원전 65~8) 역시 에피쿠로스주의적인 삶을 찬양하는 작품을 남겼다.[55]

54_ Lucretius는 6권의 운문으로 쓴『만물의 본성에 대하여 De rerum natura』라는 철학시를 남겼다. 이 시는 철학자 에피쿠로스의 평온한 삶과 원자론적 합리주의를 찬미하는 내용으로 구성되어 있다. 고대 원자론에 따라 자연현상과 인간사회의 제도 · 관습 등 모든 것을 자연적·합리적인 현상으로 설명하고, 특히 불안과 공포의 원천인 영혼과 신에 대한 종교적·정치적 편견을 비판하고 있다.

55_ 고대 로마의 시인으로 공화정을 옹호하는 Decimus Junius Brutus 진영에 가담했다가 패한 뒤 하급관리를 지내며 시를 썼다. 에피쿠로스주의와 관련된 작품으로는『풍자시 Satires』2권이 있는데, 여기서 호라티우스는 공직생활을 단호히 거부하고 평온함을 통해 지혜를 얻고자 하는 에피쿠로스적 행복을 논하였다. 또 재산과 지위를 얻기 위한 경쟁, 극단적 행위의 어리석음, 관용의 바람직함, 야망의 해악 등 윤리적인 문제를 논하고 있

(2) 스토아주의

스토아주의 창시자는 키프로스 출신의 제논(Zenon: 기원전 335~263)으로, 아테네의 광장에 있던 스토아 포이킬레(stoa poikile, 채색된 주랑 柱廊)에서 제자들을 가르쳤기 때문에 스토아학파로 불리게 되었다. 스토아 사상의 세계관은 유물론과 범신론적인 세계관이다. 즉 신은 생성 변화해 가는 자연 과정의 필연적인 실체로서 우주만물에 내재한다고 이해한다. 스토아 철학의 인간관과 윤리관은 이성주의와 금욕주의로 대표된다. 스토아 사상은 일체의 만물은 신적인 이성(logos)에 의해서 지배되고, 인간의 본성에도 로고스가 구비되어 있기 때문에 이성에 따르는 삶이 유일한 선이며 정념의 노예가 되지 않을 때 유덕하고 현명한 사람이 된다고 강조하였다. 즉, 스토아 사상은 인간은 신적 이성이 지배하는 자연 속에서 자연과 마찬가지로 이성의 법칙에 따라야만 자유롭고 행복해질 수 있다고 가르친다. 행복은 덕에 의하여 도달될 수 있는데, 덕은 의지력에서 나오기 때문이다. 즉 인간은 이성을 통하여 비이성적인 감정, 욕구, 정념 등 세속적인 욕망에서 벗어나 자연법에 일치되는 부동심(apatheia)의 경지에 이를 때 완전한 행복과 자유를 누릴 수 있다.

금욕과 개인적인 의무 및 내면적 수양을 강조하는 스토아 사상은 로마의 재배계층을 매혹시켰다. 스토아 사상이 로마인들에게 전달된 것은 주로 정치가이며 문인이이고 철학자였던 키케로(Marcus Tullius Cicero, 기원전 106~43)에 의해서였다. 그렇지만 로마의 스토아주의자들 가운데 가장 영향력이 컸던 인물은 관료였던 세네카(Lucius Annaeus Seneca, 기원전 4~서기 65), 노예출신 에픽테토스(Epictetos 서기 60~130), 황제 마르쿠스 아우

다. 대표적인 작품으로 『서정시집』 4권과 『서간시』 2권 등이 남아있다.

렐리우스(서기 120~180)였다. 이들의 글에서 모든 인간의 내면에는 위대한 지성이 있고 끝없이 변하는 우주 속에서 모든 사람은 형제라는 사실을 강조하고 있다. 그 같은 가르침은 초기 기독교에 많은 영향을 주었다.

(3) 조각

알렉산더제국이 폴리스적 안정과 질서, 조화, 시민정신을 파괴하였다. 제국은 격동과 혼란 속에서 기존의 정치제도와 국가관, 경제, 사상, 인간관계 등 모든 것을 바꾸어 놓았다. 다양한 인종, 문화, 제도, 전통 등으로 뒤얽힌 드넓은 제국에서의 삶은 다양성과 개별성, 개인주의, 새로운 전통과 문화의 경험과 형성으로 이어졌다.

예술 역시 마찬가지였다. 고전시대의 조화와 균형을 바탕으로 하는 이상미를 추구하는 대신 이 시기 예술은 현실적인 모습과 역동성, 그리고 인간의 본능적 감정을 표현하게 되었다. 그럼에도 다수 예술사가들의 견해처럼 이 시기의 예술적 수준은 전시기에 비하여 손색이 없었으며, 실제로 뛰어난 예술가들이 활동하였다. 이 시기 새로운 그리스문화, 특히 조각이 알렉산드리아(Alexandria), 안티오크(Antioch), 페르가뭄(Pergamum) 등에서 발달하였다. 전시대에 비해 조각이 더욱 자연스러워졌으며 고전기의 근엄한 취향보다 훨씬 더 관능적이고 감성적이다. 또 신들 및 영웅들과 더불어 일반인, 여자, 어린이, 동물, 가정의 모습 등 다양한 주제의 작품들이 공공장소와 신전, 그리고 부유한 가문의 가정과 정원을 장식하기 위하여 제작되었다. 그 같은 수요가 도자기처럼 조각을 산업으로 만들어 표준화와 질적 하락을 가져오기도 하였다. 그 덕분에 고전기보다 이 시기의 작품들이 더 많이 현존하고 있다. 헬레니즘 시대의 조각은 규모가 더 커진 특징도 보인다. 그 같은 특징은 3세기 말의 Colossus of Rhodes[56]에서 절정에 달했는데, 이는 거의 자유의 여신상과 같은 크기였다. 이들 작품들은 지진과 약탈로 파괴되었다.

〈죽어가는 갈리아인 The Dying Gaul〉은 페르가뭄(Pergamum) 왕국[57]의 아탈로스 1세(Attalos I)가 왕국을 약탈하던 갈리아인을 격퇴하고 그 승리를 기념하기 위하여 기원전 230~220년 사이에 제단에 헌정한 작품이다. 청동 원작은 상실되었고, 로마 카피톨리노 박물관에 소장된 작품은 로마시대에 대리석으로 복제된 작품이다. 원작의 조각가는 알려져 있지 않으나 페르가뭄 아탈로스 왕가의 궁정조각가였던 Epigonus로 추정된다.(그림10-3)

이 조각은 뻣뻣한 머리카락, 안면구조, 목걸이, 턱수염 등 갈리아 전사의 특징을 사실적으로 묘사하고 있다. 패배한 갈리아 전사는 칼과 다른 무기를 옆에 둔 채 그의 방패 위에 쓰러져 있다. 수치스런 죽음에 저항하듯 오른 팔로 땅을 받치고 죽어가는 갈리아 전사의 얼굴은 고통으로 일그러져 있다. 이 작품은 켈트인의 패배와 더불어 강력한 적을 패배시킨 페르가뭄인들의 힘과 용감성을 과시하고 기념하는 의미를 담고 있다. 갈리아 전사를 누드로 묘사한 것은 그리스 전사의 나신 묘사에서

56_ Colossus of Rhodes는 그리스 Helios 신상이다. 로드스 섬의 로드스시에 기원전 292~280년 사이에 건립되었다. 고대세계의 7대 불가사의 중 하나이며, 고대세계에서 가장 큰 조각상으로 높이가 30m 이상이었던 것으로 알려져 있다. 기원전 226년 지진으로 붕괴되었다.

57_ 기원전 283년에서 기원전 133년까지 150년간 소아시아 페르가뭄에 존속했던 작은 왕국. 마케도니아 왕국에서 분리된 Seleucus 왕국에서 독립했다가 Attalus III (기원전 138~133)의 유증으로 로마에 편입되었다가 기원전 129년 로마의 속주가 되었다. 아크로폴리스의 도서관에는 이집트에서 수입한 파피루스로 만든 20만 권의 서적이 소장되어 있었다 한다. 이집트와의 경쟁관계로 사이가 나빠지자 페르가뭄 사람들은 양피지를 고안해 책을 만들었다. 영어의 양피지(parchment)라는 단어의 어원은 pergamum에서 유래되었다.

[그림 10-3] 죽어가는 갈리아인.

▲ 기원전 230~220년, Musei Capitolini, Rome.
청동 원작의 로마시대 대리석 복제품.
Hellenism시대 예술품의 특징인 역동성과 감성을 풍부히 표현하고 있는 작품으로, Pergamum 왕국을 약탈하다 죽어가는 갈리아 전사를 묘사하고 있다. 조각상이 보여주는 훌륭한 역동적 예술성과 비감성(悲感性)으로 17~18세기 영국 상류층 자제들의 Grand Tour에서 필수 관람코스의 하나였다.

처럼 그에게 영웅적 나신의 이미지를 부여하거나 또는 정반대로 무기력한 나신의 이미지를 부여하기 위함이었을 것이다.

조각상이 드러내는 훌륭한 솜씨와 비감(悲感)은 17~18세기 지식인들 사이에 경탄을 자아내게 하여 영국 상류층 자제들의 유럽 대여행(Grand Tour of Europe)에서 반드시 보아야 할 작품으로 만들었다. 바이런(Byron)은 「Childe Harold's Pilgrimage」라는 시에서 이 작품에 대하여 평하고 있다. 1633년 로마의 강력한 가문인 Ludovisi家의 수집목록에 처음 등장한 이 작품은 1797년 나폴레옹에 의하여 파리로 옮겨졌다가 1815년 다시 로마로 반환되어 현재에 이르고 있다.

〈사모트라키아의 니케 The Winged Victory of Samothrace〉는 기원전 190년경 로도스 섬의 유다모스가 시리아의 안티오코스 3세에 대한 전승을 감사하기 위하여 사모트라키아 섬에 헌정했던 것이다.[58] 1863년 프랑스의 샤푸아소 (Charles

58_ Samothrace는 소아시아 서쪽 해안 거의 북단에 위치한 섬으로 헬레니즘 시대 작은 섬나라였다. 시리아의 Antiochus III가 해상권을 장악하기 위하

[그림 10-4] 사모트라키아의 니케.

▲ 기원전 190년, Marble, 328cm, Musée du Louvre.
Hellenism시대의 조각품으로 승리한 Rhodes 전함에 바닷바람을 맞으며 막 내려앉는 승리의 여신 Nike를 생동감 있게 표현하고 있다. 작가는 바람에 쓸려 하늘거리는 옷주름을 섬세하게 묘사하고 있다. 328cm에 달하는 거대한 조각상으로 1884년부터 Louvre Museum에서 전시되고 있다. 머리는 발견하지 못하였고, 오른쪽 날개는 왼쪽 날개를 참고로 석고로 복제한 것이다.

Champoiseau)에 의하여 100여 점으로 토막난 상태로 발굴되었다. 현재의 루브르 박물관에 소장된 니케상의 오른쪽 날개는 왼쪽 날개를 모델로 석고로 복제한 것이다. 머리와 두 팔은 찾지 못했고, 1950년 오스트리아 발굴팀에 의하여 오른손이 발견되었다. 이 손은 대롱같은 긴 물체를 가볍게 잡고 있는 모양인데, 승리의 나팔을 입에 대고 불고 있었던 듯하다.(그림10-4)

이 여신은 날개를 펼친 채 바람을 맞으며 승리한 함정의 뱃머리에 내려 앉아 막 발을 디디고 있다. 즉, 격렬한 날개짓 움직임과 갑작스런 정지가 교차하는 순간을 우아하고 균형잡힌 자세로 묘사하고 있다. 하늘거리는 옷주름은 바닷바람에 쓸려 물결치듯 대각선으로 포개져 있고, 맞바람에 여전히 펼쳐진 날개는 아직 공중에 떠 있는 듯한 인상을 주고 있다. 보이지 않는 공기의 흐름을 섬세하고 생동감 있는 옷주름으로 표현한 걸작이다. 움직이는 한편의 시라는 찬사는 당연한 것으로 보인다.

기원전 180년경 페르가뭄(Pergamum)의 에우메네스 2세(Eumenes II, 기원전 197~160)가 부친인 아탈로스 1세의 군사적 승리를 기념하기 위하여 페르가뭄 시내를 내려다보는 언덕 위에 제우스와 아테나에 바치는 신전을 건립하였다. 폭 2.34m, 길이 122m에 이르는 〈제우스의 제단의 프리즈〉가 바로 이 제우스 신전의 제단을 장식했던 것이다. 1878~1886년 독일에 의해서 발굴된 이 제단은 3면의 앞뒤가 이오니아식 주랑으로 둘러싸여 있다. 제단을 둘러싸고 있는 프리즈에는 제우스가 이

여 사모트라케를 종속 시키려 하자 당시 로마와 동맹을 맺었던 Rhodes가 기원전 190년 해전에서 맞서 승리하였다. 이 승리를 기념하기 위하여 로도스는 멀리 떨어진 섬나라 사모트라케에 이 승리의 여신상을 바쳤다. 1863년 프랑스 발굴단이 사모트라케 섬에서 발굴하였다.

[그림 10-5] 제우스 제단.

▲ 기원전 180년경, Pergamon Museum, Berlin.

끄는 올림포스 신들과 거인족의 전쟁장면을 묘사하고 있다. 이 주제는 혼돈과 질서의 싸움이자 야만에 대한 문명의 승리로 해석할 수 있다. 이 싸움 장면들은 페르가뭄 군대가 갈리아 사람들을 무찔러 승리한 사실을 상기시켜 주고 있다. 제우스 제단은 이오니아식 양식으로 건축되었으나 프리즈는 이오니아 양식의 섬세한 모습은 찾아보기 힘들다. 극적인 전투 장면들과 과격한 죽음의 역동적인 묘사가 승자와 패자의 뒤틀린 몸부림으로 표현되어 있다. 그것은 이상적이고 정적이며 균형 잡힌 모습으로 표현되었던 고전시대의 낙관주의 대신 생존을 위해 끊임없이 투쟁해야 했던 당대의 고단한 삶의 현실을 드러내고 있다.(그림10-5)

바티칸박물관에 소장된 〈라오콘 군상 Laocoon Group〉은 트로이의 신관이었던 라오콘의 운명을 재현해 놓은 조각이다. 헬레니즘 시대의 대리석 작품으로 높이가 2.4m에 이른다. 플리니우스에 의하면 조각가는 하게산드로스(Hagesandros), 아테네도로스(Athenedoros), 그리고 폴리도로스(Polydoros) 3인이다. 이 작품의 연대에 대해서는 기원전 160경~기원전 20년경까지 다양하게 제시되고 있다. 또 이 작품이 원본인지 혹은 더 이전 작품의 복제품인지도 알 수 없다. 제작자로 알려진 3인은 로도스의 복제품 전문가로 알려져 있다. 복제품인 경우 기원전 200년경 페르가뭄의 청동 원작을 복제했을 것으로 추정된다. 이 경우라면 〈라오콘 군상〉은 정치적 목적에 의해서 제적되었을 것으로 추정된다. 즉 페르가몬 왕국에 온 로마인들에게는 로마의 뿌리인 트로이를 상기시키고 페르가몬인들에게는 군사적 위협을 가할 수 있는 로마인들을 자극하지 말라는 경고였을 것이다. 플리니우스의 『박물지 Natural History』에 따르면 이 상은 티투스 황제의 궁전에 있었으며, 하나의 대리석으로 조각된 것이라 한다. 그러나 발굴시에는 7개의 조각으로 나뉘어져 있었다.

트로이의 사제 라오콘과 그의 아들들의 죽음에 대한 그리스 신화는 두 가지 종류로 전해진다. 하나는 라오콘이 아폴론의 신관으로서 결혼해서 아이를 가져서는 안된다는 계율을 어겨 아폴론이 보낸 두 마리의 바다 괴물에 의해서 죽음을 맞았다. 더 잘 알려진 이야기는 베르길리우스의 『아이네이스 Aeneis』에 나오는 장면이다. 트로이의 목마를 성안으로 들여

[그림 10-6] 라오콘 군상.

▶ 기원전 160~20년, Marble, 2.4m, Musei Vaticani.

보내지 말라고 경고한 라오콘에게 미케네 편을 들었던 아테나 여신이 바다 괴물을 보내 벌한 것이다. 바다뱀들에게 옥죄인 라오콘과 그의 두 아들은 공포에 질린 얼굴로 온 몸을 비틀고 발버둥치고 있다. 라오콘의 일그러진 얼굴은 하늘을 향해 그의 운명을 원망하고, 그의 아들들은 살려달라고 아버지를 바라보며 애원하고 있다.(그림10-6)

〈라오콘 군상〉이 1506년 로마에서 처음 발견되었을 때 그 조각상의 살아 울부짖는 듯한 생생한 모습에서 미켈란젤로를 비롯한 르네상스 예술가들이 충격적인 감명을 받았다.[59] 그 작품에서 영감을 받은 미켈란젤로가 교황 율리우스 2세(Pope Julius II)의 영묘를 위하여 〈죽어가는 노예〉를 조각했고, 피렌체 조각가 벤디넬리(Baccio Bandinelli)가 메디치가의 교황 레오 10세(Pope Leo X)를 위하여 복제한 작품은 우피치 미술관(Uffizi Gallery)에 소장되어 있다. 라오콘 군상의 조각들을 처음 입수한 교황 율리우스 2세가 복원한 〈라오콘 군상〉은 현재 바티칸 박물관의 일부가 된 벨베데르 정원(Belvedere Garden)에 당시의 모습대로 보존되어 있다.

〈라오콘 군상〉은[60] 미술사학에 학문적 기초를 놓은 빙켈만(J.J. Winckelmann, 1717~68)과 괴테(J.W. von Goethe, 1749~1832), 레싱(G.E. Lessing, 1729~81) 등 독일 고전주의 사상가들에게도 큰 영향을 주었다. 빙켈만은 『회화와 조각에서 그리스 작품의 모방에 관한 고찰』(1755)에서 라오콘 군상을 미술의 완전한 규범

59_ 1506년 1월 14일 로마의 Esquilino 언덕 위에 있는 네로의 궁전 터 부근에서 포도밭을 일구던 농부 Felice De Fredis에 의하여 발견되었다. 새로운 조각상의 발견 소식에 교황 율리우스 2세가 조각가 Giuliano da Sangallo(1445~1516)를 현장에 파견했고 Michelangelo(1475-1564)가 동행하였다. 발굴현장에서 조각의 파편을 보고 미켈란젤로가 "예술의 경이"라고 외쳤다 한다.

60_ 헬네니즘기의 작품을 통해서 그리스 고전기 미술의 이상을 끌어낸 것이 오늘날의 관점에서 보면 아이러니하다.

[그림 10-7] 라오콘 군상〈세부〉.

▲ 독일의 고전주의자 Winckelmann은 〈Laocoon Group〉를 보고 고전기 그리스 미술의 이상으로 생각하여 이를 "고귀한 단순함과 고요한 위대성"으로 규정하였다. 그에 의하면 Laocoon의 얼굴표정에는 격정 속에서도 침착함을 잃지 않는 위대한 영혼이 잘 묘사되어 있다는 것이다. 따라서 Vergilius가 『Aeneis』에서 Laocoon이 비명을 질렀다고 표현한 것을 비판하였다. 이에 대하여 G.E. Lessing이 Winckelmann의 주장을 비판하여 "라오콘 논쟁"을 일으켰다

으로 보고, 고전기 그리스 미술의 이상으로서 "고귀한 단순함과 고요한 위대성"을 제시하였다. 그에 의하면 그리스 걸작들의 탁월한 특징은 자세와 표정에서의 고귀한 단순함과 조용한 위대성인데, 인물상들의 표정은 휘몰아치는 격정 속에서도 침착함을 잃지 않는 위대한 영혼을 나타낸다는 것이다. 이러한 영혼이 라오콘의 얼굴에 잘 묘사되어 있는데, 베르길리우스가 노래한 것처럼 라오콘은 비명을 지르지 않는다는 것이다.(그림10-7)

그에 대하여 레싱은 『라오콘: 회화와 시의 한계론』(1776)에서 공간 예술과 시간 예술의 법칙성에 대하여 논하면서 빙켈만을 비판하여 "라오콘 논쟁"을 일으켰다. 레싱은 〈라오콘 군상〉과 베르길리우스의 『아이네이스』를 비교하면서 빙켈만이 말하는 이상적인 위대성은 공간을 다루는 조형예술에 한정된 것이고, 시간을 다루는 시에서는 다르다고 주장하여 베르길리우스를 옹호하였다. 즉, 조형예술은 "공간 안에서"사건을 가장 잘 표현할 수 있는 창조적이고 이행적인 순간을 포착하는 예술이고, 시문학은 "시간 안에서"외관의 변화를 기술하는 것이라고 주장하였다.[61]

(4) 건축

헬레니즘 시대에 그리스 건축은 확산과 변질의 과정을 겪었다. 신전건축의 우선권도 상실되었다. 알렉산드리아, 안티오크 등에서 궁전건축과 도서관, 등대 등 세속건축이 중시되었

61_ 예술적 표현의 한계에 대해서는 Arthur Schopenhauer(1788~1860)의 『의지와 표상으로서의 세계』에서도 표명되고 있다. 쇼펜하우어는 조각가는 라오콘의 고통을 비명으로 표현할 수 없었고, 비명을 모두 운동으로 바꾸어 표현할 수밖에 없었다고 주장하였다.

[그림 10-8] 제우스 제단.

◀ 기원전 180년경, Pergamon Museum, Berlin.

다. 한편 이 시기 도리스 양식은 쇠퇴하고 이오니아식 양식이 전성기를 맞으며 장식과 과시, 그리고 실용성을 추구하는 특징도 보여준다. 즉, 장식을 위한 오더 혼용과 실내 집회의 동방종교 영향에 따른 신전의 대형화, 시각적 효과를 높이기 위한 높은 기단 등이 나타났다. 기원전 180년경에 건축된 페르가뭄 왕국의 〈제우스 제단〉이 대표적이다.(그림10-8)

페르가뭄 왕국은 기원전 3세기 벽두에 시리아의 셀레우코스 왕조가 쇠약해진 틈을 타서 Philetaerus에 건설되었으며, Attalus I세 때 영토적으로 독립하고 기원전 228년 갈리아의 켈트인들을 물리친 후 왕국을 선언하였다. 아탈로스 왕조는 페르가뭄의 부상하는 힘과 중요성을 대외에 과시하고자 하였다. 그 상징으로 건립된 것이 아크로폴리스에 위치한 제우스 신전이었다. 에우메네스 2세 때 완성된 이 신전은 기독교 시대에 신전으로서 기능을 상실하고 요새로 변모했다가 716년에 이슬람의 수중에 들어갔다.

제우스 제단의 전체 구조는 폭 35.64 미터 깊이 33.4 미터이며, 안뜰로 향하는 정면의 계단만 폭이 20m에 이른다. 고부조로 장식된 기단은 기간토마키아(Gigantomachia)로 알려진 거인족(Giants)과 올림포스의 신들 사이의 전쟁 모습이다. 이 신화

[그림 10-9]
제우스 제단 프리즈 일부.

▶ 기원전 180년경, Gigantomachia, Pergamon Museum, Berlin.
올림포스 신들과 거인족(Giants: Uranus가 Cronus에 의해 거세되면서 흘린 피와 Gaia 사이에서 태어남)과의 싸움을 묘사하고 있다. 거인족에 대한 신들과 영웅 Heracles의 승리는 야만에 대한 문명의 승리를 의미한다. 이는 갈리아인 등 외적에 대한 문명국인 Pergamum 왕국의 승리를 상징한다.

적 주제는 거인족에 대한 신들과 영웅 헤라클레스의 승리, 즉 미개에 대한 문화와 질서의 승리를 암시한다.(그림10-9) 계단 위의 위층에는 이오니아식 주랑이 안뜰(court)을 둘러싸고 있다. 제단을 둘러싸고 있는 안뜰의 벽에는 텔레포스(Telephos)[62]의 일대기를 묘사한 작은 규모의 고부조가 있다.

1878~1886년에 발굴에 성공한 독일은 웅장한 페르가뭄 제단을 통째로 독일로 가져가 파르테논 신전의 유물들은 런던으로 옮겼던 대영제국과 겨루고자 하였다. 현재 베를린에 위치한 페르가뭄 박물관은 1910~1930년 사이에 건립되었다. 이 박물관에는 바빌론에서 가져온 이슈타르의 문(Ishtar Gate)과 로마시대에 건설된 밀레투스의 시장 출입문이 실물크기로 복원되어 있다. 물론 가장 인기 있는 전시물은 페르가뭄 신전에서 가져온 제우스 제단과 프리즈이다.

장식성을 추구하는 이오니아식 신전이 본격화된 것은 기원전 429년 그리스 바세(Bassae)의 아폴로 에피큐리우스(Apollo

62_ 텔레포스는 Pergamon시의 전설적 건설자이다. 부모는 영웅 헤라클레스와 아르카디아 지방의 Tegea 왕 Aleus의 딸 Auge이다.

Epicurius) 신전에서이다. 이 신전은 이오니아식 오더가 벽기둥으로 처리되었고, 실내 입구의 맞은편 중간에 코린트식 오더 하나가 서있다. 이 모두 고전기에는 볼 수 없었던 형태이다. 이 때 나타난 코린트식 오더가 역사상 최초로 등장하는 코린트식 오더이다.

오더를 이용한 장식화 경향의 절정은 코린트식 오더의 탄생이었다. 코린트식 오더는 이오니아식 오더에서 주두만 교체한 것이다. 즉, 주두가 소용돌이 모양에서 아칸서스(acanthus) 잎 모양의 조각장식으로 대체된 것이다. 기원전 4세기 초반에 코린트식 오더는 실내에 국한되어 사용되었다. 예컨대 델피의 아테나 성소의 경우 바깥 열주는 도리스식 오더인 반면 안쪽 열주는 벽에 부착된 벽기둥 형태의 코린트식 오더이다. 기원전 4세기 중반에 안쪽 열주로 사용된 코린트식 오더가 벽기둥이 아닌 독립기둥으로 발전했고 기원전 4세기 후반에는 코린트식 오더가 건물의 외관에도 사용되기 시작하였다. 그렇지만 코린트식 오더는 기원전 3세기에도 독립적 위계를 확보하지 못하였다.

코린트식 오더가 건물 외관에 독립기둥으로 사용된 것은 서기 132년에 하드리아누스(Hadrianus Augustus, 117~38) 황제에 의해 헌정된 아테네의 〈올림피아 제우스 신전 Temple of Olympian Zeus: Olympeion〉에서다. 원래는 기원전 6세기 참주 페이시스트라토스에 의해서 건설되기 시작했으나 그의 아들 히피아스(Hippias)가 몰락하면서 공사가 중단되었다. 기원전 175년 로마의 건축가 카수티우스가 코린트식 기둥으로 건축하기 시작하였고, 기원전 85년 술라(Lucius Cornelius Sulla, 기원전 138~78)가 이 신전기둥 가운데 2개를 떼어 로마의 〈유피데르 카피톨리누스 Jupiter Capitolinus〉 신전에 사용하면서 코린트식 양식의 원주들이 로마에서 확산되기 시작하였다. 아테네

[그림 10-10]
아테네의 올림피아 제우스 신전.

▶ 서기 132년, Corinthian order, Dipteral Octastyle Temple.
기원전 6세기 Peisistratos 때 착공하였으나 약 700년 뒤인 Hadrianus황제 때에 104개의 코린트식 오더를 사용하여 완공한 신전이다. 현재는 15개의 기둥만 남아 있다. 정면에 8개의 오더가 세워지고 cella를 2열의 열주로 둘러싼 octastyle dipteral 신전이다.

의 올림피아 제우스 신전이 완성된 것은 하드리아누스 황제때였다.(그림10-10)

신전의 네면 모두 두 겹으로 열주가 세워진 딥테랄(dipteral)에 정면에 오더가 8개 쓰인 옥타스틸(octastyle)로, 104개의 코린트식 오더로 구성되어 있다. 현재 15개의 기둥만 남아 있는 이 신전의 크기는 44.3m×110.5m이며, 주신의 크기도 지름이 1.9m, 높이가 17m에 이른다. 주신의 지름이 도리스식 오더와 같은 상태에서 높이는 이오니아식 오더의 비율인 모듈의 18배에 맞추어져 있다. 그 결과 이 신전은 도리스식 신전의 육중한 안정미나 이오니아식 신전의 섬세한 세장미 보다는 거대한 웅장미를 드러내고 있다.

2부

로마의 문화유산

고대 로마인들은 지극히 현실적이고 실용적인 사람들이었다. 고대 그리스인들이 사색적이고 직관적으로 예술과 학문을 추구했던 반면 고대 로마인들은 실용적인 법률과 토목공사에서 두각을 나타냈다. 로마인들의 아치와 궁륭 기술은 건축과 교량에 혁신을 가져왔다. 로마의 콜로세움과 판테온, 가르교와 세고비아 수도교, 콘스탄티누스의 개선문 등이 대표적인 것들이다.

고대 로마인들이 이룩한 건축과 토목기술은 오늘날까지 이어지고 있다. 로마인들의 건축기술은 그리스인들의 건축기술과 결합되어 중세와 르네상스시대를 거쳐 현대건축의 기본구조가 되고 있다. 고대 로마인들이 아치와 토목기술을 이용해 만들어낸 도로와 교량 역시 현대 도로와 교량의 기본구조가 되고 있다.

로마인들이 시민과 외국인을 다스리는데 필요했던 로마법 역시 로마의 역사를 넘어 살아남았다. 시민법, 만민법, 자연법의 개념은 동로마에서 집대성되었고 중세 교회법을 거쳐 근대법의 기본모태가 되었다.

고대 로마인들은 그리스문화뿐만이 아니라 그들이 지배했던 동방의 다양한 문화를 받아들였다. 헬레니즘시대 형성된 그레꼬 로마문화가 그것으로, 세계국가 속에서 개인주의와 희로애락의 감정이 역동적으로 표출된 문화였다. 그 같은 사회분위기 속에서 기독교가 성장하였다. 세계국가의 용광로 속에서 헬레니즘 문화와 헤브라이즘 문화가 융합되기 시작한 것이다.

로마인들은 그리스인들의 문화를 모방하여 많은 라틴어 저작들은 남겼다. 더구나 라틴어는 비잔틴제국의 그리스어와 마찬가지로 고대를 넘어 중세 1,000년 동안의 공용어였다. 근대의 여명기에 시작된 이탈리아의 르네상스 운동은 이들 고전문헌을 기반으로 한 문예부흥운동이었다. 그리스와 로마인들이 이룩한 문화유산이 근대문화의 원동력이 된 것이다.

제 11 장
로마의 건국과 왕정

신석기시대 지중해 혈통의 사람들이 거주하던 이탈리아반도에 인도유럽어족이 들어온 것은 청동기시대였다. 이들은 유목과 농경으로 살아가던 사람들로 이탈리아에 처음으로 말과 바퀴 달린 수레를 들여왔다. 이들이 철에 대한 지식을 갖게 된 것은 기원전 900년경 이후인 것으로 보이나, 그들의 문화는 청동기에 바탕을 둔 것이었다.

전설에 의하면 고대 로마가 건국된 것은 기원전 753년 로물루스(Romulus, 기원전 753~715)에 의해서였다. 로물루스는 트로이 전쟁의 영웅 아이네아스(Aeneas) 또는 라티누스(Latinus)의 후손으로 알려져 있다.[63] 그러나 고고학적 증거에 의하면 팔라

63_ Vergilius의 『Aeneis』가 전하는 전설에 의하면 트로이의 왕족 Aeneas는 어머니가 여신 Venus이고 아버지가 인간 Ancyises이다. 아이네아스는 불타는 트로이를 탈출한 후 라티움 땅에 이르러 그 지역의 족장 라티누스의 딸 Lavinia를 아내로 맞이하였다. 건설한 새 도시의 이름 Lavinium은 그녀의 이름을 따른 것이다. 그의 아들 Ascanius가 Alba Longa를 세웠다. 400년쯤 지나 라티움 지역은 아스카니우스의 혈통을 이어받은 Numitor와 Amulius 형제가 공동으로 통치하고 있었다. 그런데 욕심이 많은 동생 아물리우스가 형을 유폐하고 조카딸 Rhea

[그림 11-1] 로마 건국기의 7언덕.

▶ Vergilius의 『Aeneis』가 전하는 전설은 동쪽산맥을 넘어온 인도유럽어족이 선주민을 정복하고 새로운 국가를 건설하는 전형적인 건국신화이다. 즉, 건국자는 신을 조상으로 하는 신성한 존재라는 점, 어려서 고생하나 성장하여 국가의 시조로 성공한다는 점, 시조의 신성이 국가와 구성원들의 숭배대상이 된다는 점 등이다. 우리나라의 단군, 주몽, 혁거세, 수로왕의 신화 역시 마찬가지다. Palatine언덕에 자리잡은 Romulus가 Etruria건국의 전례에 따라 쟁기로 팔라틴언덕을 갈면서 건설할 성곽과 해자, 성문의 위치를 정하고 울타리를 세웠다. Aventine언덕에 자리잡았던 Remus는 Romulus의 행위를 비웃고 로물루스의 울타리를 넘다가 살해되었다. 신화는 Romulus의 승리를 미리 복선으로 깔고 있는데, Palatine과 Aventine을 선택한 형제에게 신탁의 징조로 먼저 Remus에게 6마리의 독수리가, 그리고 Romulus에게 12마리의 독수리가 나타난 것으로 전하기 때문이다.

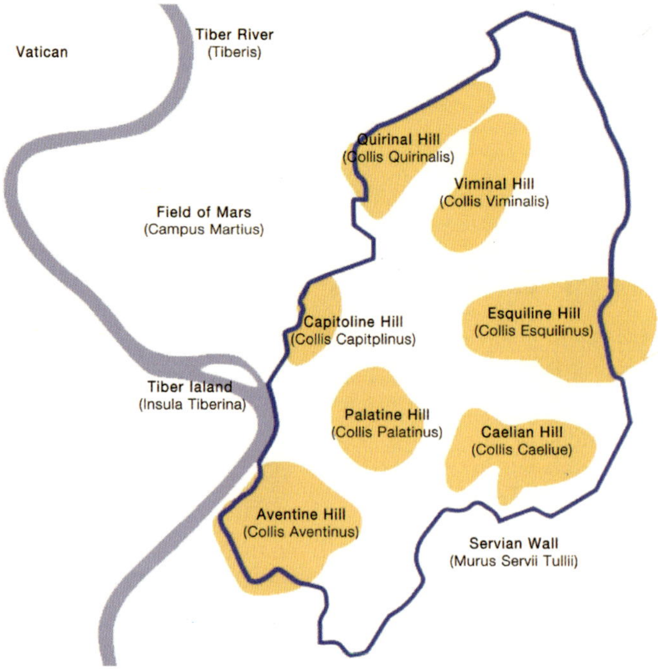

티노(Palatino) 언덕의 주거지 유적에서 로마가 도시로 발전해 갔다는 것을 알 수 있으며, 이는 기원전 10세기까지 거슬러 오른다. 이들 로마인들이 도시국가를 건설하기 전 수백 년 동안 테베레(Tevere) 강가의 언덕지역에 정착하여 살면서 인근지역의 부족들과 교류하면서 서서히 부족국가로 자리를 잡았던 것이다.(그림11-1)

로마는 건국 후 선진문물을 받아들이고 전략적 위치를 이용하여 인근의 여러 주요 도시들에 대해서 지배권을 행사하게 되었다. 그 결과 기원전 6세기에 이르러서 주변지역 대부분

Silvia를 순결을 유지해야하는 베스타 신전의 여사제(Vestal Virgin)로 만들었다. 어느 여름 강가에서 잠든 실비아를 보고 전쟁의 신 Mars가 범하여 쌍둥이 아들을 낳았다. 아물리우스 왕이 대노하여 아기들을 강에 버렸고, 암늑대가 아기들을 젖을 먹여 키웠다. 앙치기 Faustulus가 아기들을 발견하여 Romulus와 Remus라 이름짓고 키웠다. 성장한 아기들이 자신들의 출생 비밀을 알고 알바 롱가로 가서 아물리우스 왕을 처단하고 늙은 외조부 누미토르를 왕위에 앉히고, 자신들은 새로운 나라를 세우기 위하여 떠났다. 그 나라가 바로 로마였다.

을 장악하였다. 로마의 사회구성원들은 부유하고 유력한 가문 출신인 귀족들(Patrici)과 일반 시민인 평민들(Plebs)로 나뉘었다. 초기에 로마는 귀족의 대표인 왕에 의하여 통치되었고, 왕은 본질적으로 가부장적이었다. 그렇지만 왕의 권한이 절대적인 것이 아니었고 오히려 관습과 유력 귀족들에 의하여 제한되었다. 왕의 권한은 입법권이 아니라 행정, 군사, 사법, 종교적 권한이었다. 원로원과 쿠리아 민회(Comitia Curiata)[64]가 왕정 하의 주요한 국가기구였다. 원로원은 공동체 귀족들의 대표로 구성되었으며, 왕도 원로원 구성원의 한 사람이었다. 원로원은 민회가 비준한 왕의 제안을 검토하고 거부할 권한을 가졌다. 그 결과 다수 시민의 지지를 받는 법률안이라도 원로원의 승인 없이는 법률을 바꾸는 것이 근본적으로 불가능하였다. 왕위가 공석이 될 경우 새로운 왕이 결정될 때까지 권력이 원로원에 귀속되었다. 민회는 이론상 왕이 제기하는 법률 개정안에 거부권을 행사할 권한을 가졌다. 또 민회는 왕의 사면을 허용할 것인지, 전쟁을 선포할 것인지를 결정할 권한을 가졌다. 그러나 민회는 근본적으로 입법권이나 정책수정 제안권을 갖지 못한 비준기구였다.

건국 후 로마는 7명의 왕에 의하여 통치되었다. 나라를 세운 로물루스(Romulus, 기원전 753~715)는 인구를 늘리기 위하여 사비니 부족(Sabine tribe)의 왕 타티우스(Titus Tatius)와 그 백성들을 축제에 초대한 후 로마 장정들과 사비니 연인들과의 강제 집단결혼을 추진하였고,[65] 주변의 부족들을 정복하였다. (그

64_ 전설에 의하면 로물루스 왕이 로마를 건국한 후 3부족을 각각 10개 종족(Curia)으로 나눈 총 30쿠리아를 자문기관으로 삼았다. 이 curia 회의가 최초의 민회 역할을 하였다.

65_ 사비니 여인들의 강탈사건은 Gian Lorenzo Bernini, Peter Paul Rubens, Nicolas Poussin, Pablo Picasso 등 후대의 많은 예술가들에게 회화와 조각 작품의 주제로서 영감을 제공하였다.

[그림 11-2] 사비니 여인의 납치.

▶ Nicolas Poussin, 1634~35년, Oil on canvas, 209.9×154.6cm, Metropolitan Museum of Art, NY.
Romulus는 건국초기 인구증가를 위해 로마에 성역을 설치하여 주변 국가에서 형벌을 피하려 몰려든 남성들을 받아들였다. 또 여성 부족현상을 해결하기 위하여 축제를 이용하여 사비니족 여인들을 집단적으로 납치하였다.

림11-2) 그런데 로물루스의 독단정치가 원로원의 불만을 사게 되고 폭풍우가 몰아치는 날 군대를 사열하다가 피살된 것으로 보인다. 원로원은 민심을 가라앉히기 위하여 로물루스를 군신 마르스가 마차에 태워 하늘로 데려갔다고 공포하고, 그를 퀴리누스(Quirinus) 신으로 신격화하고 그가 승천했다고 공포한 언덕에 퀴리누스 신전을 세웠다. 이 언덕이 퀴리날리스(Quirinalis)라 불렸고, 이것이 현 이탈리아 대통령궁이 있는 퀴리날레(Quirinale) 언덕이다.

2대 왕 누마 폼필리우스(Numa Pompilius, 기원전 715~673)는 종교생활과 제사를 체계화했고, 신관조직을 정비하였다. 당시 베스타 여신의 숭배가 공식화 되었는데, 엄선된 베스타 여신의 처녀제관은 신전의 불을 꺼지지 않도록 지켜야 하였다. 그것은 로마가 영원하리라는 것을 상징하는 것이었다. 또 로물루스가 만든 1년 10개월의 달력을 개량하여 여전히 태음력이기는 하나 12개월 달력을 역사상 처음 도입하였다.

3대 왕인 툴리우스 호스틸리우스(Tulius Hostilius, 기원전

[그림 11-3] 호라티우스의 맹세.

◀ Jacques Louis David, Oil on canvas, 1784년, 424.8×329.8cm, Musée du Louvre.
Horatius가문의 형제들이 결전을 다짐하는 동안 그들에게 시집온 Curiatius가문의 여자들이 비통해하고 있다. David는 프랑스 국왕 Louis XVI의 의뢰로 로마 건국초기의 일화를 신고전주의 화풍으로 그렸다. 애초 이 그림은 국왕에 대한 충성의 비유를 의도했으나 프랑스 대혁명 이후에는 국가에 대한 충성을 비유하는 그림으로 이해되었다.

673~642)는 호전적인 인물로 라티움 지방의 부유하고 오래된 경쟁 도시였던 알바 롱가(Alba Longa)를 멸망시켜 로마의 지배권을 넓혔다. 당시 양 도시는 전면전 대신 로마의 대표 호라티우스 가문(The Horatii)과 알바 롱가의 대표 쿠리아티우스 가문(The Curiatii)에서 각각 3명의 전사를 내보내 결투로 승부를 가리기로 하였다. 결투에서 진 알바 롱가가 약속대로 국가를 내주지 않자 툴리우스 호스틸리우스 왕이 알바 롱가를 공격하여 멸망시키고 그곳의 주민들을 로마의 첼리오 언덕으로 강제 이주시켰다. 호라티우스 가문과 쿠리아티우스 가문의 전사들이 결투하는 장면은 후대의 예술가들에게 영감의 원천이 되어, 캄피돌리오 박물관의 프레스코벽화를 비롯하여 신고전주의 시대 자크 루이 다비드(Jacques-Louis David)의 〈호라티우스의 맹세 The Oath of the Horatii〉 등을 탄생시켰다.(그림11-3)

4대 왕인 안쿠스 마르티우스(Ancus Martius, 기원전 641~616)는 테베레 강에 최초의 다리를 세우고, 강 하구에 식민 도시 오스티아(Ostia)를 건설하여 로마가 바다로 진출할 수 있는 길

[그림 11-4]
타르퀴니우스와 루크레티아.

▲ Titian, Oil on canvas, 1571년, 189×145cm, Fitzwilliam Museum, Cambridge. 마지막 7대왕인 Lucius Tarquinius Superbus의 아들 Tarquinius Sextus가 로마 여자와 결혼한 왕의 조카이며 장군인 Lucius Tarquinius Collatinus가 아내의 정절을 자랑하는 것에 질투를 느껴 그의 아내 Lucertia를 겁탈하는 장면이다. 말을 듣지 않으면 노예를 같이 죽여 노예와의 부적절한 관계로 살해되었다는 불명예를 안기겠다는 위협에 굴복한 후 Lucertia는 다음날 부친과 남편에게 진실을 고하고 자결하였다. 이를 계기로 Etruria 왕정이 무너졌다. 티치아노(Vecellio Tiziano, 1488~1576)는 Lucertia의 영웅적인 모습이나 스스로 자결하는 비극적인 모습보다는 육체적인 관능미에 초점을 맞추어 표현하고 있다.

을 열었다. 그러나 기원전 7세기말경 라티움을 넘어 캄파니아로 세력을 확장한 에트루리아(Etruria)의 지배를 받게 되었다. 로마를 지배한 에트루리아 왕은 5대 왕인 타르퀴니우스 프리스쿠스(Tarquinius Priscus, 기원전 616~579), 6대 왕인 세르비우스 툴리우스(Servius Tullius, 기원전 578~535), 7대 왕인 타르퀴니우스 수페르부스(Tarquinius Superbus, 기원전 534~509)였다.

5대왕 타르퀴니우스 프리스쿠스는 에트루리아의 선진 기술을 이용하여 로마시를 정비하고 캄피돌리오(Campidoglio) 언덕에 유피테르 신전을 착공하였다. 6대 왕인 세르비우스 툴리우스는 로마 역사상 최초로 인구조사를 실시하였다. 이를 바탕으로 체계적인 군대조직인 백인대(Centuria)를 창설하였고, 새로운 민회인 병사회(Comitia Centuriata)를 설치하여 귀족의 힘을 억제하고 부유한 평민들의 사회적 지위가 향상되도록 하였다. 이 시기에 라티움 지역까지 지배력이 확대되고 신전과 공공건물이 들어선 도심지가 견고한 성벽으로 둘러싸여 로마는 강성한 도시가 되었다. 기원전 509년 거만한 타르퀴니우스의 추방으로 에트루리아의 지배가 종결되고, 공화정이 선포되었다. 이는 이민족의 왕을 축출함과 동시에 왕정을 선호하던 신흥 평민계급의 부상에 대하여 적대감을 갖고 있던 귀족집단의 권력장악을 가져온 사건이었다.

전설에 의하면 왕이 축출되고 왕정이 타도된 것은 타르퀴니우스 가문의 범죄 때문이었다. 로마 원주민들은 타르퀴니우스 가문으로부터 여러 차례 모욕을 당했는데, 왕의 아들 타르퀴니우스 섹스투스(Tarquinius Sextus)가 로마의 귀부인 루크레티아(Lucretia)를 능욕하여 자살하게 만든 사건에서 절정에 달하였다. 이를 계기로 봉기한 귀족계급이 권력을 장악하여 새로운 정치체제를 수립하였다. 루크레티아의 죽음은 로마 역사를 배경으로 한 예술작품에 자주 등장하는 소재이다. 티치아노(Titian: Tiziano Vecellio, 1488/90~1576), 보티첼리(Sandro Botticelli, 1445~1510), 렘브란트(Rembrandt van Rijn, 1606~69) 등 많은 화가들이 이를 주제로 한 작품을 남겼다.[66](그림11-4)

66_ <Tarquin and Lucretia >, Titian, 1515, oil on canvas, 84×68cm, Kunsthistorisches Museum, Vienna. <The Tragedy of Lucretia>, Sandro Botticelli, 1496~1504, Tempera and oil on wood, 83.8×176.8cm, Isabella Stewart Gardner Museum, Boston. <The Suicide of Lucretia>, Rembrandt, 1666, Oil on canvas, 105.1x92.3cm, The Minneapolis Institute of Arts, USA.

제 12 장
에트루리아의 문화유산

1. 역사

에트루리아 역사는 기원전 800년경 이탈리아반도의 초기 철기문화인 빌라노바 문화(Villanovan culture)[67] 직전까지 거슬러 오른다. 이들은 이탈리아 북부 지방에 왕국을 세워 번성했으며 기원전 7세기말부터 약 1세기 동안 로마를 지배하였다. 로마인은 이들을 투스키(Tusci) 또는 에트루스키(Etrusci)라 불렀고, 여기서 토스카나라는 명칭이 유래하였다. 헤로도토스(Herodotos, 기원전 484~425경)에 의하면 에트루리아인은 소아시아의 서부 리디아 왕국에서 선진문화를 가지고 들어온 민족이라 하나, 아직 이들의 기원에 대하여 정확히 알려진 것이 없다.

67_ Villanova 문화는 기원전 1100~700년경 북부이탈리아의 초기 철기시대 문화를 말한다. 이 용어는 1853년 처음 유적지 화장터를 발굴한 Bologna 근처의 마을 Villanova에서 유래한다. Villanova인들은 선진 철기문화를 가지고 중부유럽에서 들어온 사람들로 생각된다. 이들은 죽은자를 화장하고 재를 항아리에 담아 묻었다. 이들을 이어 들어온 사람들이 Etruria인들이다.

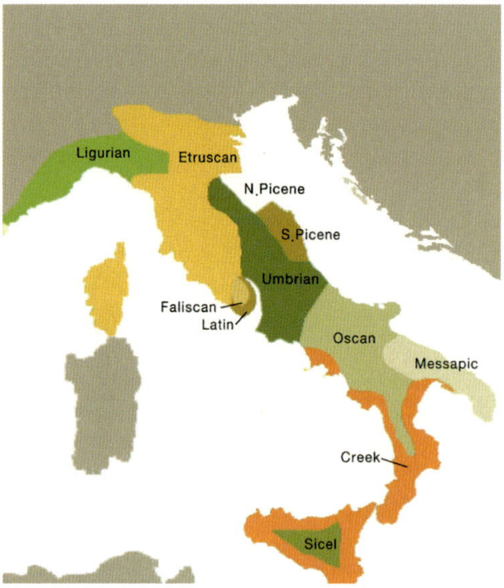

[그림 12-1]
기원전 6세기 이탈리아 반도의 언어분포.

이들의 기원이 어디이든 인도유럽어족이 아닌 것은 확실하다. 에트루리아인들은 그리스어에 바탕을 둔 알파벳 문자를 사용했으나 현재 거의 해독되지 않고 있다.[68](그림12-1)

기원전 6세기에 이르러 이탈리아반도의 북부 및 중부지역 대부분을 망라하는 에트루리아인들에 의한 12개의 도시연합이 형성되었다. 이 시기 작은 도시들이 큰 도시로 통합되었다. 정치적 구조는 남부 이탈리아의 그리스 식민도시들인 마그나 그라이키아(Magna Graecia)와 비슷하였다. 구리와 철 등 금속의 무역으로 부유해진 에트루리아는 북으로는 아펜니노산맥을 넘어 포(Po)강까지 진출하였고, 남으로는 라티움(Latium)과 캄파니아(Campania)에 접근하여 지중해로 팽창하였다. 그 같은 팽창은 당시 식민도시를 건설하던 그리스의 이해관계와 충돌하게 되었다. 그 결과 에트루리아는 그리스와 이미 충돌하고 있던 카르타고와 동맹을 맺게 되었다. 기원전 540년경 알라리아 전투(Battle of Alalia)[69]로 에트루리아와 카르타고 연합군이 승리하자 서부 지중해에서 힘의 균형이 무너졌다.(그림12-2)

그러나 기원전 509년경 에트루리아 왕이 로마에서 추방되면서 라티움에서 에트루리아의 세력이 위축되었다. 연이어 기원전 5세기 전반부터 전개된 새로운 국제적 정치상황으로 에

68_ Etruria인들은 주로 기원전 7세기부터 초기 기독교시대까지 만들어진 비문(묘비나 신에게 바쳐진 제문) 1만여 점을 남기고 있으나 해독되지 않고 있다.

69_ Corsica 해안에서 좀 떨어진 곳에서 기원전 540~535년 사이에 그리스 식민도시 Phocaea를 상대로 한 전쟁. Etruscans과 Carthaginians의 연합함대가 승리하여 에트루리아가 Alalia(현 Aléria)를 획득하고 Corsica를 에트루리아와 카르타고가 나누었다. Sardinia는 카르타고가 보유하였다.

트루리아는 남부를 상실하고 쇠퇴하기 시작하였다. 기원전 480년 에트루리아 동맹국 카르타고가 시라쿠사(Siracusa, 현 Syracuse)가 주도한 마그나 그라이키아 연합군에 패배하였다. 3년 뒤인 기원전 474년에는 에트루리아가 시라쿠사의 참주 히에로(Hiero)에게 나폴리만의 쿠마이(Cumae) 전투에서 패배하였다. 그에 따라 에트루리아는 라티움과 캄파니아지역에 대한 영향력을 상실하였고, 대신 그 지역을 로마와 삼니트(Samnites)가 차지하였다. 기원전 4세기에 들어 갈리아인의 침입으로 에트루리아는 포강에 이르렀던 북부지방을 상실하였다. 그 틈에 로마의 반격이 시작되어 기원전 396년 베이(Veii)를 시작으로 에트루리아의 여러 도시들이 차례로 로마의 수중에 떨어졌다. 기원전 3세기 로마와 카르타고 전쟁시 에트루리아는 옛 동맹국 카르타고를 지원하기도 했으나, 기원전 3세기 중엽 이후 로마에 거의 귀속되어 형식적으로 독립된 도시국가로서의 자치권만 유지하였다. 기원전 90~88년 마리우스(Marius)와 술라(Sulla)의 격돌시 에트루리아 가문들은 연합하여 마리우스를 지원하였다. 승리한 술라는 기원전 88년 에트루리아 독립의 마지막 흔적까지 제거하였다.

[그림 12-2] 에트루리아 영역.

▲ Etruria, 750 BC
Etruscan expansion, 750-500 BC
◉ Etruscan League city
● Other Etruscan city

2. 사회

에트루리아는 도시국가 형태였다. 도시국가들 사이에 연합은 있었으나 통일된 국가를 이룬 적은 한 번도 없었다. 도시국가의 정부형태는 왕정에서 로마의 공화정과 같은 귀족의 과두정으로 바뀐 것으로 생각된다. 그 같은 변화가 기원전 6세기에 일어났으나 모든 도시국가에서 나타난 현상은 아니었다. 에트루리아 정치체제는 본질적으로 신정정치(theocracy)였다. 정부는 부족과 종족이 연합된 중앙조직체였다.

귀족은 오랜 세월 동안 서서히 형성된 것으로 보인다. 빌라노바 철기문화 이전에는 세습의 흔적이 보이지 않는다. 귀족이 세습되어 지배가문을 형성하게 된 것은 동부지중해에서 일반적이었던 무역을 통한 부의 획득으로 가능해졌다. 동방화시기의 글자사용, 기념물적인 장례건축물, 금과 상아 및 값진 외국 상품들의 출현은 강력한 귀족들의 등장을 의미한다. 장인과 상인, 선원들이 중간계급의 시민들이었을 것이다. 그리스와 로마의 작가들이 남긴 기록에 의하면 이 시기 에트루리아 노예는 쉽게 해방이 되었고 해방된 후에는 신분도 쉽게 상승할 수 있었다.

가족은 일부일처제였다. 남녀의 자유분방한 연회장면을 성적으로 난잡하다고 생각하는 것은 에트루리아에 대한 그리스와 로마인들의 잘못된 이해에 기인할 수 있다. 그리스 로마에서 여자는 가정에 한정되었다. 그래서 에트루리아 사회에서의 여자의 자유가 성적 방종을 내포하는 것으로 생각하게 만들었던 것으로 보인다. 그렇지만 성적 방종으로 생각되는 행위에 대한 묘사는 당대의 관점으로 설명되어야 할 것이다. 연구자들은 누드의 포옹이나 또는 사슬모양의 그룹섹스(symplegma)의 묘사를 젖가슴 드러내기와 마찬가지로 악마를 피하기 위한 것으로 설명한다. 이런 관습은 서양문화에서 부적으로 채택되었는데, 나체여인의 상체몸통을 조각한 배의 선수상(船首像 figurehead)으로도 나타났다.

다른 많은 고대사회와 마찬가지로 에트루리아 사회에서도 전쟁이 중요하였다. 토지와 물품, 노예획득을 위하여, 그리고 지도자의 권위를 위하여 여름에 종종 전쟁을 수행하였다. 전쟁에서 적에게 사로잡힌 자를 위하여 가족이나 종족에서 비싼 몸값을 지불했을 가능성이 있다. 또 포로들이 죽은 지휘자를 기리기 위하여 그의 무덤에서 희생되었을 가능성도 있다. 에트루리아의 연합도시들에는 이탈리아인, 켈트인, 로마인들이 포함되었다. 에트루리아는 남쪽의 이탈리아인, 켈트인들과 동화되어 갔고, 성장하는 로마에 사회자체가 흡수되어 갔다.

에트루리아의 제도는 로마에 큰 영향을 미쳤다. 로마 신화에 의하면 로물루스(Romulus)가 팔라티노 언덕(Palatine Hill)에 선진국 에트루리아의 도시건설 전례에 따라 로마를 건국했다고 한다. 즉 팔라티노 언덕 주변에 소가 끄는 쟁기로 직선의 고랑을 파고 성곽을 쌓았다. 이 성곽의 안쪽은 성역(聖域)을 의미하였다. 당시 로마는 에트루리아 영토의 변경에 위치하였다. Rome라는 명칭의 정확한 의미가 무엇인지 알려지지 않고 있는데, 일부 학자들은 로물루스에서 따온 것으로 생각하며 일부는 에트루리아어로 루마(ruma, 가슴이 강한 자라는 뜻)나 루몬(rumon, 강의 뜻)에서 기원했다고 주장하고 있다. 어쨌든 에트루리아의 많은 도시들이 로마보다 오래되었고, 로마의 여러 제도와 관습들이 에트루리아에서 기원했다는 사실은 분명하다. 초대왕 로물루스와 2대왕 누마 치하에서 로마인들이 3개 부족의 30개 종족으로 나뉘었는데, 그 가운데 2개 부족이 명칭으로 보아 에트루리아인이었던 것 같다. 여러 용어 중 특히 금으로 된 왕관, 홀, 의복(toga palmata), 왕좌, 국가권위를 상징하는 권표(權表 또는 束桿, fasces)[70] 등 왕권에 관련된 것들이 에트

70_ 막대기 다발 속에 양날도끼를 끼워 호위무관(lictor)이 들던 것으로 왕의 권위표지였다. 로마 공화정 시대에는 하얀 자작나무 막대기를 붉은 가죽띠로 묶어 막대기 사이에 옆으로 날이 선 청동도끼(때로는 두 개)를 끼워 집정관의 권위표지로 사용하였다. 근현대에는 옛 공화정의 후계자라로 자처하는 집단이 사용하였다. 20세기에 이탈리아 파

[그림 12-3] 로마시대의 권표.

▲ 희고 가는 자작나무 다발을 붉은 가죽띠로 묶어 막대기 사이에 옆으로 날이 선 청동도끼를 끼워 집정관의 권위표지로 사용하였다. 그림은 문장(紋章)의 규칙에 따라 도끼날이 왼쪽을 향하게 표현하고 있다.

루리아에서 기원한 것으로 보인다.(그림12-3) 역사가들은 일부 에트루리아인들이 로마의 에트루리아 구역에 살았을 것이며, 그것이 라틴계를 이어 에트루리아계가 왕위에 오른 것과 연관이 있다고 생각한다. 로마의 초기 기록들은 기원전 390년 갈리아의 로마시 침공으로 상실되어 전해지는 것이 없다.

3. 문화와 예술

에트루리아 문화와 예술은 청동기시대부터 철기시대에 이르기까지 그리스, 페니키아, 이집트, 앗시리아, 소아시아 등 여러 곳에서 영향을 받으며 성장하였다. 그렇게 성장한 에트루리아 문화와 예술은 동방화 시기, 고졸기, 고전기, 쇠퇴기로 구분된다. 동방화 시기(Orientalising period)는 기원전 800~650년의 시기로, 이 시기에 지중해 문명의 변화에 영향을 받았다. 특히 그리스 예술의 영향으로 에트루리아의 구상예술의 전통이 수립되었다. 고졸기(Archaic period)는 기원전 650~500년의 시기로 이오니아와 코린토스의 영향을 많이 받은 시기이다. 에트루리아의 사회변화에 따라 새로운 예술기법이 나타났다. 이 시기에 회화가 크게 발달하였을 뿐만 아니라, 채색된 테라코타와 조각, 도자기도 발달하였다. 고전기(Classical period)는 기원전 500~300년의 시기로 에트루리아의 문화와 예술의 전성기였다. 정치적으로는 주변 국가들의 군사적 공세로 점차 위기를 맞았다. 예술품들도 불치(Vulci)의 청동 작품들을 제외하고는 수가

시스트는 권표를 자신들의 상징으로 사용하였고, 1930년대 영국 파시스트 연합에서도 이를 사용한 바 있다. 권표는 서구에서 오랫동안 널리 쓰여온 것으로 현재도 미국 연방정부 등에서 계속 이 상징을 사용하고 있다. fascism이라는 말은 여기서 기원한다.

줄어들었다. 쇠퇴기는 기원전 300~100년의 시기로, 이 시기에 에트루리아는 독립을 상실하고 로마에 완전히 흡수되었다.

에트루리아 종교는 다신교였다. 본래의 신앙에 인도 유럽의 신앙과 그리스 신앙이 더해졌다. 예술의 모티브로 등장하는 신들이 이를 말해주고 있다. 태양과 달, 전쟁, 죽음의 여신 등 본래부터 가지고 있던 숭배대상에 이들 위에 지배하는 신이 등장하였다. 하늘의 신(Tin 또는 Tinia)과 그의 아내(Juno), 대지의 여신 등이 그들인데, 인도 유럽의 신화에서 영향을 받은 것으로 보인다. 그런가 하면 그리스 신들을 받아들여 Aritimi(Artemis), Menrva(Minerva), Pacha(Bacchus)가 숭배되었고, 호머의 서사시에 등장하는 그리스 영웅들도 예술의 모티브로 등장하였다.

에트루리아인들이 신을 숭배하는 것은 고대 이집트에서처럼 내세의 삶을 위해서가 아니었다. 에트루리아 신들은 인간에게 적대적이고 불행을 가져다 줄 수 있는 존재였다. 그래서 에트루리아 종교는 신들의 의지를 해석하고 받아들여 신들을 기쁘게 하는 데 중점이 두어졌다. 그러나 일부 학자들은 정교한 매장에 집착했던 것에서 에트루리아인들도 이집트인들처럼 사후에 영혼의 일부가 육체에 남아있다고 믿었거나, 또는 적어도 사후에 육체가 중요한 것으로 믿었다고 추정한다. 에트루리아의 채색분묘벽화가 있는 공동묘지는 초기에는 화장터로 알려졌던 곳인데, 실제로 화장 후 재를 담았던 항아리들이 그곳에서 발견되고 있다. 매장의 풍습이 타르퀴니아(Tarquinia)와 체르베테리(Cerveteri)에서 처음 나타나기 시작하여 동방화 시기에 북부를 제외하고 지배적이 되었다. 북부 에트루리아는 기원전 1세기까지 계속 화장이 지배적이었다.

현존하는 대부분의 에트루리아 예술품은 장례예술품으로 타르퀴니아와 체르베테리 지역 등에서 발굴된 무덤에서 출토된 것이다. 이것은 우리가 볼 수 있는 에트루리아 예술품들이 압도적으로 장례의식을 묘사하는 종교적 색채를 띠고 있다는 것을 의미한다. 물론 발굴된 예술품들이 에트루리아 예술 전체의 경향을 반영하는 것인지 아닌지는 현재로서는 알 수 없다.

(1) 벽화

에트루리아의 예술은 당시대 그리스 예술에서 많은 영향을 받았다. 그럼에도 에트루리아인들은 예술에서 이상미가 아닌 소박하고 힘찬 사실미를 추구하였다. 이 같은 특징은 로마로 전해져 구체성과 사실성을 중시하는 로마 예술의 동인이 되었다. 이들이 남긴 예술적 업적으로 가장 뛰어난 것은 무덤에서 발견되는 분묘 벽화와 사실적인 테라코타 초상들이다. 분묘 벽화는 프레스코화로 그려졌다. 젖은 회반죽 위에 그려진 그림으로, 마른 후에는 석고의 일부가 되어 분묘의 벽으로 현재까지 남아 있다. 안료는 여러 가지 색깔의 돌과 광물질에서 얻었고, 고운 붓은 동물의 털에서 얻었는데 최상품은 여우의 털이었다. 기원전 4세기 중엽부터 명암법이 도자기에 그려진 그림의 깊이와 볼륨을 표현하기 위하여 사용되기 시작하였다. 에트루리아인이 남긴 그림은 가끔은 일상생활의 장면을 표현하고 있으나 대부분은 전통적인 신화적 장면들이었다. 현재 남겨져 있는 프레스코 벽화에 원근법적인 비례개념은 나타나지 않으며, 오히려 동물이나 사람이 비례에서 벗어난 그림을 종종 볼 수 있다.

가장 유명한 채색분묘벽화는 타르퀴니아(Tarquinia) 지역에서 발굴된 것들로, 로마 이전의 예술로서 아주 중요한 가치를 갖는다. 이 지역의 유명한 몬테로찌 공동묘지(Monterozzi necropolis)에는 가장 중요한 채색분묘가 있는데, 대부분 바위를 깎아 만든 방 형태의 무덤이다. 이들 무덤은 대부분 기원전

6세기에서 기원전 4세기 사이에 조성되었다. 현재 알려진 채색 분묘는 150여기에 이른다. 타르퀴니아 지역의 분묘 프레스코화가 에트루리아 분묘 프레스코화 전체의 90%를 차지할 만큼 잘 보존되어 있어 당대의 생활에 대하여 많은 것을 알려주고 있다.

유명한 〈사냥과 낚시 무덤 The Hunting and Fishing Tomb〉은 기원전 520년경에 조성된 무덤으로 내부가 다채색의 프레스코화로 치장되어 있다.(그림12-4) 안쪽 벽면의 페디먼트에는 연회장면이 묘사되어 있다. 가운데 남녀 주인공이 자리잡고 남자는 술잔을 들고 있다. 남자는 붉은 색으로 여자는 상아색으로 묘사되어 있다. 왼쪽으로 칠현금을 연주하는 악사가 있고 오른쪽에는 포도주를 통에서 따라내는 하인이 있다. 아래 벽 부분은 물고기와 새를 사냥하는 모습이 그려져 있다. 사람과 새의 크기가 자연적 비례개념에서 벗어나 있는데, 이는 이오니아식 회화의 특색이다.

[그림 12-4] 사냥과 낚시 무덤.

▼ 기원전 520년경, Monterozzi necropolis, Tarquinia.
페디먼트 부분에는 연회장면이 묘사되어 있고, 아래 벽 부분에는 물고기와 새를 사냥하는 모습이 그려져 있다.

[그림 12-5] 표범 무덤.

▲ 기원전 480~450년경, 1875년 발굴, Monterozzi necropolis, Tarquinia. 연회장면 위에 서로 마주보는 표범 그림에서 무덤의 이름이 붙여졌다. 생생한 색채와 활기찬 묘사로 가장 잘 보존된 무덤벽화의 하나이다. 우아하게 차려입은 남녀커플이 시중을 드는 두 명의 나체소년을 동반하고 있다. 여자는 밝은 색으로 남자는 어두운 색으로 표현한 것은 근동과 이집트의 전통을 이어받은 것이다. 세 쌍의 배치는 로마 식사의 횡와식탁(triclinium)을 예시한다. 좌우에는 악사가 있다. 오른쪽 커플이 계란을 들고 있는데 이는 재생을 의미한다. 다른 연회자들은 화환을 들고 있다. 이 장면은 죽은자의 장례연회나 또는 그의 기일에 가족들의 식사를 표현하는 것이다. 가는 나무와 풀이 있는 야외의 닫집 아래에서의 연회장면이다.

잘 알려진 〈표범 무덤 The Tomb of the Leopards〉과 〈점술사 무덤 The Tomb of the Augurs〉 모두 기원전 6세기~5세기말에 만들어졌는데, 춤과 향연 장면을 보여주고 있다. 〈횡와 식탁의 무덤 The Tomb of the Triclinium〉은 5세기의 가장 우수한 채색분묘이고, 〈방패 무덤 The Tomb of the Shields〉은 4세기의 가장 우수한 채색분묘이다.(그림12-5)

불치(Vulci)의 무덤에서는 그림보다는 그리스 산 도자기와 지역에서 만든 청동제품 등이 주로 출토되었다. 무덤을 지키는 상상의 동물상을 놓는 관습이 불치의 특징이다. 오늘날 체르베테리(Cerveteri)로 알려진 카이레(Caere)에는 전성기였던 기원전 6~7세기에 많은 채색분묘가 조성되었다. 채색은 특히 동방화시기에 일반적이었으나, 지하수의 유입으로 별로 남아 있지 않다.

(2) 조각

에트루리아인들의 조각은 석재를 사용하기는 했으나, 그리스인들이 최고로 생각했던 대리석은 거의 사용하지 않았다. 그러나 에트루리아인들이 뛰어났던 것은 석재보다는 테라코타나 청동에서였다. 조각가는 알려져 있지 않으나 유일한 예외는 1916년 베이에서 출토된 〈베이의 아폴로 Apollo of Veii〉로 불카(Vulca)가 제작한 것으로 알려져 있다. 이는 아폴론과 헤라클레스가 케리네이아의 암사슴(Ceryneian Hind)을[71] 두고 경쟁하는 장면의 일부였다. 포르토나키오(Portonaccio)의 미네르바 성소에 위치한 베이 신전의 12m 높이의 지붕을 장식하던 조각이었다. 아폴론상은 튜닉과 짧은 소매 없는 외투를 걸치고 있다. 왼쪽으로 나아가는 자세로 오른팔은 구부려 뻗고 왼팔은 아래로 향하며 활을 들었던 것 같다.(그림12-6)

실물크기보다 큰 채색 테라코타의 이 작품은 이상적인 인체미를 중시하는 그리스 조각과는 달리 화려하고 생명감과 현실감이 넘치는 에트루리아 미술의 특성이 반영된 것으로 평가되고 있다. 국립 에트루리아 박물관에 소장된 이 조각은 기원전 550~520년 사이에 조각된 것으로 에트루리아의 고졸기말 작품이다.

[그림 12-6] 베이의 아폴로.

▼ Terracotta, 기원전 550~520년, Museo Nazionale Etrusco di Villa Giulia, Rome.
Etruria 예술품 가운데 유일하게 알려진 작가인 Vulca작품으로 추정되며, 1916년 베이 신전에서 발굴되었다.

〈부부 석관 Sarcophagus of the Spouses〉, 〈아레초의 키메라 Chimera of Arezzo〉, 〈카피톨리노의 늑대 Capitoline Wolf〉 등 뛰어난 작품들이 테라코타나 브론즈 작품으로, 이들 작품 역시 그리스에 비해 자유롭고 역동적인 특징을 보여주고 있다. 인물상의 경우 균형에 지나치게 신경을 쓰지 않고 두부에 중점을 두어 조각하고 있으며, 동물상들은 야생적인 생명력을 느끼게 하고 있다.

71_ Artemis를 상징하는 동물로, 청동 발굽과 황금 뿔을 가졌으며 화살보다도 빨리 달리는 암사슴이다. Eurystheus가 Heracles에게 부여한 4번째 노역이 이 암사슴을 생포하는 것이었다.

[그림 12-7] 부부석관.

▲ 기원전 520경, Terracotta, 114 ×190cm, Museo Nazionale Etrusco di Villa Giulia, Rome. 결혼한 커플이 긴 소파에 기대고 누워 내세에서 연회를 즐기는 모습으로, 19세기 necropolis of Cerveteri(ancient Caere)에서 발굴되었다. Etruria와는 대조적으로 그리스 도자기 그림들은 남자들만이 연회에 참석한 모습을 묘사하고 있다.

〈부부 석관〉은 기원전 6세기말 사람형상의 석관으로, 19세기 Cerveteri의 공동묘지에서 발굴되었다. 크기는 높이가 114cm이고 길이가 190cm이다. 이 석관 조각상은 채색 테라코타로 만들어졌으며, 내세의 연회에서 부부가 비스듬히 누워 있는 모습을 묘사한 것이다. 아몬든 모양의 눈으로 웃는 얼굴 모습과 길게 댕기로 땋은 머리, 그리고 침대의 발 모양이 그리스 영향을 드러내고 있다. 흉상의 고부조와 대조되는 평평한 다리가 전형적으로 에트루리아 양식이다. 조각의 초점은 인물상의 상체, 특히 생기발랄한 얼굴과 손짓하는 팔에 맞추어져 있다.(그림12-7)

〈아레초의 키메라〉는 1553년 Arezzo에서 발견되었다. 당시 지배자였던 메디치의 투스카니 대공 코시모 1세(The Medici Grand Duke of Tuscany Cosimo I) 가 소유하여 피치궁(Palazzo Pitti)의 그의 사무실에 보관하였고, 현재도 피렌체의 고고학 박물관에 소장되어 있다. 조각상은 높이가 80cm 정도이다. 발견 당시 뱀모양을 했을 꼬리는 없었으나 얼마 후 꼬리 일부를 바사리(Giorgio Vasari)가 찾아내었다. 현재의 꼬리는 18세기에 복원된 것이다.(그림12-8)

이 키메라상은 고대에 안전을 위하여 조심스레 묻었던 비장(秘藏)의 청동 제품으로, 성벽 밖에 참호를 파다가 우연히 발견되었다. 복제품인 이 청동상의 오른쪽 앞다리에 새겨진 명문을 통하여 이 청동상이 봉헌물임을 알 수 있다. 아마도 당시 에트루리아 최고의 신였던 틴(Tin 또는 Tinia)에게 바쳐졌을 것이다. 원작은 기원전 400년경에 제작되었을 것으로 추정된다.

〈카피톨리노의 늑대〉 상은 두 어린아이에게 젖을 빨리는 암늑대 모습을 조각한 청동 제품이다. 암늑대는 귀를 세우고 눈을 번득이며 긴장하고 경계하는 자세로 묘사되어 있다. 대

[그림 12-8] 아레초의 키메라(좌).

▲ Bronze, 기원전 400경, Museo Archeologico Nazionale, Florence.
그리스 신화에 의하면 Chimera는 머리는 암사자, 가슴은 양, 꼬리는 뱀으로 된 괴물로 그가 태어난 소아시아의 Lycia를 파괴하다 Bellerophon에게 살해되었다.

[그림 12-9] 카피톨리노의 늑대(우).

▲ Bronze, 기원전 500~480 또는 서기 13세기, 75×114cm, Musei Capitolini/ Palazzo dei Conservatori, Rome.
로마의 건국신화를 배경으로 제작된 청동작품이다. 제작시기에 대하여 논란이 되고 있다. The Capitoline Wolf는 1960년 로마의 Summer Olympics의 emblem과 poster로 사용되었다. 로마의 축구 클럽 A.S. Roma도 The Capitoline Wolf를 자신들의 emblem으로 사용하고 있다.

조적으로 두 어린이는 주변 상황에는 아랑곳하지않고 젖빨기에 몰두하고 있다. 테베레 강에 버려진 로물루스와 레무스 쌍둥이 형제를 암늑대가 보호했다는 로마 건국에 얽힌 전설에서 영감을 받은 작품이다.(그림12-9) 이 조각상은 실물보다 큰 작품으로, 높이가 75cm이고 길이가 114cm이다. 카피톨리노 박물관에 소장된 이 암늑대상이 1471년까지 거슬러 오르는 것은 확실하나, 언제 만들어졌는가에 대해서는 논란이 되고 있다. 대체로 기원전 5세기 에트루리아 작품으로 생각되며, 쌍둥이는 15세기에 제작되어 덧붙여진 것으로 추정되고 있다. 그런데 방사성 탄소 연대와 열루미네슨스(thermoluminescence) 조사는 서기 13세기에 제작되었을 가능성을 제기하고 있어, 현재 제작 시기에 대하여 논란이 되고 있다.

(3) 건축

에트루리아인들은 건축과 토목기술에서도 뛰어났다. 그들의 기술이 로마인에게 전수되어 서양문명의 발달에 크게 기여한 것으로 평가되고 있다. 에트루리아의 건축은 동방에서 전래된 퇴석법(堆石法)에 의한 아치와 궁륭구조를 발전시켰다. 로마 북서부의 체르베테리의 언덕에서 발견된 기원전 7세기 중엽의 레골리니 갈라시의 묘갱(The Regolini Galassi Tomb)은 서쪽에 높이 쌓인 돌더미를 좌우에서 접근시켜 궁륭 천정을 구성하고

[그림 12-10] 체르베테리 무덤.

▲ 2004년 UNESCO 세계문화유산 유적지에 등재된 Cerveteri에서 가장 유명한 Banditaccia 고분군의 Tomba Dei Capitelli.

있다. 1848년에 발견된 베이(Veii) 근교의 캄파나의 묘(The Campana Tomb, 기원전 7세기)에서도 이 퇴석법을 볼 수 있다.

체르베테리 무덤군 가운데 일부는 사람이 살고 있는 오두막이나 집의 형태로 만들어졌다. 특히 무덤 내부는 죽은 사람이 묻힌 곳에서 계속 살아간다고 여겼기 때문에 거실과 방, 복도까지 만들어 졌다. 이를 통하여 우리는 에트루리아인들의 사후세계에 대한 관념과 실제 주거생활모습 및 건축문화에 대하여 알 수가 있다. 에트루리아인들은 신전건축과 실용건축 모두에서 중요한 문화유산을 로마에 남겼다.(그림12-10)

신전과 오더 양식은 그리스 건축으로부터 연속성을 가시고 고대건축의 큰 줄기로서 로마에 계승되었다. 그러나 에트루리아의 신전건축은 그리스 신전과는 차이가 있다. 에트루리아인들의 신전기둥은 석재가 부족한 이유로 목재가 많이 사용되었고, 전방에 열주가 세워진 넓은 홀에서 켈라(cella)로 들어가도록 되어 있다. 측면에도 열주가 있었으나 후면에는 없어, 정면이 강조된 양식으로 로마식 신전에 영향을 주었다. 이는 4면이 모두 열주로 둘러싸여 있고 모든 면에서 신전으로 접근할 수 있던 그리스 신전과는 상이한 구조이다. 또 목조지붕에 지붕위를 테라코타로 장식하는 방식이 그리스에서는 일찍 사라졌으나 에트루리아 신전건축에서는 유지되었다.

로마인들의 실용건축은 에트루리아에서 시작되었다. 실용건축은 무덤, 성문, 성곽 3부분이 잘 말해주고 있는데, 무덤에서는 볼트(vault), 성문에서는 아치(arch), 성곽에서는 석조의 축조방식이 잘 드러나고 있다. 가장 특징적인 것은 무덤으로 바위를 뚫고 주택을 모방한 묘실을 만들거나, 다듬은 돌을 쌓아 올려 원형이나 네모진 방을 아치와 궁륭으로 덮는 건축기술을 보여주고 있다.

이상과 같은 특징을 갖는 에트루리아의 문명이 초기 로마에 미친 영향은 지대하였다. 에트루리아는 로마의 지배하에 들어가 종족이 사라졌지만, 그들의 문화적 영향은 로마에 깊게 뿌리를 내렸다. 로마가 자랑하는 아치와 볼트에 기반을 둔 토목과 건축기술뿐만 아니라 전승행진, 검투사의 싸움, 동물 내장이나 새가 나는 모양을 보고 장래를 점치는 관습 등도 에트루리아에서 기원한 것이다. 에트루리아인은 아치를 비롯하여 포장도로, 신전건축, 하수도 등 토목건축기술을 이용하여 수준 높은 도시생활을 하였고, 그 기술이 로마로 이어졌다.

(4) 로마인들의 인식

로마인들은 남성적인 가치와 육체적인 용맹성, 그리고 국가에 대한 충성심을 중시하였다. 그리하여 로마인들은 화려하고 사치스럽다고 생각되는 문화는 받아들이지 않았다. 즉, 예술적이고 지적이며 자유롭고 환락적이거나 사치스런 문화에 대하여는 오히려 거부감을 드러냈던 것이다. 따라서 에트루리아의 내세신앙에 따르는 화려한 무덤, 사치스런 생활, 남녀의 동등한 권리 등은 로마인의 기질과 생활에 맞지 않았다. 에트루리아가 남긴 문화 가운데 특히 실용적인 토목건축기술이 로마에 큰 영향을 미쳤던 것은 바로 그 같은 이유 때문이었다.

그리스문화에 대해서도 마찬가지였다. 그리스인들은 이탈리아 남부 및 서남 해안과 시칠리아 섬 등에 거주하였고 가장 주요한 곳은 타렌툼, 나폴리, 시라쿠사 등의 도시국가였다. 이탈리아와 시칠리아의 그리스문명은 본토와 마찬가지고 발달되어 있었고, 피타고라스, 아르키메데스가 이탈리아 서부에 거주하였고 플라톤도 상당 기간 거주하였다. 로마인들은 알파벳, 신화와 종교, 예술에서 그리스로부터 큰 영향을 받았다. 그런데 그리스의 높은 문명을 높게 평가하기는 했으나, 로마인들은 그리스인들이 쾌적한 삶을 추구하던 세련된 도시문화를 방탕하고 타락한 문화로 생각하였다.

제 13 장
팽창기 로마의 사회와 문화

1. 공화정의 정치구조

로마 귀족들에 의한 에트루리아 출신 왕의 축출은 중대한 정치적 변화를 가져왔다. 왕정타도에 성공한 로마 귀족들이 자신들만이 권력을 독점한 공화정(Res Publica)을 수립한 것이다. 물론 타르퀴니우스 수페르부스의 반격이 거세었으나 왕정으로의 복구는 이루어지지 못하였다.[72] 로마 공화정은 "로마의 원로원과 인민 Senatus Populus-Que Romanus (SPQR)"으로 표기되었으나, 초기 공화정 하의 정치체제는 귀족들의 과두정으로 민주정과는 거리가 먼 것이었다. 당시 시민들의 90퍼센트에 이르는 평민들은 정치권력에서 배제되었고 귀족계급과의 결혼

72_ 쫓겨난 왕 Tarquinius Superbus를 지지하는 라틴부족들이 Regillus 호수 근교에서 로마군을 공격할 때 Jupiter의 아들 Castor와 Pollux가 백마를 타고 나타나 로마군을 도와 적을 무찔렀다는 전설이 있다. 포로 로마로에 이들 형제의 신전이 있었고, 1537년 Michelangelo가 설계한 Piazza del Campidoglio의 Musei Capitolini 건물 앞에는 이들 형제의 조각상이 계단 양 옆으로 서 있다.

도 금지되어 있었다.

원로원(senatus)[73]은 약 300명의 귀족 원로들로 구성되었으며 종신직이었다. 왕정시대와 마찬가지로 공화정 초기에도 집정관의 자문기구에 지나지 않았다. 그러나 고위 정무관 역임자들로 종신직인 원로원 집단은 집단적 권위를 지녔으며, 재정 통제권을 장악하고 있었다. 또 원로원은 정무관들이 민회에 상정하는 모든 법안에 대해 공식적으로 충고할 수 있었으며, 정무관의 자문에 대해 원로원 결의를 내릴 수 있었다. 고위 정무관들은 로마의 영토가 방대해지고 정치체제가 복잡해짐에 따라 중대한 대내외 정책에 대하여 원로원에 자문하지 않을 수 없게 되었다. 그 결과 원로원의 영향력이 점차 커져 실질적인 로마의 통치기구로 군림하게 되었다.

로마의 시민들로 구성된 민회는 정무관 선출, 법률 제정, 재판, 전쟁, 외교 등 주요 국사를 투표로써 결정하였다. 로마의 민회는 세 종류가 있었는데, 이는 로마 사회의 변화를 반영하고 있다. 씨족과 부족의 중간 단위인 30개의 쿠리아(curia)로 구성된 쿠리아회(comitia curiata), 최소의 군대 단위인 켄투리아(centuria, 백인대) 193개로 구성된 켄투리아회(comitia centuriata), 그리고 부족의 지역구(tribus, 트리부스) 35개로 구성된 트리부스 인민회(comitia tributa populi)가 그것이다. 그런데 신분 투쟁의 결과로 기원전 471년에 평민들만 참여할 수 있는 트리부스 평민회(concilium plebis tributum)가 더해졌다.

쿠리아회는 왕의 자문기구로, 왕정시대 민회의 역할을 하였다. 그 이후에는 형식적인 기구로 전락하였다. 공화정 초기에는 켄투리아 회의가 민회의 주요 기능을 당당하였다. 켄투

73_ 로마 원로원의 명칭은 오늘날 상원(senate)을 지칭하는 명칭으로 이어지고 있다. 미국, 오스트레일리아, 캐나다, 프랑스, 벨기에, 스페인, 필리핀 등에서 사용하고 있다.

리아회는 다른 민회와 마찬가지로 1인1표제가 아닌 단위투표제를 시행하였고 과반수에 이를 때까지 상류층 켄투리아부터 투표와 개표를 동시에 진행하였다. 그 결과 민회에서의 안건은 주로 귀족 18 켄투리아와 1등급 평민 80 켄투리아로 구성된 상류층의 의사에 따라 결정되었다.[74] 기원전 287년 호르텐시우스법(lex Hortensia)에 의하여 트리부스 평민회의 의결사항이 원로원의 승인 없이 로마의 법률로 결정되었다. 그리하여 법률상 귀족과 평민 사이의 차별이 사라지게 되었다. 약 2세기에 걸친 "신분투쟁 Struggle of the Orders"을 통하여 인민(populus) 권익의 증대과정이 막을 내린 것이다. 그렇지만 트리부스 평민회의 경우에는 농촌지역 트리부스에 거주하는 소토지 소유자들이 민회에 참석하기가 어려워, 트리부스 평민회의는 유력자들과 그들이 동원한 피보호인들(cliens)에 따라 좌우될 수 있었다.

공화정기 로마의 행정은 정무관들에 의하여 수행되었다. 정무관직은 무보수였기 때문에 일반 시민들은 하급직조차 담당하기 어려웠다. 각 정무관들은 직책에 따른 일정 수준의 주요 권한을 보유하였으며, 자신과 동급이거나 낮은 서열의 정무관이 내린 결정에 대해 거부권을 행사할 수 있었다. 이들에게 권력을 부여한 주체는 로마의 시민들로 민회를 통해서였다. 최고의 권력은 명령권(imperium)으로 이는 군사지휘권을 의미했으며, 집정관(Consul)과 법무관(Praetor)이 보유하였다. 모든 정무관은 강제권한이 있었으며 이를 통하여 정무관들이 사회질서를 유지하였다. 그에 대하여 로마의 시민들은 정무관들

74_ 공화정기 로마의 군대는 193 백인대로, 귀족 18 백인대, 평민 170 백인대, 비무장병 5 백인대였다. 평민 170 백인대 가운데 1등급 시민이 80 백인대를 차지하여, 귀족과 평민 1등급 시민의 백인대는 98 백인대가 되었다. 따라서 이들의 투표단위 98은 전체 투표단위 193의 절반이 넘어, 기표와 개표가 동시에 진행되는 의사결정에서 이들의 의사만으로 의안이 결정될 수 있었다.

의 강제조치에 대해 절대적인 보호권이 있었다. 어떤 정무관이든 국가권력으로 시민을 억압하려 한다면, 그 시민은 호민관에게 청원할 수 있었다. 또 각 정무관직은 독재를 막기 위해 최소 두 명 이상이었으며, 상호 견제수단인 비토(veto)권이 있었다. 그와 더불어 정무관은 자신의 1년 임기를 마치면, 향후 10년 동안은 해당 공직에 오르지 못하도록 금지되었다.

공화정 시대에 최고위 정무관은 2명의 집정관으로 정부의 수반이었다. 이들은 과거 왕이 행사하던 민정과 군사에 대한 최고의 권한을 보유하였다. 이들 집정관이 원로원과 민회를 주재하였다. 행정의 혼란을 피하기 위하여 매달 교대로 대표 집정관이 정무를 처리했으나, 다른 정무관과의 합의에 의해서였다. 양자 사이에 이견이 생기면 원로원이 소집되어 결정을 내렸다. 또 국가 비상시에는 원로원이 6개월 이내의 임기로 집정관 중 1인을 독재관(dictator)으로 지명할 수 있었다. 집정관의 임기는 1년이었으나 임기 후에는 자동적으로 원로원의원이 되었다. 최초의 집정관은 루크레티아의 친척이자 왕가의 인척으로 타르퀴니우스 왕을 탄핵하는데 주축이 되었던 유니우스 브루투스(Lucius Junius Brutus)와 자살한 루크레티아의 남편 콜라티누스(Lucius Tarquinius Collatinus)가 피선되었다.

법무관은 집정관의 업무를 분담하기 위하여 기원전 367~366년에 창설되었으며, 민법을 집행하고 속주의 군대를 지휘하였다. 조영관(Aediles)은 공공 토목공사와 치안 등 로마시의 내부행정을 집행하는 관리였다. 재무관(Quaestor)은 보통 로마시에서는 집정관을, 속주에서는 총독을 보좌하여 재정업무를 담당하였다. 임기 1년의 다른 정무관들과는 달리 2명의 감찰관(Censor)은 임기가 5년이었으며, 조세와 징병을 위한 인구조사가 주 업무였다.

호민관(Tribune)은 평민의 대표자로 트리부스 평민회의에서 선출되었다. 처음에는 2명이었으나 10명까지 늘어났다. 평민을 보호하기 위하여 신분투쟁 중 제정된 직책으로 임기 중 신성불가침적인 존재였다. 호민관은 트리부스 평민회의를 소집하여 독점적으로 법률을 발의할 수 있는 권리가 있었고 때에 따라서 원로원을 소집하고 청원할 권리가 있었다. 또한 집정관이나 다른 정무관의 결정, 또는 다른 동료 호민관의 결정이 평민의 권익에 배치될 때에는 거부권을 행사하여 무효화하거나 중재할 수 있는 권리가 있었다. 그러나 호민관의 권한이 속주 총독에는 구속력이 없었으며, 또 평민들의 중범죄를 보호하는 데는 사용할 수 없었다. 임기는 1년이었다.

2. 이탈리아반도 통일

공화정이 수립된 이후 약 2세기 동안 로마는 내적으로는 "신분투쟁"의 갈등을 겪으면서도 외적으로는 이탈리아반도 전체로 팽창을 거듭하였다. 로마인들이 국가의 명운을 무력에 의존했던 것은 이탈리아의 지정학적 위치 때문이었다. 알프스 산맥이 중부 유럽으로부터의 침입을 막아주지 못했고, 낮은 해안도 바다로부터의 침입을 용이하게 만들었다. 따라서 로마는 이웃 공동체와 평화롭게 교류하기 보다는 정복한 지역을 방어하기 위하여 처음부터 군사적인 무력에 의존할 수밖에 없었던 것이다.

공화정이 수립된 이후 로마는 늘어나는 인구문제 해결과 더 많은 부와 영토를 얻기 위하여 팽창정책을 택하였다. 그 결과 2세기 동안 끝없는 전쟁을 펼쳐 이탈리아반도에 대한 지배권을 확보하였다. 팽창의 발판은 기원전 493년 인근 도시들과 결성한 라틴동맹(Latin League)이었다. 이를 바탕으로 기원전

[그림 13-1]
로마의 이탈리아반도 팽창과정.

▶ Territory of Rome and her allies

500

338 After the Latin war

298 Start of 3rd Samnite war

290 End of 3rd Samnite war

272 End of the Pyrrhic war

264 Start of 1st Punic war

218 Start of 2nd Punic war

396년에는 베이(Veii)를 점령하여 에트루리아의 위협을 제거하고, 기원전 390년에는 로마를 약탈한 갈리아인의 침입을 격퇴하였다. 그 후 라틴동맹은 로마에 대한 반란(기원전 340~338)으로 해체되었다. 3차에 걸친 삼니움(Samnium)과의 전쟁(기원전 343~290)에서 승리하여 로마는 이탈리아에서 패권을 차지하게 되었다. 기원전 272년에는 타렌툼(Tarentum)을 점령하여 마그나 그라이키아(Magna Graecia)의 저항을 분쇄하고, 기원전 265년에 이르러 이탈리아반도 전체를 지배하게 되었다.(그림13-1)

로마는 이탈리아반도 내의 점령국을 통합하거나 식민지로 삼지 않고 대부분 자치는 허용되었으나, 군사권 및 외교권은 제한된 '동맹국 socii: allies'으로 대우하였다. 또 '동맹국'사이에 차등을 두었고 로마 시민권 부여에도 차등을 두어, 동맹국 사이에 로마에 대한 충성을 유도하였다. 이 같은 "분할통치 divide and rule"정책이 효력을 발휘하여 한니발(Hannibal, 기원전 247~183)의 침공에 따른 칸네 전투(Battle of Cannae, 기원전 216)의 대패 속에서도 로마는 살아남을 수 있었다.

3. 신분투쟁

왕의 축출과 귀족들에 의한 공화정의 수립은 로마사회의 갈등을 불러왔다. 왕을 추방하고 권력을 장악한 귀족과 왕의 비호는 잃었으나 권력을 획득할 능력과 수단을 얻은 평민들 사이에 갈등이 생겨났다. 귀족계급은 대지주로서 원로원과 집정관, 법무관, 감찰관 등 고위 정무관직과 신관직을 독점하였다. 평민들은 대부분 소농이나 수공업자, 상인 등이었으며, 소수는 경제활동을 통하여 부유해졌다. 그렇지만 평민들 가운데 많은 수가 귀족들의 피보호자(clients)가 되어 그들의 보호를 받는 대가로 그들의 토지를 경작하고, 정치적으로 후원했으며, 전투에 참여하였다. 공화정 하에서 평민들의 불만은 점점 커져갔다. 무거운 세금을 납부하고 시민군으로 군대에 복무해야했으나, 정치적으로는 민회에 참여하는 권리밖에는 주어지지 않았다. 더구나 채무 소송의 경우 채무자인 평민들이 빈번히 채무노예로 매각되어도 좋다는 판결을 받아, 재판에서 차별적인 대우를 받는다고 생각하였다. 그럼에도 법률이 성문화되지 않아 자신들의 법적 권리가 무엇인지조차 알 수 없었으며, 귀족출신인 집정관 외에는 아무도 법률해석의 권한을 갖지 못하였다.

귀족들에 대한 평민들의 불만은 "신분투쟁"으로 이어져 약 2세기 동안 지속되었다. 평민들은 자신들의 불만이 해결되지 않자 귀족들을 배제하고 자신들만의 나라를 세우기 위한 집단

행동에 돌입하였다. 최초의 승리는 기원전 494년 "성산사건"을 통해서였다. 귀족들만으로는 나라를 유지할 수 없었고, 또 시민군의 주력으로 로마의 방위와 대외팽창 전쟁에 참여하는 평민들의 요구를 더 이상 거부할 수가 없게 된 것이다. 평민들은 평민들만이 참여하는 트리부스 평민회의를 설치하고 이 민회의 대표자인 호민관(tribune)을 선출할 수 있게 되었다. 뒤를 이어 기원전 451년에는 최초의 성문법인 12표법이 제정되었다. 12표법은 귀족들의 자의적인 법률해석을 막기 위하여 제정된 것으로, 10인위원회를 구성하여 기원전 451년에 작업을 시작하여 다음 해인 기원전 450년에 법률이 광장에 게시되었다. 최초로 관습법과 판례법이 성문화되었다는 점에서 의의가 있었으나 구습을 개혁한 법은 아니었다. 12표법에는 여전히 귀족계급 및 가부장의 특권, 채무노예, 귀족과 평민과의 통혼(通婚) 금지 등이 규정되어 있었다. 12표법은 기원전 4세기 갈리아의 공격으로 원본이 소실되어 단편적으로만 남아있으며, 당시에 동판에 새겨졌는지, 상아나 목판에 새겨졌는지도 불확실하다.

귀족과 평민 사이에 혼인할 수 없었던 문제는 기원전 445년 통혼법에 의하여 해소되었다. 한 세대 후에 평민들이 하위직 정무관에 피선될 수 있는 자격을 얻게 되었으며, 기원전 376년에는 리키니우스 섹스티우스법(leges Liviniae Sextiae)을 통하여 집정관 2인중 1인이 평민에서 선출될 수 있는 길이 열렸다. 집정관 임기 후에는 자동적으로 원로원의원이 되었으므로, 귀족의 원로원 독점도 저절로 소멸되었다. 그 후 수십 년 동안 귀족들이 독점하던 다른 정무관직에도 평민들이 진출하게 되었다. 기원전 356년에는 최초로 평민 출신에게 독재관직, 기원전 351년에는 감찰관직, 기원전 337년에는 법무관직, 기원전 300년에는 신관직이 개방되었다.

기원전 287년에 이르러 평민들이 최후의 승리를 쟁취하였다. 호르텐시우스법(lex Hortensia)에 의하여 트리부스 평민회의의 의결사항이 원로원의 승인 없이도 로마의 법률로 인정받게 되었던 것이다. 이렇게 되자 법률상 귀족과 평민 사이의 신분적 차이가 사라지게 되었다. 이제 로마는 구 귀족과 부유한 평민들로 구성된 새로운 지배계층에 의하여 지배되는 시대를 맞게 되었다. 노빌레스(nobiles)로 불리는 이들 새로운 지배계층은 병사회에서 입법권을 장악하여 로마의 지배계급으로 군림하게 되었다.

2세기에 걸친 신분투쟁의 결과 귀족들의 정치권력 독점이 사라지고 평민들의 정치참여가 늘어났다, 그러나 로마는 여전히 귀족들의 지배에서 벗어날 수가 없었다. 무엇보다도 당시 정무관들에게 보수가 지급되지 않았기 때문에 평민들의 공직 진출은 극히 제한적일 수밖에 없었다. 또 평민출신 원로원의원의 탄생도 원로원의 귀족적 보수주의를 변화시키지 못하였다. 노빌레스 계층의 로마 지배는 입법권으로도 보장되었다. 공화정 전기 로마 민회의 중추였던 병사회가 백인대별로 기표하고 동시에 개표하는 단위투표제도였기 때문이었다. 병사회에서 처음 투표할 수 있는 백인대는 귀족의 군대였으며, 그 결과는 신의 뜻으로 받아들여졌다. 또 귀족과 부유평민의 백인대가 전체 백인대의 절반이 넘어 병사회가 이들에 의하여 지배될 수밖에 없었다.

4. 사회와 문화

로마의 지적, 문화적 발전은 매우 더딘 편이었다. 기원전 6세기 문자가 사용되었으나 법률, 조약문, 묘비명 외에는 거의 사용되지 않았다. 학교가 없어 교육수준이 낮아 남성적인 스포츠나 군인정신, 기술 등을 아버지로부터 배우는 정도였고, 거의가 문맹이었다. 로마는 여전히 농업사회였고, 도시지역에 소수의 수공업자들과 상인들이 존재하였다.

로마의 종교는 에트루리아를 통하여 그리스 종교의 영향을 강하게 받았다. 그리스 올림포스 신들의 이름이 로마식으로 바뀌었을 뿐 신들의 위상과 역할은 비슷하였다. 하늘의 신이며 신들의 왕인 유피테르(Jupiter)는 그리스의 제우스이며, 바다의 신 넵투누스(Neptunus)는 그리스의 포세이돈이고, 사랑의 여신 베누스(Venus)는 아프로디테이다. 로마인들 역시 신들의 은혜나 분노를 막기 위한 의식을 거행하였다. 또 로마의 종교는 그리스의 종교에서와 마찬가지로 교리나 성사, 내세관이 없었다.

그렇지만 로마의 종교는 그리스의 종교에 비해 정치적인 목적의 성향이 강하고 인간적인 면이 약하였다. 이유는 로마 사회가 추구하던 목표가 이상화된 인간이나 인간과 자연 사이의 조화가 아닌 국가를 방어하고 번영을 추구하는 것이었기 때문이었다. 또 로마의 신들이 애니미즘 숭배에서 인간의 모습을 띈 신으로 바뀌었으므로 그리스 신들처럼 서로 다투거나 인간과 교류하는 것으로 생각하지 않았기 때문이었다. 로마의 신관(pontifex)은 그리스와는 달리 정치적으로 중요한 인물이었다. 이들은 성사를 집전하거나 신과 개인을 중재하여 죄를 사하는 사제가 아니었다. 신관은 국가의 한 기관으로 전승과 율법을 수호하며 국가의 중대한 행사일을 결정하는 역할을 수행하였다.

로마인들의 도덕성은 종교와 관련이 없었다. 로마인들에게 가장 중요한 도덕은 애국심이었고 권위와 전통에 대한 존중심이었다. 따라서 개인에게 중요한 미덕은 사랑, 선함, 자선 같은 종교적인 덕목이 아닌, 국가와 가문에 대한 충성, 용맹, 명예, 자제 등이었다. 특히 국가에 대한 충성이 모든 것을 우선하였다. 시민들은 국가를 위하여 헌신하고 필요하면 생명도 기꺼이 바친다는 정신이 충만해 있었다.

이 같은 정신은 국가형성 초기에 전개되었던 장기간의 전쟁으로 말미암아 형성된 것이었다. 공화정 초기 장기간의 정복전쟁이 로마의 사회와 경제, 그리고 문화에 심대한 영향을 미쳤다. 결과적으로 평민들이 가난해졌으며 부유층의 토지독점이 강화되었다. 그러면서도 로마인들 사이에는 강력한 군사적 이상과 국가에 대한 충성과 권위에 대한 복종의 덕목이 자연스럽게 형성되었다. 이 같은 로마인들의 정신이 로마가 도시국가로부터 이탈리아반도를 통일하고 더 나아가 지중해세계를 지배하는 패권적 대제국으로 팽창하는 원동력이 되었다.

5. 카르타고와의 전쟁과 지중해 지배

이탈리아 남부 그리스 식민시인 마그나 그라이키아(Magna Graecia)를 점령하면서 로마는 카르타고(Carthago)와 지중해세계의 패권을 둘러싼 전쟁을 피할 수 없게 되었다. 카르타고는 기원전 814년경에 페니키아인이 북부 아프리카의 현 튀니스(Tunis) 지역에 건설한 강력한 해상무역국가였다. 기원전 6세기에 접어들면서 본국과의 관계를 끊고 부강한 국가로 발전해 갔다. 카르타고는 상업과 에스파냐의 은광 및 주석광산, 그리고 북부 아프리카의 열대산물로 번영하였고, 30인의 상업귀족에 의하여 지배되었다. 기원전 3세기에 이르러 카르타고는 이집트의 아프리카 연안과 지중해의 스페인 연안, 사르디니아 섬과 코르시카 섬, 그리고 시칠리아 섬의 일부를 지배하였다. 양국의 충돌은 기원전 264년 그리스와 카르타고가 분할하여 지배하고 있던 시칠리아에서 일어났다. 시칠리아의 그리스인들이 로마의 지배권 하에 놓인 이탈리아 남부와 동맹관계를 맺고 있어, 세력 균형의 변화를 자국의 안정에 대한 위협으로 간주했던 로마와의 충돌이 불가피하였다.

기원전 264년 카르타고와의 1차 포에니전쟁(기원전 264~241)[75]이 발발하였다. 전쟁의 원인은 시칠리아에서 카르타고의 팽창에 대한 로마의 견제와 궁극적으로는 시칠리아 지배에 대한 욕구였다. 기원전 289년 시칠리아 섬의 시라쿠사(Siracusa) 왕 아가토클레스(Agathokles)가 죽자 카르타고를 견제하기 위하여 그가 고용했던 캄파니아 출신들의 용병이 해산되었다. 그런데 이들 용병들은 고향으로 돌아가는 대신 시칠리아 북동부에 위치한 메시나(Messina)를 점령하고 자신들을 마메르티니(Mamertini, 오스쿠인의 군신 마메루스의 아들 sons of Mars라는 의미)라 부르며 20년간 그곳을 재배하였다. 이들이 인근 지역을 노략질하자 시라쿠사 왕 히에론 2세(Hieron II)가 토벌에 나섰다. 이에 마메르티니가 카르타고에 도움을 요청했고 카르타고가 그 기회를 타 메시나를 점령하였다. 그러자 마메르티니가 이번에는 로마에 도움을 요청하였다.

이를 계기로 기원전 264년 로마가 출병하자 양국 사이에 23년간 진행된 긴 전쟁이 시작되었다. 초기에는 육전에서는 로마가 승리를 하고 해전에서는 카르타고가 승리를 하였으나, 후기에는 군함을 건조한 로마가 해전에서도 승리하여 전승으로 이끌었다. 그 결과 카르타고는 막대한 전쟁 배상금과 더불어 시칠리아의 지배권을 로마에 넘겼다. 전 후 카르타고의 불운은 계속되었다. 기원전 240년 급료에 불만을 품은 용병들이 반란을 일으켜 출신국가들과 카르타고 내 반 타르타고 세력과 결합하여 3년 4개월이나 괴롭혔다. 그 와중에 카르타고는

75_ 이 명칭은 로마인들이 카르타고인을 Poeni(페니키아인이라는 뜻)라고 부른 데서 유래하였다.

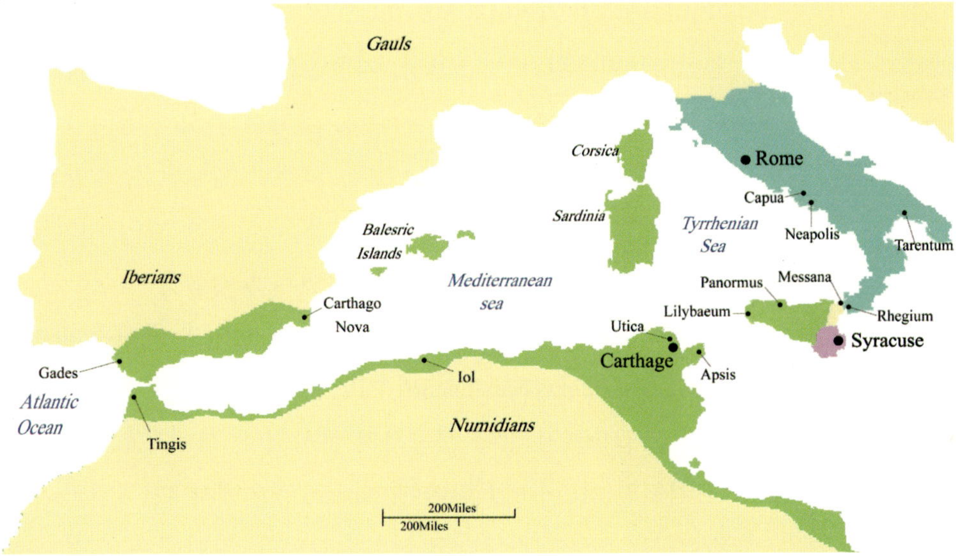

[그림 13-2] 1차 포에니 전쟁.

▲ 기원전 264년 서부 지중해 지배권.

- Carthaginian Empire
- Roman Republic & Allies
- Syracuse
- Capital
- Other notable city

기원전 237년 사르디니아와 코르시카의 지배권도 로마에 빼앗기게 되었다. 로마는 기원전 227년 시칠리아를 역사상 최초로 로마의 속주(식민지)로 삼았다. 카르타고와의 전쟁으로 시칠리아와 배상금뿐만 아니라 사르디니아 코르시카까지 획득한 로마는 더 오만하고 탐욕적으로 변하였다. 로마는 본격적으로 지중해 서부에 대한 영향력을 확대하기 시작했고, 일릴리아(Illyria)의 해적을 소탕하면서 아드리아해로 진출하여 남하하는 갈리아인에 맞서 알프스 이남까지 그 지배권을 확장하였다. (그림13-2)

한편 카르타고의 하밀카르 바르카(Hamilcar Barca)[76]는 용병의 반란을 진압하고 새로운 식량기지로 에스파냐를 개척하여 기원전 228년 카르타고 노바(Carthago Nova: 신 카르타고)를 건설하였다. 부친의 뒤를 이어 카르타고 식민지를 경영하던 한니발(Hannibal, Baal신의 은총이라는 의미)이 이베리아 반도의 동해안에 위치한 로마의 동맹국 사군툼(Saguntum)을 공격하여 제

76_ Carthago의 군사령관으로, 오늘날 스페인을 개척한 가문이다. 스페인의 도시 Barcelona는 Hamilcar Barca에서 유래하였다.

2차 포에니전쟁(기원전 218~201)으로 비화되었다. 한니발이 기원전 218년 5월 보병 5만명, 기병 9,000명, 전투 코끼리 37마리를 이끌고 피레네 산맥을 넘자, 로마는 즉시 시칠리아와 마르세이유 지역의 방어에 나섰다. 그러나 한니발은 로마의 허점을 찔러 갈리아를 가로질러 알프스 산맥을 넘어 이탈리아로 침공하였다. 한니발은 로마 주변의 도시들을 점령하고 로마를 고립시켜 항복을 받으려하였으나, 로마의 독재관 파비우스(Quintus Fabius Maximus)의 지연전술[77]과 로마의 동맹국들이 반란을 일으키지 않아 성공하지 못하였다. 파비우스가 물러난 후 기원전 216년 8월 칸나에(Cannae) 평원에서 8만 4천의 로마 연합군과 5만의 카르타고군이 맞붙었다. 로마군은 수적 우위에도 불구하고 한니발의 양익(兩翼) 포위공격으로 궤멸되었다. 전투에서 대패한 로마는 멸망의 위기에 처했으나 이탈리아반도의 로마동맹국들의 단결과 로마의 지연전으로 전선이 교착상태에 빠지게 되었다.

한편 로마의 대패 소식에 기원전 215년 시라쿠사와 카푸아(Capua)가 한니발 편으로 돌아섰고 마케도니아의 필리포스 5세도 한니발과의 공동투쟁을 선언하였다. 이에 로마는 한니발의 강화제의를 거절하고 파비우스를 다시 집정관으로 선출하여 파비우스 전술체제로 돌입하였다. 파비우스는 한니발과의 정면승부를 피하고 군단을 쪼개어 지구전을 펼치면서, 한니발을 이탈리아반도 안에서 고립시키는 전술을 펼쳤다.

그러는 동안 로마는 시칠리아와 마케도니아에서 점차 전세를 역전시켜 나갔다. 마케도니아의 필리포스 5세가 로마와 그

77_ Hannibal의 군대와 정면대결은 피하고 적이 공격하면 후퇴하고 배후를 공격하는 지구전을 구사하였다. 한니발은 Fabius Maximus의 전술에 휘말려 상당한 곤경을 치렀다. "지연자 delayer", "굼뜬 사람"의 호칭은 처음은 비아냥이었으나 나중에는 명예로운 호칭이 되었다. 19세기말 영국의 점진적 사회주의를 추구하는 Fabianism이라는 말은 Fabius에서 유래하였다.

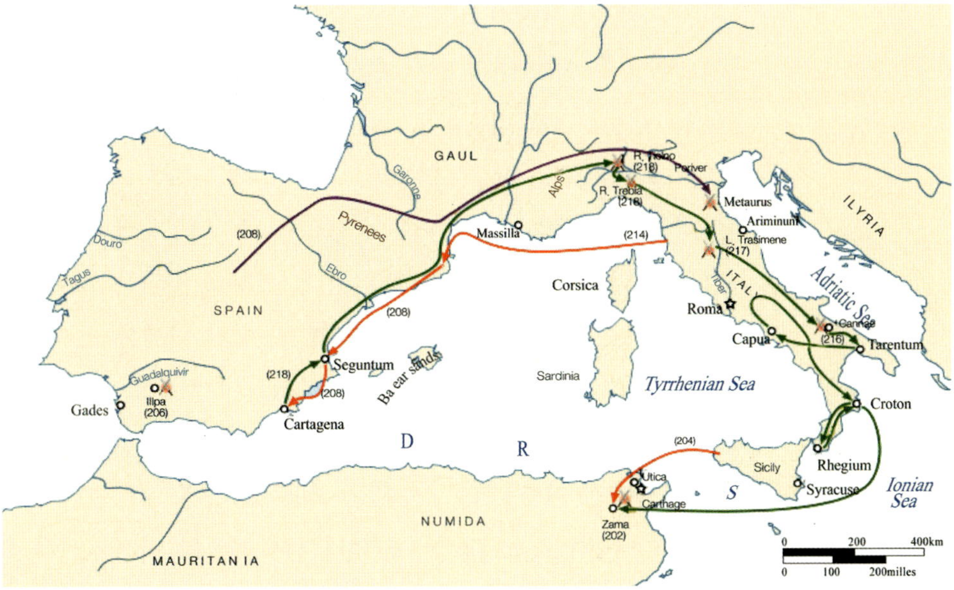

[그림 13-3] 2차 포에니 전쟁.

▲ 기원전 218–202년.

Hannibal's route
Hasdrubal's route
Roman's offensives
Major Battles

리스 다른 나라의 방해로 이탈리아에 진군하지 못했고, 기원전 211년에는 1년여의 공성전 끝에 시칠리아의 시라쿠사도 로마에 함락되었다.[78] 또한 카푸아가 로마에 함락되어 캄파니아 지방 역시 로마에 탈환되었다. 그 결과 한니발의 고립은 더욱 심화되었다.

기원전 209년 전쟁이 새로운 국면으로 전환되었다. 교착상태에 빠진 이탈리아에서와 달리 에스파냐의 신 카르타고가 26세의 젊은 스키피오(Publius Cornelius Scipio Africanus)에 의하여 함락된 것이다. 그 후 기원전 207년 스키피오에 패한 한니발의 동생 하스드루발(Hasdrubal Barca)이 한니발과 합류하려던 계획도 실패로 돌아갔고, 한니발의 막내 동생 마고(Mago Barca)의 제노바 상륙도 저지되었다.(그림 13-3)

기원전 206년 승세를 잡은 스키피오가 북아프리카로 건너가 카르타고를 위협했고, 로마와 카르타고 사이에는 강화교섭

78_ 처음 로마군은 Archimedes의 신무기에 고전하였다. 시라쿠사 점령 시 아르키메데스는 수학문제를 푸는데 열중해 있었는데, 미처 그를 알아보지 못한 로마병사에 의해 살해되었다.

이 이어졌다. 기원전 203년 한니발은 본국 정부에 의해 카르타고로의 귀환 명령을 받았다. 양국의 강화가 결렬됨에 따라 양국의 운명은 2002년 자마(Zama) 전투에서 결정되었다. 한니발의 카르타고군은 보병 4만 6천, 기병이 4천, 전투 코끼리가 80마리였고 스키피오와 누미디아(Numidia)의 연합군은 기병대 6천을 포함하여 약 4만의 병력이었다. 전투의 결과는 스키피오의 승리였다. 한니발은 그의 장기인 기병의 열세를 극복하지 못하고 패배하였다. 그 결과 카르타고는 해외영토를 모두 잃고 거액의 배상금을 지불하지 않으면 안 되었다. 한니발은 동방 시리아의 안티오코스 3세(Antiochos Ⅲ)에게 도망했다가 다시 비티니아(Bithynia)왕[79]에게 의탁하여 재기를 꾀하였으나 허사로 끝났다.

로마의 승리는 지중해에 새로운 세력균형을 가져왔다. 로마가 서지중해에서 스페인을 지배하게 되었고, 동지중해에서 각축을 벌이는 마케도니아, 시리아, 이집트에 개입하였다. 로마는 아드리아 해의 해적소탕을 빌미로 기원전 3세기말 마케도니아와 충돌했고, 기원전 201년에서 197년에 걸친 2차 전쟁에서 승리하여 그리스를 마케도니아로부터 해방시켰다. 그 후 3차 전쟁(기원전 171~168)에서 승리한 로마에 의해 마케도니아가 4개의 독립된 공화국으로 해체되었다. 기원전 148년에는 로마의 속주가 되어 정치적 의미마저 사라지게 되었다.

그 후 로마는 자본축적을 위하여 속주에 강경책을 쓰기 시작하였다. 기원전 146년 탐욕과 질투심으로 충만한 로마는 회복하려는 카르타고를 위협과 술수로 점령하여 멸망시켰다.

79_ Thracia 지역의 Bithynia 부족이 이동하여 Lydia 왕국 내의 Anatolia지역에 세웠던 작은 왕국으로, 기원전 546년에 페르시아의 지배하에 들어갔다. 기원전 297년 독립 왕국이 세워졌으나 Pontus 왕국과의 다툼에서 살아남기 어렵게 되자 기원전 74년 로마에 왕국을 넘겨 로마의 속주가 되었다.

700여년의 오랜 도시 카르타고시가 완전히 파괴되고 불태워졌다. 남자들은 모두 처형되고 살아남은 여자와 어린이는 노예로 팔렸다. 카르타고의 파괴와 살육에 대해 로마인들도 전율하였다. 타키투스(Publius Cornelius Tacitus, 56년~117)는 "그들은 사막을 만들고 그것을 평화라 부른다"고 비꼬았다. 카르타고는 로마의 아프리카 속주의 일부가 되었다. 폐허가 된 카르타고가 로마에 다시 헌정되고 재건되어 제정기 아프리카의 주요 도시 중 하나가 된 것은 카이사르의 통치기였다. 1985년 1월 로마 시장과 카르타고 시장이 우의와 협력을 다지는 협정에 서명하였다. 2131년 만에 양 도시 사이에 공식적으로 화해가 이루어진 셈이다.

카르타고가 파괴된 같은 해에 로마는 그리스의 오랜 도시국가로 시지포스(Sisyphos) 신화의 나라이며 철학자 디오게네스(Diogenes)가 살았던 코린토스도 파괴하였다. 로마는 아카이아 동맹의 반란을 무력으로 진압하고 주동이었던 코린토스 역시 카르타고와 같은 운명으로 만들었다. 코린토스의 파괴에 대해 세네카(Lucius Annaeus Seneca, 기원전 4?~65)는 "우리는 개인도 국가도 미쳤다"고 한탄하였다. 그리스를 지배하게 됨에 따라 그레꼬 로마 시기(Greco Roman era)가 로마 역사에 추가되었다. 파괴된 코린토스는 기원전 44년 카이사르에 의하여 재건되었다. 코린토스는 사도 바울에 의해 처음으로 초대교회가 세워졌던 곳이다.

6. 사회 변화와 그락쿠스 형제의 개혁

카르타고와의 전쟁은 로마에 엄청난 변화를 가져왔다. 무엇보다도 2차 포에니전쟁의 승리로 로마가 에스파냐를 지배하게 되었다. 이를 통하여 로마는 에스파냐의 은광으로부터 엄청난 부를 획득했으며, 유럽으로 팽창정책을 추진하는 출발점이 되었다. 다음으로 2차 포에니전쟁 중 카르타고와 마케도니아, 그리고 시리아가 연합하여 이집트를 점유하려는 계획에 맞서 로마가 동부 지중해로 진출하게 되었다. 그 결과 로마는 소아시아를 정복하고 이집트를 보호국으로 만들어 지중해 전역으로 지배권을 확대할 수 있었다. 마지막으로 마케도니아와 소아시아 지역을 지배하게 되면서[80] 그리스의 사상과 문화가 로마에 대거 유입되었다. 로마인들이 그리스인들의 자유롭고 사치스런 삶의 방식을 싫어했음에도 불구하고 새로운 그리스 문화는 로마인의 사회와 문화에 큰 영향을 미치게 되었다.

포에니전쟁이 몰고 온 사회경제적 변혁이 로마사회를 소용돌이로 몰아넣었다. 기원전 3세기와 2세기를 지나는 동안 로마는 빈부 차가 심화되어 심대한 사회문제에 봉착하였다. 전쟁의 결과 귀족층과 새로이 형성된 기사계층(equites)에게 부가 집중되었고, 시민군으로 출정한 평민층은 오히려 몰락의 길을 걸었다. 한니발의 공격으로 위기에 처한 로마는 기원전 218년에 귀족계급의 군납업, 공공토목공사, 상공업 등을 금지시켜 평민계급에 중대한 권리를 양보하였다. 이를 계기로 막대한 부를 축적한 부유한 평민들이 새롭게 기사계층으로 성장하였다. 반면 귀족들은 막대한 자본과 전쟁포로로 급격히 증가한 노예노동을 통하여 대농장(latifundium)을 경영하기 시작하였다. 시민군의 주력인 자유농민들은 오랜 전쟁으로 토지가 황폐화되었고 게다가 속주와 라틴푼디움의 값싼 곡물로 몰락하게 되었다. 이들은 노예노동으로 일자리를 잃은 노동자들과

80_ 기원전 241년 시리아의 Seleucus 왕조에서 독립한 Pergamum 왕국은 친로마적이었다. 제 6대 왕 Atalus Ⅲ의 유언에 따라 기원전 133년 왕국이 로마에 귀속되어, 로마의 7번째 속주인 아시아 속주가 되었다.

함께 도시로 몰려들어 도시의 빈민문제와 더불어 불만세력을 형성하였다. 동시에 자유농민의 몰락은 병역을 면제받는 무산자 즉 재산이라곤 자식들(proles) 밖에 없는 가난한 사람들인 프로레타리아(proletaria)의 수를 늘려, 로마 시민군의 약화를 가져오는 중대한 문제를 야기하였다. 그와 더불어 공화정 초기만 하더라도 퇴폐적으로 여겨졌던 사치와 향락의 풍조가 귀족층과 신흥 부유층으로 확산되기 시작하였다.

검소한 생활과 규율준수, 그리고 국가에 대한 헌신이라는 로마의 이상이 쇠퇴해감에 따라 일부 지도자들이 위기를 인식하였다. 카토(Marcus Porcius Cato, 기원전 234~149)는 귀족과 신흥 부유층의 사치와 향락을 비판하고 몸소 노동하고 검소하게 살며 로마의 건전한 도덕적, 사회경제적 재건을 기도하였다. 또 헬레니즘의 지적 풍조에 반대하고 전통적인 로마의 강건성 회복을 역설하였으며, 중소 토지소유자를 옹호하였다. 그러나 카토의 노력은 지속적으로 영향력을 발휘할 수 없었으며, 심화되는 로마의 사회문제는 그락쿠스형제(Tiberius & Gaius Gracchus)의 혁명적인 사회개혁 시도를 불러왔다.

그락쿠스 형제는 스키피오 아프리카누스의 외손자임에도 자유주의적 개혁가로 평민들과 상당수의 원로원의원들의 지지를 받았다. 이들은 로마의 핵심적인 사회문제를 시민군의 주축인 자유농민의 몰락이라고 생각하였다. 기원전 133년 형인 티베리우스 그락쿠스가 호민관에 선출되자, "초만원의 도시와 실업자 구제"와 동시에 "건전한 시민군의 재건"을 목표로 귀족들의 공유지 토지소유를 500 유게라(iugera)로 제한하고 나머지는 몰수하여 몰락농민들에게 30유게라씩 분배하는 "농지법 Lex Sempronia Agraria"을 제안하였다.[81] 보수 귀족층이 격렬히

81_ 아들 1명당 250 iugera를 인정하였고, 가족 전체로는 1천 iugera까지 인정하였다. 1 iugera는 약 2/3 에이커였다. 500 iugera는 약 38만평정도의

반대했고 동료 호민관인 옥타비우스(Octavius)가 이 법안에 거부권을 행사하도록 하였다. 티베리우스는 옥타비우스의 호민관직을 박탈하고 임기가 다 되자 재선을 시도하였다. 이 조치는 위법이었고 결국 보수파 원로원의원들의 폭력에 그를 따르는 300명과 함께 살해되었다.

10년 뒤인 기원전 123년과 122년에 9살 아래였던 동생 가이우스 그락쿠스가 호민관이 되어 형을 이어 개혁을 시도하였다. 기원전 122년 재선된 가이우스는 농지법에 더하여 빈민들에게 싼값으로 곡물을 제공하는 "곡물법 Lex Frumentaria"을 추진하였다. 로마의 곡물창고였던 시칠리아의 반란과 북부 아프리카의 메뚜기떼에 의한 흉작으로 곡물가격이 급등하여 빈민들의 식량난이 큰 문제였던 것이다. 곡물가격 안정을 위해 가이우스는 테베르 강가에 커다란 공영 곡물창고를 건립하였다. 정적들은 곡물법이 근면한 평민들을 나태하게 만들 것이고, 또 국고를 고갈시킬 것이라고 주장하면서 개혁을 반대하였다. 가이우스의 개혁은 농지법과 곡물법에 그치지 않았다. 로마동맹국 시민들에게 라틴 시민권을 부여하여 참정권을 확대하도록 시도하였으며, 속주에서 독직혐의를 받는 총독의 재판에서 기사계층에 배심원 자격을 부여하였다. 이런 조치들은 지지파와 반대파 사이에, 그리고 지지자들 사이에 분열을 일으켜 내란으로 비화되었다. 원로원이 가이우스를 국가의 공적으로 선포하였고 집정관들에게 공화국 수호를 위한 모든 권한을

면적이었다. Plutarch에 의하면 티베리우스는 농지법을 제안하면서 다음과 같이 연설했다고 한다. "이탈리아의 들과 산을 떠도는 야생 짐승들도 각자 돌아갈 보금자리와 숨을 굴이 있습니다. 그러나 이탈리아를 위해 몸바쳐 싸운 사람들에게는 … 쉴 보금자리도 돌아갈 고향도 없습니다. 처와 자식을 이끌고 이곳저곳으로 떠돌고 있을 뿐입니다. … 그들은 세계의 지배자가 되었지만 손에는 한 줌의 흙도 쥐지 못했습니다."

부여하였다. 이에 가이우스는 자살하고 그의 추종자 3천명이 살해되면서 개혁이 무산되었다.

그락쿠스 형제의 개혁 실패는 로마 공화정의 앞날에 암운을 드리웠다. 이 시기에 이르러 민회는 이미 원로원과 거의 동등한 권력을 획득하였으나 양 세력은 시대적 변화에 적응하지 못하고 폭력으로 사태를 몰고 갔다. 원로원의 편협한 보수주의가 국가의 개혁적 발전에 결정적인 걸림돌로 작용하였다. 결과적으로 공화정의 최고 권력자들인 원로원의원들의 계급적 편협성과 과욕이 그들이 지배하던 공화정을 몰락의 길로 이끈 것이다.

제 14 장

공화정 말기의 사회와 문화

1. 내란

그라쿠스 형제에 의한 사회개혁의 실패로 로마의 정치권은 원로원을 중심으로 점진적인 개혁을 주장하는 귀족파(Optimates)와 민회를 중심으로 급격한 개혁을 주장하는 평민파(Populares)로 분열되었다. 이 혼란과 불만의 시기에 등장한 인물이 기사계층 출신으로 평민파인 마리우스(Gaius Marius, 기원전 157~86)와 귀족 출신으로 귀족파인 술라(Lucius Cornelius Sulla, 기원전 138~78)였다. 마리우스는 기원전 108년 병제개혁을 통해 징병제를 모병제로 바꾸어, 결과적으로 로마군을 지휘관인 장군에게 충성하는 사병화된 직업군인으로 만들었다. 기원전 107년 민중의 지지로 집정관에 오른 그는 그 후 여섯 차례나 재선되었다. 그러나 정치적인 역량은 발휘하지 못하였다. 마리우스는 동맹시 전쟁(War of the Allies: Social War, 기원전91~88)[82]이

82_ 기원전 91년 이탈리아 동맹국 시민에게 로마시민권을 부여하는 법안을 제안한 호민관 Drusus의 사망을 계기로 기원전 91~88년에 일어

막바지에 달했던 기원전 88년 폰토스(Pontos)[83]의 미트리다테스 6세를 진압하기 위한 전쟁에서 부하들에 의해 사령관으로 추대되었다. 그러나 원로원이 술라를 사령관으로 선택하자 로마는 반세기 이상 이어지는 내란의 길로 접어들었다.

기원전 86년 마리우스가 죽자 술라가 정권을 장악하였다. 마리우스처럼 군인이었던 술라는 기원전 82년에 종신독재관이 되어 정적을 숙청하였다. 또 민회와 호민관의 권한을 축소하고 마리우스에 의하여 축소된 원로원의 권한을 회복시켰다. 이를 위하여 술라는 300석이던 원로원의 자리를 600석으로 늘려 자신의 심복들을 대거 영입하였다. 심각한 사회문제를 무시한 채 권위적이고 보수적인 개혁을 시도한 술라의 정책은 기원전 78년 그의 사망과 함께 사라져버렸다. 이어 술라의 부하인 오만하고 무자비한 폼페이우스(Gnaeus Pompeius Magnus, 기원전 106~48)가 권력을 장악하였다. 폼페이우스는 스파르타쿠스(Spartacus)의 난[84]을 진압한 크라수스(Marcus Licinius Crassus,

---

난 이탈리아 동맹시의 반란을 말한다. 로마에서는 Marius, Sulla 등을 출정시켰으나 진압하지 못하였다. 그 사이 동방의 Pontos에서 반란이 일어나고 로마에서도 마리우스와 술라의 대립이 격화되어 정치상황이 혼란해졌다. 결국 기원전 87년 동맹시 자유민 전체에 시민권을 부여하여 전쟁이 종식되었다. 이를 계기로 로마는 도시국가 체제에서 영토국가 체제로 변모하였다.

83_ 소아시아 북동부 흑해 남안지역에 기원전 337년경 페르시아 왕족이 세운 왕국으로, 두 차례(기원전 89~85과 74~63)에 걸친 로마와의 전쟁에서 폼페이우스가 이끄는 로마군에 멸망당하였다.

84_ 로마 공화정 말기인 기원전 73~71년에 Thracian gladiator Spartacus 주도하에 이탈리아의 Capua에서 일어난 노예반란. 트라키아, 갈리아, 켈트, 게르만 출신 노예들과 몰락 무산자들이 합세하여 한때는 반란자의 수가 12만명에 달하였다. 이들은 로마군단을 격파하고 남부 이탈리아를 장악한 후, 북으로 이동하여 포강에 이르렀다. 그러나 갈리아와 게르만 출신들이 고향으로 돌아가기를 거부하고 로마약탈을 주장하여 다시 남으로 향하였다. 이들은 기원전 71년 남이탈리아의 Lucania에서 Crassus가 이끄는 8개 군단의 로마군에 패하고 북쪽으로 도망친 잔당은 Pompeius에게 격파되었다. 포로가 된 노예 6천명은 아피아가도에서 십자가에 매달려 처형되었다.

기원전 112~53), 카이사르(Gaius Julius Caesar, 기원전 100~44)와 함께 기원전 60년 제 1차 삼두정치(Triumvirate)를 열었다. 삼두정치는 원로원의 형식적인 승인을 얻었고, 이들은 기사, 시민, 군대의 지지를 받으며 권력을 공유하였다.

권세 있는 귀족가문에서 태어난 카이사르는 귀족정치에 실망한 평민들의 불만을 간파하여 그들의 지지를 얻었다. 또 딸 율리아를 폼페이우스와 결혼시키고 갑부 크라수스를 자기편으로 끌어들여 막강한 권력의 기틀을 다졌다. 이 기반 위에서 3두정치라 불리는 집단지배체제를 이끌었다. 기원전 58년 카이사르가 5년 임기의 갈리아 총독에 임명되었고 후에 총독의 임기가 5년 더 연장되었다. 그 기간 동안 카이사르는 이른바 갈리아전쟁을 수행하여 그 지역을 평정하였고, 브리튼 섬도 두 차례나 침공하였다. 뛰어난 전쟁 보고서인『갈리아 전기 戰記 Commentarii de Bello Gallico』(8권, 기원전 58-51)는 장군으로서 카이사르의 명성을 높이는데 크게 기여하였다.

기원전 54년 폼페이우스와 결혼한 카이사르의 딸 율리아가 사망하고 다음 해 크라수스가 파르티아와의 전투에서 전사하자, 3두정치가 와해되고 카이사르는 원로원 보수파의 지지를 받는 폼페이우스와 대립하게 되었다. 로마에서 여러 차례 소요가 일어난 후인 기원전 52년 원로원이 폼페이우스를 단독 집정관에 추대하였다. 갈리아 총독인 카이사르는 기원전 49년 1월 "로마의 적 Enemy of the State"으로 선언되고, 군대를 해산하고 로마로 돌아오라는 원로원의 명령이 내려졌다. 카이사르는 원로원의 명령을 거부하고 휘하 군단을 거느리고 갈리아와 이탈리아의 국경인 루비콘(Rubicon)강을 건너 로마로 진격하여 7주만에 이탈리아 전역을 장악하였다.[85]

85_ 기원전 49년 1월 10일 카이사르는 자신을 따르는 4,500명의 휘하 병사들에게 다음과 같은 결전의 결의를 다지고 Rubicon강을 건넜다.

[그림 14-1]
생전에 제작된 카이사르 초상.

원로원과 귀족계급을 제외한 로마 시민들의 환호 속에 로마로 돌아온 카이사르는 에스파냐의 폼페이우스 본거지를 정복하고, 기원전 48년 9월 그리스의 파르살수스(Pharsalsus)에서 폼페이우스를 격파하였다. 이집트의 왕위계승 싸움인 알렉산드리아 전쟁(기원전 48년 10월~47년 3월)에서 승리하여 클레오파트라(Cleopatra VII, 기원전 69~30)를 왕위에 오르게 하고 이집트 정치를 간섭하였다. 클레오파트라와의 사이에서 태어난 아들 카이사리온(프톨레마이오스 15세)은 후에 옥타비아누스에 의하여 처형되었다. 이어 기원전 47년 9월에는 소아시아를 원정하고,[86] 기원전 46년 4월에는 스키피오가 이끄는 폼페이우스의 잔당을 아프리카에서 소탕하였다. 카이사르는 술라가 600명으로 늘린 원로원 의원을 900명으로 늘려 자신의 부하와 속주 출신 및 갈리아 부족장들에까지 개방하여 원로원 지배권을 무력화시켰다. 그 해 카이사르는 10년 임기의 독재관이 되고 2년 후인 기원전 44년 2월 14일에는 종신 독재관이 되었다.(그림 14-1)

기원전 44년 3월 18일에 카이사르는 기원전 53년 크라수스 휘하의 4만 로마군을 궤멸시키고 독수리 군단기와 더불어 1만 명의 장병들을 포로로 잡아간 파르티아 정복을 위해 2년간의 원정을 떠나기로 결정하였다. 그런데 이를 위하여 3월 15일 원로원 회의를 주재하기 위해 회의장인 폼페이우스 대극장으로 들어가던 중 폼페이우스 입상 아래에서 14명의 의원들에게 암살되었다. 암살자들은 카시우스(Gaius Cassius Longinus, 기원전 85

"전우들이여, 이 강을 건너면 세계가 파멸한다. 하지만 이 강을 건너지 않으면 내가 파멸한다. 전우들이여! 주사위는 던져졌다. 진격하라. 루비콘 강을 건너서 신들의 땅으로."

86_ 카이사르가 기원전 63년에 로마에 정복된 흑해 연안의 옛 Pontus왕 Mithradates VI세의 아들인 Pharnaces II세를 격파하고 이를 원로원에 보고한 승전보고서는 "왔노라, 보았노라, 이겼노라. veni, vidi, vici"라는 단 세 단어였다.

경~42), 브루투스(Marcus Junius Brutus, 기원전 85~42)[87] 등 카이사르가 왕이 되려한다고 믿었던 공화정 사수파들이었다.

카이사르는 로마를 구원한 위대한 정치가가 아니었다. 공화정을 경멸했고, 정권장악 후에는 로마의 정치문제를 더욱 어렵게 만들었기 때문이었다. 그럼에도 그가 독재관으로 취한 조치들은 영속적인 흔적을 남겼다. 카이사르는 그리스 천문학자의 도움을 받아 역서를 개정하여 1년을 365일로 정하고 4년마다 1일을 추가하는 율리우스력을 만들었다.[88] 또 시칠리아와 남프랑스에도 라틴 시민권을 부여하여 이탈리아인과 속주민 사이의 차별철폐를 위한 효시가 되었다. 집권 이전 카이사르가 서유럽 방면의 정복에 노력을 기울였는데, 갈리아 지역의 정복은 로마의 경제에 영향을 미쳤을 뿐만 아니라 차후 서유럽의 문명발전에도 큰 영향을 미쳤다.

2. 사회

카르타고의 정복에 이은 헬레니즘세계의 정복으로 로마의

87_ Cassius는 Marcus Junius Brutus의 매제로, 암살의 주동자였다. 카이사르 암살 이후에 안토니우스와 타협하여 시리아 총독이 되었다. 시리아에서 군사를 모집해 기원전 42년 10월 마케도니아 동부 Philippi에서 안토니우스와 싸웠으나 패하여 자살하였다. Brutus의 어머니는 정치가인 소카토의 이종남매로 율리우스 카이사르의 정부였다. 카이사를 암살 후 안토니우스와 타협하여 마케도니아 총독이 되었다. 기원전 42년 마케도니아 동부 필리피에서의 두 번째 전투에서 패하자 자살하였다.

88_ Julian Calendar는 1년 12달을 365·25일로 정한 태양력이다. 이는 2대 왕 누마 폼필리우스가 1년 12달을 355일로 정하여 사용하던 태음력을 대체한 것이다. 기원전 45년 11월 1일이 율리우스력의 시작일로, 율리우스력은 1582년 교황 그레고리 13세의 이름을 딴 그레고리우스력이 사용되기 전까지 사용되었다. 율리우스의 이름을 따서 7월이 영어로 July로 불리고 있다.

사회변화가 더욱 빨라졌다. 그 결과 귀족과 기사, 평민들 사이의 사회경제적 차이가 더욱 커졌으며, 부유층의 사치가 만연하였다. 전쟁포로의 급증으로 노예의 수도 증가하였다.

귀족계급은 약 300명의 원로원의원들이 중심이었으며 대다수 세습적인 신분이었다. 이들은 관직과 막대한 농장을 통하여 수입을 얻었는데, 그들의 대규모 농장인 라티푼디움은 대부분 노예노동에 의하여 경작되었다. 그라쿠스 형제의 개혁실패 이후 자영농민의 몰락과 귀족계급의 대토지경영을 제어할 수단이 존재하지 않게 되었다.

기사계급은 2차 포에니전쟁에서 탄생한 계층으로, 기병으로 종군할 수 있는 재력을 가진 부유한 평민출신들이었다. 이들은 정부의 군납업자, 청부업자, 대금업자, 부유한 상인들로 막대한 부를 축적하여 귀족과 평민 사이에 새로운 신분으로 자리를 잡았다. 이들 계급은 저속한 취미에 탐닉했고 높은 이자로 빈민과 속주민을 착취하였다.

평민은 시민들 가운데 대다수를 차지하였다. 이들은 농민과 노동자, 그리고 도시의 빈민들로 구성되었다. 원래는 대부분 자영농이었던 평민들은 특히 2차 포에니전쟁이 지속되는 동안 결정적인 타격을 받았다. 많은 수가 노동자나 빈민으로 전락해 도시로 몰려들었다. 빈민으로 전락한 평민 32만명이 카이사르가 독재관이던 시기에 무상으로 곡물을 분배받을 정도였다.

노예는 인간으로 인정되지 않았다. 이들은 말하는 생산도구로 취급되었다. 전쟁포로 중에서 학식과 교양을 갖춘 노예들도 있었으나 아테네에서와 같은 지위를 누리지 못하였다. 또 아테네와는 달리 로마의 경우 자영농민의 생산량은 미미하였고, 생산경제는 거의 전적으로 노예노동에 의존하였다. 그런데 로마 노예의 상당수는 비생산적인 활동에 투입되었다. 일부는 검투사로서 야심적인 정치인을 위하여 대중에게 오락을 제공하는 도구로 사용되었다. 또 일부는 부유한 계층의 가마꾼, 문지기, 급사 등의 가내봉사용으로 사용되었다.

3. 문화

(1) 종교

공화정말기 사회의 변화와 더불어 종교의식 또한 변화하였다. 변화에 결정적인 영향을 미친 것은 헬레니즘세계의 정복이었다. 새롭고 앞선 문화의 충격에 로마의 상층계급은 그리스의 스토아사상과 에피쿠로스사상을 받아들였다. 다수의 많은 시민들도 기존의 종교에 더 이상 만족하지 못하였다. 기존의 종교들이 너무 형식적이고 의무와 희생만을 강조하였을 뿐만 아니라 개인적인 위안이나 구원에 대한 기대감을 충족시키지 못하였기 때문이었다. 그에 비하여 동방의 종교는 신비적이고 구원적이어서 지치고 힘든 로마인들에게 감성적인 위로감을 제공하였다.

그리스의 영향으로 로마에 들어와 영향력을 행사하던 종교로는 이집트의 대모신(大母神)인 이시스(Isis), 페르시아의 빛의 신인 미트라(Mithra), 프리기아의 여신인 키벨레(Cybele)와 아티스(Attis) 등을 숭배하는 신비종교였다.[89] 고대 대부분의 종교들에서와 마찬가지로 이들은 생식과 풍요의 신이었다. 신석기 이후 풍요의 신인 "위대한 어머니 Mater Magna"는 농경사회 거의 모든 곳에서 숭배되었고, 이런 풍요의 신은 성(性)적 제의를 포함하고 있었다. 풍요의 여신은 수유하고 양육하는 어머니의

89_ 이들 종교가 신비종교로 불리는 이유는 비의적(秘儀的) 성격이 짙기 때문이었다. 이들 종교는 입문자들의 의식적인 정결 의식, 공동식사, 그리고 신의 승리에 참여하는 비밀스런 지식을 받는 등 비의적 성격이 짙었다.

[그림 14-2]
이시스. Horus에 수유하고 있는 모습.

▲ Meyers, Konversationslexikon (1888) 삽화.
Isis는 원래 긴 옷을 입고 왕관을 상징하는 모자를 쓰고 있는 것으로 묘사되었다. 그러나 때로는 연꽃이나 무화과나무를 들고 있는 것으로 묘사되기도 한다. 대지의 여신 Hathor와 동일시 된 이후에는 Isis의 머리 장식이 Hathor의 머리 장식(사이에 태양원반이 있는 암소의 뿔)으로 바뀌었다. 종종 암소나 암소의 머리로 묘사되기도 하였다. 또 생명을 의미하는 ankh 표시와 막대기를 들고 있는 모습으로 묘사되기도 하였다. 일반적으로 Isis는 어린 아기 Horus를 안고, 왕관을 쓰고, 독수리를 대동하고 있는 모습으로 묘사되었다.

모습으로 상징화 되었던 반면, 남신은 성적 능력을 지닌 형상으로 상징화되었다.

이시스는 땅의 신 게브(Geb)와 하늘의 신 누트(Nut)의 딸로 오빠 오시리스(Osiris)와 결혼해 호루스를 낳았다. 그런데 이집트의 통치자 오시리스가 그를 시샘한 동생 세트(Seth)에게 죽임을 당한 후 사지가 14조각으로 잘리어 땅에 버려졌다. 후에 오시리스의 아내 이시스가 남근을 제외한 시체 조각들을 맞추어 묻어주었으며, 남근이 오시리스에게 새 생명을 주어 오시리스는 지하 세계의 통치자이자 재판관이 되었다. 아들 호루스는 세트와 싸워 이집트의 새로운 왕이 되었다. 그리스인들은 이시스를 그리스의 대모신 데메테르(Demeter)와 동일시하여 숭배하고, 이집트 종교가 이집트 밖으로 확장되는데 중요한 역할을 하였다. 거룩한 아기를 품에 안고 젖먹이고 있는 어머니 이시스상은 경건한 신비로움으로 중세시대에 대중적 숭배를 받았다. 이 이시스의 신상이 기독교 예술에서 표현되는 성모 마리아와 아기 예수 그림의 전례가 되었다는 주장도 있다. 폼페이에서 발굴된 이시스의 신전에는 이시스 숭배에 관련한 여러 기록들이 발견되었는데, 이시스에게 드리는 기도는 그녀를 "하늘의 여왕 Queen of Heaven"이라고 불렀다. 이시스 신앙은 오시리스의 죽음과 소생을 통하여 영생을 갈망하던 당대인들의 심성을 반영하고 있다.(그림14-2)

미트라(Mithra) 신앙의 기원은 고대 인도와 이란의 민족시대까지 거슬러 올라가는데, 기원전 3세기경에 페르시아에서 성행하였다. 신화가 전하는 미트라의 모습은 바위에서 태어나고, 황소를 도살하고, 태양신과 연회를 하는 모습이다. 발견된 1,000여개의 미트라 유물 가운데 700개 정도가 황소도살(tauroctony) 모습이다.

미트라 신앙은 그리스를 통하여 로마제국에 전파되었으나

정확한 시기는 논란거리이다. 대체로 서기 1세기부터 4세기 사이에 널리 유포되어 기독교와 경쟁한 것으로 연구되고 있다. 로마에만 적어도 680~690개의 성소가 있었던 것으로 추정된다. 개략적인 언급 외에는 미트라 신앙에 대한 신학적 기록이 없어 유물을 통한 해석에는 논란이 많다. 1970년대 이후의 연구에 의하면 로마에서의 미트라 신앙은 미트라 비의(Mysteries of Mithras)로, 로마제국의 종교세계에서 별개의 것으로 성장하여 초기 기독교와 경쟁하였다. 특히 미트라 비의는 불멸에 대한 열망과 사후의 행복을 보장하는 점에서 대중적인 인기를 얻었는데, 특히 군인들에게 인기가 있었다. 미트라 숭배는 서기 2세기와 3세기에 여러 황제들의 후원으로 막강해져 로마 병사들 사이에 급속히 퍼져 나갔다. 신도들은 7개의 위계로 나뉘었고, 사제는 독신 남자만이 될 수 있었다. 여자는 신전 출입도 금지되었다. 그러나 313년 콘스탄티누스 황제가 그리스도

[그림 14-3] 미트라와 황소.

◀ 서기 2세기, fresco from Temple of Mithras, Marino, Italy.
페르시아 모자를 쓴 젊고 힘에 넘치는 Mithra가 황소의 등에 올라타 왼손으로 황소의 머리를 잡아당기고 오른손으로 황소의 목을 찌르고 있다. 희생으로 바쳐진 황소의 근처에는 황소의 머리에서 흘러내리는 피를 받아먹으려는 개와 뱀을 볼 수 있다. 이 희생의식을 지켜보고 있는 동굴 왼쪽의 사람은 횃불을 하늘로 향해 들고 있고, 오른쪽 사람은 아래로 내리고 있다. 이는 떠오르는 태양과 지는 태양을 상징하고, 동시에 생명과 죽음을 상징하기도 한다. 황소의 희생의식은 식물과 동물의 창조와 더불어 죽음과 생명의 반복을 상징한다.

교로 개종하고 그리스도교가 공인된 이후 점차 쇠퇴하였다.

신자의 제례는 종종 맑은 샘물이 솟아나오는 바위굴 안에서 행해졌는데, 그 깊숙한 곳 암벽에는 "수소를 도살하는 신 bull-slaying God" 미트라의 부조를 볼 수 있다. 미트라 신전에 모셔졌던 미트라상은 기독교인들에 의해 파괴되었지만, 당시의 건조물을 포함한 종교적 유적은 현재 유럽에 많이 남아 있다. 미트라는 정복 불가능한, 페르시아 모자를 쓴 젊은 신으로 표현되었고, 쓰러뜨린 황소 위에 무릎을 대고 한 손으로는 뿔을 잡고 또 한 손으로는 단도로 목을 찌르는 상으로 묘사되었다.(그림14-3)

미트라교의 창조론과 종말론은 조로아스터교(Zoroastrianism)의 그것과 매우 유사하다. 조로아스터교의 창조설에 의하면 아후라 마즈다(Ahura Mazda)의 최초 창조물은 키유마르스(Keyumars 또는 Gayomard)라는 사람과 황소였다. 이후 모든 사람은 키유마르스에서 나왔고 모든 동물과 식물은 황소에서 나온 씨를 통해 만들어졌다. 황소가 아후리만(Ahriman 또는 Angra Mainyu)에 의해 병들어 죽게 될 때 황소에서 나온 씨가 달로 옮겨져서 그곳에서 길러지고 정화되어서 비와 함께 땅에 흩뿌려지고 그곳에서 식물과 동물들이 창조된 것이다.

미트라의 창조설 역시 유일하게 창조된 황소가 아후리만에 의해 병들어 죽을 처지에 놓인다. 그렇지만 황소는 이미 모든 식물과 동물을 임신한 상태였다. 선과 악의 중재자였던 미트라가 모든 식물과 동물을 살리기 위해 황소를 죽인다. 즉 미트라를 통하여 창조가 완성되었다. 그러므로 황소의 희생제는 창조과정에서 죽음에 놓인 동식물을 구원하는 구원자로서의 미트라라는 비밀을 간직하고 있다. 그리스 역사가들이 쓴 글에서 미트라의 또 다른 이름은 중재자 혹은 구원자(메시아)였다.

미트라교의 의식은 기독교 의식에 커다란 영향을 주었다.

대표적인 것이 성찬식과 예수의 탄생일이다. 미트라교는 거룩한 식사를 함께 나누고 사후의 영혼들이 악령을 물리치고 은하수에 도달할 수 있는 길을 제시해 주는 종교였다. 로마인들은 미트라를 "정복되지 않는 태양 Deus sol invictus: the unconquered Sun"으로 숭배했는데, 미트라가 바위에서 태어난 날인 12월 25일에 축제를 벌였다. 후일 로마제국이 기독교화 되었을 때 이 축제가 성탄절로 변형되었다.[90]

키벨레는 프리지아(Phrygia) 지방의 풍요와 다산을 상징하는 대모신으로 이 신에 대한 숭배 역시 그리스를 통하여 로마에 전파되었다. 그리스 신화에서는 레아와 동일시되었다. 키벨레는 태어나자마자 산에 버려졌는데, 그 산의 이름을 따서 키벨레가 되었다. 커서 아버지의 궁전으로 돌아온 키벨레는 미남 청년 아티스와 밀통하게 되었는데, 아버지가 아티스를 불구자로 만들어버렸다. 키벨레는 아티스에게 평생 자신을 섬기며 독신을 지키고 이를 어길 경우 속죄할 것을 요구하였다. 결국 약속을 지키지 못한 아티스는 거세되고 소나무 십자가에 처형되어 지상의 죄를 속죄하였다. 키벨레는 지역에 따라 여러 이름으로 알려져 있는데, 로마에서의 정식 이름은 마테르 데움 마그나 이다이아(Mater Deum Magna Idaea : 신들의 위대한 이다이아 어머니)였다.[91](그림14-4)

키벨레가 로마에 받아들여진 첫번째 동방종교로, 한니발과 전쟁을 치르던 기원전 203년 로마 원로원에 의해 신으로 추대되었다. 키벨레 여신을 여신의 신성한 상징물과 함께 로마

[그림 14-4] 키벨레.

▲ Museo Archeologico Nazionale in Naples에 소장된 3세기경 키벨레 상의 Nouveau Larousse Illustre, 1894.
차탈 후유크(Çatalhöyük) 유적의 조각상은 아나톨리아에서의 Cybele 숭배가 기원전 6000년 정도까지 거슬러 오르는 것을 보여준다. 또 신전에서 조각상과 함께 성벽관(mural crown)이 발견되어 도시의 수호신 역할을 했다는 것을 알려준다. 기원전 10세기부터 알렉산드리아의 그리스계 주민들은 키벨레를 "모든 어머니 중의 어머니, 우리들의 기원을 듣는 구세주", "모든 어머니 중의 어머니, 기원이 닿는 분"으로 숭배하였다. 그리스에서는 특히 아테네에서 숭배하였다. 로마에서는 제2차 포에니 전쟁 중인 기원전 203년에 "Magna Mater"로서 키벨레 신앙이 공식적으로 허용되었다.

90_ 4세기 중엽 로마의 주교들이 예수의 탄생을 12월 25일로 결정한 이유는 미트라교의 태양신 축제에 참여하는 것을 막기 위한 것이었다. 그러나 동방교회는 서방교회가 이교도들의 압력에 굴복했다고 생각하여 1월 7일을 성탄일로 고수하고 있다.

91_ Idaea는 Anatolia 지방의 성스런 산의 이름이다. 또는 Cybele가 아나톨리아 지방의 Ida산에서 태어났다는 신화와도 연관이 있다.

[그림 14-5] 아티스 상.

▲ Terracotta, 높이 24cm, 기원전 2~1세기, Musée du Louvre.
터키 Tarsus에서 만들어진 것으로 Phrygian cap을 쓰고 있는 모습이다.

로 가져오면 적을 물리치고 정복할 수 있다는 신탁집(Sibylline Books)의 예언에 따랐던 것이다. 키벨레 숭배는 널리 퍼져 기원전 191년 팔라티노(Palatino) 언덕에 키벨레 신전이 건립되었다. 키벨레 신을 섬기는 사제들은 처음 사제가 될 때 자신을 거세했는데, 이런 자해행위는 이 여신의 애인 아티스가 거세되고 피를 너무 많이 흘려 죽었다는 신화에 근거한 것이다. 키벨레의 연례 축제 때(3월 15일~27일)에는 소나무를 잘라 키벨레 신전으로 가져가 그것을 신으로 경배했고, 아티스의 피에서 자라난 것으로 여겨지는 제비꽃으로 그 소나무를 장식하였다.(그림 14-5)

대모신은 로마제국의 예술에서 특히 중요하였다. 이 여신은 대개 성벽관(城壁冠, mural crown)[92]이나 베일을 쓰고 옥좌에 앉아 있거나 전차를 타고 사자 두 마리를 거느린 모습으로 표현된다. 아티스상은 거의 나체로 표현되었다. 대모신을 부르는 별칭인 아스타르테(Astarte)와 이슈타르(Ishtar)는 부활절, 곧 Easter라는 용어의 기원이 되었다.

(2) 사상

헬레니즘의 에피쿠로스사상과 스토아사상 역시 로마인들에게 큰 영향을 주었는데, 특히 상류계급에 널리 퍼졌다. 시인이며 철학자였던 루크레티우스(Titus Lucretius Carus, 기원전 94경~55경)와 호라티우스(Quintus Horatius Flaccus, 기원전 65~8)가 에피쿠로스사상에 대한 원리를 설명한 대표적인 인물이다. 루크레티우스는 6권의 운문으로 된 『만물의 본성에 대하여 De rerum natura』라는 장편 철학시를 남겼다. 이 시는 철학자 에피쿠로스의 평온한 삶과 원자론적 합리주의를 찬미하는 내용으로 구성되어 있다. 이 시에서 루크레티우스는 자연현상과 인

92_ 적의 성벽에 맨 먼저 돌격하여 군기를 꽂은 용사에게 주었던 성벽 모양의 관.

간사회의 제도와 관습 등 모든 것을 고대 원자론에 따라 자연적이며 합리적인 현상으로 설명하고 있다. 또 불안과 공포의 원천인 초자연적인 존재인 영혼과 신에 대한 종교적, 정치적 편견을 비판하고 있다.

그에 의하면 세상의 모든 사물은 원자의 결합에 의하여 이루어졌다. 영혼 역시 섬세한 원자로 이루어져 있으며 서로 연결된 두 부분으로 되어 있다. 하나는 육체 전체에 퍼져 있는 아니마(anima)로서 감각을 불러일으키는 원인이며, 다른 하나는 가슴 속에 있는 아니무스(animus)로서 의식의 중심을 이룬다. 영혼은 육체와 함께 생겨나서 자라다가 죽을 때는 연기처럼 흩어져버린다. 즉, 정신과 물질은 분리할 수 없이 긴밀하게 연결되어 있으므로 죽음은 완전한 사멸을 의미한다. 그러므로 인격의 일부가 내세에 살아남아 보상을 받거나 징벌을 받는 일은 있을 수 없다. 루크레티우스는 신들이 존재한다고 인정했으나, 신들이 세상을 만들거나 조종하지는 않는다고 생각하였다. 극히 정교한 원자체계인 신은 인간사에 관심을 두지 않고 멀리 떨어져 살면서 인간에게 완전한 행복인 정신적 두려움과 정서적 혼란, 그리고 육체적 고통이 없는 상태의 이상적 삶을 본보기로 보여줄 뿐이다. 루크레티우스에 따르면 인간은 본래 쾌락을 추구하며 고통을 회피하는 존재다. 따라서 인간의 목표는 궁극적으로 쾌락을 극대화하고 고통을 극소화하는 균형잡힌 생활을 영위하는 것이다. 이러한 생활은 인간이 철학을 통하여 죽음과 신에 대한 두려움을 극복할 수 있을 때만 이루어진다.

호라티우스 역시 에피쿠로스주의적인 삶을 찬양하는 작품을 남겼다. 고대 로마의 시인으로 공화정을 옹호하는 브루투스 진영에 가담했다가 패한 뒤 하급관리를 지내며 시를 썼다. 에피쿠로스주의와 관련된 작품으로는 『풍자시 Satires』 2권이 있는데, 여기서 호라티우스는 공직생활을 단호히 거부하고 평온함을 통해 지혜를 얻고자 하는 에피쿠로스적 행복을 논하였다. 또 재산과 지위를 얻기 위한 경쟁, 극단적 행위의 어리석음, 관용의 바람직함, 야망의 해악 등 윤리적인 문제를 논하고 있다. 『시학』등에 전개된 그의 예술론은 후세에 큰 영향을 미쳤다.

제 15 장
폼페이의 문화유산

1. 역사

티투스(Titus) 황제의 통치기간이던 서기 79년 8월 24일 나폴리만의 베수비우스(Vesuvius) 화산 폭발로 농업과 상업의 중심지이자 로마 귀족들의 휴양지였던 폼페이(Pompeii)가 헤르쿨라네움(Herculaneum) 및 스타비아이(Stabiae)와 함께 화산재에 묻혀 역사에서 사라졌다. 단 이틀간의 분출로 폼페이는 4~6m의 화산재와 부석(pumice)에 묻혔다. 이 유적들은 거의 1500년간 잊혀졌다가 16세기말부터 소규모 발굴이 이루어졌다. 1748년부터 본격적으로 발굴이 시작되어 현재는 4분의 3정도가 발굴된 상태다. 이들 유적지는 공화정 후기인 헬레니즘시대와 제정초기의 생활상을 보여주는 독특한 자료가 되고 있다.

폼페이에는 중부 이탈리아의 신석기시대 후손인 오스칸(Oscan)족이 정착하여 살아왔다. 이들은 기원전 7세기와 6세기에 그리스와 페니키아, 그리고 에트루리아의 영향권에 놓였다가 기원전 525~474년 사이에 그리스 식민도시 쿠마에(Cumae)

에 점령되었다. 기원전 5세기에는 헤르쿨라네움, 스타비아이와 함께 캄파니아지역을 정복한 삼니움(Samnium)족의 지배를 받았다. 4세기 삼니움 전쟁[93] 후에는 언어와 자치가 유지된 로마의 동맹국이 되었고, 또 요새화되었다. 2차 포에니전쟁 동안에도 로마의 충실한 동맹국으로 남았다.

그러나 동맹시 전쟁(기원전91~88) 때에는 로마에 대항하는 캄파니아 도시들에 합류하였다. 그 결과 폼페이는 기원전 89년 로마의 장군 술라(Lucius Cornelius Sulla)에 의해 정복되었다. 그때부터 오스칸어를 대신하여 라틴어가 공식 언어가 되었고, 폼페이의 문화가 급속히 로마화되었다.

2. 사회

폼페이 유적은 둘레가 3km인 방벽에 둘러싸여 있다. 폼페이의 북서 방향에 위치한 베수비우스 화산 폭발 당시에 인구가 2만명 정도였을 것으로 추산된다. 폼페이는 지형상 전형적인 로마 도시인 사각형 설계를 따르지 않았다. 그러나 시내의 도로는 곧게 뻗어 격자로 구획되었던 전형적인 로마시가 구조였다. 중심도로인 스타비아나(Stabiana) 가도가 남동-북서 방향으로 이어지고, 이 중심도로에 남서-북동 방향으로 아본단차(Abbondanza) 가도와 그 북쪽으로 노라(Nola) 가도가 교차하고 있었다. 도로면에는 다각형의 넓은 돌로 포장되어 있었고, 길 양편에 가옥과 상점들이 늘어서 있었다. 폼페이가 화산재에 묻힌 79년 이전에도 여러 번의 작은 지진이 있었다. 그 가운데 서기 62년 2월 5일에 일어났던 지진은 강도 5~6(리히터 지

93_ BC 343~341년, BC 328~304년, BC 298~290년 세 차례에 걸쳐 이탈리아 반도에서 패권을 장악해 가던 로마와 삼니움족과의 전쟁.

진계)으로 추정되는 강진으로 심각한 피해를 입혔다. 신전과 가옥, 다리와 도로가 붕괴되고 파괴되었다. 당시의 지진으로 폼페이의 모든 가옥이 피해를 입었다. 규모는 알 수 없으나 일부 시민들이 도시를 떠났다. 79년까지 복구가 진행되고 있었지만 일부는 여전히 방치된 상태였다. 그 같은 상황에서 맞은 서기 79년 8월 24일의 베스비우스 화산 폭발로 폼페이는 화산재에 묻혀 흔적도 없이 사라졌던 것이다.(그림15-1)

시민들의 정치, 종교, 경제생활의 중심이었던 곳은 광장으로 열주가 있는 2층 건물로 구획되던 커다란 4각형 지역이었다. 공공건물 중 건축학적으로 가장 중요한 것은 광장의 남쪽 끝에 위치한 바실리카로 상품거래와 재판의 장소로 사용되었다. 이 건물은 바실리카 양식의 교회 건축물의 기원과 발달을 연구하는 데 상당히 중요하다. 서쪽에는 폼페이의 수호신인 베누스 신전이 있고, 바실리카 옆에는 아폴론 신전이 있었다. 폼페이의 동쪽 가장자리에 위치한 원형경기장은 기원전 80년

[그림 15-1] 폼페이 최후의 날.

▼ Karl Briullov, Oil on canvas, 1827~1833년, 465.5×651cm, Russian Museum, Saint Petersburg.

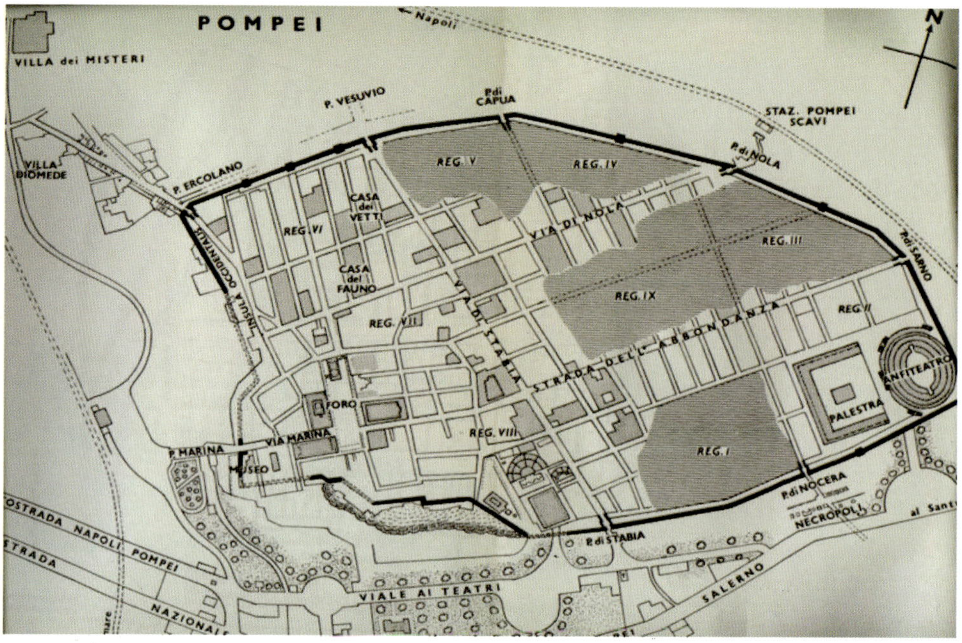

[그림 15-2] 폼페이 평면도.

▲ 남서에서 북동 방향으로 중심도로인 Abbondanza 가도와 Nola 가도가 이어지고 그 도로들과 수직으로 Stabia 가도가 교차되고 있다. 폼페이의 동쪽 끝에 타원형 건물인 원형경기장이 있고 그 옆에 4각 평면도의 체육관이 위치했다. fresco 벽화로 유명한 베티의 집(Casa dei Vetti)과 목신의 집(Casa del Fauno)은 북서쪽에 위치한다. 평면도상 그 아래인 폼페이 남서부에 위치한 광장에는 식료품 시장을 비롯하여 유피테르 신전, 아폴로 신전 등이 위치하였다. 비의의 별장(Villa dei Misteri)은 폼페이 근교 북서부에 위치하고 있다. 극장은 남쪽 끝 중앙부에 위치하며 그 아래의 4각형 평면도 건물은 검투사 막사였다.

로마화한 후 건설된 것으로 현재까지 알려진 석조 원형경기장 가운데 가장 오래된 것이다. 거의 전 시민에 해당하는 2만여 명을 수용할 수 있던 장축 143m와 단축 102m의 타원형 건물이었다. 이들 외에 중요한 건물은 대형 식료품 시장(Macellum), 방앗간(Pistrinum), 음료수 가게(Thermopolium), 식당(cauponae), 체육관 (palaestra) 및 2개의 극장 등이 있었다.(그림15-2)

폼페이의 당시 참상에 대해서는 플리니우스(Pliny the Younger, 61~112)에 의해 알려졌다. 플리니우스는 해군제독이었던 숙부(Pliny the Elder, 23~79)가 함대를 화산지역으로 몰고 들어가 조난자들을 구출하다가 사망한 사건을 27년 후에 Tacitus에게 편지로 알렸던 것이다. 그런데 최근에 화산학자들은 폼페이의 희생자들이 화산재에 묻힌 것은 약 2개월 후라고 주장하고 있다. 그들의 주장은 79년 11월 23일에 또 다른 지진이 있었다는 편지가 뒷받침하고 있다. 화산학자들은 화산재에 묻힌 사람들은 8월의 여름옷이 아닌 겨울옷을 입고 있었으며, 상점의 과일과 채소가 10월의 것이었다는 증거를 제시하고 있다. 또 10월말에 이루어지는 포도주 술병이 봉해져 있고, 여인의 지갑에서 79년 9월 중순 이후에 발행한 동전이 발견되었다는 증거를 제시하고 있다. 왜 이 같은 차이가 나는지에 대하서는 아직 결정적인 이론이 정립되어 있지 않다.

화산폭발 당시의 참상은 1860년 발굴책임자였던 Giuseppe Fiorelli에 의해서 생생이 밝혀졌다. 화산재 층에 종종 나타났던 빈공간이 사람의 형체라는 것을 알아낸 피오렐리는 석고주입법(현재는 송진주입법을 쓰고 있다)을 고안하여 희생자들의 모습을 완벽하게 소생시켰다. 당시 도망치지 못했던 사람들의 삶의 마지막 순간의 공포가 소름끼치도록 정확한 형체로 드러나고 있다.(그림 15-3)

[그림 15-3] 폼페이 희생자 모습.

▲ 1860년 발굴책임자였던 이탈리아 고고학자 Giuseppe Fiorelli가 고안한 석고주입법(technique of injecting plaster)을 사용하여 복원한 희생자의 모습이다. 숨막히는 화산재와 열기를 피해 구석에서 웅크리고 앉아 두 손으로 코와 입을 감싸고 죽음을 맞이한 희생자의 최후의 순간 모습을 생생하게 보여주고 있다.

발굴 초기부터 당대의 생활상을 보여주는 에로틱한 벽화 그림과 형상들이 발굴되었다. 우리에게 에로틱한 형상으로 보이는 많은 것들, 특히 큰 남근은 당시에는 다산의 형상이었다. 그럼에도 고대 로마문화의 성도덕이 오늘날 보다 훨씬 더 자유로웠다고 추정할 수 있다. 그 같은 생각은 폼페이에서 발굴된 일부 유물을 다시 감추게 만들기도 하였다. Priapus[94]를 묘사한 벽의 프레스코가 다시 덮였다가 1998년 홍수로 재발굴되기도 하였다. 1819년 폼페이 유물 관람을 위해 나폴리 국립박물관에 왕비와 공주를 대동했던 나폴리 왕 Francis I세가 에로틱한 예술작품에 매우 당황하였다. 그 후 공개와 비공개가 반복되다가 거의 100년간 비공개로 폐쇄되었다. 1960년대말 성의 혁명시대에 다시 접근할 수 있었고, 2000년에 가서야 재공개되었다. 당대인들도 일부는 그런 풍조를 비도덕적인 것으로

94_ 고대 Phrysia에서 숭배되기 시작한 성과 풍요의 신으로 과장되게 큰 남근을 가지고 있다. Priapus 상은 행운을 부르는 상징이었으며 도둑을 막는 역할을 하기도 하였다.

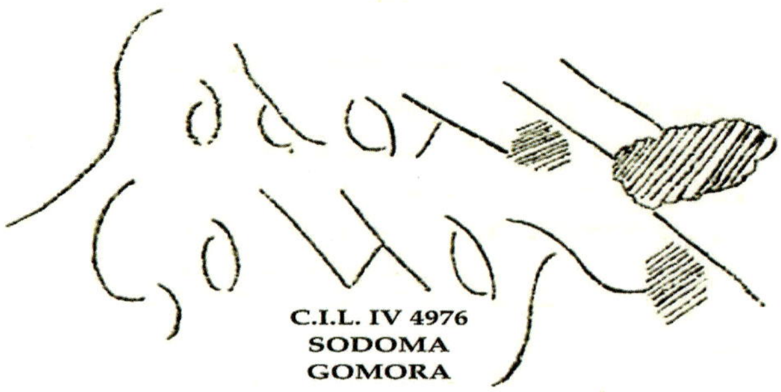

[그림 15-4] 소돔과 고모라.

▶ 중앙교차로 근처의 벽에 쓰여진 글자로 화산폭발 직전이나 직후로 생각된다. 당대인들 일부도 폼페이가 도덕적으로 타락했다고 믿었다는 증거이다.

보았던 것이 확실하다. 폼페이가 파괴되기 직전이나 직후에 누군가 폼페이의 중앙 교차로 근처 벽에 "소돔과 고모라 Sodom and Gomorrah"라고 써 놓은 것이 증거이다. 어쩌면 기독교인이 폼페이의 외설적인 비도독성에 대한 신의 심판을 경고하면서 폼페이의 붕괴를 기원했을지도 모른다.(그림15-4)

3. 건축과 예술

폼페이 유적지 가운데 공공건물보다 더 의미가 있는 것은 수백 채의 민간 주택들이다. 이곳에서만 유일하게 400여년에 걸친 로마시대의 가정용 주택건축의 역사를 추적할 수 있기 때문이다. 가장 초기의 주택들은 제1차 삼니움 점령기인 기원전 4~3세기에 세워졌다. 특히 외과의사의 집(House of the Surgeon)이 이 기간 동안 세워진 초기 아트리움 주택의 예로서 가장 잘 알려져 있다.

가장 호화로운 주택들은 교역과 문화적 접촉의 증대로 세련된 헬레니즘 문화가 유입되었던, 제2차 삼니움 점령기인 기원전 200년에서 기원전 80년 사이에 지어졌다. 이 시기에 지어진 주택의 벽면장식 그림에서 4단계의 양식사적 발전과정을 볼 수 있다. 회벽에 그려진 벽화는 건축의 구조를 모방한 그림으로

[그림 15-5] 목신의 집 전경.

◀ Casa del Fauno.
청동으로 만든 춤추는 목신이 빗물받이 가운데에 놓여있다. 원래는 빗물받이 가장자리에 위치했었다.

벽면을 장식하고 있다. 벽면의 아래 부분은 건축의 기단이 그려졌고, 위 부분에는 지붕이 그려졌다. 그 사이 벽과 기둥, 창문 등이 그려졌다. 기둥 사이나 창문을 통하여 바깥 풍경이 보이며, 신화 내용 등의 벽걸이 그림이 걸려 있는 듯 그려져 있다.

대표적인 건축물은 목신의 집(House of the Faun)으로, 2개의 아트리움과 열주로 둘러싸인 2개의 큰 안뜰이 있다. 서기 62년의 지진으로 훼손되어 복구한 흔적이 있다. 이 집의 이름은 춤추는 목신의 청동상에서 이름이 붙여졌다. 이 청동상은 원래는 빗물받이 가장자리 위에 위치했던 것인데 현재는 중앙으로 옮겨져 있다. 진품은 나폴리 국립 고고학 박물관에 소장되어 있고 모작이 당대의 분위기를 전하고 있다. 이 조각은 당시 귀족들의 주택을 꾸몄던 단순한 장식 조각으로 포즈가 가볍고 우아하며 역동적으로 르네상스 조각과는 대조가 된다. 고고학자들이 발견한 Saturninus라는 명문은 그 집의 별칭으로 주인이 유명한 Satria 씨족 출신으로 보인다. 다수의 침실과 식당, 접견실과 사무실을 가지고 있는 이 집의 입구는 라틴어로 "HAVE"로 장식되었는데, 손님을 맞이하고 배웅할 때의 인사말이다.(그림15-5)

목신의 집 벽면은 폼페이 제 1양식[95]으로 장식되어 있는데, 이는 회반죽에 채색을 하여 마치 대리석으로 겉치장을 한 것과 같은 효과를 내고 있다. 이 집에서 가장 유명한 예술품이 1831년에 발굴된 〈알렉산더 모자이크 Alexander Mosaic〉로, 기원전 333년 알렉산더 대왕과 페르시아의 다리우스 3세 사이의 이수스 전투(The Battle of Issus)를 묘사하고 있다. 이 그림은 기원전 4세기말 그리스 회화에서 감명을 받아 그렸거나 또는 복사한 것으로 추정된다. 이 모자이크는 나일 강 장면과 연극 마스크의 다른 바닥 모자이크에 의하여 완성되었다. 다른 예술품으로는 에로틱한 사타이어와 님프(Satyr and Nymph), 물고기 모자이크 등이 있다.

기원전 80년경에서 기원전 마지막 10년대에 이르는 동안 다른 양식의 벽화들이 등장하였다. 폼페이 제 2양식, 또는 건축적 양식이었다. 이 양식은 특히 건축적 특징과 눈속임적인 삼차원적 구성이 특징이다. 즉, 벽화가 실제처럼 보이도록 원근법적으로 표현하고 있다. 이런 그림은 당시의 작고 창이 없는 방이 지녔던 밀실공포적 증상에 대처하기 위한 것이었다. 폼페이에서 북서쪽으로 800m쯤 떨어진 교외에 위치한 비의의 별장(Villa of the Mysteries)이 여기에 해당한다. 벽과 천장의 프레스코화가 큰 피해 없이 살아남아 박물관이 아닌 현장에서 벽화를 직접 볼 수 있다. 이 집의 이름은 횡와식탁(triclinium)이 있는 식당의 프레스코화에서 붙여졌다. 매우 섬세하게 그려진 벽화의 주제에 대해서는 논란이 많다. 그러나 많은 연구자들은 대체로 한 여인의 디오니소스 신앙의 비의적 입단식을 묘사한 장면으로 해석하고 있다. 당시 디오니소스 신앙에 입문하기 위해서는 현재 전

95_ 구조적 양식, 석조식 양식이라고도 하며 기원전 2세기부터 기원전 80년까지 유행한 양식이다. 특징은 벽면과 천장을 마치 대리석으로 만든 것처럼 보이게 장식한 것이다.

해지고 있지 않은 신비한 비의적 의식과 의례를 요구했던 것으로 알려져 있다. 그에 대해 일부 연구자들은 어린 소녀의 결혼의식을 묘사한 것이라고 주장하고 있다.(그림15-6)

[그림 15-6]
비의 입문 소녀가 의식을 읽고 있는 모습.

▲ Fresco, 높이 188cm, 기원전 60년경, Wallpainting from the villa dei Misteri.
그림 속의 어린 소녀는 대체로 디오니소스 비의(Dionysian Mysteries)에 입문하기 위한 절차로 비의에 관련된 주문을 읽는 것으로 해석되고 있다. 일부 학자들은 결혼의식으로 해석하고 있다.

제정기에 들어 폼페이의 집들은 대체로 낮은 아트리움과 작은 규모였으나 장식은 더 정교해졌다. 폼페이 제 3양식, 혹은 장식적 양식으로 알려진 이 양식은 서기 62년 대지진까지 유지되었으며, 훨씬 장식적이고 화려한 특징을 갖는다. 벽이 수평으로 3부분 수직으로 3~5부분으로 나뉘어 장식되었는데, 수직으로는 기하학적 모티브나 나뭇잎이 무성한 가는 기둥으로 나뉘었다. 이 시기 그림에는 새나 반쯤 환상적인 동물들이 배경으로 등장하고 악티움 전쟁 이후에는 이집트적 특징을 갖는 동물들도 등장한다. 또 제 2양식의 3차원 대신 단색이 지배하는 미묘한 환상적인 선들로 장식된다.

그 후 서기 79년까지의 양식은 제 3양식에 대한 바로크적 반동으로 폼페이 제 4양식으로 불린다. 장식이 많고 환상적 효과가 풍부하며, 큰 규모의 서술적이고 전망적인 그림도 등장한다. 부유한 상인의 전형적인 주택인 베티의 집(House of the Vettii)이 여기에 속한다. 이 집의 이름은 Aulus Vettius Conviva와 Aulus Vettius Restitutus에서 유래하였다. 서기 62년 지진 이후 복구를 완료하여 폼페이 제 4양식의 그림으로 장식된 집이다. 부유한 상인이 거주했던 흔적이 여러 곳에서 나타나고 있다. 입구 로비에는 거의 실물 크기의 Priapus가 입고 있는 튜닉 아래로 우뚝 선 그의 남근의 무게를 저울로 재고 있는 그림이 있다. 저울 아래 자루에는 동전이 넘쳐흐르고 있다. 또 집 전체에 동성애자의 이미지가 있는데, 이는 이 집에 들어오는 악마

[그림 15-7] 프리아푸스 모습.

▲ Fresco, Wallpainting from the Casa dei Vettii.
상인이었던 베티의 집 주인은 풍요를 상징하는 Priapus를 실물크기로 그려놓았다. 저울로 재고 있는 남근 아래에는 동전이 넘쳐흐르고 있다. 저택 입구 로비에 위치한 것은 이 그림이 액운을 피하기 위한 액막이 역할도 했다는 것을 말해준다.

의 눈을 피하기 위한 의도였다. 이 그림을 통하여 우리는 넘쳐흐르는 부를 기원하며, 동시에 그 재물로 인한 재앙이 없기를 기원했던 상인의 마음을 충분히 헤아릴 수 있다.(그림15-7)

폼페이와 다른 도시의 유적발굴은 유럽의 문화에 큰 영향을 미쳤다. 발굴 소식들이 고대에 대한 열광을 불러일으켰으며, 그 같은 열광이 유럽 전역으로 퍼져나갔다. 독일 고전주의자 빙켈만과 레싱, 괴테의 관심과 찬사가 발굴사실을 널리 알렸으며, 영국 귀족들의 "대유럽 여행"에서 나폴리, 폼페이, 헤르쿨라네움이 중요한 체류지가 되었다. 당시의 미술가, 건축가, 도예가, 심지어 가구제조업자들까지 폼페이에서 많은 영감을 얻었다. 퐁텐블로 궁전(the Palace of Fontainebleau)의 마리 앙투아네트(Marie Antoinette, 1755~1793) 왕비의 방들이 폼페이 양식과 결합된 장식으로 꾸며졌고, 그것이 유럽에 유행을 불러왔다. 자크 루이 다비드(Jacques-Louis David, 1748~1825)와 그의 제자 장 오귀스트 도미니크 앵그르(Jean Auguste Dominique Ingres, 1780~1867)도 폼페이 발굴에서 자극이 되어 프랑스 혁명과 나폴레옹 시대를 장식한 대표적인 신고전주의 양식의 작품들을 남겼다.[96]

96_ 다비드의 대표작은 다음과 같다. <The Oath of the Horatii>, 1784, Musée du Louvre; <The Death of Socrates>, 1787, Metropolitan Museum of Art, NY; <The Death of Marat>, 1793, Musées Royaux des Beaux-Arts, Brussels, Belgium; <Napoleon at the St. Bernard Pass>, 1801, Kunsthistorisches Museum, Vienna, Austria.

제 16 장
원수정과 로마의 평화

1. 원수정

카이사르가 피살된 다음날인 기원전 44년 3월 16일 암살자 중 한 명인 마르쿠스 브루투스가 암살의 정당성을 옹호했으나 성난 카이사르 지지파 군중들에게 공격당하였다. 긴박한 상황에서 키케로의 타협안이 빛을 발하였다. 원로원이 암살자들을 사면해주는 대신 카이사르의 정책을 고수하고 국장을 치르며 신격화한다는 것이었다.[97] 안토니우스(Marcus Antonius, 기원전 83~30)가 공개한 유언장에는 카이사르의 누이 옥타비아의 손자인 당시 18세였던 옥타비아누스(Octavianus)가 제 1후계자로 지명되어 있었고, 암살자 중 한명인 데키무스 브루투스(Decimus Junius Brutus Albinus, 기원전 ?~43)[98]가 제 2후계자로 지

97_ 기원전 44년 3월 20일 Foro Romano에서 화장되고 원로원은 그 자리에 추모 원기둥을 세웠다. 기원전 29년 옥타비아누스가 카이사르를 신격화하고 기둥이 있던 자리에 신전을 세웠다. 죽은 자를 신격화한 것은 로물루스 왕 이래 두 번째였다.

98_ Caesar의 부하 장군으로 Caesar 암살에 가담한 이유는 불확실하며,

명되어 있었다.

카이사르에 의해 후계자로 지명된 옥타비아누스가 공부하던 일리리아에서 로마로 돌아와 정권을 장악하기 위하여 안토니우스 및 레피두스(Marcus Aemilius Lepidus, 기원전 89~12)와 협력하였다. 다음 해인 기원전 43년 11월 세 사람이 암살 지지자들을 제거하기 위하여 제 2차 삼두정치를 형성하였다. 결국 반대파 귀족들이 살해되고 재산이 몰수되었다.[99] 암살의 주모자인 카시우스와 브루투스는 42년 마케도니아 동부 필리피(Philippi) 전투에서 패배하여 자살하였다.

카이사르 반대파들이 모두 제거되자 제 2차 삼두정치가 새로운 국면을 맞게 되었다. 옥타비아누스는 로마로 돌아가고, 이집트와 동방의 속주는 안토니우스가, 아프리카 속조는 레피두스가 통치하기로 하였다. 그런데 옥타비아누스의 여동생 옥타비아와 결혼했던 안토니우스가 세력다툼으로 옥타비아누스와 사이가 멀어지고, 옥타비아와 결별한 후 이집트의 클레오파트라와 손을 잡았다. 현실적으로 클레오파트라는 프톨레마이오스 왕조의 옛 영토를 되찾기 위해 안토니우스의 군대가 필요했고, 안토니우스는 자신의 입지 강화와 파르티아에 대한 원정에 필요한 자금과 보급품의 지원에 이집트가 필요했던 것이다. 기원전 37년 안토니우스가 이집트의 지원으로 예루살렘과 유대지역을 회복하여 헤로드(Herod)를 왕으로 세웠다. 그러나 다음 해에는 시리아와 파르티아로 진군했으나 대패하였다.

Caesar의 사후 공개된 유언장에서 자신이 제 2의 상속자인 것을 알게 된 후 얼굴이 흙빛이 되어 침묵에 잠겼다고 한다. Caesar에 의하여 임지로 예정되었던 갈리아 총독이 되었다가 Octavianus의 버림을 받고 기원전 43년 Antonius에 의해 처형되었다. Caesar의 14명 암살자 중 가장 먼저 죽임을 당하였다. 카이사르의 먼 친척 또는 Caesar와 미상의 정부 사이에서 태어난 숨겨진 아들로 추정되고 있다.

99_ 안토니우스의 적인 Cicero를 포함하여 300명의 원로원의원과 2,000명의 기사들이 처형되었다.

기원전 36년 옥타비아누스에게 무력으로 대항하려던 레피두스가 옥타비아누스에 의해 무장해제당하고 콘술의 지위마저 박탈당해 결국 은퇴하게 되었다. 옥타비아누스는 과거 공화파 귀족을 자기편으로 끌어들여 권력을 강화하고 안토니우스에 대한 공격을 시작하였다. 옥타비아누스는 고대 로마의 질서의 신인 아폴론을 수호신으로 삼아 자신의 애국심을 종교적으로 교묘히 선전하였다.[100] 또 탁월한 지휘관을 의미하는 개선장군(Imperator)이라는 칭호를 붙이기 시작했으며, 자신의 얼굴과 이름이 새겨진 동전을 발행하였다. 그 동안 안토니우스는 기소되어 몇 차례 로마로의 소환이 통보되었으나 알렉산드리아에 머물면서 응하지 않았다.

기원전 35년 안토니우스가 다시 한 번 이집트의 지원으로 아르메니아 공략에 성공하여 다음 해 알렉산드리아에서 성대한 개선식을 거행하였다. 그런데 그의 개선식이 전통적인 로마의 개선식에 대한 모욕으로 받아들여졌다. 더구나 개선식 직후 클레오파트라를 "왕 중의 여왕 겸 이집트의 여왕 Queen of Kings and Queen of Egypt"으로, 자신과 클레오파트라 사이에 난 2명의 아들과 1명의 딸에게도 각기 거창한 제왕의 칭호를 붙였다. 특히 카이사리온을 "왕 중의 왕 겸 이집트의 왕 King of Kings and King of Egypt" 및 특히 카이사르의 적법한 후계자로 공포한 것은 안토니우스가 옥타비아누스와는 물론 로마와의 단절을 선언한 것이었다.

이제 두 진영 사이의 전쟁은 피할 수 없었다. 기원전 33년부터 격렬한 비난과 선전전을 벌인 후,[101] 기원전 32년 원로원

100_ 그와 대조적으로 안토니우스는 로마와 별로 관련 없는 Dionysus를 수호신으로 삼았다.

101_ 안토니우스는 옥타비아누스가 카이사르의 양자임을 위조하여 권력을 찬탈한 자라고 비난하였고, 옥타비아누스는 안토니우스가 불법으로 속주를 차지하고 원로원을 무시한 채 외국과 전쟁을 벌였으

[그림 16-1] 악티움 전투.

▲ Lorenzo Castro, 1672, National Maritime Museum, London.
기원전 31년 9월 2일 Actium 해전에서 Antonius와 Cleopatra 연합군에 대한 Octavianus 군대의 승리를 묘사하고 있다.

이 안토니우스를 해임하고 클레오파트라에게 선전포고를 하였다. 기원전 31년 안토니우스 편이었던 그해의 집정관 2명과 원로원의원의 3분의 1이 그리스에 있는 안토니우스 진영으로 넘어갔다. 내전이 시작된 것이다. 기원전 31년 9월 2일 벌어진 악티움 전투(the Battle of Actium)에서 안토니우스와 클레오파트라의 해군이 괴멸되었다. 기원전 30년 8월 아그리파(Marcus Vipsanius Agrippa, 기원전 63~12)의 부대가 이집트에 상륙하자 클레오파트라가 죽었다고 믿은 안토니우스가 패배와 절망 속에서 자살하였다. 며칠 후 클레오파트라도 스스로 목숨을 끊었고 카이사리온이 처형되었다. 옥타비아누스는 이집트를 병합하고 직접 다스려 이후 황제의 개인재산이 되었다.(그림16-1)

옥타비아누스의 승리로 로마는 새로운 시대가 열렸다. 그라쿠스 형제의 개혁 이후 이어진 로마의 내란이 종식되고 실질적으로 황제에 의한 통치가 시작되었다. 전권을 장악한 옥타비아누스는 양부인 카이사르의 전철을 피하려 노력하였다. 그

며, 영토를 클레오파트라와의 사이에서 태어 난 자식들에게 팔아넘겼다고 비난하였다.

런 조치로 기원전 27년 1월 13일 로마의 통치권을 원로원에 반납하여 공화제를 회복했다는 찬사를 받게 되었다. 그러나 3일 후인 1월 16일 원로원은 존엄자(Augustus)라는 명칭과 더불어 로마의 통치권을 옥타비아누스에게 되돌렸다. 그렇지만 옥타비아누스는 아우구스투스가 아닌 로마 시민 중 서열이 1번인 원로원 의장의 자격으로 로마를 다스린다는 뜻으로 원수(元首, Princeps/ prince의 어원)를 자처하였다. 그 같은 이유로 제정 로마의 전기가 원수정(Principatus)으로 불린다.

옥타비아누스는 군사와 내정은 아그리파에게 외교와 문화는 마이케나스(Gaius Maecenas: 기원전 70~8)[102]에게 의존했지만, 콘술, 속주 총독, 종신 호민관, 대신관 등 공화정 하의 여러 관직을 겸직하면서 실질적으로 황제의 권력을 행사하였다. 기원전 31년에서 23년까지 매년 집정관직에 있었으며, 군대의 대부분이 주둔하고 있는 스페인과 갈리아 및 시리아의 속주에 대한 통치권을 보유하였다.[103] 기원전 23년에는 집정관직을 물러나 절대권력(Imperium Majus)을 장악했으며, 평민의 옹호자인 종신 호민관직을 택하였다.[104] 기원전 12년에는 레피두스가 죽자 종교의 최고 수장인 대신관직에 올랐다. 기원전 2년에는 국부(Pater Patriae)라는 최고의 칭호를 받았다.

아우구스투스의 44년간 통치는 공화정의 합헌적 옷을 걸친 제정이었다. 그가 황제로 군림할 수 있었던 것은 로마시민의 지지에 의한 것이었으나 권력의 실질적인 기반은 군대와 재정

102_ Maecenas는 특히 Vergilius, Horatius, Propertius 등 문인들을 후원하여 아우구스투스의 궁정에 들어갈 수 있도록 하였다. 기업의 문화예술 지원 활동을 일컫는 메세나(Maecenas: patron of arts)는 마이케나스의 불어식 표기이다.

103_ 나머지 속주는 이전의 공화정 때처럼 원로원이 임명한 총독이 다스렸다.

104_ 이로써 그의 공식호칭이 Imperator Caesar Augustus Tribunicia Potestas 가되었다. imperator에서 emperor라는 말이 기원하였다.

이었다. 아우구스투스는 마리우스의 지원병제를 바탕으로 기원전 9년에 최종적으로 총 15만명의 25개 정규군단으로 개편하였다. 이들 군단의 병사들은 로마시민에서 충원되며 20년간 근무하였다. 정규군단과는 별도로 속주민으로 구성되는 보조군단 역시 정규군단의 수와 비슷했으며, 25년간 복무 후에 로마시민권을 부여받았다. 이들 군단은 정치개입을 방지하기 위하여 이탈리아반도에 주둔시키지 않고 속주에 배치하였다. 군단의 지휘관은 황제가 신임하는 원로원의원 중에서 임명하였다. 황제의 호위를 위하여 약 9천명으로 구성된 친위대를 창설하였으며 친위대장을 기사계층에서 임명하였다. 또한 지중해를 경비하기 위해 효율적인 함대를 조직하였다. 아우구스투스는 이렇듯 군체제를 정비하고 모든 군통솔권을 장악하였다. 원로원이나 민회, 집정관과 법무관도 이제는 군에 대하여 관여할 수 없게 되었다. 아우구스투스는 군장병에 대한 봉급과 연금을 위한 재원에 많은 사재를 투입하여 실질적으로 군을 완전히 장악하였다.

아우구스투스는 원로원과의 관계 업무를 지원하기 위하여 원로원 자문위원회(consilium)를 설치하고 황제의 행정 부담을 경감하기 위하여 직속 보좌관을 늘렸다. 이들은 기사계층과 해방노예들로 구성된 관료들로서 아우구스투스 시대에 처음 나타나 점차 제국 행정제도의 본질을 이루는 중요한 요소로 자리 잡았다. 아우구스투스는 도시와 속주의 자치를 상당히 허용하는 한편 속주 총독에 대한 직접적 지배권을 행사하여 독직이나 부정혐의가 드러나면 엄격하게 징계하였다. 또 종전의 징세청부제도를 개선하여 고정된 봉급을 받는 징세관을 자신의 대리인으로 파견하는 등 효율적인 행정개혁에 힘을 기울였다. 막대한 재정이 필요한 군과 행정체계의 정비와 개혁이 효율적인 재정으로 가능해졌다. 로마 재정의 기반은 속주에 있었다. 이탈리아 시민은 5%의 상속세와 약간의 노예해방세 정도만 부담하였고, 국가세입의 대부분은 속주민이 부담하는 인두세와 토지세, 노예 해방세, 관세 등이었다. 조세를 위한 인구조사와 재산평가가 기원전 28년에 처음 실시되었고 그의 치세기간에 두 번 더 실시되었다.(그림16-2)

그러나 새로운 군대의 창설, 제대군인의 연금지급, 관료의 봉급, 로마시의 재건, 군사도로 신설과 유지, 시민에 대한 경기와 구경거리 제공 등 막대한 재정수요를 세금으로는 충당하지 못하였다. 국가재정의 파산을 막는 방법은 황제의 개인재산에 의존하는 길 뿐이었다. 황제는 이집트를 소유한 로마 최대의 부자로 원로원의 요청에 따라 국가재정의 부족을 충당하였다. 그 같은 상황에서 원로원이 관장하는 속주의 금고도 황제의 감독을 받게 되어 점차 국가재정이 황제의 재정과 다름없게 되었다.

아우구스투스는 사회악과 부도덕을 억제하기 위한 법률을

[그림 16-2]
아우구스투스황제 시대의 로마제국 영토(기원전 31~서기 14).

▼ Augustus Caesar 시대 로마제국의 영토 확장을 나타낸 지도로 주황색은 기원전 31년 공화정의 영토, 녹색은 아우구스투스 치하 넓힌 영토이다. 단 게르만 지역은 아우구스투스 치하에서도 변하였다.

31 BC 이전
31~19 BC
19~9 BC
9~14 AD

제정하고 스스로 절제된 생활로 사치풍조를 막고자 노력하였다.[105] 또 이탈리아가 로마세계의 중심으로 전체의 평화를 이룩해야 된다는 아우구스투스의 확신은 베르길리우스, 호라티우스, 리비우스 등 로마 최고의 지식인들로부터 찬양을 받았다. 그 같은 생각은 그리스와 로마 사이에 일종의 제휴관계를 성립시키고자 했던 안토니우스와 클레오파트라의 견해와는 상반되는 것으로, 그런 제휴관계는 몇 세기 뒤에나 성립될 것이었다. 아우구스투스의 집권으로 시작된 사회 안정이 산업과 교역을 발달시키고 2백년간 지속되는 "로마의 평화 Pax Romana"를 가져다주었다. 그리스와 로마의 고전문화 유산이 후세에 전달되고, 유대교와 그리스도교가 널리 퍼질 수 있었던 것은 바로 이같은 평화 덕분이었다. 에스파니아와 갈리아를 정복하여 아우구스투스가 이룩한 이 평화를 기념하기 위하여 원로원이 세운 기념물이 〈평화의 제단 Ara Pacis〉이다.

2. 평화의 제단

아우구스투스의 통치 40여년 동안 황제의 궁정이 정치문화의 중심이 되었으며, 동시에 궁정예술의 시대가 열렸다. 마르스 광장에 건축된 〈아우구스투스의 평화의 제단 Ara Pacis Augustae〉이 대표적인 정치적 이념을 표명하는 작품이다. 이 제단은 아우구스투스에 의하여 이룩된 평화가 지속되기를 로마의 신들에게 기원하며, 아우구스투스의 체제가 질서 있게 발전하리라는 정치적 메시지를 함축하고 있다.

105_ 가족과 친척들에게 따뜻한 마음을 가졌던 아우구스투스도 간통을 이유로 딸 Julia를 추방하고, Agrippa와 율리아 사이에 태어난 딸과 아들 Agrippa Postumus도 추방하였다.

기원전 13년 7월 4일 히스파니아와 갈리아에서 개선한 아우구스투스를 맞아 원로원에 의해서 의뢰되어 기원전 9년 1월 30일에 봉헌되었다. 건축물은 가로 10.6m, 세로 11.6m, 높이 6m의 크기로, 흰 대리석을 사용하였으며 벽면에는 신들을 위해 의식을 치르는 행렬이 돋을새김으로 새겨져 있다.

제단은 원래 마르스의 들판(Campus Martius)의 북동 코너에 위치한 Via Flaminia의 서쪽면인 로마시의 북쪽 변두리에 위치하였다. 그곳은 Tiber강의 홍수 평원으로 오랫동안 4m의 진흙 속에 묻혀 있었다. 평화의 제단 일부가 처음 발견된 것은 1568년으로 Basilica San Lorenzo 아래에서였으며, 당시 조각들은 현재 로마 국립미술관, 우피치 미술관, 루브르박물관과 바티칸박물관에 분산 소장되어 있다. 1859년 일부가 추가로 발견되었고, 1903년 Friedrich von Duhn이 아우구스투스의 비망록을 통하여 이들 부조가 Ara Pacis의 일부라는 것을 밝혀냈다. 당시 발굴은 기술적 어려움으로 중단되었고, 1937년 2월 무솔리니 내각이 아우구스투스 탄생 2,000주년을 기념하기 위하여 땅밑을 동결시키는 기술을 이용하여 발굴하였다. 1938년 제단을 위한 보호 건물을 건축하면서 현재의 아우구스투스의 영묘(the Mausoleum of Augustus) 옆으로 이전되었다. 다른 덮개 건물

[그림 16-3]
아우구스투스의 평화의 제단.

◀ 내전을 종식시키고 Pax Romana를 가져온 초대황제 Augustus의 치적과 체제를 찬양하기 위하여 기원전 9년 Senatus에 의하여 봉헌된 기념물이다. 1938년 현재의 위치로 옮겨졌고 사진속의 덮개건물은 2006년 완공된 것이다.

이 미국 건축가 Richard Meier에 의하여 건축되었고, 논란 속에 2006년에 개관되어 현재의 Ara Pacis Museum의 모습을 보이고 있다.(그림16-3)

제단에 등장하는 인물들은 북쪽과 남쪽 벽의 긴 프리즈에 새겨져 있는데, 아우구스투스에 의해서 이룩된 평화의 신에 감사의식을 집행하기 위하여 서쪽으로 가고 있는 모습이다. 북쪽 벽에는 46명의 행진하는 행렬이 등신대 크기로 새겨져 있는데, 이들 인물상들은 아우구스투스 시대의 걸작으로 평가된다. 그런데 이들 조각은 그리스 조각에서 전형적으로 발견되는 이상적인 형태가 아니다. 이들 조각은 개성이 드러나는 사실적인 모습으로 현재도 일부는 누구를 조각한 것인가를 알 수 있다. 이같은 인물상들은 4 범주로 나뉘는데, 맨 앞의 두 명은 릭토르(lictor)로 권표(fasces)를 들고 있다. 그 뒤에는 토가가 후드처럼 머리 위로 드러난 사제들이 있으며 이들은 향이 담겨 있는 상자를 들고 있다. 이들 무리는 남쪽 프리즈에 새겨진 아우구스투스와 아그리파를 포함하면 23인이다. 여자와 어린이들은 황제의 가족들이며 베일을 쓰고 앞장선 인물이 아우구스투스의 딸 율리아이다. 수행원들은 의식을 위해 동원된 익명의 인물들이다.(그림16-4)

동쪽과 서쪽 벽에는 각각 2개의 패널이 있는데, 각각 하나

[그림 16-4] 텔루스.

▶ Ara Pacis의 동쪽벽 패널의 부조로, 무릎에 어린아이 두 명을 안고 있는 여신은 일반적으로 Tellus로 알려져 있다. Tellus는 로마신화에서 땅의 여신으로 생산력을 주관하는 신이다. 그리스 신화의 Gaia와 동일시되는 신이었다.

는 잘 보존되어 있고 하나는 파편만 존재한다. 동쪽 벽에 파편만 존재하는 부조는 아마도 적에게서 노획한 무기 더미 위에 앉아 있는 여전사의 모습을 포함하는 것으로 생각된다. 다른 패널은 보존이 잘 된 상태로 한 여신이 무릎에 쌍둥이를 안고 앉아 있는 모습으로 풍요와 번영을 상징하고 있다. 연구자들은 이 여신을 이탈리아, 텔루스(Tellus, 지구), 베누스, 또는 평화의 신으로 제시하고 있다.

서쪽 벽의 보존 상태가 나쁜 패널은 "루페르쿠스 패널 The Lupercal Panel"(Lupercus는 풍요와 다산의 여신)이라 불리는데, 전쟁의 신 마르스가 지켜보는 동안 양치기 파우스투루스(Faustulus)에 의해서 로물루스와 레무스가 발견되는 순간을 포함하고 있다. 더 잘 보존된 패널에는 한 사람의 사제와 두 사람의 수행원에 의한 돼지의 공양을 묘사하고 있다. 돼지 희생은 로마인들이 평화조약을 맺을 때 행해지던 희생의식이었다. 이 장면은 베르길리우스의 문헌에 언급되는 아이네아스(Aeneas)가 이탈리아에 처음 상륙하여 암돼지와 새끼들을 유노 여신에게 바치는 장면으로 생각된다.

3. 프리마 포르타의 아우구스투수상

〈프리마 포르타의 아우구스투수 Augustae Prima Porta〉는 1863년 4월 20일 로마 북쪽 프리마 포르타(Prima Porta) 인근에 위치한 아우구스투스 황제의 황후 리비아(Livia Drusilla)의 전원별장 폐허에서 발굴되었다. 대리석상으로 높이가 204cm이다. 기원전 20년경 원로원에 의해서 공공광장에 세워졌던 청동 원작을 대리석으로 복제한 것으로 생각된다. 아우구스투스 사후 티베리우스(Tiberius Caesar)가 자신을 황제로 옹립하려 노력했

[그림 16-5]
프리마 포르타의 아우구스투스 상.

▲ Marble, 204cm, Musei Vaticani. 로마시대의 사실적인 초상과는 달리 지배자의 모습을 이상적으로 묘사한 조각품이다. 맨발은 Augustus가 신이나 영웅의 반열에 올랐음을 의미한다. 오른발에 매달린 Cupid는 양부 Caesar를 통하여 조상이 Venus 여신으로 연결되는 것을 나타낸다. 군복을 입고 Consul의 지팡이를 짚고 오른손을 들어 올려 군대에 연설하는 군통수권자로서의 황제를 신이나 영웅처럼 묘사하였다.

던 그의 어머니 리비아에게 선물했던 것으로 추정된다.

아우구스투스는 군복을 허리에 두르고 흉갑을 착용하고 있다. 흉갑의 부조는 기원전 53년 파르티아에 빼앗겼던 크라수스의 군단기를 젊은 티베리우스가 양부 아우구스투스를 대신하여 파르티아 왕으로부터 돌려받는 모습을 묘사하고 있다. 군단기 반환의 책임인물로 등장하여 황제이며 동시에 신인 아우구스투스와 티베리우스 자신을 연관지우고 있다. 이런 의미에서 이 조각상은 티베리우스 치세의 초기에 세워졌을 것으로 추정된다.(그림16-5)

이 작품은 황제의 위엄을 드러내기 위해서 이상적인 모습으로 제작되었다. 황제상의 모델은 기원전 5세기 폴리클레이토스에 의해서 조각된 〈창을 든 남자〉에 기반을 두고 있다. 로마시대에는 〈창을 든 남자〉가 전사 아킬레스를 나타낸다고 믿었기에 더욱 그랬다. 고요한 얼굴 표정의 초상은 로마시대의 사실주의 초상보다는 헬레니즘 시대의 이상상이다. 또 군복을 입고, 콘술의 지팡이를 들고 오른손을 들어 올려 군대에 연설하는 자세는 군통수권자(Imperator)로서의 황제를 영웅적으로 묘사한 것이다. 맨발로 조각하는 것은 고전시대 도상학에서는 신이나 영웅을 묘사하는 규범이다. 게다가 조각상을 구조적으로 지지하고 있는 돌고래를 타고 있는 큐피드가 양아버지 카이사르를 통하여 그가 신화적 조상인 비너스 여신과 연결되어 있다는 것을 드러내는 것이었다.[106] 이 같은 조각상의 정치적 의미는 분명하다. 아우구스투스 황제야말로 신적이며 영웅적

106_ 신화에 따르면 Venus 여신의 아들 Aeneas에게는 Ascanius라는 아들이 있었다. 로마인들은 그를 Julus라 불렀다. 카이사르가 태어난 Julius 씨족 가문은 Julus의 후손임을 자처하였다. 1년 중 7월 July는 Julius Caesar에게 바쳐진 달이고, 8월 August는 Augustus에게 바쳐진 달이다. 그 같은 이유로 일곱 번째 달과 여덟 번째 달을 의미하던 September와 October가 9월과 10월로 밀렸다.

인 뛰어난 인물로 로마를 다스릴 가장 훌륭한 인물이라는 것이다.

[그림 16-6]
프리마 포르타의 아우구스투스(세부).

▲갑옷의 가슴부위는 기원전 22년 Tiberius(왼쪽)가 기원전 53년 Marcus Licinius Crassus가 Carrhae전투에서 Parthia에 빼앗겼던 로마의 독수리 군단기를 돌려받고 있는 모습이다. 위 부위는 천상의 신 Caelus가 하늘을 펼치고 있고 아래 부위는 대지의 여신 Tellus가 비스듬히 누워있는 모습이다.

황제상의 가슴 갑옷에는 여러 부조가 새겨져 있다. 맨 아래에는 대지의 여신(Tellus)이 새겨져 있다. 그 왼쪽 위에는 아폴로가 독수리에 올라타고 있고, 오른쪽에는 디아나가 암사슴에 올라타고 있다. 중간의 부조가 가장 눈에 띄는데, 이는 기원전 53년 크라수스가 페르시아의 파르티아인들에게 빼앗긴 군단기를 기원전 22년 티베리우스가 돌려받는 장면이다. 양쪽에 있는 슬픔에 젖은 여인들의 모습은 로마에 정복당한 서쪽 켈트족과 동쪽 게르만족을 의인화한 것이다. 맨 위에는 천상의 신 카일루스(Caelus)가 커다란 천을 펼치듯이 하늘을 펼치고 있으며, 그 밑에는 태양신 솔(Sol)이 네 마리의 말이 끄는 이륜 전차를 타고 있다.(그림16-6)

아우구스투스 사후에 제작된 이 작품은 아우구스투스에 의해 확립된 로마의 평화와 황금시대를 상징적으로 보여주고 있다.

4. 로마의 평화

아우구스투스 시대부터 마르쿠스 아우렐리우스 시대에 이르는 약 2백년 동안(기원전 27~180년) 로마는 이른바 "로마의 평화 Pax Romana"시대를 맞았다. 이 기간 동안 로마는 외침과 내란이 없는 평화를 유지하며 광대한 영토를 지배하였다. 지중해가 단일 지배권에 놓이고 2백년간 전쟁이 없었던 로마의 평화는 역사상 유례가 없는 것이었다. 로마는 스코틀랜드 국경에서 페르시아 국경에 이르기까지 평화로운 단일지배권을 확립했던 것이다.

아우구스투스 이래 트라야누스에 이르기까지 로마제국은 팽창을 계속하였다. 기원전 16~15년 아우구스투스가 다뉴브강 상류로 제국의 국경을 확대하였고, 그 후 판노니아(Pannonia, 오늘날 유고슬라비아와 헝가리) 지방을 정복하고 한때는 라인강을 넘어 엘베강까지 진격하였다. 그러나 기원전 9년 토이토부르크(Teutoburg)전투 이후 로마의 국경선이 라인강과 다뉴브강으로 굳어지게 되었다.[107] 서기 14년 아우구스투스는 양자인 의붓아들 티베리우스(Tiberius)에게 제위를 물려주고 신격화되었다.[108]

아우구수투수가 사망한 서기 14년부터 5현제시대가 시작된 서기 96년까지 클라우디우스(Claudius, 41~54)를 제외하고는 유능한 황제가 등장하지 않았다. 티베리우스(14~37년)는 재위 초기에는 재정안정과 해군력강화 등 지혜롭고 절제된 통치를 보였으나, 말년에는 고문과 처형의 공포정치를 행하였다. 그 뒤를 이은 가이우스(Gaius, 별칭 Caligula,[109] 37~41년)는 자신이 인간세계에 나온 신이라는 망상에 사로잡혀 잔혹한 독재와 광포

107_ 기원전 12년 Augustus는 자신의 딸이자 아그리파의 미망인인 Julia와 의붓아들 Tiberius를 강제로 결혼시켰다. 그 후 3년 동안 티베리우스는 전장에 나가 Pannonia 지방을 진압했고, 그의 동생 Drusus는 라인강을 넘어 엘베강까지 진격했으나 BC 9년에 Teutoburg 숲에서 게르만 군대에게 대패하여 3개 군단을 잃고 사망하였다.

108_ 아들이 없던 Augustus의 처음 후계자는 딸 Julia의 남편이자 조카(누이 옥타비아의 아들)였던 Marcellus였으나 기원전 23년 19세로 요절하였다. 다음에는 과부가 된 딸 율리아와 본부인과 이혼시키고 결혼시킨 Agrippa 사이의 아들인 Gaius Caesar와 Lucius Caesar였는데, 기원전 2년 동부와 서부의 임지로 떠난 후 사망하였다. 마지막으로는 기원전 38년 재혼한 황비 Livia Drusilla가 데리고 온 두 아들 Tiberius와 Drusus였는데, Tiberius는 기원전 12년 아그리파가 사망하자 본부인인 아그리파의 딸 Vipsania와 강제로 이혼하고 과부가 된 Julia와 결혼한 상태였다. Drusus는 기원전 9년 전장에서 입은 상처로 사망하였다. 이제 남은 것은 Tiberius뿐이었다. 14년 8월 19일 아우구스투스가 76세로 사망하자 그해 9월 17일 원로원이 아우구스투스를 로마의 수호신 명단에 올렸다.

109_ 그가 어렸을 때 신었던 군화식으로 만든 유아용 구두의 명칭에서 딴 별명이다.

한 행동을 자행하다 친위대에 암살되었다. 친위대의 추대로 다음 황제에 오른 가이우스의 숙부 클라우디우스 황제는 황제의 행정권강화를 위해 일종의 궁정관료제도를 설치하였고, 재정을 다시 일으켰다. 카이사르 이래 처음으로 43년 남부 잉글랜드를 평정하였다. (서기 50년 템즈강 유역에 세운 주거도시 론디니움Londinium이 오늘날 런던이다) 또 아프리카의 마우레타니아(Mauretania, 현 Morocco)와 트라키아를 속주로 편입하였다. 그를 이은 황제가 클라우디우스의 네 번째 아내인 조카딸인 아그리피나(Agrippina, 칼리귤라의 누이)의 아들 네로(Emperor Nero, 54~68년)였다.

16세에 황제가 된 네로는 어머니 아그리피나(Agrippina)의 섭정과 근위대와 스승인 세네카(Seneca)의 후원으로 5년 동안은 원로원을 존중하고, 감세정책과 해방노예의 중용, 매관매직의 폐단을 시정하는 등 선정을 베풀었다. 그러나 점차 잔인하고 포악한 성격을 나타내기 시작하여 55년 동생인 브리타니쿠스(Britannicus, 클라우디우스황제의 친아들)의 독살을 시작으로 59년에는 정치적으로 간섭해온 친어머니 아그리피나, 62년에는 아내 옥타비아(Octavia, 클라우디우스 황제의 딸), 그리고 65년에는 반역혐의로 세네카를 살해하였다. 64년 7월 18일 밤 로마 시내의 절반을 태운 대화재 때에는 네로가 로마의 화재를 구경하며 트로이 함락의 시를 읊었다는 소문과 심지어는 네로가 방화를 했다는 소문까지 나돌았다. 민심을 수습하고 사태를 안정시키기 위하여 네로는 방화범으로 추정되는 인물들을 체포하여 법에 따라 극형에 처하였다. 당시 사건으로 기독교가 박해받고 사도 성 바울 등이 순교한 것으로 알려졌고, 네로는 폭군으로 불리게 되었다. 결국 68년 갈리아에서 반란이 일어나 이것이 각지로 퍼지고 에스파냐의 총독 갈바(Galba)가 로마시로 진군하자 원로원으로부터 "국가의 적 hostis publicus: public enemy"으로 선고받고 자살하였다. 이로써 카이사르의 율리우스家와 티베리우스의 클라우디우스家의 황제혈통이 끊어지게 되었다.

이후 1년 동안 제위를 둘러싸고 갈바(68~69), 오토 (Otho, 69), 비텔리우스(Vitellius, 69)가 교체되는 혼란 끝에 플라비우스(Flavius)家의 베스파시아누스(Vespasianus, 69~79)가 원로원의 지지로 황제가 되어 사태가 수습되었다. 그는 유능한 장군으로 국가의 위신회복과 내란의 손해복구에 힘썼다. 70년 8월에는 그의 아들 티투스(Titus)가 예루살렘을 점령해 유대전쟁을 사실상 종결지었다. 포로가 된 유대인 노동력을 이용하여 네로의 "도무스 아우레아, Domus Aurea: 황금궁전" 인공호수 터 위에 콜로세움(Colosseum: Amphitheatrum Flavium 플라비우스 원형경기장) 공사를 시작하였다. 79년 사망 후 두 아들 티투스와 도미티아누스(Domitianus)가 차례로 황제가 되어 플라비우스 왕가를 이룩하였다.

티투스(79~81년)는 70년 유대를 함락시켜 아버지와 공동통치자가 되었다. 짧은 통치기간임에도 티투스의 이름을 기억하게 하는 사건은 예루살렘 교회의 파괴이다. 이 사건으로 유대교는 엄청난 변화를 겪게 되었고, 유대교인들과 기독교인들 사이에는 돌이킬 수 없는 분열이 생겨났다. 유대인들에게 성전의 파괴는 치명적인 손실이었지만 기독교인들의 입장에서는 예수를 메시아로 받아들이기를 거부한 유대인들에 대한 징벌일 뿐이었다.[110] 적어도 예루살렘 교회가 현존하고 있을 때에는 유대인들과 기독교인들이 다 같이 그 곳에서 예배를 보았지만, 성전이 파괴된 뒤에는 둘 사이를 묶어 줄 가시적인 연결고리마저 사라지게 된 것이다. 예루살렘 교회의 파괴 이후 유대

110_ 공관복음서 저자들은 모두 예수가 예루살렘 성전의 파괴를 예언한 것으로 전한다.

교와 그리스도교는 서로 다른 방향으로 발전해 갔다. 유대교는 랍비들의 활약에 힘입어 율법의 새로운 해석과 실천에 주력하였고, 기독교는 할례와 율법이라는 유대교의 굴레에서 벗어나 이방인 선교에 주력하였다.

영광의 순간을 영원히 기념하기 위하여 로마 광장에 세워진 티투스의 개선문은 그가 죽은 81년에 세워졌다. 티투스는 부친 베스파시아누스가 착공한 콜로세움을 완성하고 부친의 서거 1주년을 기념하여 개막축제를 100일 동안 대대적으로 열었다. 또 네로 황제의 궁전 도무스 아우레아 터 위에 시민을 위한 티투스 목욕장을 세웠다. 티투스 황제를 기억하게 하는 다른 사건은 화산 폭발이라는 자연적 대재앙이었다. 79년 8월 24일 나폴리 남서쪽에 위치한 베수비우스 화산이 폭발하여 폼페이와 헤르쿨라네움을 중심으로 인근 마을들이 용암과 화산재로 뒤덮였다.

티투스가 서기 79년 6월 24일 로마 역사상 최초로 부친을 계승하여 황제가 되었으나 81년 9월 13일 40세의 독신으로 숨을 거두자, 동생인 도미티아누스(81~96)가 다음 황제가 되었다. 콜로세움의 4층을 완성했고, 서기 86년에는 캄푸스 마르티우스 지역에 도미티아누스 경기장을 세웠다. 한때 모의해전장으로 사용되던 이 경기장 유적 위에 현재 나보나 광장(Piazza Navona)이 위치하고 있다. 또 92년에는 팔리티노 언덕에 로마 역사상 최대규모의 황궁을 완공하였다.[111] 처음부터 전제적 경향이 짙어 86년부터 자신을 신이라고 부르게 하고 그리스도교도들을 박해하였다. 속주통치와 변경의 경비강화에 노력하고 방만한 국가재정을 개혁하기도 했으나, 황비 도미티아와 친위대에 암살되어 플라비우스 왕조가 단절되었다.

111_ 팔라티노 언덕에 위치하여 Palatium으로 불렸고, 현재는 폐허로 남아 있다. 이 말은 탈리아어로 palazzo, 영어로 palace로 바뀌었다.

96년 9월 네르바(Nerva, 96~98)가 황제로 추대되어 5현제시대가 시작되었다. 군사적 기반이 없던 네르바는 97년부터 트라야누스(Marcus Ulpius Trajanus, 98~117)를 양자로 삼아 후계자로 지명하였다. 트라야누스는 로마 역사상 최초로 이탈리아 외부(스페인) 출신의 황제였다. 유능한 군인이었고 동시에 현명한 황제로 내정과 외치에 뛰어난 능력을 보여주었다. 트라야누스는 로마와 이탈리아, 그리고 속주 등지에서 대규모의 토목공사를 실시하여, 건축, 도로와 교량, 수로, 황무지개간 등의 업적을 남겼다. 이들 유적은 오늘날 로마, 이탈리아, 스페인, 북아프리카, 발칸반도 등지에 남아 있다. 특히 로마에는 웅장한 공회당(Basilica)이 새로 설계되었다. 거기에는 주랑(柱廊) 현관이 딸린 광장이 있었고 그 중앙에 황제의 거대한 기마상이 놓였다.

[그림 16-7]
로마 최대의 영토(서기 117).

▼ Trajanus 황제의 Dacia 점령으로 로마제국 영토가 Augustus가 이룩한 Rhine-Danube 국경을 넘어 최대에 이르렀다.

트라야누스는 아우구스투스와 그의 후계자들이 계승해온

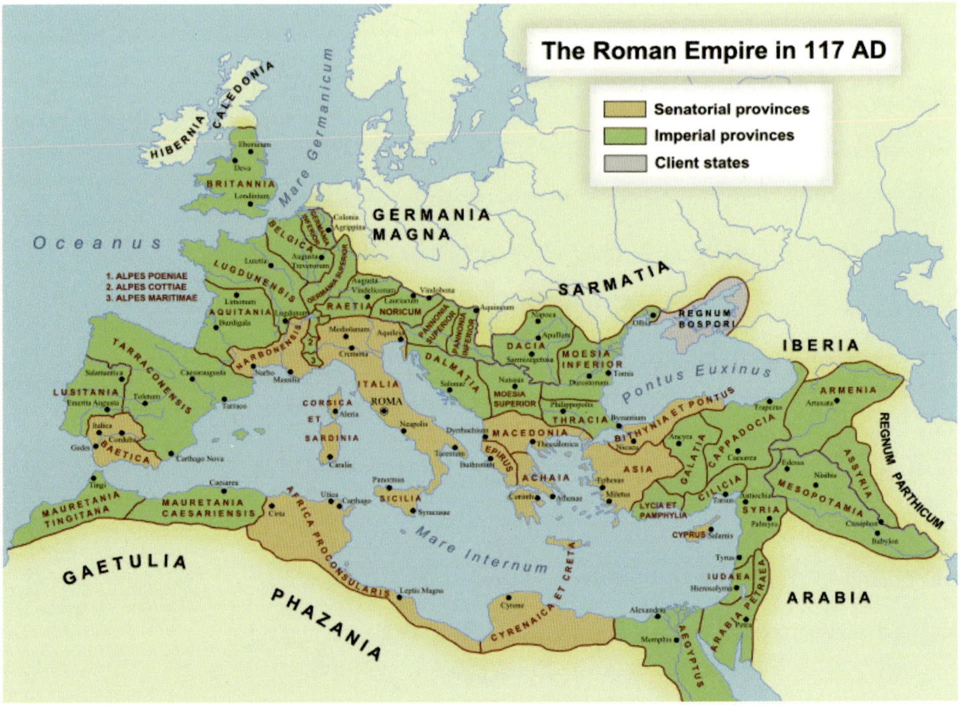

라인-다뉴브의 국경고수정책을 폐기하였다. 101년에 그는 도미티아누스가 포기했던 다키아(Dacia: 현 루마니아로, 루마니아는 로마인들의 나라란 의미이다) 침공을 재개하였다. 2차례의 원정(101~102년, 105~106년)에서 트라야누스는 다키아의 수도 사르미제게투사(Sarmizegetusa, 지금의 바르헬리)를 점령하고 도나우강 북쪽의 카르파티아(Carpathia) 산맥에 새로 다키아 속주를 창설하였다. 또 동방의 적대세력인 파르티아(Parthia)인을 압박하여 113~114년경 상 메소포타미아를 합병한 후 페르시아만까지 당도하였다. 그 결과 트라야누스 황제는 로마 역사상 가장 넓은 영토를 지배하였다. 후계자는 조카딸의 남편이자 사촌인 하드리아누스(Hadrianus, 117~138년)였다.(그림16-7)

하드리아누스 황제는 광대한 로마제국을 통합하고 공고하게 만들었으며, 치세의 절반을 속주시찰에 보냈다. 트라야누스 황제의 팽창정책을 포기하고 방어 위주의 정책을 펼쳐, 브리타니아에는 하드리아누스 장성(Hadrian's Wall)을 구축하고, 도미티아누스 때 시작된 게르마니아의 방벽을 강화하였다. 또 동방의 오랜 적 파르티아와 화의를 체결하여 메소포타미아 남부를 포기하고 대신 아르메니아를 보호국 지위로 되돌려놓았다. 하드리아누스는 교양 있는 그리스문화의 예찬자로 문예, 회화, 산술을 애호하고 학자들을 우대하였다. 과거 법무관의 결정을 법전으로 편찬하여 로마법의 학문연구를 촉진시켰다. 아테네인들의 요청에 따라 아테네의 제우스신전 공사를 완성시켰고, 화재로 파손된 판테온신전을 완전히 다시 건축하였다.

후임 황제 안토니누스 피우스(Antoninus Pius, 138~161)는 관대하고 인자하며 온건한 성품으로 원로원으로부터 "경건한 자 Pius"라는 칭호를 받았다. 내치에 힘을 기울였다. 그의 양자가 되어 제위에 오른 마르쿠스 아우렐리우스(Marcus Aurelius Antoninus, 161~180)는 『명상록 Meditations』을 남긴 스토아사상

가로, "철인 황제 Philosopher Emperor"로 알려져 있다. 그러나 안토니누스 피우스 황제 시기부터 불안해지던 변경의 정세로 로마제국은 경제적, 군사적으로 어려운 시기를 맞고 있었다. 161년 동방의 중심세력 파르티아가 시리아 지역을 침략하여 일어난 전쟁은 166년에 가서야 승리로 끝을 맺을 수 있었다. 그렇지만 전쟁에서 돌아온 군대가 퍼뜨린 전염병이 수년 동안 로마제국 전역을 휩쓸었으며, 게르만족의 침입과 함께 제국의 안정기에 익숙했던 시민들의 도덕의식을 약화시켰다. 167년 이후 게르만족을 정벌하기 위해 도나우강을 건너 전쟁을 치렀고, 이집트, 스페인, 영국 등에서 반란과 침공에 시달리기도 하였다. 말년까지도 게르만족의 침공에 시달리던 황제는 180년 3월 17일 도나우강 전선에서 사망하였다. 1,000년간 이어진 로마의 역사 속에 멸망의 그림자가 이미 드리워지기 시작한 때였다.

『명상록』은 전쟁을 수행하고 통치하는 동안 떠오른 생각들을 단편적으로 기록한 책으로 논증적인 글과 경구가 번갈아 나타나며, 그리스어로 서술되었다. 황제의 스토아주의의 도덕철학은 기본적으로 에픽테토스의 가르침에서 나온 것이다. 로마의 캄피돌리오(Campidoglio) 광장에는 마르쿠스 아울렐리우스 황제의 기마 청동상이 서있다.(진품은 카피톨리노 박물관 안에 보관되어 있다) 황제숭배를 반대하던 기도교인들의 파괴에도 살아남아 현존하는 고대의 유일한 기마상이다. 최초로 기독교를 공인한 콘스탄티누스 황제의 기마상으로 착각했던 때문이었다.

제 17 장
로마 평화기의 사회와 문화

1. 사상

아우구스투스시대부터 마르쿠스 아우렐리우스에 이르는 약 2백년간의 기간은 로마가 광대한 영토를 평화롭게 지배한 시기였다. 이 로마의 평화시기에 지중해는 로마의 단일한 지배권 하에 놓였으며, 스코틀랜드 국경에서 페르시아 국경까지 공고한 지배권을 이룩하였다. 이런 평화의 시기에 로마는 여러 분야에서 발전과 변화를 겪었다.

로마의 지식인과 상류층 인사들에게 가장 큰 영향력과 호소력을 지녔던 사상은 스토아주의(Stoicism)였다. 스토아주의의 자연적 질서와 이성존중, 의무와 금욕 및 극기의 강조가 로마인들의 가치관과 일치하는 것이었기 때문이었다. 또 전세계 인류는 형제이며 동포이자 같은 시민이라고 주장하는 스토아 사상의 세계주의적 성격이 로마제국의 세계제국적 정치성향과 부합하는 것이었기 때문이었다.

이 시기 스토아사상가로 널리 알려진 인물은 세네카(Lucius

[그림 17-1]
플라톤, 세네카, 아리스토텔레스.

▲ 중세의 수서본(1325-35경) 속에 표현된 철학자들 모습. 그림 왼쪽부터 Platon, Seneca, Aristoteles이다. 그리스의 플라톤과 아리스토텔레스 사이에 세네카를 함께 배치한 것은 중세인들이 로마의 세네카를 높게 평가했기 때문으로 생각된다.

Annaeus Seneca, 기원전 4~서기 65), 에픽테토스(Epictetos 서기 60경~130경), 황제 마르쿠스 아우렐리우스(120~180)였다. 이들은 모두 우주의 자애로운 질서인 자연에 순응할 때, 즉 이성을 통한 마음의 평정상태에 도달할 때 참다운 행복을 느낄 수 있다고 생각하였다. 스토아 철학과 에픽테토스에 의하면 자연은 신과 같은 의미이며 동시에 이성과 같은 의미이다. 따라서 자연에 따라서(일치해서) 사는 것이 이성에 따라서 사는 것과 같다. 또 자연에 따라서 사는 것은 덕에 따라 사는 것이기도 하다. 그러므로 인간의 행복은 자신의 내부에 있는 "신"에 따라서 행위할 때 비로소 성취되는 것이다. 이들 스토아사상가들은 덕과 의무를 강조하며 인간본성의 죄악을 경계하였다.(그림17-1)

세네카와 에픽테토스는 그들의 사상을 신비적 갈망과 결합시켜 종교적 색채를 띠게 만들었다. 그들은 자연과 우주가 모든 인간사를 덕과 선이 되도록 만드는 신과 같은 존재로 생각하였다. 마르쿠스 아우렐리우스 역시 이성적인 자연과 우주를 신봉하였다. 또 인간은 고통에 시달리는 운명적인 존재로 생각했으나, 현세의 고통을 보상해주는 영생은 믿지 않았다. 그럼에도 마르쿠스 아우렐리우스는 인간은 마땅히 덕이 있는 삶을 살아야 한다고 강조하였다.

2. 문학

로마의 문학은 철학사상과 긴밀한 관계가 있다. 특히 문화와 외교를 담당하던 마이케나스(Maecenas)를 통하여 문화와 지식을 적극 장려하던 아우구스투스 시대의 훌륭한 작품들의 경우가 그렇다.

베르길리우스(Publius Vergilius Maro, 기원전 70~19)가 아우구스투스시대 활동한 최고의 국민시인으로 추앙받는 인물이다. 『전원시 Eclogae』가 베르길리우스의 초기 작품으로 20세에 시작하여 33세에 완성한 10편으로 구성되었다. 그 가운데 2편이 그리스의 벽지 아르카디아(Arcadia)를 무대로 한 그리스의 시인 테오크리토스(Theocritos, 기원전 280경 활동)풍의 작품으로 아르카디아의 목가적인 전원을 그린 도피적인 작품이다. 번거로운 속세를 떠난 이상향으로서의 아르카디아에 대한 묘사의 전통이 여기서부터 시작되었다. 내전의 암운이 감돌기 시작하던 기원전 41~40년 창작된 제 4전원시에서는 죄악을 몰아내고 평화를 회복시켜 황금시대를 돌이킬 한 아기의 탄생을 낭랑하고 신비적인 언어로 예고하고 있다. 이 작품은 훗날 그리스도에 관한 예언으로 해석되어 "메시아적 전원시 Messianic Eclogue" 라고도 불렸는데, 그것은 그리스도의 탄생을 예언한 것으로 믿어졌기 때문이었다.[112]

그 무렵부터 베르길리우스는 당시 유명한 문인들과 사귀기 시작하였으며, 문인의 보호자였던 마이케나스를 통하여 옥타비아누스의 후대를 받게 되었다. 기원전 30년에는 완성하는데 7년이 걸릴 다음 작품으로 『농경시 Georgica』를 발표하여 그의 명성이 더욱 높아졌다. 이 시는 이탈리아 농촌의 아름다움과 추수가 끝난 뒤의 농부의 기쁨 같은 전원적인 주제들이다. 이 시를 통하여 베르길리우스는 내란으로 황폐해진 농촌이 재건되어 도시에 대한 압박을 줄이고 로마의 영광이 재현되기를 바라던 당대의 국가적 요구를 표현하고 있다.(그림17-2)

베르길리우스는 38세가 되던 기원전 31년 옥타비아누스에

112_ 베르길리우스는 삼두정의 세 집정관 중 하나였던 Antonius와 그의 아내 Octavia(옥타비아누스의 누이) 사이에 태어난 아기를 염두에 두었던 것으로 보인다.

[그림 17-2]
아우구스투스와 옥타비아에게 『아이네이스』를 읽고 있는 베르길리우스.

▶ 1787년, Neoclassical Painting, Jean-Joseph Taillasson, National Gallery, London.
가운데 붉은 망토를 입고 있는 인물이 Augustus이고 오른쪽에 앉아서 Aeneas 이야기에 감동받고 있는 여인이 Augustus의 여동생 Octavia이다. Vergilius는 읽기를 막 끝낸 원고를 들고 Augustus, Maecenas와 함께 이야기 내용에 대하여 담화를 나누고 있다.

의하여 내란이 종식되고 평화가 찾아오자 장편 서사시 『아이네이스 Aeneis』를 쓰기 시작하였다. 그의 작업은 그 후 11년 동안 지속되었으나 완성하지 못하고 병사하여 현재 미완의 12권이 남아 있다.[113] 이 작품에서 아이네아스(Aeneas)는 멸망하는 트로이를 떠나 새로운 로마의 기원을 형성하는 인물로 제시되었는데, 이는 아우구스투스가 베누스 여신의 아들 아이네아스의 혈통을 이은 신성한 율리우스 가문 출신으로 새로운 로마를 세울 인물이라는 것을 상징적으로 표현하고 있다. 따라서 이 『아이네이스』는 서사적 영웅의 시대와 아우구스투스의 시대라는 이중의 시대적 의의를 갖는 작품이 되었다. 실제로 베르길리우스는 아우구스투스 체제가 가져온 로마의 재건에 대해 느꼈던 영광과 애국심을 주피터 신에 의해 예언되는 영광된 로마의 미래로 표현하고 있다. 또 로마가 세계를 정복하고

113_ 기원전 19년 『Aeneis』 완성을 위해 그리스로 여행을 갔던 베르길리우스가 열병에 걸려 귀국 후 곧 사망하면서 미완의 원고를 태워버릴 것을 희망하였으나, 아우구스투스 황제가 이를 저지했다고 한다.

문명을 전파할 신적인 사명을 지니고 있다는 전망을 표현하고 있다. 요컨대 『아이네이스』는 아우구스투스 시대 로마가 품었던 이상과 로마가 성취한 업적을 상징적으로 표현한 기념비적인 작품이다.

이 시기 뛰어난 작가였던 호라티우스(Quintus Horatius Flaccus, 기원전 65~8)는 그의 유명한 『송시 Odes』에서 에피쿠로스사상과 스토아사상의 가르침을 따르는 삶을 표현하였다. 즉, 쾌락을 강조한 에피쿠로스사상과 현실의 고통 속에서도 이성적인 의연함을 강조하는 스토아사상을 동시에 받아들인 삶의 철학을 표현하고 있다. 문학에 표현된 그의 관심은 대부분의 로마인들처럼 개인적인 삶에 관한 것이었고, 거대한 우주의 운행 같은 외부세계에 대해서는 거의 관심이 없었다.

오비디우스(Publius Ovidius Naso, 기원전 43~서기 17)는 사랑과 연애에 대한 글들 속에서 사상적인 깊이는 없어도 세련된 감각과 풍부한 수사로 그의 글은 르네상스시대에 널리 읽혔고 후대에도 많은 영향을 끼쳤다. 서기 8년에 쓰여진 그의 대표작 『변신 이야기, Metamorphoses』는 서사시 형식의 작품이다. 이 작품 속에서 오비디우스는 천지창조로부터 로마의 건국에 이르기까지 신과 영웅의 이야기를 하나의 거대한 변신 이야기로 서술하고 있다. 하지만 그 하나하나의 변신 이야기 이면에는 로마의 위대함과 황제의 정당성을 설파하고 싶었던 오비디우스의 사상이 숨어들어 있다. 즉, 오비디우스는 로마의 건국 자체를 신들의 시대와 영웅의 시대를 거쳐 인간의 역사가 시작된 것으로 보고, 앞으로 로마가 세계에서 가장 위대한 나라로 변신해 나갈 것이라는 당대인들의 희망을 은유적으로 표현하고 있다.

3. 역사

리비우스(Titus Livius, 기원전 59~서기 17)가 40년 동안 기술한 『로마 건국사』는 현재 로마사 연구의 가장 중요한 기본사료로 남아 있다.[114] 이 작품은 과거의 연대기 작가의 저작을 종합하고, 아우구스투스가 평화를 이룩할 때까지 대제국 로마를 건설한 로마인들의 도덕과 힘을 찬양한 편년체의 역사서이다. 리비우스가 심혈을 기울여 『로마 건국사』를 기술한 목적은 세계를 지배하는 로마민족의 사적을 기념하는데 있었다. 또 로마를 위대하게 이끌어온 사람들과 그들의 생활방식 및 기원전 1세기의 내란을 초래한 도덕적 퇴폐를 서술하여 독자들에게 교훈을 제공하는 데 있었다. 그렇지만 리비우스는 서술형식을 중시하는 시대풍조에 따라 전승적 소재를 문학적으로 표현하고 사료를 과학적 · 비판적으로 다루지 못하였다.

아우구스투수 사후의 작가들은 유베날리스(Decimus Junius Juvenalis, 50년경~130년경) 같은 풍자가나 타키투스(Publius Cornelius Tacitus, 55년경~117년경) 같은 역사가를 제외하고는 교훈이나 교양보다는 주로 흥미로운 이야기나 재치 있는 문장으로 당대인들의 세속적인 취향에 부응하는 글을 남겼다. 유베날리스의 현존 작품은 5권으로 전하는 『풍자시 Saturae』가 있다. 그는 스토아사상의 영향을 받았으며 국민의 고통이 도덕적 타락에 기인한다고 생각하여 당시의 부패한 사회상에 대하여 격렬한 분노를 보이고 있었다. "건전한 정신은 건전한 육체에 mens sana in corpore sano: sound mind in a sound body" 라는 말은 그의 시 가운데 있는 가장 유명한 말로, 당대의 사회상황하에서 바람직하다고 생각되는 소망을 표현한 말이었다.

114_ 원제는 "로마 건국 이래 Ab Urbe Condita Libri"란 뜻으로 전 142권이 간행되었으나, 현존하는 것은 35권(제1~10권, 제21~45권)뿐이다.

유베날리스와 동시대인이었던 타키투스 역시 비슷한 태도를 보이고 있다. 98년에 간행된 『게르마니아 Germania』는 고대 게르만인의 풍속과 관습, 사회를 간결한 필치로 기술하고 있다. 여행자의 보고서와 문학적 자료를 토대로 작성된 라인강 이동과 도나우강 이북의 게르만족에 대한 지리적, 민족학적 작품으로, 고대 게르만민족의 사회를 연구하는 데 중요한 자료이다. 타키투스는 게르만민족의 건전한 남성적인 미덕과 로마인의 퇴폐적인 악덕 사이의 차이점을 극명하게 대조하고 있다.

4. 여성의 지위

고대 그리스에서와 마찬가지로 로마시대의 여성들 역시 남성들에 비하여 사회적 지위가 낮았다. 그 중요한 이유는 자유롭게 태어난 여성들도 투표에 참여하거나 관직에 참여하는 등의 정치적인 활동에서 배제되어 있었기 때문이었다. 또 로마 여성들이 아버지나 남편의 가부장권에 속박되어 있었기 때문이었다. 따라서 로마 여성들은 묘비명이나 문학장르에서 일부 언급되고 있으나 역사상 중요하게 부각된 일은 거의 없었다. 예외적인 경우는 반전설적인 인물인 루크레티아(Lucretia)나 리비아(Livia)와 헬레나(Helena) 황후처럼 제국의 도덕규범 형성이나 로마의 카톨릭 확립에 영향을 미친 여성들이었다. 로마사회에서 여성이 담당했던 유일한 공적 활동은 종교분야에서의 역할로 베스타 신전의 사제직이었다. 그렇지만 로마 여성들은 가족이나 남편의 사회적 지위를 누렸고 또 그를 이용하여 영향력을 발휘하였다. 또 로마 여성들은 일생동안 그녀 가족의 이름(family name)을 가졌다. 자녀들은 일반적으로 아버지의 이름을 따랐으나, 제정시대에 이르러 종종 어머니 가족의 이름을 일부 사용하거나 채택하는 예를 볼 수 있다.

로마 여성들의 가장 중요한 역할은 가정에서 아내와 어머니로서의 역할이었다. 로마 여성들은 결혼 전에는 아버지의 가부장권에 예속되었고, 결혼 후에는 자녀만큼은 아니나 남편의 가부장권에 속박되었다. 공직생활을 할 것으로 기대되는 아들과는 달리 딸들은 가족 내에서 덜 존중되었다. 그렇지만 제국 초기 재산상속에 있어서는 아들과 별 차이가 없었다. 아버지가 유언없이 사망한 경우 가족재산에 대한 권리가 아들과 동일하였다. 아버지의 가부장권에는 딸의 배우자를 결정하는 권리가 포함되었다. 물론 신랑과 신부가 동의할 만큼 충분히 나이가 들어야했으나, 당시 그 나이가 소녀가 12세, 소년이 14세였다. 실제로 소년은 5세정도 더 나이가 들어 결혼했지만 어릴 때 약혼하는 커플의 경우 정치적인 이유가 수반되었다. 일반적으로 로마 귀족의 소녀들은 결혼시 처녀로 기대되었으며 하층민보다 일찍 결혼했는데, 대체로 10대말에서 20대초에 결혼하였다. 딸이 부모가 제안한 남편감을 거부할 수 있었던 법적인 방법은 남편감이 나쁜 성격임을 제시하는 것뿐이었다.

이혼은 법률적인 문제이기는 하나 아내가 남편의 집을 떠나는 것으로 형식적인 절차를 요구하는 일이 아니었다. 결혼시 아내의 지참금이 남편의 관리 하로 넘어가기는 했으나, 이혼 시 아내는 종종 결혼지참금을 가지고 나갔다. 결혼 후 획득된 재산을 남편에 속하였다. 남편은 아내의 간통을 근거로 이혼할 수 있었고 종종 불임으로 이혼할 경우도 기록되어 있다. 간통없이 이혼하는 경우 지참금의 대부분이 반환되었다. 공화정 말기와 원수정기 동안에 이르면 남편이나 아내가 단순히 원하면 결혼을 끝낼 수 있게 되었다. 그 경우 남편이 무능력자임이 증명되지 않는 한 자녀들은 남편 곁에 남았다.

고대 로마법은 남편의 아내 학대를 허용하지 않고 있다. 그렇다고 가정학대가 없었던 것은 아니나, 가정학대의 통계는 불가능하다. 현재 역사적으로 전해지는 가정학대는 상류층의 것으로 극단적인 예이다. 대표적인 예가 네로황제로, 네로황제는 황비 Claudia Octavia를 고문, 투옥, 살해한 것으로 여겨지고 있다.

로마법상 첩은 남편이 아닌 남자와 영구히 일부일처의 관계를 맺으며 사는 여자로 규정된다. 아내와는 달리 첩은 법률적으로 중요성을 갖지 못하였다. 결혼한 아내와의 사이에서 태어난 자녀와는 달리, 첩과의 사이에서 태어난 아이의 신분은 가부장권에 따르는 것이 아니라 어머니의 신분에 따랐다. 첩과는 결혼한 것이 아니므로 재산이나 선물을 나누는 원칙이 적용되지 않았다. 또 당시에는 첩이 되거나 첩과 같이 사는 것이 불명예가 되지도 않았다. 결혼과 달랐던 것은 아이들의 신분뿐이었다. 첩이 처로 바뀌는 것은 당사자의 의도에 달려 있었다. 처가 아닌 첩이 되었던 이유의 대부분은 여자가 해방 노예나 창녀 등으로 신분이나 재산 등 사회적인 약자였기 때문이었다.

로마시대 결혼한 아내들은 자녀를 낳을 것으로 기대되었고 또 그 자녀들을 잘 교육시킬 것으로 기대되었다. 그런데 상류층 여인들은 점차 어머니로서 헌신하던 전통에서 벗어나는 모습을 보여주고 있다. 서기 1세기에 이르러서는 대부분의 엘리트 여인들이 영유아에 직접 수유하지 않고 유모를 구하였다. 또 엘리트들 사이에는 공화정 말기에 이미 대가족이 일반적이지 않았다. 귀족들의 출산율이 낮아져 아우구스투스가 3명의 자녀를 갖는 여인을 영예롭게 하는 법률과 결혼을 하지 않거나 이혼한 경우, 미망인, 불임녀 등은 유언장에서 언급이 없는 한 재산상속에서 배제하는 법률을 제정하기도 하였다.

로마 여인들은 자녀들이 로마시민으로 잘 성장하도록 훈육

할 것으로 기대되었다. 이는 어머니 자신이 잘 교육받아야 한다는 의미였다. 부유한 로마 시민의 자녀들은 어려서부터 그리스어와 라틴어를 읽는 교육을 받았다. 딸들 역시 아들과 비슷한 교육을 받았고 종교축제에도 참석하였다. 또 어머니로부터 가정생활에 필요한 기술들을 배웠다. 특히 상류층의 딸들은 교육을 잘 받아 학식과 교양이 높은 여성들이 역사에서 언급되기도 하는데, 그락쿠스 형제의 어머니 Cornelia와 율리우스 카이사르의 어머니 Aurelia가 유명하다.

대가구를 운영해야하는 귀족의 여인들은 종종 여러 가정과 수십 내지 수백명의 노예가 딸린 영지의 운영을 책임지기도 하였다. 특히 야심 있는 남편이 군사원정이나 속주의 행정업무를 수행하기 위하여 떠난 경우 가구의 운영, 재산과 사업 운영 등이 아내에게 맡겨지곤 했기 때문이었다. 예컨대 기원전 50년대 율리우스 카이사르가 로마를 떠나 갈리아 속주에 머물 때 집안과 영지의 관리는 아내였던 Calpurnia Pisonis가 맡았다. 절약과 검소, 금욕이 당시 덕성 있는 아내들의 덕목이었다. 이들 여인들이 대가구를 운영하거나 감독하는 임무 중 중요한 항목의 하나가 옷감생산이었다. 한때는 양모의 방적과 방직이 거의 자급자족이었기 때문에 도시에서도 양모가 아내의 의무를 상징하는 표식으로 종종 사용되었고, 방적물레가 존경받는 여인의 묘비명을 장식하곤 하였다.

로마의 여인들은 그리스 고전기의 여인들처럼 집안에만 머물지 않았다. 부유한 여인들은 소수의 노예를 대동하고 도시 주변을 여행하였고, 신전의 종교행사나 목욕탕에 가기 위하여 길에서 친구들과 모이기도 하였다. 부유한 가문의 경우 집에 목욕탕이 있으나 사교를 위하여 대규모 공중목욕탕에 갔다. 남녀의 혼욕에 대해서는 엇갈린 증거가 보인다. 대체로 남녀의 목욕탕이 구분되어 있었거나 또는 시간대가 달랐던 것으로 보인다. 그러나 공화정 말기에서 제정말기에 기독교가 성장할 때까지 혼욕의 증거도 보인다. 일부 학자들은 낮은 계급의 여성들과 매춘부 등만이 남자와 혼욕을 했을 것이라 생각하고 있으나 꼭 그랬던 것도 아니니 것 같다. 어쨌든 하드리아누스 황제는 혼욕을 금하였고, 관습은 시대와 지역에 따라 달랐던 것으로 생각된다.

오락을 위하여 여성들도 포룸에서 논쟁이나 게임, 전차경주, 연극을 관람할 수 있었다. 또 같이 모여 사적으로 식사를 할 수 있었는데, 공화정말에 이르러서는 정규적으로 디너파티에 참석할 수 있었다. 카토(Cato the Elder, BC 234~149)같은 보수주의자들은 이 같은 여성들의 외부활동이 부적절하다고 생각하여 불평의 목소리를 내고 있다.

5. 검투경기

그리스인들이 연극을 즐겼던 데 비하여 로마인들은 검투경기(Gladiatorial Games)를 즐겼다. 원형경기장에서의 행사는 제정기에 들어 한층 더 장관을 연출하고 또 잔인해졌다. 단순한 경기만으로는 흥미를 느끼지 못하게 된 관중을 위하여 검투경기 외에도 모의해전(Naumachia)과 사냥 및 집단처형이 이루어졌기 때문이었다.

모의해전은 기원전 46년 율리우스 카이사르가 테베르강 유역에서 처음 실시한 후, 아우구스투스, 클라우디우스, 네로, 티투스, 도미티아누스, 트라야누스 황제 등이 그 뒤를 이었다. 모의해전은 역사적이거나 유사 역사적 주제를 다루었는데, 참여하는 함정은 고대 그리스나 또는 헬레니즘 시대 동방의 해군력을 나타내는 것으로 설정되었다. 카이사르의 모의해전은

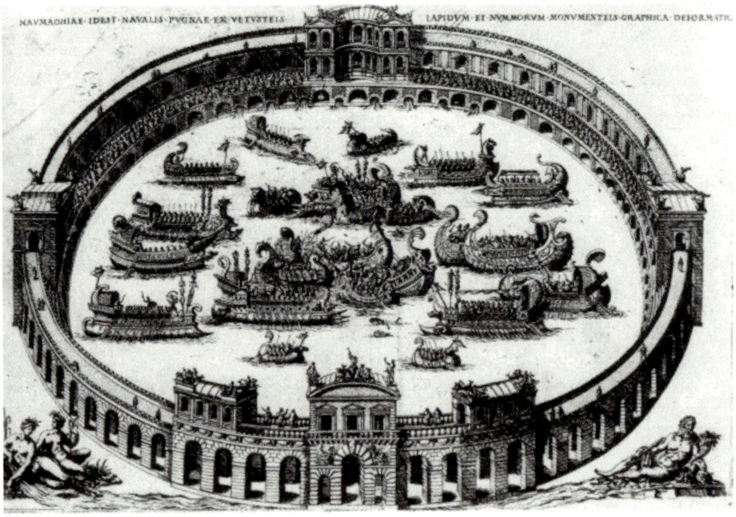

[그림 17-3] 모의 해전.

▶ 1900년 이전에 예술품에서 복사한 사진.
모의해전(Naumachia)은 기원전 46년 Julius Caesar가 Tevere강 유역에서 처음 실시한 것으로 알려져 있다. 그 후 여러 황제들이 역사적인 주제를 가지고 모의해전을 실시하였다. 수병과 노꾼들은 노예들로 구성되었다.

이집트와 티레(Tyre, 현 레바논의 옛 페니키아 도시)의 해전으로 설정되어 노예로 구성된 2,000명의 수병과 4,000명의 노꾼이 공연하였다. 기원전 2년 아우구스투스가 실시한 해전은 페르시아와 아테네의 해군으로 설정되었다. 테베르강 우안에 설치된 분지에서 30척의 함정과 3,000명의 수병이 참여하였다. 서기 52년 클라우디우스 황제에 의한 모의해전에는 사형선고를 받은 죄수들이 출연하여, 시칠리아와 로도스 사이의 해전을 공연하였다.(그림17-3)

사냥은 오후의 검투경기 전인 오전에 제공되었는데 인기를 끌면서 그것 자체가 스펙터클이 되었다. 여기에는 신화에서 나오는 장면을 재현하는 무대장치와 함께 극적 요소가 도입되었다. 가장 잔인했던 것은 야생 동물을 이용한 범죄자들의 집단 처형으로, 범죄자들은 무장도 하지 못한 채 사자나 곰에게 던져졌다.

검투경기의 기원은 에트루리아설과 캄파니아설이 있다. 양설 모두 문헌적 사료가 존재하나, 고고학적 자료는 삼니움이 지배하던 캄파니아설의 증거를 더 뒷받침한다. 에트루리아설의 자료인 무덤 그림들에는 직접적으로 검투사의 모습이 묘사되어 있지 않은데 비하여, 기원전 4세기 남이탈리아 꽃병 그림과 파에스툼(Paestum)의 루카니아(Lucania)의 무덤 그림에는 명백하게 검투경기 장면이 묘사되어 있기 때문이다. 이들 그림 속에 나타나는 검투사들은 방패와 칼을 들고 헬멧을 쓰고 있으며, 상처로 흉터가 나 있고 피를 흘리고 있다.

도입 초기 로마의 검투경기는 장례식에서 사자(死者)를 기리기 위한 희생제로, 종교적 의식의 일환이었다. 즉 검투경기는 죽은 노예의 영혼이 사후세계에서도 주인을 섬기도록 되어 있다는 믿음에서 비롯된 일종의 인신공희였다. 무덤 위에서의 싸움은 용감한 자만이 죽은 주인을 섬길 수 있다고 다짐하는 의식이었다. 로마에서 행해진 최초의 검투경기는 기원전 264년 브루투스(Junius Brutus Pera)의 아들 Decimus Iunius Brutus Scaeva가 고인이 된 부친을 기리기 위하여 개최한 것으로 알려져 있다. 기원전 216년에 열린 두 번째 경기 역시 레피두스(Marcus Ameilius Lepidus)의 세 아들이 그들의 부친을 기리기 위하여 개최한 것이었다. 공화정이 진행되는 동안 귀족들의 성대한 장례식은 도시에서 벌어지는 대중적 행사로 확대되기 시작하였고, 그를 통하여 각 가문이 권위와 영예, 그리고 부를 드러내는 수단으로 삼았다. 그에 따라 장례의 마지막 날 행해지던 검투사 경기의 규모도 성대해졌다.

그런데 사자숭배의 일환으로 장례식경기로 열렸던 검투경기가 공화정 말기에 이르러 개최 목적이 크게 달라졌다. 기원전 105년 원로원이 검투경기를 공개적으로 개최할 수 있도록 허락하자 정무관 선거에 이용되기 시작했기 때문이다. 정무관 선거 경쟁이 치열해지면서 더 높은 관직에 선출되기를 원하는 안찰관(Aediles)이나 법무관(Praetor)이 유권자인 로마시민의 환심을 사기 위하여 검투경기가 선거의 홍보수단이 된 것이다.

즉 검투경기가 종교적 의미를 가진 의례에서 대중들의 오락과 정무관들의 정치적 역량을 과시하기 위한 수단으로 변질된 것이다. 그러나 제정기에 접어들자 로마에서 열리는 대규모의 검투경기가 황제에 의해 독점되어 갔다. 아우구스투스는 기원전 22년 법무관의 검투경기 개최를 연 2회로 제한했고 검투사의 수도 120명으로 제한하였다. 아우구스투스가 대규모 검투경기를 자신의 이름으로 세 번 그의 아들들과 손자들의 이름으로 다섯 번 제공했는데, 약 만 명이나 되는 검투사가 동원되었다. 트라야누스 황제 역시 다키아 전쟁의 승리를 기념하여 107년 개최한 행사를 위하여 만 명 정도의 검투사를 제공하였다.

카이사르 시대부터 곳곳에 건설된 검투사 양성소가 제정기에는 관영 양성소로 변화했으며, 그곳에서 수많은 검투사들이 훈련을 받았다. 그 가운데에는 자유인이 자유를 포기하고 검투사가 되기도 하였다. 그 같은 자유인 출신의 검투사 존재는 검투사가 사회의 최하층일지라도 경기 중 대중적 인기를 얻으면 상당한 보상과 영광이 뒤따랐던 당시의 사회상을 드러내고 있다.

그런데 공화정 시대부터 존속하던 검투경기가 4세기에 들어 쇠퇴하기 시작하였다. 검투경기의 쇠퇴는 경제적 원인과 심리적 원인, 그리고 기독교의 전파라는 종교적 원인이 복합적으로 작용하였다. 특히 검투경기의 비용이 늘어남에 따라 검투사의 질이 저하되었고 자치시의 재원도 고갈되면서 검투경기가 쇠퇴하게 되었다. 더욱이 재정고갈에 따른 검투경기의 흥행성 저하로 대중의 관심을 끌지 못하자 급격하게 쇠퇴의 길을 걸었다. 325년 콘스탄티누스 황제가 검투경기를 금지시켰으나 별다른 효력이 없었다. 실질적인 효력이 발휘된 것은 399년 호노리우스의 금지령이었다. 이 시기는 검투경기에 대한 관중의 관심저하와 살인을 금기하는 기독교의 영향으로 검투경

[그림 17-4] 검투사 경기.

◀ Mosaic, 기원전 320경, Galleria Borghese, Rome.
Ø는 경기에서 죽임을 당한 검투사를 표시한다.

기의 수입도 크게 감소한 때였다. 로마시내에서 개최된 마지막 검투경기는 404년이었고 로마제국의 기록에서 완전히 사라진 것은 440년이었다.(그림17-4)

검투경기는 제정기 정치적, 사회적으로 중요한 기능을 하였다. 포에니전쟁 이후 빈민이 된 자영농민들이 로마시로 몰려들어 로마는 50만 이상의 거주민을 갖는 대형도시가 되었다. 이들 무산시민의 불만을 잠재우기 위하여 "빵과 서커스 panem et circenses: bread and circuses"정책이 공화정 말기부터 로마의 주요한 과제가 되었다. 제정기에 들어서 곡물분배와 볼거리 제공은 황제권력의 안정을 위하여 더욱 필요하게 되었다. 특히 검투경기가 로마 최고의 축제로 발전하고 검투경기장이 거대한 여론의 집결지 역할을 하자, 검투경기는 황제가 평민의 불만을 무마하고 지지세력을 확보하는 수단이 되었던 것이다. 제정기 전용경기장을 갖추게 된 검투사 경기는 도미티아누스 황제 때에는 야간경기까지 치러지게 되었다. 제국의 통치자로서 황제는 대규모의 검투경기를 배타적으로 제공할 수 있었고, 많은 경우 그 비용을 황제 개인이 부담하였다. 반면에 로마시민들은 성대한 경기를 개최하는 황제야 말로 경제력과 지도력을 두루 갖춘 지배자로 인식하였던 것이다. 그 같은 현실은 로마시민들이 황제의 정치적 지지세력이었다는 것을 말해 준다. 더구나 황제는 경기가 끝날 때 시민들이 외치는 "자비 또는 죽음 mercy or death"의 결정권자였다. 대부분의 경우 황제는 대중의 요구에 따랐으나, 결정은 황제만이 할 수 있다는 인식을 시민들에게 심어줄 수 있었다. 따라서 검투경기는 황제가 평민들의 불만을 무마하고 지지를 얻는 동시에 유력 귀족들을 견제하며 자신의 위엄을 드러낼 수 있는 좋은 기회였던 것이다.

6. 로마법

로마가 후세에 남긴 최대의 유산 가운데 하나가 법체계이다. 로마법은 로마의 건국에서 멸망 때까지 통용되었던 로마의 모든 법을 말한다.[115] 로마법은 역사적 변천과 더불어 초기의 도시국가였던 로마법으로부터 대제국의 법으로 발전하였으며 동시에 초기의 관습법에서 출발하여 성문법전으로 발전하였다. 로마인들이 일찍부터 종교 및 도덕과 분리된 법 개념을 발전시킬 수 있었던 것은 이민족 왕의 지배와 축출, 귀족과 평민의 대립 등에서 성장한 투철한 권리의식과 사회지도층의 법률연구, 합리적인 논변을 통한 법학 자체의 발전 등 사회적 요인 때문이었다. 로마법은 일반적으로 관습법과 성문법으로 구

115_ 로마법은 이 외에도 동로마의 Justinianus(483~565)가 제정한 『로마법대전, Corpus Juris Civilis』을 말하기도 한다. 전문적인 로마법학에서는 아무 수식 없이 로마법이라 하는 경우 고전기(1~2세기)의 로마법으로 이해하는 경향도 있다. 그런데 로마법은 로마가 멸망한 후에도 현행법으로서 적용되었으므로 중세의 로마법, 근세의 로마법으로 지칭되었다. 20세기에 들어서면서 현행법으로서의 지위는 거의 상실되었으나, 이탈리아의 소도시국가 San Marino 공화국에서는 현행법적 지위를 누리고 있다.

분된다. 관습법은 선조 전래의 관습적인 법으로 로마의 국제와 정치 및 사회를 규정했던 불문율이었다. 성문법은 기원전 451년 제정한 12표법이 처음으로 평민과 귀족 사이의 투쟁의 결과였다. 그 밖에 성문법은 민회가 제정한 법률, 평민회 의결, 원로원 의결, 황제의 칙령, 정무관의 고시법, 법률가의 해답 형태 등으로 표출되었다.

로마의 12표법은 공화정 시대를 거치면서 사회변화에 따른 관습의 변화와 스토아사상의 영향 등에 의해서 새로운 판례와 원칙이 더해지고 수정·보완되면서 발전하였는데, 특히 법무관의 포고령이 중요한 근거가 되었다. 로마의 법무관은 소송사건에서 법률의 규정 및 해석의 권한과 배심원들에게 지시를 내릴 권한을 가졌다. 모든 법률상의 쟁점이 법무관에 의하여 처리되었고, 법무관의 해석은 유사한 사건을 위한 판례가 되었다. 이런 로마법은 기원전 200년 이후 그리스 사상의 영향을 받으며 발전하기 시작하여 기원 후 1~2세기 켈수스(Celsus, 활약시기 100~130)와 율리아누스(Iulianus, 활약시기 125~170)에 의하여 여러 학파의 연구가 융합되었고, 2~3세기 파울루스(Paulus, 활약시기 175~230)와 울피아누스(Ulpianus, 활약시기 190~223)에 의하여 집대성이 이루어졌다.

로마의 법학자들은 법을 대상에 따라 공법과 사법으로 구분하였는데, 공법은 국가의 질서에 관한 것이고 사법은 개개인의 이익에 관한 것이었다. 공법은 국가 종교에 관한 것, 사제에 관한 것, 정무관직에 관한 것으로 구성되었고, 사법은 자연법과, 만민법, 시민법의 세 부분으로 구성되었다.

법과 관습의 규율을 받는 모든 민족은 한편으로는 자신들의 고유한 법을 가지며, 다른 한편으로는 모든 인간에게 공통되는 법을 가지고 있다. 특정 민족에 고유한 법은 그 구성원들의 고유한 법으로 시민법이라 불린다. 로마의 시민법은 로마 및 그 시민들에 대한 법으로, 성문법과 불문법 두 가지 형태로 존재하였다. 여기에 원로원의 제정법, 황제의 칙령, 법무관의 포고령 등이 포함되었다.

그에 대하여 자연적인 이성에 따라 모든 인류에 보편적으로 적용되는 법은 만민법이라 불린다. 이 같은 만민법은 로마의 사법권이 이탈리아를 넘어 해외의 속주로까지 확대되자 법의 적용대상이 로마시민의 차원을 넘어 로마시민과 외국인 그리고 외국인 상호간으로 확대되면서 생겨난 개념이다. 따라서 시민법이 주로 신분에 관한 권리를 규정하고 형식주의적인 법적용의 경향을 보였던데 비하여, 만민법은 신의를 바탕으로 하는 상거래법을 규정하고 자유로운 비형식주의적 경향을 보이고 있다. 즉, 만민법은 민족에 관계없이 통용되는 법으로, 가족과 친족관계의 법, 노예제와 사유재산, 상거래, 동업, 계약의 원칙, 제민족의 구분과 왕국의 창건 등에 관한 법률들이다. 만민법이 시민법보다 우월하지는 않았지만 외래 거주자들에게 적용됨으로써 시민법을 보완하였다.

이에 더하여 로마의 법학자들은 법적 원리로서 자연법의 개념을 창안하였는데, 로마법 가운데 가장 흥미롭고도 의미 있는 분야였다. 자연법은 법정관행의 소산이 아니라 철학의 소산이었기 때문이다. 스토아 철학자들은 자연의 이성적 질서라는 관념을 발전시켰는데, 그것은 모든 인간이 자연적으로 평등하며 정부도 침범할 수 없는 일정한 기본권리를 가지고 있다고 주장하였다. 즉, 자연법은 자연이 모든 생물들에게 가르친 바를 따르는 것이다. 왜냐하면 이 법은 인류에게만 고유한 것이 아니라, 하늘과 땅과 물에 사는 모든 생물들에게 공통적인 것이기 때문이다. 따라서 모든 생물의 번식에서처럼 남녀의 결혼과 자녀의 출산 및 양육은 이 법에 귀속되는 것이다. 만민법은 인간에게만 적용되는 법으로 자연법과는 구분된다. 시민법은 자연법이나 만민법으로부터 완전히 분리되는 것도 아니고 또한 전적으로 그것을 따르는 것도 아니다. 시민법은 자연법과 만민법의 공통된 것 가운데 취사선택하여 만들어진다.

로마인들이 발전시킨 법적 사고와 규범적 내용은 중세 유럽으로 계승되어 각국에 영향을 미쳤으며, 근대 시민법의 형성에 결정적인 영향을 주었다.

7. 주택

로마의 원로원의원을 비롯한 귀족들과 부유한 상인들, 그리고 고급관리들은 시골에 거대한 저택이 딸린 대규모 농장을 소유하고 있었다. 이 저택들이 빌라(Villa)로 불렸다. 빌라에는 연못과 정원, 수십에서 수백 칸에 이르는 방과 연회장, 목욕탕, 식당 등이 갖추어져 있었다. 빌라의 구조는 일반 시민들의 가옥인 도무스(Domus)와 비슷하였으나 시설과 규모면에서 비교가 되지 않았다.

도심지에서 일반 자유시민들이 살았던 저택은 도무스였다. 도무스의 기본설계 구조는 가족의 사생활 보호였다. 즉, 외부와 격리된 가족의 사적 공간을 확보할 수 있도록 설계되었다. 석재나 벽돌을 사용하여 사각형으로 견고하게 건축하였으며, 옆집과는 건물 벽끼리 맞닿게 하였다. 창문은 2층에 높고 작게 만들어 외부의 접근 가능성을 줄였다. 도무스는 현관인 오스티움(Ostium), 안뜰인 아트리움(Atrium), 거실인 타블리눔(Tablinum)과 침실인 쿠비쿨룸(Cubiculum) 등으로 이루어져 있었다.(그림17-5)

일반 서민들의 주택으로는 갈레타와 서민들과 중산층 일부까지 살았던 공동주택인 인술라(Insula)가 있다. 갈레타는 건물

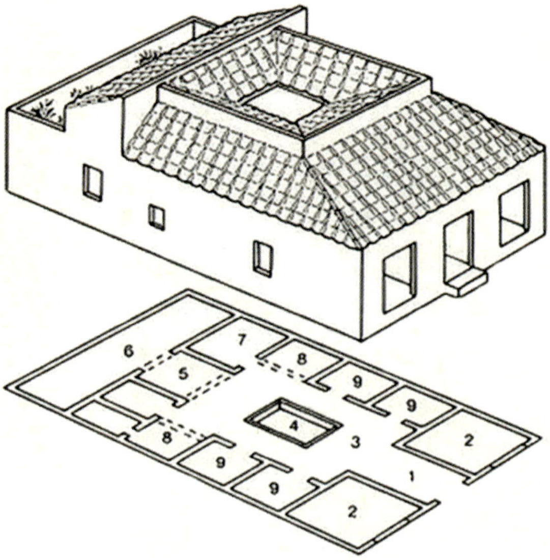

[그림 17-5] 로마시대 도무스.

▶ 1: fauces(vestibulum)-entrance passage
2: tabernae-shops
3: atrium-hall
4: impluvium-rainwater basin
5: tablinum-passage room
6: hortus-garden
7: triclinium-dining room
8: alae-side rooms
9: cubiculum-bedroom

옥상에 쪽집으로 반든 주택이고, 인술라는 대체로 벽돌로 지어진 5~6층의 아파트형 공동주택이었다. 이 건물은 크레인을 사용하여 자재를 들어 올려 건축하였다. 길 쪽으로 창이 났고 난방시설이 없었다. 화장실과 욕실이 없어, 공중화장실과 공중목욕탕을 이용해야만 하였다. 로마가 제국으로 팽창하고 주택수요가 더욱 커지면서 많은 인술라가 들어섰다. 하지만 인술라를 많이 짓기 위하여 나무, 진흙 벽돌, 원시적 시멘트를 사용하여 10층 높이까지의 고층으로 짓기도 하여 붕괴의 위험이 컸다. 네로 황제 때의 대화재 이후에는 안전을 위하여 7층 이하로 규제하였다. 로마시로의 인구유입이 심해지면서 전문적으로 인술라를 지어 임대하는 사람들도 나타났다.

제 18 장
로마 평화기의 문화유적

1. 로마의 콜로세움

콜로세움(Colosseum)의 원래 이름은 베스파시아누스 황제의 가문인 플라비우스(Flavius)에서 이름을 딴 플라비우스 원형경기장(Flavian Amphitheatre)이다. 콜로세움이란 이름은 11세기부터 사용되었는데, 원래 네로의 황금 궁전(Domus Aurea) 현관에서 있다가 경기장 옆으로 옮겨 온 네로의 도금 청동상 콜로수스(Colossus)에서 유래한 것으로 "거대한 조상 huge statue"이라는 뜻이다. 72년 베스파시아누스 황제 때 착공하여 80년 티투스 황제 때 준공하였다. 70년 유대전쟁 때 획득한 노획물과 티투스가 포로로 잡아온 유대인 10만명 가운데 4만명을 동원하여 건설했다고 알려져 있다.(그림18-1)

콜로세움은 언덕의 경사면을 따라 건설했던 고대 그리스 극장과는 매우 다른 구조로, 두 개의 로마 극장을 합쳐놓은 원통형 건물이다. 타원형의 4층 건물로 외벽의 높이가 48m이고, 평면의 장축 및 단축의 지름이 각각 189m와 156m, 그리

[그림 18-1]
로마의 콜로세움. 서기 80년 완공.

▲ 벽면의 1층부터 3층까지는 로마식 아치 사이에 그리스의 도리아식, 이오니아식, 코린트식 벽기둥이 장식되어 있고, 4층에는 평평한 코린트식 붙임기둥으로 장식되어 있다. 가장 전형적인 로마의 원형극장(Amphitheatre)으로 외벽의 높이가 48m에 이른다. 70년 유대반란을 진압하고 끌고온 포로들을 이용하여 건설하였다. 제정기 로마시민들을 위한 "빵과 서커스 정책"으로 수많은 검투사경기와 여러 공연이 행해졌던 곳이다. 중세시대에는 요새로도 사용되었다. 1349년 지진으로 남쪽외벽이 무너지고 오랫동안 석재공급지로 활용되었다. 1749년 교황 Benedict 14세가 기독교인들의 순교지로 지정하면서부터 보호되기 시작하였고, 19세기 외벽이 보강되고 내부가 수리되었다. 19세기부터 Arena가 발굴되기 시작하여 1930년대 완료되었다.

고 건물의 둘레가 545m이다. 6에이커의 면적을 차지하는 이 건물은 로마제국 최대의 원형극장이다. 경기장 바닥을 지칭하는 아레나(Arena)의 장축과 단축은 각각 87m와 55m이다. 라틴어로 모래를 뜻하는 아레나가 원형경기장 바닥을 지칭하게 된 것은 바닥의 나무판 위에 모래를 덮고 거기서 시합이 치러졌기 때문이었다.

콜로세움의 외벽은 서기 79년 베스파시아누스 황제가 사망할 당시 3층까지 완성되었다. 로마식 아치와 그 사이에 그리스식 반기둥이 결합된 형태로, 1층은 10.5m의 도리아식 기둥, 2층은 11.85m의 이오니아식 기둥, 3층은 11.6m의 코린트식 기둥으로 되어 있다. 4층은 티투스 황제가 마무리하여 준공한 것으로 평평한 코린트식 붙임기둥으로 장식되어 있다. 도미티아누스 황제가 원형경기장의 지하실을 추가로 건설하고, 또 관중석을 늘리기 위하여 4층에 관람석을 만들었다.

외벽은 약 10만 입방미터의 석회석 돌로 만들어졌다. 모르

[그림 18-2]
로마의 콜로세움.

▲ 4층이 무너지고 외벽의 석회석이 뜯긴 모습.

타르가 사용되지 않았고, 이 돌들이 300톤의 청동 죔쇠로 고정되어 있었다. 세월이 흐름에 따라 외벽에 큰 훼손이 생겼다. 지진으로 많은 부분이 무너졌으나, 북쪽 외벽은 여전히 남아 오늘날의 모습대로 서 있다. 우리가 현재 볼 수 있는 외벽의 모습은 사실은 대리석 외관이 벗겨지고 난 원래 외벽의 안쪽인 셈이다.(그림18-2)

각 층에는 80개의 아치형 문이 나있는데 76번까지 번호가 매겨진 1층의 아치형 문들이 출입구로 사용되었다. 번호가 없는 4개의 출입구는 황제와 정계, 종교계 고위 인사들이 이용하는 특별석 전용출입구였다. 원래의 출입구는 외벽 붕괴로 대부분 사라졌으나, 23번에서 54번까지는 현재도 존재하고 있다. 관중석은 위층으로 갈수록 신분이 낮은 사람에게 배정되었다. 전망이 가장 좋았던 2개의 열주 회랑이 끝나는 북쪽 특별석 입구가 황실 전용출입구였고, 남쪽은 베스타 여사제들의 출입구였다. 황실석 옆은 원로원과 정무관들의 자리였다. 원로원석 윗 단은 원로원에 속하지 않은 귀족들과 기사들의 자리였다. 다음은 평민들의 자리로 두 부분으로 나뉘어져, 아래층이 부유한 평민, 위층이 가난한 평민들의 자리였다. 외국의 지위 높은 인물이나 사제, 서기 등을 위한 특별석도 있었다. 맨 위층은 일반 빈민들과 노예, 여자들의 자리로, 가파른 벤치에 앉거나 또는 서서 관람하였다. 배우나 전직 검투사, 무덤을 파는 사람 등은 출입이 금지되었다. 1, 2층의 좌석은 대리석으로 만든 계단식 좌석이고, 3층은 목재 좌석이었다.

콜로세움의 관중수를 현재의 학자들은 5만명 정도로 추산하고 있으나, 354년의 Codex-Calendar[116]에 의하면 8만 7천명을 수용할 수 있다고 한다. 그런데 그 같은 많은 관중들이 원형극장을 빠져나가는 데는 불과 몇 분밖에 걸리지 않았다고 한다. 무료 입장시에 티켓으로 받은 도자기 조각에 매겨진 숫자로 자신이 앉아야할 층과 열과 줄이 정해져 있었고, 그에 따라 아레나 뒤로 연결된 통로망을 통하여 80개의 출입구로 한꺼번에 나올 수 있었기 때문이었다.

4층 외벽 창문 위에는 칸마다 돌이 3개씩 총 240개가 튀어나와 있는데 이 돌들에는 사각 구멍이 파여져 있다. 이 사각 구멍에 나무 깃대를 꽂아 삼각 돛 모양의 천막을 쳐 하늘을 가릴 수 있었다. 이 천막은 아레나의 3분의 2를 가릴 수 있었는데, 해군에서 차출된 특수요원이 이를 담당하였다.

원형경기장에서의 경기는 일반적으로 검투시합이었는데, 즐거움을 배가하기 위하여 죄수를 이용한 맹수와의 싸움이나 희극적인 수렵 등도 행해졌다. 티투스 황제 때 완공된 개관기

116_ 354년 로마의 부유한 기독교인 Valentinus가 만든 삽화 수서본으로 원본은 없고 가장 오래된 것으로는 Caroling시대의 사본이 있다. 17세기 펜으로 작성된 것이 가장 충실한 사본으로 생각되고 있는데, 카이사르와 황제들의 이미지에 대한 묘사, 부활절이나 교황의 연대기 등 16장으로 구분되어 있다. 초기 Christmas 축제에 대한 언급도 있다.

[그림 18-3]
로마의 콜로세움 내부와 지하.

◀ 사진에서 경기가 행해지던 나무 판 위에 모래를 깔았던 arena 아래 지하실(hypogeum) 부분의 모습을 볼 수가 있다. 2층의 터널과 동물우리 구조로 되어 있다. 이곳에 검투 경기를 위하여 대기하던 검투사들과 공연을 위하여 준비된 동물들이 머물렀다.

념 축하행사는 100일간이나 지속되었고 9,000마리의 동물과 2,000명의 검투사가 희생되었다. 트라야누스 황제가 다키아를 정복하고 개선식을 행하던 107년에는 123일 이상의 공연기간 중에 10,000명의 검투사와 11,000마리의 동물이 동원되었다. 249년 로마 건국 1,000주년 기념행사 때에는 검투사 1,000쌍이 동원되었으며, 코끼리 32마리, 호랑이 10마리, 사자 60마리, 표범 30마리, 하이에나와 기린이 10마리, 하마 6마리가 희생되었다고 한다. 1층 관중석의 가장 낮은 자리가 경기장 바닥에서 4.6m 높이에 위치했으며, 맹수 등으로부터 관중들을 보호하기 위하여 아레나 주위에 튼튼한 철망을 둘렀다.(그림18-3)

고대 작가들은 콜로세움이 해전에도 사용되었다고 기록하고 있다. 80년 티투스 황제가 아레나에 물을 채우고 특별히 훈련하여 헤엄치는 말과 황소를 보여주었으며, 이오니아의 그리스 식민도시인 코르프(Corfu)와 코린트의 해전을 재현하기도 했다 하나 이는 역사가들 사이에 논쟁거리이다. 물을 끌어들일 수는 있었으나, 아레나의 방수문제와 함선이 움직이기에 부족한 공간 문제 등으로 보아 장소를 잘못 기록했을 가능성이 있다. 그렇지 않다면 콜로세움이 원래 홍수가 날 수 있던 배수로에 위치했을 수도 있다.

아레나에 화가, 기술자, 건축가를 동원하여 재현한 삼림모습은 사냥을 위한 배경으로 사용됐을 뿐만 아니라 신화의 장면을 공연하기 위한 배경으로 사용되었다. 동물과 혈투를 벌이며 희생되거나 불에 타죽는 등 신화에 등장하는 영웅들의 모습이 재현되었는데, 사형선고를 받은 죄수가 그 역할을 대신하였다.

콜로세움에서의 이 같은 여러 공연과 볼거리들은 시민들에게 일체감과 애국심을 불러일으켰을 뿐만 아니라 공포심도 일으키게 하는 등 정치적 목적으로 이용되었다. 기록된 검투사 경기는 435년경이 마지막이며, 맹수사냥 기록은 523년이 마지막이다.

콜로세움에 대한 보수공사는 고대에도 여러 차례 있었다. 217년에는 번개로 인한 화재로 훼손된 것을 복구하였고, 3세기부터 6세기초까지 여러 번의 보수공사가 있었다. 5세기와 6세기에도 여러 차례의 벼락과 지진 피해를 입었던 이 건물은 6세기말에는 작은 교회가 내부에 들어서고 아레나가 묘지로 사용되었다. 또 좌석 아래의 아케이드 부분이 집과 상점으로 사용되어 적어도 12세기까지 사용된 기록이 있다. 1200년경에는 이 지역의 귀족인 프란지파니(Frangipani)家가 콜로세움을 요새화하여 성채로 사용하다가, 1312년 황제 하인리히 7세에 의하여 다시 로마시에 기증되었다. 1349년의 지진으로 남쪽 외벽이 무너졌고, 그 석재와 내부 석재들이 베네치아 궁전과 캄피돌리오 궁전, 베드로 대교회 등의 건축에 사용되었다. 14세기 중엽에는 한 종교 단체가 북쪽 부분에 들어와 19세기초까지도 존재하였다. 콜로세움 내부는 석재 공급지로 사용되었고, 외관을 장식했던 대리석은 생석회를 만들기 위해 벗겨졌다. 외벽 석재를 고정하던 청동 죔쇠는 뜯겨 현재도 그 흔적을 볼 수 있다.

16~17세기 동안 교황청이 콜로세움의 활용에 대하여 주목하였다. 교황 식스투스 5세(1585~1590)가 로마 매춘부들을 위

[그림 18-4]
로마의 콜로세움 내부 십자가의 길.

▲ 1832년, Thomas Cole.
Arena 주변에 Stations of the Cross 가 보인다. 그림에 보이는 Stations of the Cross는 주변의 나무들과 함께 19세기 제거되었다.

한 양모공장으로 바꾸려했으나 사망으로 무산되었다. 1671년 추기경 Altieri가 투우장으로의 활용 아이디어를 냈다가 비난으로 철회하였다. 콜로세움이 보호되기 시작한 것은 1749년 교황 베네딕트 14세가 콜로세움을 기독교인들의 순교지로 지정하면서부터였다. 그는 채석장으로의 사용을 금지하고 콜로세움을 예수의 수난(the Passion of Christ) 건물로 축성하고, 십자가의 길(Stations of the Cross)을 설치하였다.(그림18-4) 그러나 콜로세움에서 기독교인들이 희생되었다는 어떤 역사적 증거도 찾아볼 수 없다. 그 후 건물을 웃자라 훼손의 원인이 되었던 나무들을 제거하였다. 1807년과 1827년에 삼각형 벽돌쐐기로 겉면을 보강하였다. 내부는 1831년과 1846년, 그리고 1930년대에 수리되었다. 아레나의 바닥은 1810~1814년, 1874년 일부가 발굴되었고, 1930년대 무솔리니 시대에 완료되었다.

2. 티투스 개선문

로마시대의 개선문(Triumphal Arch)은 일반적으로 전쟁에서

[그림 18-5]
티투스 개선문 동쪽.

▲ 애틱 부위에 새겨진 명문: "로마의 원로원과 인민은 신성한 베스파시아누스의 아들 신성한 티투스 베스파시아누스 아우구스투스에게 바칩니다."

승리한 장군들의 공적을 기념할 목적으로 세운 대문형식의 건축물을 말한다. 이 문을 통과하는 개선행진은 로마의 위력을 극적으로 드러내는 동시에 관람자들에게는 경외심을 안겨주고 포로들에게는 굴욕감을 맛보이기 위한 연출된 행사였다. 이러한 기념문이 고대 로마에 많이 세워졌는데, 아치형의 통로인 공랑에 원주 등을 배치하여 조각으로 장식한 본격적인 형식을 취하기 시작한 시기는 제정초기로 추정된다. 기본적인 형식은 큰 아치 하나로 된 단공식과 그 좌우에 작은 아치를 곁들인 삼공식이 있다. 단공식은 로마의 티투스 황제의 개선문(Arch of Titus) 등이 있고, 삼공식은 로마의 콘스탄티누스 황제의 개선문(Arch of Constantinus) 등이 있다. 제정말기에는 로마에만 60개가 넘는 개선문이 있었다. 로마의 개선문은 후세에 영향을 미쳤다. 근대국가에서 국가주의가 팽창하자 여러 지역에서 개선문이 세워졌다. 1462년 알베르티(Leon Battista Alberti)가 설계한 만토바(Mantova)의 성 안드레아 바실리카(the Basilica di Sant'Andrea)의 정면, 1806년에 건립된 파리의 에투알 개선문(Arc de Triomphe de l'Étoile)[117], 1910년에 건립된 펜실베니아의 내셔널 메모리얼 아치(The National Memorial Arch), 그리고 1896년에 건립된 한국의 독립문 등이 대표적으로 티투스 황제의 개선문에서 영향을 받았다.(그림18-5)

117_ 일반적으로 파리의 개선문으로 알려져 있다. 1806년 나폴레옹 1세가 휘하 군대의 승리를 기념하기 위하여 세운 개선문으로, Place Charles de Gaulle(원래 명칭은 Place de l'Étoile) 중앙에 위치하고 여기서 Avenue des Champs Élysées가 시작된다. 1836년에 완성된 세계에서 가장 큰 개선문으로 높이 50m, 폭 45m, 깊이 22m이다. 폭 45m 면의 아치는 높이 29.19m, 폭 14.62m이고, 폭 22m 면의 아치는 높이 18.68m, 폭 8.44m이다. Musée du Louvre의 서쪽에 보다 규모가 작은 Arc de Triomphe du Carrousel이 위치한다.

티투스 황제의 개선문은 가장 먼저 세워진 개선문으로, 서기 70년에 있었던 티투스 황제의 예루살렘 정복을 기념하기 위하여 서기 81년 도미티아누스 황제가 로마의 광장에 세웠다. 속을 콘크리트로 채우고 표면을 대리석으로 덮은 티투스 개선문은 콜로세움과 비슷한 로마식 아치를 도입하였다.

이 개선문은 높이가 15.4m 폭이 13.5m 두께가 4.75m 규모로, 석회콘크리트 구조물의 표면을 대리석으로 장식하였다. 가운데 아치 통로가 하나 있는 단공식이다. 아치의 높이는 8.30m이고 폭이 5.36m이다. 기둥과 아치 위에는 엔테블러처와 코니스가 있고, 코니스 위에는 높이 4.4m인 애틱(attic)이 있다. 아치의 양면에는 세로로 홈이 파인 반기둥이 4각형의 대좌 위에 서 있는데, 기둥의 주두는 무성한 아칸서스 나뭇잎으로 장식된 코린트식에 이오니이식 소용돌이가 추가되어 있는 초기의 혼합양식 오더(composite order)이다. 중앙의 아치 양편은 각

[그림 18-6]
개선장군 티투스의 모습.

▼ 티투스 개선문의 내부 아치 부조. 서기 70년 유대의 반란을 진압한 Titus 황제를 기념하기 위하여 81년 Domitianus 황제가 건립한 이 개선문에는 개선장군 Titus의 모습이 내부 아치에 부조로 새겨져 있다. 오른쪽에 장병들에 둘러싸여 4륜전차를 타고 당당하게 개선하는 Titus의 모습을 볼 수 있다. Titus의 얼굴은 알아볼 수 없게 훼손되어 있다. 개선행렬 뒤 나체로 표현된 젊은이(머리가 떨어져 나갔다)는 로마시민을 상징한다.

각 두 개의 기둥으로 정방형 칸을 이루고 있는데, 하부에 있는 낮은 벽감 같은 감실 봉창(blind aedicular window)은 19세기초 무분별한 복원 때문에 생긴 것이다.

아치 안의 천장은 중앙에 티투스를 신격화하는 부조가 새겨져 있다. 아치 안에는 두 개의 부조판이 더 있는데, 모두 71년 티투스와 그의 부친 베스파시아누스의 승전을 기념하고 있다. 한 장은 예루살렘 신전으로부터 약탈한 전리품과 포로가 된 예루살렘 시민들이 로마로 끌려오는 모습이 묘사되어 있고, 다른 한 장은 휘하를 거느린 개선장군 티투스의 당당한 모습이 묘사되어 있다. 기둥 외부의 조각은 중세시대 프란지파니 가문이 티투스 개선문을 방어벽으로 통합하면서 사라졌다. 개선문의 애틱 위에는 원래 더 많은 조각상으로 장식되어 있었는데, 아마도 코끼리가 끄는 4두2륜 전차였을 것이다.(그림18-6)

개선문의 애틱 동쪽에는 금이나 은글자로 장식되었을 다음과 같은 명문이 남아 있다. "로마의 원로원과 인민은 (이를) 신성한 베스파시아누스의 아들 신성한 티투스 베스파시아누스

[그림 18-7]
티투스 개선문 서쪽.

▶ 애틱 부위의 명문은 1821년 복원 공사 후 교황 Pius Ⅶ이 새겨 넣은 것이다.

[그림 18-8]
포로가 된 예루살렘인들.

▲ 일곱 가지 촛대와 트럼펫이 선명히 보인다.
이들은 유대인의 디아스포라(diaspora)의 상징이 되었다. 남쪽 패널에 새겨진 이들 보물은 예루살렘에서 약탈한 것인데, 7지 촛대(Golden Candlestick: Menorah/ Exodus 25:31–40)에 초점이 맞추어져 고부조로 처리되었다. 다른 신성한 약탈물들은 은 트럼펫(Silver Trumpets/ Numbers 10:1–10)과 진설병 상(Table of Shewbread/ Exodus 25:23–30)이다.

아우구스투스에게 (바칩니다.)"[118] 반대편인 서쪽 면에는 교황 피우스 7세가 복원 공사를 하면서 1821년에 "이 기념물은 종교와 예술 모두에서 주목할 만한 것이나 세월에 따라 약해졌다. 교황 피우스 7세가 고대의 모범에 따라 새로운 작업으로 그의 신성한 통치 24년에 이 건물을 보강하고 보존케 하였다."라는 라틴어 명문를 석회석에 새겨 넣었다.(그림18-7)

티투스 개선문의 부조는 예루살렘 사원에서 탈취한 성스런 품목들에 대한 유일한 당대의 묘사이다. 거기에는 일곱 가지가 있는 큰 촛대(The seven-branched menorah)와 트럼펫이 선명히 묘사되어 있다. 이는 유대인들에게 가장 가슴에 사무치는 디아스포라(diaspora)의 상징이 되었다. 후에 교황 바울 4세(1555~1559)가 로마 게토의 유대인들에게 그곳을 매년 강요된 굴종서약의 장소로 만들었다. 그 이후 유대인들은 그 아래를

118_ SENATVS POPVLVSQVE · ROMANVS DIVO · TITO · DIVI · VESPASIANI · F(ILIO) VESPASIANO · AVGVSTO (Senatus Populusque Romanus divo Tito divi Vespasiani filio Vespasiano Augusto).

걷는 것을 거부해왔다. 예외는 1948년 이스라엘 건국과 함께 그 지역의 유대인 공동체의 구성원들이 로마제국의 개선행진 방향과는 반대 방향으로 엄숙한 행진을 하면서 일어났다. 아치에 새겨진 일곱 가지 촛대는 이스라엘 국가 기장의 일곱 가지 촛대 모델이 되었다.(그림18-8)

3. 트라야누스 기둥

트라야누스 기둥(Trajan's Column, 106~113)은 재위 기간 동안 다키아(Dacia)를 점령하여 로마제국 최대의 영토를 건설했던 황제의 찬란한 업적을 기리는 대표적인 기념물이다. 당시로서는 획기적인 발상이었던 이 기념물은 로마 포룸 북쪽 트라야누스 포룸 유적지에 원래의 모습대로 남아 있다. 당시에는 트라야누스 포룸 중앙에 위치하여 양 옆으로 라틴어 도서관과 그리스어 도서관이 있었다. 원로원에 의해 건립되었고, 건축가는 다마스쿠스의 아폴로도루스(Apollodorus of Damascus)였을 것으로 추정된다. 113년에 완공된 이 기념기둥은 고대와 근대의 기념기둥에 많은 영감을 제공하였다.

도리아 양식으로 된 이 대리석 기둥은 기둥만의 높이가 30m이며, 묘실[119]이 있는 기단부분을 포함하면 38.4m에 이른다. 주신은 20개의 거대한 대리석 통으로 구성되어 있는데, 각각의 무게가 32톤정도이고 직경은 3.7m이다. 190m의 프리즈가 주신을 23번 감아 올라가고 있다. 주신 내부에 있는 185개의 나선형 계단을 따라 오르면 꼭대기 전망대에 오를 수 있다. 주

119_ 117년 황제가 서거하자 원로원은 기단 아래에 황제의 유골 안장을 결정하였다. 그가 정복한 다키아인들의 무기와 갑옷과 투구로 장식된 기단 아래에는 황제와 황후 Plotina의 유골이 안장되어 있다.

두부분만의 무게가 53.3톤이다.(그림18-9)

이 기념주에서 가장 유명한 것은 다키아인들과의 2차례에 걸친 전쟁장면을 묘사한 기둥 표면의 저부조이다. 너비 1.2m의 나선형 띠가 기둥을 나선형으로 감아 올라가면서 묘사한 장면은 아래 부분이 101~102년의 제 1차 원정의 모습이고, 위 부분이 105~106년의 제 2차 원정의 모습이다. 이들 승리한 원정의 모습은 시간의 추이에 따라 차례로 서술한 "연속묘사"기법으로 그리스 파르테논 신전의 "동시묘사"기법과 대비되고 있다. 155개의 전쟁 장면에는 황제 자신이 군사들 가운데 59차례 등장하는 등 2,500명의 인물이 묘사되어 있다. 이를 통하여 당시의 군복과 석궁, 투석기 등의 무기, 그리고 전쟁 방법 등에 대한 소중한 정보를 알 수가 있다.(그림18-10)

고대 주화를 통하여 기념주 꼭대기에는 원래 청동 독수리상을 놓을 계획이었던 것을 알 수 있다. 그러나 완공 후에 트라야누스의 청동상으로 교체되었다. 이를 1587년 12월 4일 교황 식스투스 5세(Sixtus, V)가 성 베드로의 청동상으로 교체하여 오늘에 이르고 있다.

트라야누스 기념 원주는 후대의 기념물에 많은 영향을 미쳤다. 서기 161년에 헌정되어 Campus Martius(현 Monte

[그림 18-9]
트라야누스 기둥.

▲ 서기 113년 완공, 높이 38.4m. 꼭대기 트라야누스 청동상은 1587년 성 베드로 청동상으로 교체되었다.

[그림 18-10]
트라야누스 기둥의 부조(세부).

◀ 트라야누스의 항해모습, 서기 113년.
독일 역사가 Conrad Cichorius가 1896년 트라야누스 기둥 하부의 부조를 사진에 근거하여 단색으로 제작한 그래픽.

Citorio 기슭)에 세워졌던 〈안토니우스 피우스 원주 Column of Antoninus Pius〉, 193년에 봉헌된 로마 Piazza Colonna의 〈마르쿠스 아우렐리우스 원주 Column of Marcus Aurelius〉가 대표적으로 트라야누스 기념 원주를 모방하고 있다. 〈마르쿠스 아우렐리우스 원주〉는 게르만과 사마르티아(Sarmartians)와의 전쟁을 29.6m의 원주에 나선형 부조로 새겼다. 정상에는 황제의 조상이 서 있었으나 1588년 10월 27일 사도 바울의 상으로 대체되었다. 1020년경 제작된 Hildesheim cathedral의 〈그리스도 원주 Christ's Column〉 역시 주교 베른바르트(Bernward)가 예수의 요르단강에서의 세례부터 예루살렘 입성까지 28장면을 묘사한 3.79m의 청동 원주이다. 합스부르크 가문의 황제 카를 6세가 후원한 빈의 카를교회(1716~39) 앞에 놓인 〈승리의 원주 Victory column〉, 파리의 Place Vendôme에 서 있는 〈방돔 원주 Vendôme Column〉(1806~10), 런던 Trafalgar Square의 〈넬슨제독 기념주 Nelson's Column〉(1839~67) 역시 고대의 유산을 물려받은 기념 원주이다.(그림18-11)

[그림 18-11]
마르쿠스 아우렐리우스 기둥.

▶ 193년 완공, Piazza Colonna, Rome. 기단을 합해 총 39.72m의 높이이고 기둥만 29.62m이다. 북부 이탈리아 Carrara산 대리석으로 만들었으며, 기둥은 지름 3.7m인 대리석 원통 27-8개가 연결되어 이루어져 있다. 부조의 내용은 Danube강의 도강에서 시작되는데, 166년 이후 사망시까지 Marcus Aurelius 황제가 Danube에서의 전쟁이나 또는 게르만족의 일파인 Marcomanni족과의 전쟁을 묘사하는 것으로 생각된다. 정확한 연대기는 미상이나 최근에는 기둥 하부는 172~73년 Marcomanni족과 Quadi족과의 전투, 상부는 174~75년 Sarmatians과의 전투를 묘사한 것으로 연구되고 있다.

〈방돔 원주〉는 1805년 나폴레옹이 아우스테를리츠(Austerlitz)에서 획득한 오스트리아와 러시아 대포를 녹여 만든 77개의 전투장면으로 장식되어 있다. 44m의 꼭대기에는 1806년 황제에 오른 나폴레옹의 전신상이 서 있다. 반면 55m의 〈넬슨제독 기념주〉 꼭대기에는 1805년 트라팔가(Trafalgar)에서 나폴레옹 해군을 물리친 넬슨제독의 팔 하나가 없는 전신상이 서 있다. 사각 기단의 네 해전 장면의 청동 부조는 노획한 프랑스 대포를 녹여 만든 것이다.

4. 판테온

판테온(Pantheon)은 그리스어로 모두를 뜻하는 판(Pan)과 신을 뜻하는 테온(Theon)이 합쳐져 "모든 신을 위한 신전"이라는 뜻이다. 태양, 달, 수성, 금성, 화성, 목성, 토성의 일곱 행성을 관장하는 일곱 신을 모신 판테온은 천체를 상징하는 돔 천장을

[그림 18-12] 판테온.

▼ 입구 박공벽 아래 프리즈에 "루시우스의 아들인 마르쿠스 아그리파가 세 번째 집정관 임기에 만들었다." 라는 명문이 새겨져 있다.

갖는 건축물이다. 최초의 판테온은 아우구스투스의 사위인 아그리파(Marcus Agrippa)가 재정지원을 하여 로마 재건계획의 일부로 기원전 27년에 군신 마르스의 들판(Campus Martius)에 완공하였다. 그 후 서기 80년과 110년의 화재로 소실되었고, 현존하는 건물은 하드리아누스 황제에 의해 서기 118~126년에 재건된 것이다. 건물의 입구의 정면인 기둥 위 박공벽 아래의 프리즈에는 처음 건물에 새겨졌던 명문이 하드리아누스에 의하여 원래의 건물에서처럼 그대로 새겨져 있다. 그 명문에는 "루시우스의 아들인 마르쿠스 아그리파가 세 번째 집정관 임기에 만들었다."[120]라고 새겨져 있다.(그림8-12)

이 건축의 가장 큰 특징인 돔은 지름이 43.3미터로, 철근 콘크리트를 사용하지 않고 만든 건축물 중 세계 최대이다.[121] 이 돔의 내부 지름과 바닥에서 천장까지의 길이는 43.3m로 동일하다. 이 돔은 별이 빛나는 하늘을 나타낸다. 돔의 중앙 가운데에는 "눈 oculus"으로 불리는 직경 9미터의 천창(天窓)이 뚫려 있는데, 이는 태양을 상징한다.(그림18-13)

[그림 18-13] 판테온 Oculus.

▼ Pantheon 실내는 지름이 9m에 이르는 천창(天窓) oculus를 통하여 채광되고 있다. 천장의 5단 소란반자는 원래 파란색으로 채색되었고 금박의 청동 별이나 둥근 꽃 등으로 장식되었을 것이다.

판테온은 원형 건물로, 18m의 주랑 현관은 12.5m의 이집트 산 화강암으로 세운 3열의 코린트식 기둥들로 되어 있다. 첫 번째 열에는 여덟 개의 기둥이 있고 뒤쪽의 2열은 각각 네 개의 기둥으로 되어 있다. 그 위는 박공벽이 있다. 주랑 현관은 원형 홀을 향해 열려 있는데, 이 원형 홀 위에는 소란 반

120_ M · AGRIPPA · L · F · COS · TERTIVM · FECIT(Marcus Agrippa, Lucii filius, consul tertium fecit).

121_ 성 베드로 성당의 돔 지름은 42.5m이다.

자들로 장식된 콘크리트 돔이 있다. 4,500톤이 넘는 돔의 하중은 6.4m 두께의 원통형 벽 안에 있는 여덟 개의 거대한 각주로 분산되고 있다. 돔의 바깥 가장자리는 무거운 재질로 되어 있고 두께가 6.4m이나 개구부 주변은 가벼운 재질로 구성되어 있고 1.2m로 얇아져 있다. 가운데 구멍이 뚫려 있는 돔은 구조적 안정성을 유지하면서도 무게를 줄이기 위해 5단의 소란반자로 되어 있다. 원래는 파란색으로 칠해져 있던 소란반자 하나하나가 금박을 입힌 청동 별이나 둥근 꽃 모양 등으로 장식되어 있었을 것이다.(그림18-14)

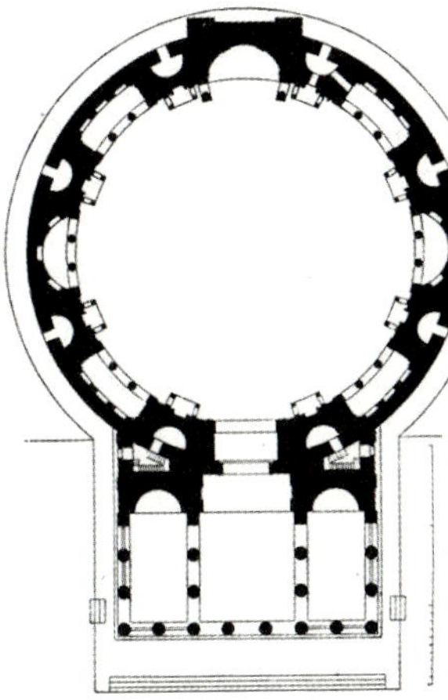

[그림 18-14] **판테온 평면도.**

▲ 현관 입구는 12.5m의 코린트식 화강암 기둥이 3열로 서 있다. 앞열에는 8개 뒤 2열과 3열에는 각각 4개씩이다. 천장의 돔과 원형 홀의 지름은 43.3m로 바닥에서 천장까지의 높이와 동일하다. 철근콘크리트를 사용하지 않은 세계 최대의 건물로, 로마의 건축술이 총 집약된 당대 최고의 건축물로 평가되고 있다. 609년 교황 Bonifacius 4세가 Sancta Maria ad Martyres(현 Santa Maria dei Martiri) 교회로 축성하여 이후 잘 보존되었다. 1436년 Firenze의 Santa Maria del Fiore 성당 이후 수많은 성당과 청사, 도서관 등이 Pantheon에서 영감을 받아 건축되었다.

판테온 건물이 비교적 잘 보존된 것은 일찍이 기독교 교회로 사용되어 중세초의 파괴와 약탈에서 벗어났기 때문이었다.[122] 609년 동로마 제국의 황제 포카스(Phocas)가 판테온을 교황 보니파키우스 4세(Boniface IV)에게 넘겨주었다. 보니파키우스 4세는 이 건물을 성 마리아와 순교자(Sancta Maria ad Martyres)의 성당으로 개축한 다음 축성하였다. 그렇지만 세기를 거듭하면서 판테온도 훼손을 피할 수 없었다. 수 세기 동안 건물의 외부를 장식하던 양질의 대리석들이 없어져 버렸다. 17세기초 교황 우르바누스 8세(Urbanus VIII, 1623~1644)가 판테온 현관의 청동을 떼어냈다. 그 청동의 대부분은 산탄젤로 성(Castel Sant'Angelo)의 방어를 위한 대포를 만드는데 사용되었고, 일부는 베르니니에 의해 성 베드로 대성당 내부에 위치

122_ 그러나 완전히 약탈에서 벗어나지는 못했던 것으로 보인다. 롬바르디아의 베네딕트 수도사였던 Paul the Deacon(720~799)에 의하면 663년 7월 로마를 방문한 황제 Constans II(641~668)가 판테온을 약탈하였다. "로마에 12일간 머무는 동안 그는 로마시를 장식하기 위하여 고대에 금속으로 만들어진 모든 것을 끌어내렸다. 심지어는 한때 판테온이라 불렸고 … 전 통치자의 동의에 의하여 현재 순교자의 장소가 된 성모 교회의 지붕까지 벗길 정도였다. 그는 여기서 청동 타일을 벗겨 다른 장식물과 함께 콘스탄티노플로 보냈다." 현재 교회의 이름은 Santa Maria dei Martiri로 불린다.

한 발다키노(Baldacchino)를 만드는 데 사용되었다. 그 같은 교황에 대해 당시 로마인들은 "야만인들도 하지 않았던 짓을 바르베리니 가문이 저질렀다 Quod non fecerunt barbari, fecerunt Barberini."고 풍자적으로 비판하였다.[123]

르네상스 이래 판테온은 무덤으로 사용되었다. 여기에 묻힌 사람들 가운데는 화가인 라파엘로(Raphael)와 안니발 카라치(Annibale Carracci), 작곡가 아르칸젤로 코렐리(Arcangelo Corelli), 건축가 발다사레 페루치(Baldassare Peruzzi) 등이 있다. 이탈리아의 비토리오 에마누엘레 2세(Vittorio Emanuele II)와 움베르토 1세(Umberto I) 두 왕과 움베르토의 왕비도 여기에 묻혔다. 지금도 판테온은 가톨릭교회의 성당으로 사용되고 있으며 결혼식 등이 행해지고 있다. 현재의 후진(Apse)은 교황 클레멘스 9세(1700~1721)에 의해서 만들어졌으며, 여기에는 동로마의 성모 성화 복제품이 안치되어 있다. 성가대석은 1840년에 추가되었다.

로마시대 건물 가운데 가장 혁명적이고 권위 있는 건축물로 평가되고 있는 판테온은 르네상스 이후 현재까지 다른 건축에 큰 영향을 미쳤다. 예컨대 피렌체의 산타 마리아 델 피오레(Santa Maria del Fiore) 대성당의 돔을 들 수 있다. 1436년 완공된 이 성당은 부르넬레스키(Brunelleschi)가 판테온에서 영감을 받아 설계하였으며, 돔의 지름이 42m이다. 이는 판테온 이래 서유럽에서 건설된 최초의 거대한 돔이었다. 이 외에도 판테온의 영향을 받은 유명한 건축물들은 1590년에 41.47m의 돔을 완공한 바티칸의 성 베드로 성당, 1790년 완공된 파리의 Panthéon을 비롯하여 19세기와 20세기의 수많은 시청사와 대학교, 공공 도서관에서 찾아볼 수 있다.

123_ 우루바누스 8세는 1568년 피렌체의 부유한 상인 가문인 Barberini가문에서 출생했는데, Barberini의 발음이 barbari를 연상시키고 있다.

5. 도로

로마의 도로는 고대 로마가 성장하고 팽창하는데 중요한 역할을 하였다. 8만여 km의 포장도로와 40만 km의 도로망을 통하여 군대와 물자, 소식의 신속한 이동과 전달이 가능했기 때문이었다. 로마제국은 372개의 주요 도로를 통하여 113개 속주로 이어졌다. 수천 년이 지난 오늘날에도 로마시대의 도로가 군데군데 남아 있을 정도로 견고하게 만들어졌다.

도로 건설에 정통했던 로마인들은 4층의 구조를 갖는 도로를 만들었다. 맨 아래층에 토대를 이루는 큰 바위돌이나 자연석을 깔고 그 위에 작은 돌과 모르타르를 섞은 혼합물을 부었다. 그 다음에 작은 사금파리조각 등의 혼합물을 부운 뒤 마지막으로 그 위에 단단한 돌을 깔았다. 4층 구조의 도로를 만들면서 하수도와 상수도를 넣었고, 마차가 다니는 도로와 인도 사이에는 빗물이 잘 빠지도록 배수로를 홈처럼 팠다.(그림18-15)

로마의 공공도로 이름은 도로의 건설과 복구를 명령한 감찰관 혹은 정무관의 이름에서 기원하였다. 가장 먼지 만들어진 포장된 군사도로가 아피우스 클라우디우스 카이쿠스(Appius Claudius Caecus) 감찰관이 기원전 312년에 착공한 아피아 가도(via Appia)였다. 원래는 로마에서 남서부 해

[그림 18-15] 로마 도로(좌).

▼ Pompeii 유적지에 남아 있는 로마시대 도로 모습.
도로 윗면에 넓적하고 평편한 포장된 돌들을 볼 수 있다.

[그림 18-16] 아피아 가도(우).

▼ 로마 인근의 옛 Via Appia 모습.

안을 따라 카푸아(Capua)를 거쳐 동쪽으로 261km 떨어진 타렌툼(Tarentum, 지금의 타란토)에 이르렀으나, 후에 브룬디시움(Burundisium, 지금의 브린디시)이 있는 아드리아해 연안까지 연장되었다. 기원전 220년에 건설된 플라미니아 도로(via Flaminia)는 로마에서 북쪽으로 아드리아해안의 아리미눔(Ariminum)에 이르렀고, 이 도로가 그곳에서 아이밀리아 도로와 합쳐져 루비콘 강을 가로질러 북서쪽으로 이어지고 있다. 기원전 241년에 건설된 아우렐리아 도로(via Aurelia)는 서북단의 제노바(Genova)에 이르고 있다. 포필리아 도로(via Popilia)는 카푸아를 경유하여 남서단의 메시나 해협에 이르렀고, 기원전 118년 건설된 도미티아 도로(via Domitia)는 님므에서 피레네 지방까지 연결되었다.(그림18-16)

기원전 2세기가 시작될 무렵 로마를 중심으로 4방향으로 이어지는 방사상 도로가 완성되었다. 북서쪽으로는 제노바에 이르는 아우렐리아 가도, 북쪽으로 아드리아 해안으로 연결되는 플라미니아 가도, 동쪽으로 푸키누스 호(콘카델푸치노)를 거쳐 반도를 가로지르는 발레리아 가도(via Valeria, 기원전 307년 착공), 남

[그림 18-17] 로마의 도로망.

동쪽으로 뻗어 카푸아 근처에서 아피아 가도와 합쳐지는 라티나(via Latina) 가도가 그것이다. "모든 길은 로마로 통한다 All roads lead to Rome"는 말처럼 이 도로들과 더 많은 지선 도로들을 통하여 로마는 멀리 떨어진 속주들과 이어졌다.(그림18-17)

로마의 정복과 그에 수반되는 정복지의 통치를 가능하게 만들었던 로마의 도로망이 로마제국 말기에는 이민족의 침입 경로가 되기도 하였다. 또 그리스도교가 전파되는 데에 기여하기도 하였다. 중세시대를 거치는 동안에도 방치되어 손상되고 낡은 상태였으나 유럽 전역에서 계속하여 사용하였고, 오늘날까지도 도로망의 많은 파편들이 남아 있다. 이탈리아에서는 2천년 전 옛 로마 도로에 아스팔트만을 깔아 주요 국도로 사용하고 있다.

6. 수도

로마의 도시들이 제구실을 다할 수 있었던 것은 상수도 덕분이다. 로마인들은 대도시의 가정과 공중목욕탕뿐만 아니라 작은 마을과 산업지역에도 수돗물을 공급하였다. 수원지였던 큰 강이나 호수는 주로 도시외곽에 위치하였다. 로마인들은 오늘날처럼 지하수로를 이용하였고, 이를 위해 지하터널을 팠다. 이처럼 지하수도를 이용하여 로마시에 깨끗한 수돗물은 공급하기 시작한 것은 아피아 수도(Aqua Appia)가 최초였다. 아피아 수도는 아피아 도로와 함께 기원전 312년에 착공됐고, 길이는 16.6km로 로마시 동쪽 산지에서 솟아 나오는 물을 수원으로 하였다. 도시가 팽창하고 물이 더 필요해지자 기원전 272년 아니오 수도(Aqua Anio)를 만들었고, 길이가 63km나 됐다. 로마인들은 높은 수원지에서 낮은 로마 시가지로 자연경사를 이용하여 물을 끌어왔다. 언덕이나 골짜기는 관성법칙을 이용하는 사이펀의 원리를 적용하여 작은 언덕과 골짜기를 넘겼다.

그러나 수돗물 공급의 수요가 늘어나고 더 깨끗한 새로운 상수원을 찾아 상류로 올라갈수록 지하수도의 길이가 길어졌다. 그에 따라 수도가 질적으로 큰 변화를 겪게 되었다. 지하에서 지상의 다리형태인 수도교(Aqueduct)가 건설되기 시작한 것이다. 수도교의 효시는 기원전 144년 완공한 마르키아 수도(Aqua Marcia)로, 길이가 91.6km에 달하였다. 이처럼 먼 거리를 지나다 보니 지하수로와 사이펀의 원리에 의존할 수 없던 지역에서는 오늘날 고가도로 같은 수도교를 만들 수밖에 없었다. 아치형 교각의 건축공법을 이용한 수도교를 통하여 골짜기와 도심지를 간단히 통과할 수 있었고, 고도차가 작은 평지의 경우에도 교각의 아치 높이를 조금씩 낮추어 수돗물이 자연스럽게 흐르도록 하였다.(그림18-18)

로마인들은 상수원 일대의 토양, 생태계, 동식물과 주민들의 건강상태, 수질까지 면밀히 조사하여 수원을 결정하였다. 물을 정수하기 위해 화학약품을 사용하지는 않았으나 수로를 지하화하거나 수도교에 덮개를 씌우는 등 수질관리를 위해 노력하였다. 수로를 통하여 도시까지 운반된 물은 저수조에 모았다가 공공기관과 마을, 가정에 공급하였다. 물은 도시의 마을 곳곳에 위치하여 대체로 어느 집에서나 50m 이내에 위치한 공동수조에 공급되어 무료로 길어다 사용하였다. 가정에 전용수도를 설치할 경우에는 허가를 받아야 했고 수도요금도 내야 하였다.

[그림 18-18]
마르키아 수도교의 유적.

▼ 로마 북동부의 Tivoli 근처, 이탈리아.
기원전 144~40년 건설된 로마의 3번째 수도노선이며 수도교의 효시인 Acquedotto Marcio 아치 유적.

로마가 제국으로 팽창하면서 1세기말에는 9개의 수도노선이 완공되었다. 그 후 109

년 트라야나 수도(Aqua Trajana)가 더 건설되고 226년에 안토니니아나 수도(Aqua Antoniniana)가 건설돼 모두 11개의 수도가 로마시에 수돗물을 공급하게 되었다. 2천년 전인 기원전 19년에 아그리파에 의해 여섯 번째로 건설된 비르고 수도(Aqua Virgo)는 수질이 좋기로 이름나 있었다. 다른 수도와 마찬가지로 야만족의 침입을 막기 위하여 서기 538년에 벨리사리우스 장군에 의하여 파괴되었으나, 1453년 교황 니콜라우스 5세의 지원으로 복구되었다. 당시 라틴어인 비르고(처녀, 소녀)와 같은 뜻의 이탈리아 말인 베르지네 수도로 부활하여 오늘날에도 로마 시내의 트레비 분수와 스페인 광장의 분수 등에 물을 공급하고 있다.(그림18-19)

로마는 정복한 속주에도 수도교를 만들었다. 이것이 물을 구하기 어려운 지중해 해안의 지형적인 어려움에도 불구하고 로마가 전략적, 상업적으로 필요한 곳에 로마도시를 건설할 수 있었던 비결이었다. 대표적인 것으로 폼페이, 프랑스의 리옹, 독일의 퀼른, 이스라엘, 북아프리카의 카르타고, 스페인의 세고비아 등이 있다. 현재에도 남아있는 가르교와 세고비아,

[그림 18-19] 트레비 분수.

◀ 기원전 19년 건설된 로마의 6번째 수도인 Aqua Virgo의 종점이다. 최초에 13km였으나 후에 22km로 연장되었다. 537~38년 고트족의 로마 침공시 파괴되었다. Trevi Fountain은 1629년 Gian Lorenzo Bernini 설계에서 시작하여 1762년 Giuseppe Pannini가 완공하였다.

이스라엘의 수도교를 보면 그 규모와 뛰어난 건축술에 감탄하지 않을 수 없다.

로마시내에 물을 공급하던 11개의 수도노선은 다음과 같다.

아피아 수도(Aqua Appia) : 17km, 기원전 312년.

구 아니오 수도(Aqua Anio Vetus) : 64km, 기원전 272~269년.

마르키아 수도(Aqua Marcia) : 91km, 기원전 144~140년.

테풀라 수도(Aqua Tepula) : 18km, 기원전 125년.

율리아 수도(Aqua Julia) : 23km, 기원전 33년.

비르고 수도(Aqua Virgo) : 21km, 기원전 19년.

알시에티나 수도(Aqua Alsietina) : 23km, 기원전 2년.

클라우디아 수도(Aqua Claudia) : 69km, 서기 52년.

신 아니오 수도(Aqua Anio Novus) : 87km, 서기 52년.

트라야나 수도(Aqua Traiana = 파올라 수도) : 56km, 서기 109년.

안토니니아나 수도(Aqua Antoniniana = Aqua Alexandrina)
: 23km, 서기 226년.

(1) 가르교

가르교(Pont du Gard)는 남프랑스 가르 현(Gard département)을 흐르는 가르강의 다리이다. 이 다리는 남프랑스 위제스(Uzès) 부근 데위르 샘(Fontaines d'Eure)에서 로마의 님므(Nîmes)시 요새를 연결하는 수로를 위해 건설되었다. 가르강 계곡을 건너도록 설계된 이 수로는 거의 50km에 달하는데, 아우구스투스의 사위 아그리파가 기원전 19년경 건설했다는 견해와 서기 40년에서 60년 사이에 건설됐다는 견해가 맞서고 있다.

석회암을 사용하여 3단의 아치구조로 건설된 이 다리는 높이가 49m이고 수로의 길이가 275m이다. 1층은 6개의 아치로 구성되어 있고 142m의 길이에 폭이 6m, 높이가 22m이다. 2층은 11개의 아치로 구성되어 있고 242m의 길이에 폭이 4m, 높

[그림 18-20]
가르교(Pont du Gard).

◀ 기원전 19년경 혹은 서기 40~60년경에 건설된 Pont du Gard는 현 남 프랑스 Gard현의 가르강을 가로지르는 다리이다. 로마시대 수도교로 사용된 3단 아치의 49m 높이의 다리이다. 서로마 멸망 후 관리부실로 9세기 이전에 사용이 불가능하게 되었고, 이후 18세기까지 도보로 강을 건너는 다리로 이용되었다. 1743년에 교통용 다리가 옆에 별도로 건설되었고, 18세기와 19세기에 복원되었다. 1985년 유네스코 세계문화유산으로 지정되었다.

이가 20m이다. 3층은 47개의 아치로 구성되어 있고(현존 35개) 275m의 길이에 폭이 3m, 높이가 7m이다. 1층은 도로이며, 3층은 수도관이다. 수도관은 높이가 1.8m 폭이 1.2m로, 경사가 0.4%이다. 즉 기울기가 1km당 25cm로, 4,000분의 1이며, 전체 50km의 길이에 높이 차이가 12m에 불과하다. 이 수로를 통하여 로마시대에는 하루에 35,000m^3의 물이 공급되었다.(그림18-20)

수도관의 건설에 사용된 돌의 무게가 일부는 6톤이나 되는데, 정확히 깎아 맞추어서 모르타르가 필요 없었다. 석공들은 돌을 들어올리기 위하여 도르래를 설치하여 사용하였다. 800~1,000명의 일꾼을 동원하여 15년정도 걸려 완공했을 것으로 추산된다.

로마가 혼란기에 접어든 4세기 이후 이 수로는 관리가 되지 못하였다. 그 결과 수로의 약 3분의 2에 침전물이 쌓이게 되어 9세기까지는 사용이 불가능하게 되었다. 지역민들이 수로의 돌을 뜯어 자신들을 위하여 사용하였으나, 가르교는 거의 손상을 입지 않았다. 중세에서 18세기까지 가르교는 도보로 강을 건너는 다리로 사용되었다. 통행로를 넓히기 위하여 2층의 기둥 폭을 좁혀 구조의 안전성에 위험을 가져왔으나, 1702

[그림 18-21] 1787년 가르교 모습.

▼ Hubert Robert, 242×242cm, Musée du Louvre.
당시 다리가 많이 훼손되었던 것을 보여주고 있다.

년에 기둥이 원래의 넓이로 복원되었다. 1743년에 피토(Henri Pitot)가 1층 옆에 새로운 다리를 건설하여 교통용 다리로 사용하게 되었다. 가르교는 18세기에 복원되었고 그 때부터 주요 관광지가 되었다. 19세기 중엽 나폴레옹 3세때 다시 복원되었다. 1985년 유네스코 세계 문화유산으로 지정되었고, 현재는 프랑스 5대 관광지 중 하나이다. 2000년 프랑스 정부와 EU, 그리고 유네스코가 협력하여 부근 일대를 포함한 재개발 공사를 추진 중이다.

(2) 세고비아의 수도교

세고비아의 수도교(Aqueduct of Segovia)는 스페인의 세고비아 아소게호 광장(Plaza Azoguejo)에 우뚝 서 있으며, 시내에서 17km 떨어진 프리오강(Rio Frio)의 물을 끌어오기 위해 로마 통치 시대에 건설되었다. 현재 리베리아 반도에 있는 고대유적 중 가장 잘 보존된 동시에 가장 유명한 곳으로 세고비아 시의 문장으로 등장하고 있다. 수도교 맨 위에 있던 명문을 읽을 수 없어 정확한 시공연대와 준공연대를 알 수가 없다. 1세기 중엽 클라우디우스 또는 2세기초 트라야누스 황제 시대에 축조된 것으로 추정된다. 1세기 후반 베스파시아누스 또는 2세기초반 네르바 황제 시대에 건설되었을 수도 있다.

20,400개의 화강암 돌벽돌을 아치구조로 쌓아 축조한 것으로 석회나 콘크리트 접합제를 사용하지 않았으나, 지진과 태풍에 내구성이 있다. 전체 길이가 813m, 최고 높이가 28.5m이며 총 167개의 아치로 구성되어 있다. 지형이 움푹 패인 중앙부분에는 2단의 첨두아치로 구성되어 있다. 수도교의 맨 위에는 물이 흐르던 수도관이 설치되어 있다. 55cm의 높이에 46cm의 폭으로, u자 모형이다. 가장 큰 아치 3개에 로마시대의 건축 일자와 건설자의 이름이 포함된 청동 글씨의 흔적을 볼 수

[그림 18-22] 세고비아 수도교.

◀ Segovia의 아소게호 광장에 위치한 1세기중엽이나 혹은 2세기초에 건설된 수도교로, 2단 아치의 28.5m 높이이다. 로마시대 건설된 수도교 가운데 가장 완벽하게 보존된 수도교이다. 1985년 유네스코 세계문화유산 유적지로 지정되었다.

있으나 현재 판독이 불가능하다.(그림18-22)

수도교는 1072년 아랍인에 의하여 훼손되었다. 첨두아치 36개를 포함하여 훼손된 부분이 15세기 페르디난드(Ferdinand) 왕과 이사벨라(Isabella) 여왕에 의해 최초의 구조와 형태를 바꾸지 않도록 조심스럽게 복원되었다. 16세기에 중앙의 벽감들과 조각상들이 구조물로 대체되었다. 1884년까지 세고비아 시내에 물을 공급했고, 1928년부터는 수도교에 수도관을 설치하여 지금까지 이용하고 있다. 세고비아 수도교가 로마시대에 건설된 수도교 가운데 가장 완벽한 형태로 보존되어 있다. 현재 수도교의 양 끝에 두 개의 벽감을 불 수 있다. 하나는 전설상 세고비아 시의 건설자인 헤라클레스상이 놓여 있었던 것으로 알려져 있다. 다른 하나의 벽감에는 현재 세고비아 수호성녀와 성 스테판상이 놓여 있다.

그러나 20세기에 난방장치와 아치 아래로 통과하는 자동차의 매연으로 다리가 약해지고 훼손되어 가고 있으며, 화강암 자체의 자연마모도 구조에 영향을 미치고 있다. 1985년 유네스코에 의해 세계문화유산으로 지정된 세고비아 수도교는 1997년에 유지보존을 위한 복원공사가 추진되었다.

제 19 장
쇠퇴기 로마의 사회와 사상

1. 3세기의 위기

180년 마르쿠스 아우렐리우스 황제가 사망하면서 5현제 시대가 끝이 났다. 유능한 인물을 후임 황제로 계승시키던 전통이 마르쿠스 아우렐리우스에 의하여 깨어지면서 로마는 혼란과 쇠퇴의 길로 접어들었다. 마르쿠스 아우렐리우스는 사려깊은 철인황제로 알려졌으나 제위는 무능한 아들 코모두스(Lucius Aelius Aurelius Commodus, 180~192)에게 물려주는 우를 범하였다. 5현제 시대의 종말과 더불어 2백년간 지속된 "로마의 평화"도 막을 내렸다.

코모두스는 부친의 재위시기부터 부황제 역할을 했으며 게르마니아 등 여러 지역의 전투에 참여하였으나, 잔인하고 사악한 취미 등 황제답지 못한 행동으로 192년 궁정의 파벌에 의해 살해되었다. 콤모두스의 피살로 사태가 악화되고 내란이 뒤따랐다. 콤모두스를 이을 후계자가 분명치 않아 속주의 여러 군단들이 제각기 황제를 옹립하였기 때문이었다. 그 결과

[그림 19-1]
카라칼라 목욕장 유적.

▲ 212~16년 Caracalla황제 재위 시 건설, 로마.
25헥타아르에 이르는 부지에 건물은 가로 228m, 세로 116m, 높이 38.5m에 이르는 대형 복합시설이었다. 건물의 동서는 도서관으로 그리스어 도서관과 라틴어 도서관으로 나뉘었다. 목욕탕은 냉탕, 온탕, 열탕으로 나뉘었으며, 1,600명이 동시에 목욕할 수 있었다. 체육시설에서는 레슬링과 복싱을 할 수 있었다. 건물의 북쪽은 상점들이었고 남쪽은 Marcian Aqueduct로부터 수돗물을 공급받았다.
로마시대 최대 규모의 목욕장으로 6세기 동고트족에 의해서 파괴될 때까지 사용되었다. 카라칼라 욕장의 디자인과 양식은 20세기 New York의 Pennsylvania Station 설계에 영감을 제공했다. 1960년 로마 하계올림픽 체조경기장으로 사용되었고, 2009년에는 인근 L' Aquila의 지진으로 유적이 피해를 입었다.

페르티낙스(Publius Helvius Pertinax)와 디디우스 율리아누스(Marcus Didius Julianus)가 각각 3개월과 2개월간 제위를 차지했다 피살되고, 판노니아 및 알제리 주둔군 사령관인 셉티미우스 세베루스(Lucius Septimius Severus Pertinax, 193~211)가 정권을 장악하여 세베루스 왕조를 열었다.

세베루스는 군대에 기반을 둔 제위권 확대에 힘쓰고 원로원의 권리를 묵살하는 등 군사독재를 자행하였다. 법학자 울피아누스, 파울루스, 파피니아누스 등을 등용하기도 했으나, 통제경제 실시, 군단의 증설, 병사급여의 증액, 전비(戰費) 확충, 식민시 건설, 개선문 및 대건축물 축조 등으로 사후에 큰 경제적 부담을 남겼다. 뒤를 이은 세베루스의 아들 카라칼라(Caracalla, 211~217)[124]는 공동통치자인 동생 게타를 죽이고 단독 황제가 되었다. 212년 재정상의 이유로 로마제국 내 전체 자유민에게 로마시민권을 부여하였다. 인심을 얻기 위해 한번에 1,600명을 수용할 수 있던 대목욕장을 건설하고 병사들에 대한 지출증대를 벌충하기 위해 세금을 올리고 화폐의 질을 낮추어 주조하였다. 파르티아 원정 중에 근위대장 마크리누스(Marcus Opellius Macrinus, 217~218)에게 암살되었다.(그림19-1)

마크리누스는 카라칼라를 암살하고 자신을 황제로 선포하여 원로원 출신이 아니면서 황제의 자리에 오른 최초의 인물이 되었다. 그러나 파르티아와 불리한 평화조약에 반감을 품은 시리아의 군단들에 의해 처형되었고, 시리아 군단의 지지를 받은 엘라가발루스(Elagabalus, 218~222)[125]가 제위에 올랐다.

124_ 정식 명칭은 Marcus Aurelius Severus Antoninus로, Caracalla라는 이름은 그가 즐겨 입던 '두건이 달린 갈리아풍의 긴 의복'이란 뜻에서 생겨났다.

125_ 본명은 바시아누스(Bassianus)이며 시리아 출생이다. 세베루스 황제

219년 로마에 들어온 엘라가발루스는 태양신의 대신전을 건립하고 음란한 축제를 로마로 옮겨 궁정이 문란해졌다. 그 결과 근위대에 암살되고, 엘라가발루스의 사촌동생 세베루스 알렉산데르(Marcus Aurelius Severus Alexander, 222~235)가 황제가 되었다. 그러나 게르만족의 반란을 보상금으로 회유하려다 저자세 외교에 격분한 부하들에 의해 살해되었다. 그의 죽음으로 세베루스왕조의 지배가 막을 내리고 이른바 "군인황제 The Barracks Emperors" 시대(235~284)의 동란이 시작되었다.

2. 군인황제 시대

세베루스 알렉산데르의 피살을 계기로 내란이 들불처럼 번졌다. 정치적으로 야심을 품은 장군들은 누구든 권력의 요행수를 바랄 수 있게 되었다. 그러나 그 요행은 오래가지 못하였다. 235년부터 284년까지 반세기 동안 로마는 세계제국으로 등장한 이래 최악의 상황을 맞았다. 그 기간에 무려 26명의 "군인 황제"들이 등장하여 몇 명을 제외하고는 모두 피살되었던 것이다.

세베루스 암살 후 막시미누스(Maximinus, 235~238)가 큰 몸집과 힘, 대식(大食) 등으로 부하들의 신망을 얻어 마인츠에서 황제로 추대되었으나 역시 부하들에 피살되었다. 막시미누스는 로마 역사상 최초의 사병 출신 황제였다. 248년 4월에 로마시 건설 1,000주년을 기념하는 축제를 열었던 필리푸스(Marcus

---

의 황비이며 카라칼라와 게타의 어머니 율리아 돔나의 여동생 율리아 마이사(Julia Maesa)의 손자이다. 율리아 마이사는 군대에 많은 돈을 기부하고 그녀의 손자가 카라칼라의 숨겨놓은 아들이라 소문을 내어 시리아 군단의 지지를 얻었다. 셈족의 태양신 엘 가발(El-Gabal)의 신관 집안 출신으로 그의 이름은 여기에서 유래하였다.

Julius Philippus, 244~249)는 후대 기독교 역사학자들에 의해 최초의 기독교 황제로 평가되었다. 그렇지만 그가 실제로 기독교도였는지는 확인되지 않고 있다. 데키우스(Gaius Messius Quintus Trajanus Decius, 249~251) 황제는 기독교를 탄압하고 도나우강을 건너 트라키아에 침입하는 고트인과 전쟁 중 전사하였다. 갈루스(Gaius Vibius Trebonianus Gallus, 251~253) 황제 역시 교황 고르넬리오를 감옥에 가두는 등 기독교를 박해하였다. 발레리아누스(Publius Licinius Valerianus, 253~260) 황제 또한 기독교를 탄압하여, 카르타고의 주교 키프리아누스와 로마의 주교 식스투스 2세, 타라고나의 투루투어스 등을 처형하였다. 발레리아누스는 페르시아의 침략을 물리치려 출정했다가 포로가 되어 260년 죽임을 당하였다. 클라우디우스 2세(Marcus Aurelius Claudius II, 268~270)는 원로원과 협조하며 특히 발칸반도 동부를 남하하여 온 고트족을 격파하여 "고트족의 정복자"라는 뜻의 고티쿠스(Gothicus)라는 칭호를 얻었다. 아우렐리아누스(Lucius Domitius Aurelianus, 270~275)는 병졸에서 입신출세하여 군대의 추대를 받아 황제에 즉위한 인물로, 제국의 방어체제

[그림 19-2]
아우렐리아누스 성벽.

▶ 로마.
시내 성벽에서 본 성문 Porta Asinaria 정면과 망루의 모습.

를 크게 변화시켰다. 즉 도미티아누스 황제가 건설한 라인-도나우 강변의 리메스(Limes, 요새방벽)를 포기하고 제국내의 주요 도시들이 자체적으로 방어체계를 갖추는 것이다. 그 결과 271년 로마시를 둘러싸는 19km에 달하는 성벽이 최초로 축조되었다.[126] 만족의 침입에 대비하여 축조했던 아우렐리아누스 성벽(Aurelian walls)의 일부가 지금도 남아 있다.(그림19-2) 아우렐리아누스 황제는 태양신을 숭배하여 태양신 숭배를 공식화하였다. (태양신 탄생일 12월 25일을 후에 콘스탄티누스 황제는 예수 그리스도의 탄생일로 정하였다) 멸망을 향해 치닫던 로마의 위기는 284년 근위대장 출신 디오클레티아누스(Gaius Aurelius Valerius Diocletianus, 284~316)가 제위에 오르면서 일시적이나마 진정국면에 접어들게 되었다.

3. 3세기 사회와 문화

"로마의 평화"가 끝난 2세기말부터 로마는 쇠퇴의 길로 접어들었다. 235년부터 284년까지의 "군인황제"시대가 건국 이래 최악의 시기로 멸망의 위기가 팽배했던 시기였다. 제위쟁탈전에 따른 정치적 혼란이 경제적인 파멸을 이끌었다. 내란이 계속되면서 농업과 상업이 쇠퇴하였고, 게다가 제위에 야심을 품은 장군들이 군대의 지지를 얻기 위하여 관할 지역의 경제를 피폐화시켰다. 더구나 주화의 화폐가치를 하락시키고 무거운 세금으로 시민들을 도탄에 빠지게 하였다. 그 결과 농민과 소

126_ 로마시는 Julius Caesar가 6대 왕 Servius Tullius가 축조했던 성벽을 철거한 후 성벽이 없던 도시였다. 그러나 271년 Aurelianus 황제가 로마를 둘러싸는 성벽을 다시 축조한 것은 로마의 국력이 쇠퇴해 외침의 위협에 시달리며 제국의 운명이 기울기 시작했다는 것을 드러내는 것이었다.

작인, 수공업자들이 생산의욕을 상실하게 되었다. 더구나 전쟁과 기근에 뒤이은 페스트로 3세기 중엽 15년간에 걸쳐 엄청난 인구를 죽음으로 몰아넣었다.

그 같은 혼란과 쇠퇴, 그리고 인구감소의 사회적 위기상태에서 로마는 외침이라는 또 다른 위협에 직면하였다. 이미 마르크스 아우렐리우스 시대부터 불안해진 로마의 국경이 3세기에는 서부에서는 게르만족에 의해 동부에서는 페르시아에 의해 돌파되기 시작하였다. 251년에는 황제 데키우스가 고트족과의 전투에서 살해되고, 도나우강을 건넌 고트족에게 발칸반도를 약탈당하였다. 260년에는 페르시아군에게 황제 발레리아누스가 사로잡혀 무릎이 꿇리어 처형되고 시신이 박제된 채 매달리는 수모를 당하였다.

4. 신플라톤주의

2~3세기 로마가 유럽, 아시아, 아프리카의 다양한 지역과 다양한 민족을 포괄하는 대제국으로 번창하면서 여러 사상과 신앙이 유행하였다. 로마는 황제숭배를 거부하는 경우가 아니면 신앙을 억압하지 않았기 때문에 각 지역의 신앙이 자연히 로마 중심부로 전파되었던 것이다. 로마인들은 그리스에서 기원한 로마의 전통적인 신들과 신격화된 살아 있는 황제나 혹은 사망한 황제들을 숭배하였다. 여기에 이시스(Isis) 신을 믿는 교단과 미트라(Mithra) 신을 믿는 교단이 더해지고, 기독교 신앙이 체계화되며 유스티누스(Justinus, 100~165), 클레멘스(Climens 113~220), 터툴리아누스(Tertullianus 160~230), 오리게네스(Origenes 185~254) 등의 순교자를 내고 있었다. 클레멘스와 오리게네스가 기독교에 플라톤과 스토아학파의 체계를 도

입하려 하였으나, 그들의 시도가 실현된 것은 아우구스티누스의 노력에 의해서였다. 그 같은 아우구스티누스의 교부철학의 형성에 고대철학의 유산을 물려준 가장 중요한 사상가가 플로티노스(Plotinos, 205경~270)였다. 그렇지만 플로티노스의 철학사상에는 기독교적 요소가 전적으로 배제되어 있었다. 플로티노스가 의도했던 것은 플라톤의 철학을 새롭게 재해석하는 것이었다. 그러한 이유로 그의 철학적 사조가 신플라톤주의(Neoplatonism)라 불린다.

플라톤의 사상에 바탕을 둔 신플라톤주의는 아테네의 아카데미아를 통하여 3세기경 로마로 들어왔다. 신플라톤주의의 사상은 암모니오스 사카스(Ammonios Sakkas, 175경~242경)에 의하여 제창되고 그의 제자 플로티노스에 의하여 정립되었다. 그의 형이상학의 중심은 일자(The One: 一者)로부터의 부단한 발산과 유출(emanation: 流出)의 과정에 있다. 일자는 최고의 완전한 실재로, 불변적이고 불가분적이며 어떠한 형태도 없고 창조되지도 소멸하지도 않는 절대적인 통일체로서 초존재자이다. 따라서 일자는 존재하는 어떤 사물일 수 없으며, 모든 현존재에 선행한다. 그러므로 이 같은 일자, 즉 신만이 그 아래에 발견되는 모든 것들을 창출한다. 그런데 이 같은 창출은 신의 자유로운 창조행위가 아닌 필연에 의해서이다. 필연이 의미하는 바는 신의 본질이 흘러넘치는 것을 말하는데, 플로티노스의 유명한 유출의 비유를 통하여 알 수 있다. 플로티노스는 유출을 불에서 열이 발산하고 꽃에서 향기가 발산하며 태양에서 빛이 발산하는 것과 같다고 비유하고 있다. 즉, 빛이 태양에서 흘러나오듯 사물들은 신으로부터 흘러나온다는 것이다. 이 같은 유출론은 위계적 존재질서의 토대를 이루고 있다. 태양에 가장 가까운 빛이 가장 밝은 것처럼 최상의 존재형태는 제일 먼저 유출된 것이다. 또 연속적인 유출이 그 바로 아래에 있는 것의 존재원리가 되어 더 낮은 유출의 원인이 된다. 빛이 태양에서 멀어질수록 점차 그 밝기가 감소하듯이 신으로부터 멀리서 유출될수록 그 존재의 완전성은 감소된다.

이 같은 유출의 첫 단계가 일자로부터 지성(Nous: Intelligence)의 유출이다. 이는 사유 혹은 보편적인 지성이며 세계의 토대를 이루는 이성능력이라는 것이다. 지성으로부터 세계영혼(World-Soul)이 유출되고 이 세계영혼으로부터 인간의 영혼이 유출된다. 유출의 마지막 단계가 물질로, 물질은 자체의 형태나 속성을 갖고 있지 않는 존재이다. 그것은 신으로부터 나온 정신적 빛이 다 타버리고 남은 찌꺼기에 불과하다.

플로티노스가 설명하는 존재의 등급들 또는 실체들 사이의 관계는 이중과정(two-fold process)이다. 발산 혹은 유출의 하강과정이 있고, 그에 대응하는 관조(Contemplation)를 통한 회귀의 상승과정(upward process of return)이 있다. 예컨대 지성이 위로 향할 때 일자를 관조하고 아래로 향할 때 세계영혼을 유출하는 것이다. 인간의 영혼이 위를 향할 때 인간의 영혼은 정신 혹은 보편적 지성을 공유하며 아래를 향할 때 육체와 연관되지만 그것과 동일하지는 않은 것이다. 여기에서 플로티노스는 플라톤의 영혼의 선재론을 재확인하며 영혼과 육체와의 결합을 타락으로 간주하였다. 또 사후에 영혼은 한 육체에서 또 다른 육체로 이동하는 일련의 윤회에 들어간다고 보았다. 그리고 실재하는 그 영혼은 소멸되지 않으며 다시 세계영혼 속에서 다른 모든 영혼과 만나는 것으로 설명한다.

일자가 흘러넘쳐 이루어진 존재의 위계 속에서 플로티노스는 선과 악에 대한 의미도 부여하였다. 일자로부터의 유출과정의 최종 종착이 물질이다. 이 물질이 위로 향할 때 그것은 영혼 혹은 이성능력의 원리와 마주치는데, 자연에 있는 대상물들의 질서정연한 운동이 이를 말해준다. 그러나 물질이 아래로 향할 때[127] 그것은 어둠 그 자체와 마주치게 되며, 여기에서 물질은 이성능력과 분리된다. 인간의 경우 영혼이 물질적인 육체와 결합되므로 영혼과 육체는 대립된다. 바로 이 점에서 도덕적인 악의 문제가 설명된다. 육체가 이성능력에 미치지 못할 때 육체는 정념에 의한 욕구에 반응하게 되어 악의 현상이 나타난다. 악이란 영혼의 올바른 의도와 실제적인 행동 사이의 불일치이며 육체가 갖는 비이성적 운동에 기인한다. 그러므로 플로티노스에게 악은 선한 신과 싸우는 악마나 파괴자가 아니었다. 그것은 이성의 부재와 결핍을 의미할 뿐이었다. 그러므로 인간의 도덕적인 갈등은 외적인 힘에 대항하는 것이 아니라 내적인 욕망에 대항하는 갈등인 것이다. 악은 어떠한 사물이 아니고 어둠이 빛의 부재인 것처럼 단지 질서의 부재인 것이다.

이 같은 악과 어둠의 문제는 자연스럽게 영혼의 구원문제와 결부되었다. 그런데 신과의 융합을 통하여 구원받고자 하는 인간의 욕망을 재빠르게 만족시켰던 당대의 신비적 교단들과는 달리, 플로티노스는 신과의 합일을 향한 영혼의 관조를 어렵고 고통스러운 일로 묘사하였다. 인간의 영혼이 위를 향하여 상승하기 위해서는 도덕적이고 지적인 덕을 꾸준히 실천하거나 성취해야만 하기 때문이었다. 즉, 인간의 영혼은 이데아의 형상을 통해 육체성에서 벗어나 점점 고양되면서 도덕적 완전성을 갖추기 위해 노력해야만 한다. 명상을 통한 그 같은 노력의 성과가 극치에 달하면 인간영혼은 사유를 초월하고 정신의 단계를 넘어 일자 자체의 빛 속으로 진입하여 일자와 합일에 이르게 된다. 그 상태는 무아의 경지이고 그 속에서는 신과 자아가 분리되어 있다는 어떠한 의식도 존재하지 않게 된

127_ 유출의 과정에서 하향이 자연적인 성향인데, 그것은 하향의 운동량 때문이다.

다. 인생의 목표를 실재에 조금이라도 더 가깝게 다가가는 것으로 삼았던 신플라톤주의는 아우구스티누스의 악과 구원의 교리를 통하여 기독교에 막대한 영향을 미쳤다.

제 20 장
제국의 개편과 쇠퇴

1. 디오클레티아누스의 개혁

정권을 장악한 디오클레티아누스(Diocletianus, 284~305)는 강력하면서도 효율적인 통치를 위하여 우선 정치개혁을 단행하였다. 그 하나는 동방적 전제군주체제인 도미나투스(Dominatus)이고 다른 하나는 제국의 4분할 통치체제(Tetrarchia)였다. 프린키파투스 체제에서는 제위계승의 원칙이 명확하게 규정되어 있지 않았고 황제권이 절대적이지 못하여 황제에 대한 반란이 빈번하였다. 디오클레티아누스는 황제의 위엄을 회복하기 위해서 황제권을 대폭 강화하고 황제를 신격화하는 도미나투스 체제를 도입하였다. 또 황제의 선출과정에서 원로원의 승인과정을 폐지하였고, 원로원 속주에 대한 통제권과 입법권, 주조권을 박탈하였다. 또 원로원의 자문을 폐지하였다. 이로써 원로원은 통치 파트너로서의 역할을 상실하였다. 이제 황제가 단독으로 제국의 모든 정치권, 행정권, 군사권, 입법권을 장악하게 된 것이다.

디오클레티아누스는 황제권에 대한 도전을 방지하기 위하여 황제의 통치권은 신들로부터 수여받았음을 주장하였다. 또 황제에 대하여 신비감과 경외감을 심어주기 위해서 황제를 쉽게 알현할 수 없도록 하였고, 페르시아 황궁의 정교한 궁정의식과 예법을 도입하여 황제 앞에서 부복하도록 하였다.[128]

디오클레티아누스는 한 명의 황제로는 로마를 효율적으로 다스릴 수 없다는 점을 깊이 인식하였다. 그리하여 로마제국을 동부와 서부로 나누어 동부는 자신이 통치하고, 서부는 부황제인 막시미아누스(Maximianus, 286~35)가 서부 정황제가 되어 통치하도록 하였다. 그리고 293년에 두 황제가 다시 각각 자신들의 사위였던 갈레리우스(Galerius, 293~311)와 콘스탄티우스(Constantius, 293~306)를 부황제로 임명하여 영토의 상당부분을 통치하도록 하였다.[129] 이러한 4분할 통치체제가 제위계승을 안정시켰다. 동로마와 서로마의 부황제가 각각 황제를 계승하도록 되어 있었고, 부황제가 황제가 되면 새로운 부황제가 선정되도록 되어 있었기 때문이었다. 4명의 황제가 공동으로 통치하면서 각각의 관리와 군대를 거느렸지만 모든 칙령이나 공식적인 선언은 4황제의 연서로써 이루어졌고, 여러 칙령

128_ 이로써 로마 황제는 "시민 가운데 제 일인자"에서 "시민과 동떨어진 곳에서 지배하는 자"로 바뀌었다. 중세사가 Sydney Painter는 로마제정의 성격이 Principatus에서 Dominatus로 변한 284년을 서양 중세의 시작으로 보고 있다.

129_ 동방의 정황제 Diocletianus는 소아시아 서부인 Nicomedia에 수도를 두고 소아시아, 시리아, 이집트, 트라키아를 다스렸고, 부황제 Galerius는 현 유고 지역인 Sirmium에 수도를 두고 그리스와 발칸 반도를 다스렸다. 서부의 정황제 Maximianus는 Milano에 수도를 두고 이탈리아, 북부 아프리카, 오스트리아 일부를 다스렸고, 부황제 Constantius는 Trier에 수도를 두고 갈리아, 에스파니아, 브리타니아를 다스렸다. 이로써 로마시는 역사상 처음으로 수도로서의 지위를 상실하였다. 4분할 통치체제 이후 정황제는 Augustus, 부황제는 Caesar로 호칭되었다. Caesar에서 황제를 의미하는 독일어의 kaiser와 러시아어의 Tsar가 유래하였다.

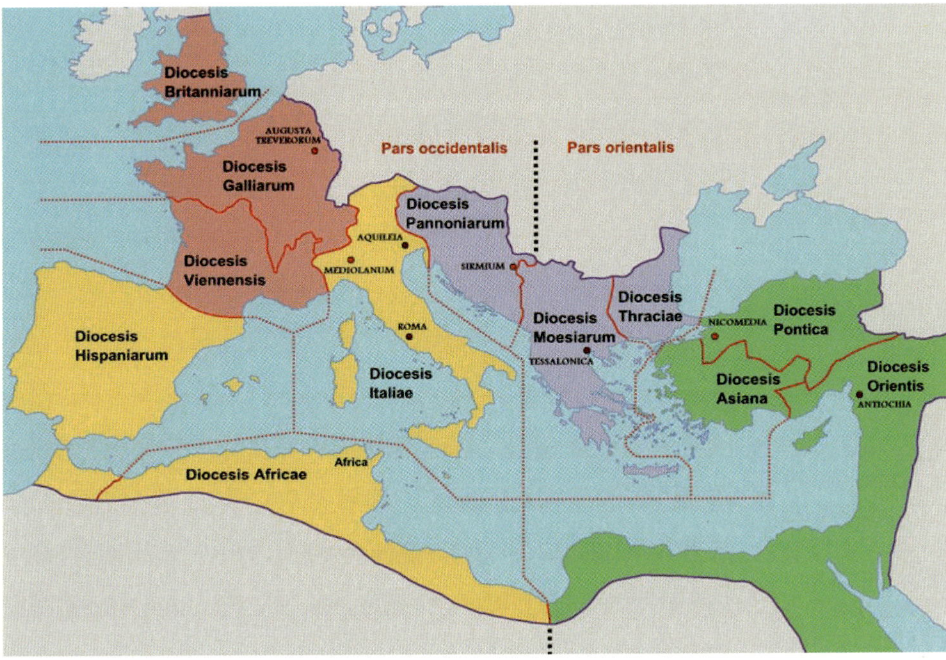

[그림 20-1]
디오클레티아누스의 4분할 통치체제.

▲ 293~305년.

[4분할 통치체제 영역]

- Maximianus 서방정황제
- Constantius 서방부황제
- Diocletianus 동방정황제
- Galerius 동방부황제

이나 화폐, 초상 등에서 4황제의 협력이 강제되었다. 황제권의 강화와 4분체제의 확립을 통하여 디오클레티아누스는 20년이 넘게 통치할 수 있었고, 군인황제 시대의 극렬했던 제위 찬탈전이 종식되었다.(그림20-1)

효율적인 행정을 위하여 디오클레티아누스는 원로원 속주를 철폐하고, 특권을 누려오던 이탈리아를 8개의 속주로 편입하여 행정의 통일성을 기하였다. 그리고 속주의 규모를 대폭 줄이고, 군대가 주둔하는 속주의 경우 군대의 지휘권을 새로운 직책인 장군(dux)에게 부여하고 총독은 문관업무에만 전념하게 하여 문무관을 분리하였다. 속주행정의 이런 전문화와 세분화 덕분에 디오클레티아누스는 황제의 명령이 최하위 행정단위까지 전달되어 시행될 수 있는 체제를 확립하였다. 100여개로 재편된 속주와 황제를 연계하는 중간 행정기구가 12개의 관구(dioces)였다. 이들은 브리타니아(Britannia), 갈리아(Gallia), 히스파니아(Hispania) 등 12개의 관구로, 비카리우스

(vicarius)라 불리는 감독자가 임명되었다. 이 같은 정치와 행정 개혁을 통하여 디오클레티아누스는 전제국이 단일한 행정체계 위에서 통치되는 단일제국을 이루었다. 또 조세개혁을 통하여 이탈리아와 속주들 사이에 조세의 형평성을 기하였으며, 인플레이션을 막기 위하여 최고가격 칙령(Edict on Maximum Prices)을 내렸다.[130]

3세기 내내 로마의 국경은 불안했고 군단의 수도 충분치 못하였다. 더구나 수가 적었던 친위대를 제외하고는 기동성을 갖춘 야전군이 없었다. 이를 개선하기 위하여 디오클레티아누스는 군단의 규모를 줄이고 전체 병력수를 늘려 군단의 수를 크게 늘렸다. 또 군단을 국경수비대인 리미타네이(limitanei)와 기동타격부대인 코미타텐세스(comitatenses)로 나누어 효율적인 방어체계를 구축하였다.

이 같은 디오클레티아누스의 강력한 통치와 개혁으로 무너져 내리던 로마제국이 200년 가까이 더 존속할 수 있었다.

2. 콘스탄티누스의 치세

305년 디오클레티아누스가 갈레리우스에게 동부황제의 제위를 물려주고 은퇴하고 막시미누스 다이아(Maximinus Daia)가 부황제가 되었다. 서로마의 막시미아누스도 은퇴를 종용받아 콘스탄티우스가 서부황제를 세베루스(Severus)가 부황제를 계승하였다. 그런데 이 같은 제위계승은 은퇴한 서부황제 막시미아누스의 아들 막센티우스(Maxentius)와 서부에서 정

130_ 301년에 공포한 Edict on Maximum Prices(Edictum De Pretiis Rerum Venalium)은 화폐가치가 절하되는 상황에서 생산과 유통에 차질을 가져와 Diocletianus 통치 말기인 305년에는 거의 무시되었다. 310년 화폐개혁까지 로마경제는 안정을 찾지 못하였다.

황제가 되었다가 사망한 콘스탄티우스의 아들 콘스탄티누스(Constantinus, 306~337)에 의하여 곧 내란으로 번져, 콘스탄티누스가 승리할 때까지 지속되었다.

콘스탄티누스는 306년 부친 콘스탄티우스가 사망하자 갈리아 군단에 의해 황제로 추대되었다. 그러나 세베루스가 자동으로 정황제로 승격되었기 때문에 콘스탄티누스는 부황제의 직위를 맡고 동부황제 갈레리우스의 승인을 얻었다. 콘스탄티누스가 실제로 서로마의 황제가 된 것은 312년 스스로 황제가 된 막시미아누스의 아들 막센티우스(Maxentius, 306~312)를 격파한 뒤였다. 313년에는 서부제국의 일부를 장악하고 있던 리키니우스(Licinius, 308~324)[131]와 동맹을 추진하고 밀라노칙령(the Edict of Milano)을 발표하였다. 막시미누스(Maximinus, 305~313)[132]를 축출한 리키니우스가 동부지역의 황제가 되자 314년부터 두 황제는 단일지배권을 놓고 대립하기 시작하였다. 콘스탄티누스는 316년 발칸반도의 영토를 빼앗았고 324년 아드리아노플(Adrianople, 지금의 터키 에디르네)과 크리소폴리스(Chrysopolis, 지금의 터키 위스퀴다르)에서 리키니우스를 격파하여 동부와 서부를 아우르는 로마의 유일한 황제가 되었다.(그림20-2)

[그림 20-2]
콘스탄티누스 거대 두상.

▲ Marble, Musei Capitolini, Rome.

콘스탄티누스는 기독교와 밀접한 연관을 가진 황제였다. 콘스탄티누스는 자신의 성공을 그리스도의 지원을 받은 덕분

131_ 306년 7월 25일 서부지역 황제 Constantius가 사망하자 동부지역 황제 였던 Galerius가 서부지역 부황제인 Severus를 황제로 임명하였다. 그러나 306년 10월 28일 Maxentius가 로마에서 반란을 일으켜 307년 Severus 황제를 죽이자, 동부지역 황제인 Galerius가 Constantinus에게는 부황제직만 인정하고 308년 11월에 Licinius를 서부지역의 황제로 임명하였다.

132_ 305년 동부지역의 황제 Galerius에 의하여 부황제가 되었다. 313년 Maxentius와 연합하여 Constantinus와 연합한 Licinius에 대항했으나 패배하였다. 그 결과 동부 지역의 지배권이 Licinius에게 넘어갔다. Constantinus는 이 전투에서의 승리가 기독교로 개종한 덕분이라고 믿어 313년 밀라노 칙령을 발표하였다.

이라고 믿었다. 312년 막센티우스를 무찌른 뒤에 로마에 세운 개선문에는 이 승리를 자신의 재능과 더불어 "신의 영감 Spiritual Inspiration"으로 돌리고 있다. 개선문과 동시에 건립된 동상 역시 십자가를 높이 쳐들고 있는 모습으로 묘사되어 있다. 313년 리키니우스와 협상 후 발표된 밀라노칙령은 기독교를 공인하고 몰수한 재산을 되돌려준다는 것이었다. 현재 남아있는 칙령의 사본은 리키니우스가 동로마 지역에 공포한 것들이다. 그런데 콘스탄티누스는 밀라노(메디올라눔)에서 리키니우스와 합의한 공동정책의 범위를 훨씬 넘어서는 친기독교 정책을 실시하여 313년에 로마 주교에게 황실재산인 라테라노 궁전을 하사하였다. 그곳에는 지금의 라테라노의 산조반니(San Giovanni in Laterano) 성당인 바실리카 콘스탄티니아가 새로 건립되었다. 324년 리키니우스에게 승리를 거둔 뒤 페르시아의 왕 샤푸르 2세(Shapur Ⅱ)에게 보낸 편지에서 콘스탄티누스는 신의 신성한 힘의 도움으로 이 지상에 평화와 번영을 가져오기 위해 이 세상에 왔다고 적고 있다.

콘스탄티누스는 아리우스(Arius)파와 아타나시우스(Athanasius)파의 교리문제를 해결하기 위하여 325년 초여름 니케아 공의회(the Council of Nicaea)를 소집하여 아타나시우스파의 삼위일

[그림 20-3]
콘스탄티누스의 세례.

▶ Raphael 제자들, 1520~24, Vatican.
교황 Silvester가 옛 베드로 성당에서 Constantinus 황제의 세례식을 집행하는 모습이다. Musei Vaticani의 2층 라파엘로의 방 가운데 콘스탄티누스 방에 그려진 프레스코화로, 1520년 라파엘로가 죽자 그의 제자 Gianfrancesco Penni 혹은 Giulio Romano가 완성한 것으로 알려져 있다. 그런데 콘스탄티누스 황제가 실제로 세례를 받은 것은 사망 직전인 337년 당시 동로마 수도였던 Nicomedia에서였는데, 실베스터 교황은 이미 10개월 전에 사망한 후였다.

체설을 정통으로 인정하였다. 그러나 신학적 쟁점이 미묘하고 분쟁 당사자들도 완고하게 자신들의 입장을 견지하여 아리우스파의 교리는 콘스탄티누스가 죽은 뒤 40년이 넘도록 사실상 동로마제국의 정통교리로 공인되고 있었다.(그림20-3)

326년 황실에서 비극적인 사건[133]이 일어난 후 콘스탄티누스의 어머니 헬레나가 성지순례를 떠나 예수가 부활할 때까지 누워 있던 성스러운 무덤을 발견하자 그 자리에 웅장한 성묘교회를 짓게 하였다. 또 로마에서는 320년대 후반에 산피에트로성당이 착공되었고, 콘스탄티누스는 이 성당 건축을 위해 많은 재산을 기부하였다. 337년 5월 22일 사망한 콘스탄티누스는 콘스탄티노플의 사도교회에 안장되었다.

324년 리키니우스를 격파한 다음 콘스탄티누스는 비잔티움을 콘스탄티노플이라는 이름으로 바꾸고 로마제국의 수도로 재건하기 시작하였다. 330년 5월에 끝난 콘스탄티노플 건설은 1세기 전부터 진행된 로마와 황제들 사이의 분열을 확인해주었다. 로마는 여전히 부유하고 유명한 도시였으나 이미 오래 전부터 제국의 전략적 필요성에 적합하지 않은 지역이 되었다. 유럽과 아시아의 경계에 위치한 콘스탄티노플이 동방지향적인 통신, 무역, 방어의 요충지로서 중요해진 것이다. 삼면이 바다로 둘러싸이고 성벽으로 보호된 이 도시는 난공불락이었으며, 1453년에 이르기까지 새로운 로마제국의 수도로 1100년 이상 남게 될 것이었다.

콘스탄티누스는 제위계승을 세습화하고, 영토를 셋으로 나누어 세 명의 아들에게 물려주었다. 그러나 콘스탄티누

133_ Constantinus가 즉위 20주년 축하 행사를 로마시에서 갖기 위해 326년에 서로마를 방문하였는데, 그 시기 정치적 위기를 초래하였다. 그는 동로마를 떠나 있는 동안 맏아들이자 부황제인 Flavius Julius Crispus와 그의 계모이며 자신의 2번째 아내인 Fausta 사이의 불륜을 의심하여 두 사람을 죽이게 하였다.

스 왕조는 아들들 사이의 싸움으로 점철되었고, 364년에 제위에 오른 발렌티니아누스(Valentinianus) 왕조 역시 마찬가지였다. 제국을 마지막으로 통합시킨 황제는 테오도시우스 1세(Theodosius Ⅰ, 379~395)였다. 콘스탄티누스에서 테오도시우스 사이의 기간 동안 콘스탄티노플이 제국의 중심도시가 되었고, 동로마가 교역과 행정의 중심지역이 되었다. 또 라틴어를 사용하는 서로마와 그리스어를 사용하는 동로마가 동질감을 상실해가면서 양 지역 사이의 지역적 차이가 커져갔다. 또 빈부격차가 점점 커져갔는데, 서로마 지역에서는 대토지 소유자들이 부를 축적하였고 동로마 지역에서는 관직이나 사치품 교역을 통하여 부를 축적하였다. 반면에 동서로마 모두에서 관료와 군대를 지탱하고 사치스런 제국의 궁정을 유지하는데 필요한 재정적 부담은 대부부의 빈민들에게 전가되어 빈곤을 벗어날 수가 없었다.

3. 콘스탄티누스 개선문

콘스탄티누스 개선문(Arch of Constantinus)는 로마시대 개선문 중 규모가 가장 크고 또 상태가 가장 완벽하게 보존된 것으로, 제정 후기 로마시대의 걸작이다. 콜로세움 바로 옆에 세워져 있으며, 오른편으로 포로 로마노가 위치하고 있다. 이 개선문은 312년 10월 28일 밀비아 다리(Milvian Bridge) 전투에서 정적 막센티우스(Maxentius)를 격파한 것을 기념하기 위하여 원로원에 의하여 세워져, 315년에 봉헌되었다.

이 개선문은 높이가 21m이고 너비가 25.7m, 깊이가 7.4m이다. 상하 양단으로 구성되어 있으며, 하단에 3개의 출입구 아치가 있는 3공식 개선문이다. 가운데 아치는 높이가 11.5m이고 너비가 6.5m이

[그림 20-4]
콘스탄티누스 개선문.

▲ 북쪽에서 본 모습.
312년에 Constantinus가 외적인 아닌 정적 Maxentius를 격파한 것을 기념하여 315년에 원로원이 헌정한 개선문이다. 로마시대의 개선문 가운데 규모가 가장 크고 가장 잘 보존된 개선문이다. 외부 장식들은 Constantinus가 "황금시대"를 구가하던 Trajanus, Hadrianus, Marcus Aurelius황제들처럼 "훌륭한 황제"로 생각되도록 선대 황제들의 기념물에서 떼어 사용하였다. 로마의 Colosseum 근처에 위치하고 있다.

다. 양측면의 아치는 각각 높이가 7.4m이고 너비가 3.4m이다. 하단부에 있는 기둥은 코린트 양식으로 이루어져 있으며, 본체는 흰 대리석, 아치 등의 일부에는 색채석을 사용하였다. 1세기 후반의 티투스 개선문이나 3세기초의 셉티미우스 세베루스 개선문 등에 비하여 고전기 문화의 우아함을 잘 드러내는 작품이다.(그림20-4)

콘스탄티누스 개선문을 장식하는 여러 부조들은 선대 황제들의 기념물에서 가져온 것들이다. 이들은 콘스탄티누스 개선문에서 새로운 의미를 갖게 되었는데, 전투와 시민적 의무라는 양 측면 모두에서 콘스탄티누스 황제를 찬양하는 의미가 내포되어 있다. 즉 트라야누스, 하드리아누스, 마르쿠스 아우렐리우스 황제의 "황금시대 Golden Times"로부터 가져온 장식들은 콘스탄티누스가 이들 "훌륭한 황제들 Good Emperors"을 계승하여, 승리하는 경건한 지배자의 이미지를 떠올리게 하고 있다. 선대 황제들의 기념물을 사용한 것은 다른 이유도 제시되고 있다. 짧은 공사기간 동안 새로운 것을 만들 시간이 없었

[그림 20-5]
콘스탄티누스 개선문 남쪽 애틱 명문.

▶ 원래는 청동으로 새겨넣은 것이나 현재는 패인 흔적만 있다. 내용은 본문과 주 134) 참고.

다는 이유와 또 1세기 로마는 이미 예술적 기술이 부족하여 당대의 황제 기념물을 장식하기 위하여 선대의 것을 사용할 수밖에 없었다는 것이다. 아마도 세 가지 이유가 복합적으로 작용하여 선대 황제들의 기념물을 떼어 사용했을 것이다.

남쪽의 애틱 중앙에 위치한 명문은 원래는 청동으로 새긴 글자였으나 현재는 패인 흔적만 남아 있다. 내용은 다음과 같다. "위대하고 경건하며 축복받은 황제 카이사르 플라비우스 콘스탄티누스에게, 신성한 영감과 위대한 정신으로 군대와 무력을 통하여 국가를 독재자와 그의 추종자들로부터 구하였으므로, 원로원과 로마의 인민들은 업적으로 장식한 이 개선문을 바칩니다."[134](그림20-5)

정면의 일반배치는 북쪽 면과 남쪽 면 양쪽이 동일하다. 애틱 명문 양 측면의 작은 아치문 위에는 각각 쌍으로 되어있는 벽면 부조 8개가 있다. 이는 마르쿠스 아우렐리우스의 기념물에서 떼어 온 것으로, 169~175년 사이 게르만족과의 전쟁에서 승리를 기념하는 장면들이다. 애틱에 위치한 기둥 위에는 트라야누스 시대 다키아 포로들의 대리석상이 놓여있는데, 트라야

134_ IMP·CAES·FL·CONSTANTINO·MAXIMO·P·F·AVGUSTO·S·P·Q·R·QVOD·INSTINCTV·DIVINITATIS· MENTIS·MAGNITVDINE·CVM·EXERCITV·SVO·TAM·DE·TYRANNO·QVAM·DE·OMNI·EIVS·FACTIONE·VNO·TEMPORE·IVSTIS·REM-PVBLICAM·VLTVS·EST·ARMIS·ARCVM·TRIVMPHIS·INSIGNEM·DICAVIT.

누스 광장에서 떼어온 것으로 추정된다. 애틱 측면 위의 3m의 벽면 부조는 다키아전쟁의 모습을 보여주고 있는데, 이는 중앙 아치 내부의 2개의 부조와 더불어 다키아에서의 승리를 나타내고 있다. 트라야누스 광장에서 뜯어온 것으로 추정된다.

중앙 정면의 일반배치 역시 앞면과 뒷면이 동일하다. 이 부분은 누미디아 산 노란 대리석으로 만든 4개의 코린트식 기둥으로 나뉜다. 그 가운데 하나는 라테란의 산 지오반니 바실리카(the Basilica di San Giovanni)로 옮겨져 흰 대리석 기둥으로 대체되었다. 기둥들은 한 쪽은 승리의 여신 모습을 보여주는 기단에, 다른 쪽은 사로잡힌 야만인과 로마군인들의 모습을 보여주는 기단위에 서 있다. 가운데 아치문 위의 삼각형 부분은 트로피를 든 승리의 여신이, 작은 아치문 위의 부분은 강의 여신이 부조로 조각되어 있다. 이들과 기단의 부조는 콘스탄티누스 당시대의 조각이다.

그 위의 직경 2m 반암으로 되어 있는 둥근 부조는 하드리아누스 시대의 것으로 사냥과 제물공양을 나타내고 있다. 북쪽 면 좌로부터 곰사냥과 아폴로(Apollo)에게 제물공양, 사자

[그림 20-6]
콘스탄티누스 개선문 남쪽 원판 부조.

◀ 왼쪽 부조로 좌측은 사냥을 출발하는 Constantinus의 모습, 우측은 Silvanus에게 공양하는 모습을 묘사하고 있다. 아래 프리즈는 Verona 포위 모습이다.

사냥과 헤라클레스(Hercules)에게 제물공양, 남쪽 면 좌로부터 사냥출정과 실바누스(Silvanus)에게 제물공양, 곰사냥과 디아나(Diana)에게 제물공양을 나타낸다. 황제의 두상은 원래는 하드리아누스였는데, 북쪽 면에서 사냥하는 황제는 콘스탄티누스, 제물공양은 리키니우스 또는 콘스탄티우스 1세로, 남쪽 면은 그 반대로 바뀌었다. 측면은 당대의 조각으로 동쪽 면은 태양신, 서쪽 면은 달의 신이 각각 전차 위에서 솟아오르는 모습을 보여주고 있다.(그림20-6)

둥근 부조 아래 부분은 당대인 콘스탄티누스 시대의 역사적 사건을 부조한 것이다. 작은 아치문 위와 측면이 하나의 긴 조각으로, 콘스탄티누스가 막센티우스를 상대로 이탈리아에서 승리한 전쟁을 묘사하고 있다. 프리즈는 서쪽 면 밀라노에서의 출정을 시작으로 남쪽 면 베로나의 포위, 밀비아 다리의 전투, 동쪽 면 콘스탄티누스와 그의 군대의 로마 입성, 북쪽 면 콘스탄티누스가 로마 광장에서 시민들에게 연설하는 모습과 돈을 나누어주는 장면으로 이어지고 있다. 중앙 아치 안쪽의 양 벽면에는 트라야누스의 다키아 전쟁장면이 부조되어 있다.(그림20-7)

[그림 20-7]
콘스탄티누스 개선문 동쪽 측면.

▶ 원판 부조는 태양신이 전차 위에서 솟아오르는 모습, 애틱 부분은 Dacia에서의 승리, 아래 프리즈 부분은 Constantinus 군대의 Rome 입성을 묘사하고 있다.

중앙 아치 안쪽의 벽에는 트라야누스의 다키아전쟁에 대한 커다란 패널이 있다. 양 측면 아치 안쪽에는 각각의 벽에 2개씩 총 8개의 흉상이 있으나 식별이 불가능할 정도로 파괴된 상태다.

콘스탄티누스 개선문은 후대의 여러 기념건물의 모델이 되었다. 1806년 파리의 카루셀 개선문(Arc de Triomphe du Carrousel), 1828년 런던의 대리석 아치(Marble Arch), 1908년 미국 워싱턴 D.C의 유니온 역사(Union Station), 1936년 뉴욕의 미국 자연사 박물관(American Museum of Natural History) 등이 대표적이다.

4. 게르만족의 침입과 제국의 쇠퇴

디오클레티아누스 시대부터 테오도시우스 직전까지 저지되었던 게르만족의 침입이 본격화되면서 서로마 지역은 혼란과 무정부상태로 추락하였다. 게르만족이 제국의 곳곳을 점령하여 왕국을 세웠고, 서로마는 게르만 용병 오도아케르(Odoacer)에 의하여 마지막 황제 로물루스 아우구스투스(Romulus Augustus)가 폐위되어 476년에 정치적 생명을 다하였다.

라인강과 다뉴브강의 건너편에 거주하던 게르만족은 장기간에 걸쳐 로마인들과 접촉해왔고 또 로마문화의 영향을 받고 있었다. 이들의 대부분은 정착하여 농경생활을 하였고 외모는 물론이려니와 이들이 사용하던 언어도 인도-유럽어로 라틴어 및 그리스어와 가까웠다. 이들은 4세기에 로마의 변경지역에 이주허락을 받아 거주하기도 하고 로마의 보조군단에 입대하여 복무하기도 하였다. 또 4세기에 게르만족 다수가 아리우스파의 기독교로 개종하였다.

게르만족이 로마영내에서 대규모로 반란을 일으킨 것은

378년의 일로, 이들은 375년 훈족(Huns)의 공격으로 다뉴브강 근처의 로마영내에 거주를 허용받았던 서고트족(Visigoths)의 일파였다. 이들 정착 서고트족은 로마 관리의 학정에 반란을 일으켜 아드리아노플에서 동방황제 발렌스(Flavius Valens, 364~378)를 죽이고 토벌군을 궤멸시켰다. 그 후 이들은 배상금을 받고 로마와 동맹을 맺었으나 로마의 쇠락은 가속화되었다.

발렌스 황제의 사후 서방황제 그라티아누스(Flavius Gratianus, 375~383)에 의하여 동방황제로 지명된 테오도시우스(Flavius Theodosius, 379~395) 황제는 380년부터 여러 칙령을 통하여 삼위일체를 믿는 정통 기독교를 옹호하고 기독교를 국교화하면서 기존의 로마 종교를 금지하는 조치를 내렸다. 그 결과 누마 폼필리우스왕 때부터 지켜지던 로마의 베스타 신전의 불이 꺼지고 올림픽 경기가 금지되었다. 테오도시우스 황제는 394년 서방황제 발렌티니아누스 2세(Flavius Valentinianus, 375~392)를 암살한 세력을 격파하고 다음 해인 395년 초 죽으면서 제국의 동부를 18세의 장남 아르카디우스(Flavius Arcadius, 395~408)에게 서방을 11세의 차남 호노리우스(Flavius Augustus Honorius, 395년~423)에게 물려줬다. 그 결과 로마제국은 다시 통합되지 못하고 영구히 동서 로마로 나뉘게 되었다.

동서로 나뉜 로마가 영토문제로 반목하자 한때 테오도시우스 황제 휘하에서 용병대장으로 활약하던 알라릭(Alaric)이 서고트족의 지도자가 되어 로마 영내를 마음대로 유린하였다. 위협을 느낀 호노리우스는 402년 수도를 밀라노에서 라벤나(Ravenna)로 옮겼다. 405년에는 동고트족이 침략했고, 406년에는 반달족(Vandals)이 얼어붙은 라인강을 넘어 갈리아를 약탈하고 히스파니를 점령하였다. 408년 8월 반달족 출신으로 테오도시우스 황제 때부터 로마에 충성했고 호노리우스의 장인이 되어 서방 로마를 야만족으로부터 방어하던 스틸리코

(Flavius Stilicho) 장군이 음모로 처형되었다. 스틸리코의 죽음과 더불어 로마 군단내의 야만족에 대한 탄압이 시작되자 3만명에 달하는 야만족 출신의 로마군이 알라릭 진영으로 달아났다. 서방 로마를 지탱하던 담벼락이 붕괴된 것이다. 드디어 410년에 알라릭이 이끄는 서고트족 4만명이 3일 동안이나 로마시내를 약탈하고 파괴하였다. 기원전 390년 켈트족에 의해 약탈당한지 800년만의 일이었다. 로마가 만족에게 약탈당한 것에 대해 당대 로마인들은 전통적인 신을 버리고 기독교를 국교화한 것 때문으로 생각하여 기독교를 저주하였다. 그에 대해 기독교를 옹호하기 위하여 북아프리카 힙포의 주교였던 성 아우구스티누스는 『신국 De civitate Dei』을 저술하였다.

412년 갈리아에 자리잡았던 서고트족은 호노리우스의 공격으로 히스파니아로 옮겨가 그 곳에 정착하였다. 로마는 서고트족과 동맹을 맺고 반달족과 알라마니족(Alamanni)과 공동대응하기로 하였다. 서고트족은 475년에 독립왕국을 선포하고 톨레도를 수도로 삼아 이베리아 전 지역을 다스리다가 711년에 이슬람에 의하여 멸망되었다.(그림20-8)

한편 콘스탄티누스 사후에 다뉴브강 동부까지 밀고 내려

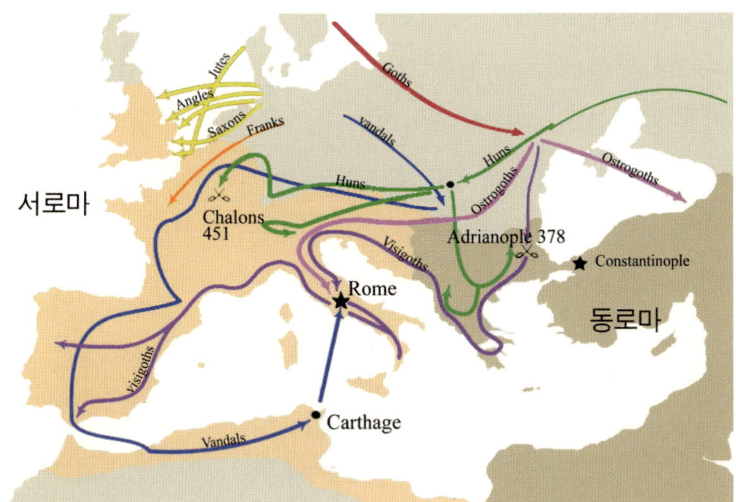

[그림 20-8]
게르만민족의 이동.

◀ 100~500년.

- Angles, Saxons
- Franks
- Goths
- Visigoths
- Ostrogoths
- Huns
- Vandals

온 반달족이 406년 12월에 얼어붙은 다뉴브강을 건넜다. 이들은 갈리아를 지나 409년에는 에스파냐에 정착하였다. 429년에는 로마 최대의 곡창 중 하나였던 북아프리카를 공격하여 점령하고,[135] 439년에는 카르타고를 수도로 반달왕국을 세웠다. 451년과 452년 서로마는 훈족의 아틸라(Attila)에 의해 약탈당하고 황제 발렌티아누스 3세가 보낸 교황 레오 1세로부터 조공을 약속하고 물러나게 할 수 있었다. 455년 발렌티아누스 3세가 살해되어 혼란해지자 반달족의 왕 가이세릭(Gaiseric)이 로마시를 침공하였다. 교황 레오 1세가 다시 나서 협상했으나 반달족은 2주일 동안 돈이 될만한 모든 것을 약탈하고 황후 등 주요 인사들을 인질로 잡아 북아프리카로 실어갔다. 그 결과 "파괴주의자"란 뜻의 vandalism이라는 말이 생겨났지만 사실상 대규모의 학살과 파괴행위가 이루어지지 않았던 것으로 알려져 있다. 반달족은 이후 534년 동로마에 의해 멸망되었다.

5. 서로마 멸망의 원인

180년 마르쿠스 아우렐리우스 황제의 사후 1세기 동안 로마제국은 돌이킬 수 없는 쇠퇴의 길을 걸었다. 3세기말과 4세기초 재건의 노력도 로마의 쇠퇴를 막지는 못하였다. 로마가 하루아침에 건설되지 않았듯이 하루아침에 쇠퇴한 것도 아니었다. 284년 디오클레티아누스의 개혁 이후에도 로마는 서유럽에서 약 200년 동안 그리고 동유럽에서 1200년 동안 지속되

135_ 반달족은 북아프리카의 도시 Hippo Regius를 포위하고 14개월에 걸친 공성전 끝에 함락시켰다. 당시 St. Augustinus도 Hippo Regius 성안에서 저항을 하며 아리우스파 이단자들(반달족)로부터 구원해 달라고 열심히 기도하였다. Augustinus는 성이 함락되기 직전에 사망하였다.

었다. 그러나 디오클레티아누스 이후 로마의 성격이 크게 변하였고, 서유럽 지역의 로마는 쇠퇴 속에서 서서히 몰락해 가는 과정이었다.

2~3세기 로마를 혼란에 빠뜨리며 쇠퇴의 길로 내몬 가장 중요한 이유 중의 하나는 제위계승법의 미비였다. 기원전 27년 옥타비아누스가 원로원으로부터 아우구스투스라는 명칭을 부여받아 실질적으로 황제가 되었을 때 로마는 법률로 제위계승권을 규정할 수 없었다. 옥타비아누스가 여전히 프린켑스라는 공화정 하의 관직을 가지고 황제로 통치하였고 그의 후임 황제들 역시 마찬가지였기 때문이었다. 그러므로 황제의 사망 이후 누가 그를 계승할 것인지가 불확실하였다. 특히 황제가 갑자기 사망한 경우나 제위권이 흔들릴 경우 내란으로 번질 위험이 농후하였다. 실제로 192년 콤모두스 피살 후 시작된 군단 사령관들의 제위권 쟁탈전은 235년에서 284년까지 26명의 황제가 교체되면서 로마를 멸망 직전의 내란상태로 몰아갔다. 황제의 제위계승에 대한 법적 제도의 부재가 사병화된 군대의 제위계승 개입을 불러일으켜 로마 정정을 극도로 불안하게 만들었던 것이다.

그렇지만 로마를 멸망으로 이끈 것은 그 같은 정치적 원인만은 아니었다. 사회적, 경제적, 정신적 제원인이 종합적으로 작용한 결과였다. 로마 멸망의 사회적 원인으로는 우선 시민군의 주축이 되었던 건전한 자영농의 쇠퇴와 몰락을 들 수 있다. 그 같은 현상을 개선하기 위하여 "토지 재분배를 통한 건전한 시민군 육성"을 목표로 했던 크락쿠스 형제의 개혁이 실패함에 따라 로마 공화정은 회생의 기회를 영구히 상실했던 것이다. 제정기를 거치면서 더욱 심화된 자영농의 쇠퇴와 노예노동의 감소 및 콜로누스제도의 확산, 2세기 이후의 페스트와 인구감소, 지배층의 면세와 중산층의 몰락은 로마를 파국으로 몰고 갔던 것이다.

로마 경제의 번영은 전리품과 속주에서의 공납에 의존하였다. 그런데 로마의 평화가 지속되며 전쟁이 감소하자 노예노동력의 공급 역시 크게 감소하였다. 그에 따라 제정후기 상공업이 인력부족에 시달리며 쇠퇴하기 시작했고, 농촌 역시 콜로누스에 의해 대농장이 경작되는 등 봉건화되기 시작하였다. 그 같은 상황에서 디오클레티아누스와 콘스탄티누스의 개혁은 과중한 과세를 불가피하게 만들었고, 그 같은 과세를 통한 중산층의 몰락은 로마의 몰락을 촉진하였다.

로마의 평화기 이후 격렬해진 내란과 외침 속에서 몰락해 가는 평민들과는 대조적으로 로마 귀족들의 사치풍조는 심화되었다. 더구나 많은 시민들이 힘든 현세에 체념하고 내세를 추구하는 사상과 종교에 경도되면서 건전했던 로마의 시민정신마저 희미해져 갔다. 그 같은 사회상황 속에서 귀족과 평민들 모두 애국심이 점차 사라졌고, 로마의 방어조차도 이민족에 의존하는 상태에 이르게 되었다. 한 때 "영원한 제국 Eternal Empire"으로 생각되었던 로마가 5세기 후엽에 이르러서는 이름만 남은 허수아비가 되었던 것이다.

참고문헌

구스타프 슈바브 지음, 『구스타프 슈바브의 그리스 로마 신화 1-6』, 이동희 옮김, 물병자리, 2006.
김문환 지음, 『유적으로 읽는 로마문명』, 다인미디어, 2003.
김봉철 지음, 『영원한 도시 아테네』, 청년사, 2002.
김진경 지음, 『고대 그리스의 영광과 몰락』, 안티쿠스, 2009.
김창성 지음, 『로마 공화국과 이탈리아 도시』, 메이데이, 2010.
로버트 램 지음, 『서양문화의 역사 I』, 이희재 옮김, 사군자, 2000.
마리아 테레사 구아이톨리 지음, 『로마: 고대 문명의 역사와 보물』, 김원옥 옮김, 생각의나무, 2007.
박규철 지음, 『그리스 로마 철학이야기』, 동과서, 2011.
스테파노 마기 지음, 『그리스: 고대 문명의 역사와 보물』, 김원옥 옮김, 생각의나무, 2007.
신상화 지음, 『물의 도시, 돌의 도시, 영원의 도시 로마』, 청년사, 2004.
아르놀트 하우저 지음, 『문학과 예술의 사회사 I』, 백낙청 옮김, 창작과 비평사, 1999.
우도 쿨터만 지음, 『미술의 역사』, 김수현 역, 문예출판사, 2002.
유재원 지음, 『그리스: 신화의 땅 인간의 나라』, 리수, 2004.
윤일권 외 지음, 『그리스 로마신화와 서양문화』, 문예출판사, 2004.
이윤기 지음, 『이윤기의 그리스 로마 신화 1-5』, 웅진지식하우스, 2000.
임석재 지음, 『임석재 서양건축사 II-기독교와 인간』, 북하우스 2003.
임석재 지음, 『임석재 서양건축사 I-땅과 인간』, 북하우스, 2003.
정태남 지음, 『로마 역사의 길을 걷다』, 마로니에북스, 2009.
존 그리피스 페들리 지음, 『그리스 미술』, 조은정 옮김, 예경, 2004.
최혜영 지음, 『그리스 문명』(살림지식총서 115), 살림, 2004.
카로 케레니 지음, 『그리스 신화』, 장영란. 외 옮김, 궁리, 2002.
캐롤 스트릭랜드 지음, 『클릭, 서양 건축사』, 양상현 옮김, 예경, 2003.

캐롤 스트릭랜드 지음, 『클릭, 서양 미술사』, 김호경 옮김, 예경, 2002.

크리스토프 베첼 지음, 『The Art: 미술의 역사』, 홍진경 옮김, 예경, 2006.

타임 라이프 북스 지음, 『그리스인 이야기』, 신현승 옮김, 가람기획, 2004

타임 라이프 북스 지음, 『로마, 세계의 정복자』, 윤영호 옮김, 가람기획, 2004.

토마스 R. 호프만 지음, 『어떻게 이해할까? 로마 미술』, 이한우 옮김, 미술문화, 2007.

토머스 H. 카펜터 지음, 『고대 그리스의 미술과 신화』, 김 숙 옮김, 시공사, 1998.

토머스 R. 마틴 저, 『고대 그리스의 역사: 선사시대에서 헬레니즘 시대까지』, 이종인 옮김, 가람기획, 2002.

푸리오 도란도 지음, 『고대 그리스』, 노혜숙 옮김, 생각의 나무, 2003.

프리도 릭켄 지음, 『고대 그리스 철학』, 김성진 옮김, 서광사, 2000.

프리츠 하이켈하임 지음, 『로마사』, 김덕수 옮김, 현대지성사, 1999.

헤르만 바우어 지음, 『미술사학의 이해』, 홍진경 옮김, 시공사, 1998.

헤시오도스 지음, 『신통기: 그리스 신들의 계보』, 김원익 옮김, 민음사, 2003.

C. M. 바우라 지음, 『그리스문화예술의 이해』, 이창대 옮김, 철학과현실사, 2006.

E.M. 곰브리치 지음, 『서양 미술사』, 백승길.이종승 옮김, 예경, 1999.

E.M. 번즈. R. 러너. S.미첨 씀, 『서양문명의 역사 I』, 박상익 옮김, 소나무, 1994.

Amanda Claridge, Judith Toms and Tony Cubberley, *Rome*, Oxford University Press, 2010.

Ernest Arthur Gardner, *Religion and Art in Ancient Greece*, Nabu Press, 2010.

John Boardman ed., *The Oxford History of Greece & the Hellenistic World*, Oxford University Press, 2nd edition, 2002.

Mary Beard and John Henderson, *Classical Art: From Greece to Rome*, Oxford University Press, 2001.

Paul Cartledge ed., *The Cambridge Illustrated History of Ancient Greece*, Cambridge University Press, 2002.

Robert Franklin Pennell, *Ancient Rome: from the earliest times down to 476 A.D*, BiblioBazaar, 2007.

Sarah B. Pomeroy, ed., *Ancient Greece: A Political, Social and Cultural History*, Oxford University Press, 2nd edition, 2007.

삽화 출처

1.3/ 2.13/ 3.2/ 3.9/ 4.2/ 4.3/ 4.4/ 4.5/ 5.1/ 5.5/ 5.6/ 5.7/ 5.8/ 7.4/ 8.1/ 8.10/ 9.4/ 9.5/ 10.4/ 14.4: ⓒMarie-Lan Nguyen(Jastrow)/ Wikimedia Commons (이하 / Wikimedia Commons 생략). 1.2: ⓒWikid77. 1.4: ⓒ Mountain. 2.2: ⓒPavel Veselý(Japo). 2.3/ 2.4/ 2.10: ⓒJolle. 2.5: ⓒM.Ulrich(Nexus6mathias). 2.6: ⓒ Tkoletsis(Carlog3). 2.7: ⓒLeonard G. 2.8: ⓒDar-ApeArtStudy. 2.11: ⓒDagrappler(BetacommandBot). 2.12/ 14.3: ⓒBibi Saint-Pol. 3.3: ⓒGautier Poupeau. 3.4: ⓒAbrev. 3.6: ⓒ Longbow4u. 3.7: ⓒRanveig. 3.8, 8.13: ⓒAbbazia di Farfa(MM). 3.10: ⓒPutinovac. 4.1: ⓒFuture Perfect at Sunrise. 4.6, 8.12: ⓒ Dorieo21. 5.2/ 7.2: ⓒAdam Carr(Demos/ Ericd). 5.3: ⓒPitichinaccio. 5.10: ⓒBishkekRocks. 5.11: ⓒ Morn(AndreasPraefcke). 6.12/ 12.3: ⓒF l a n k e r. 6.13: ⓒGaf.arq. 6.14: ⓒGreenshed. 7.3: ⓒLillus. 7.5: ⓒM. Quatremère-de-Quincy(Jonund). 8.3: ⓒ Me(Salli). 8.4: ⓒTalmoryair. 10.2: ⓒRaymond Palmer(Icesea). 10.5/ 10.9: ⓒGryffindor(Marku1988/ BetacommandBot). 10.8: ⓒGunnar Bach Pedersen. 10.10: ⓒStoreye. 12.5/ 12.10/ 17.5/ 18.13: ⓒAlMare. 12.6/ 17.4: ⓒNeddyseagoon(Giorces/ Chewie). 12.8: ⓒLucarelli. 12.9: ⓒBenutzer (Nyenyec). 13.1: ⓒJavierfv1212. 14.1: ⓒTataryn77. 14.2: ⓒChnodomar. 14.5: ⓒWorld Imaging. 15.1: ⓒAlex Bakharev. 15.2/ 15.3/ 15.6: ⓒFer.filol. 15.4: ⓒ Porsche997SBS. 15.5/ 18.4/: ⓒFile Upload Bot. 16.1: ⓒGdr (Sswelm). 16.3: ⓒChris Nas (CNID). 16.5: ⓒGiacomo Brogi (G.dallorto). 16.7: ⓒAndrei Nacu (Amadscientist). 17.1: ⓒBkwillwm. 17.2: ⓒ JohnBulb. 17.3: ⓒYomangani. 18.9: ⓒMM (Jüppsche). 18.10: ⓒConrad Cichorius (Gun Powder Ma). 18.11: ⓒArpingstone. 18.16: ⓒRadosław Botev. 18.18: ⓒLalupa. 18.20: ⓒGuenter Wieschendahl. 18.21: ⓒHubert Robert (L'ecrivant). 18.22: ⓒBluedog423. 19.1: ⓒKarelj. 19.2: ⓒLaurel Lodged. 20.1: ⓒMandrak (Cristiano64). 20.3: ⓒAttilios.

찾아보기

(ㅇ)

(ㅌ)

(ㅍ)